Björn Clemens

Pascal Ormunait

Für meinen lieben [illegible] [illegible] [illegible]
mit den besten Grüßen
vereint im Kampf um Volk
und Reich!

Hamburg, 7.5.2023
[illegible]

TELESMA

Björn Clemens

Pascal Ormunait

Ein deutscher Justizroman

Sämtliche Handlungen dieses Romans sind frei erfunden.

Telesma-Verlag
Vogelgesangstr. 91
D-14929 Treuenbrietzen
www.telesma-verlag.de
info@telesma-verlag.de

Covergestaltung: Christine Mey
Gesamtherstellung: Jelgava tipografia, Lettland

ISBN 978-3-941094-07-9

Inhalt

Herbst

Nervös lief Pascal auf und ab. Seit einer Viertelstunde stand er an der Haltestelle Nußbaumerweg. Hier trifft die Linie 5, die von Ossendorf Richtung Zentrum fährt, auf die 13, die die Stadt auf dem Gürtel zwischen Mülheim und Sülz in einem Halbring umfährt. Janine müßte mit der 13 fahren, wenn sie mit der Straßenbahn kam. Drei Bahnen hatte Pascal schon abgewartet, und sie war immer noch nicht gekommen. Teilnahmslos betrachtete er das Geschehen. Fahrgäste quollen aus den Bahnen, andere stiegen ein; während die einen in prallen Tüten die Einkäufe nach Hause schleppten, waren die anderen, meist Jüngeren mit Zigaretten, Bier, Wodka, Alcopops und anderen Stimmungsbeschleunigern bepackt, um schon auf der Fahrt in die Stadt den Abend einzuleiten. Links und rechts der Schienen, die hier einen eigenen Gleiskörper besaßen, fuhren die Autos in dichten Reihen vorbei. Es herrschte hektische Heiterkeit. Köln bereitete sich auf das Partywochenende vor. Pascal indes war nicht zum Feiern zumute. Am liebsten wäre er wieder nach Hause oder, besser noch, zu Opa gefahren. Dann wäre Schluß gewesen, so viel war klar. Aber er wollte nicht Schluß machen, noch nicht. Noch weniger jedoch wollte er der passive Part in diesem Spiel sein. Es war ein Scheißspiel. Seit Wochen lief die Sache mit Janine nicht mehr rund. Ja, er mochte sie, aber in letzter Zeit ging sie ihm zunehmend auf die Nerven. Pascals erste Freundin war eine hübsche, zweifelsohne, sogar eine außerordentlich schöne junge Frau mit langen blonden Haaren und knackigen Brüsten, und es waren am Anfang nicht zuletzt die neidischen Blicke, die Pascal auf sich zog, wenn er mit ihr in die Disko oder Eisdiele kam, die ihn mit Befriedigung, ja mit Stolz erfüllten. Das war jedoch bald in eine lästige Gereiztheit umgeschlagen, weil Pascal immer das Gefühl hatte, Angriffe von Nebenbuhlern abwehren zu müssen, Angriffe, die Janine nicht ungelegen zu kommen schienen. Manchmal glaubte Pascal gar, daß sie absichtlich Flirts provozierte, um zu testen, ob er die Herausforderung des Anderen annahm. Auf solche Possenspiele hatte Pascal keine Lust. Er wollte eine Freundschaft pflegen, nicht sich ständig beweisen müssen. Davon hatte er genug an anderer Stelle. In der Schule mußte er hart um seinen Schnitt im Abitur kämpfen, das im Frühjahr anstand. Ob es für eine Eins vor dem Komma reichen würde, war keineswegs ausgemacht. Die Mutter ließ wenig Zweifel aufkommen, daß eine solche Note das Wenigste sei, was erwartet werden durfte. Pascal ärgerte sich über den Druck, der gegen ihn aufgebaut wurde, aber noch mehr ärgerte er sich darüber, daß er insgeheim den gleichen Anspruch an sich stellte und deshalb selbst Druck gegen sich aufbaute. Zweifrontenkriege sind immer belastend. Dabei brauchte er den Schnitt nicht zwingend. Auf Geschichte lag an den meisten Universitäten kein numerus clausus. Er wollte einfach gut sein, um gut zu sein. Das würde er der Mutter aber nie zugestehen, natürlich nicht. Diesbezüglich war Janine zum Glück weniger anspruchsvoll, um nicht zu sagen gleichgültig. Sie sprach lieber über Leute, gerne intensiv, interessierte sich ansonsten für die Kleidung, die Pascal trug, und noch mehr dafür, was darunter war. Nicht, daß Pascal solchem Ansinnen unempfänglich gewesen wäre, doch auch in dieser Hinsicht war ihr Verhältnis seit einiger Zeit abgekühlt. Einen eigentlichen Grund gab es dafür nicht, und Pascal konnte noch nicht einmal einen genauen Zeitpunkt sagen, von dem an die Beziehung nur noch dahinplätscherte. Ihm gefiel es nicht, auf seinen Körper reduziert zu werden. Er wollte eine richtige Freundschaft führen, mit ihr reden, über Politik diskutieren, über Geschichte oder wenigstens über Architektur. Zwar verweigerte Janine ihm die Gespräche nicht, aber die gewollte Teilnahme erstickte den Scheindialog in kurzer Zeit. Damit machte sie es schlimmer, als wenn sie gleich sagte, daß sie keine Lust hätte. Das Gefühl geistiger Trockenheit hatte von Anfang an bestanden, aber er hatte es für eine Begleiterscheinung gehalten und gehofft, es unterdrücken zu können, zumal er glaubte, das sei er der Erfüllung seiner eigenen Begierden schuldig. Hierin irrte er: es wurde von Tag zu Tag dominierender. So war im Laufe der Wochen aus einem diffusen und leisen Unterton ein schneidendes Unbehagen geworden. Es lag wie ein Minuszeichen vor der ganzen Beziehung und ließ sich auch im Bett nicht ausblenden. Wo Pascal die Hitze der Leidenschaft ersehnt hatte, fand er bald die fleischliche Routine.

Er hatte Janine gegenüber sein latentes Mißbehagen nie aus- oder angesprochen, da er sich der Wirkung nicht im klaren war, vor der er Angst hatte. Wäre es um die deutsche Geschichte oder die Fußballbundesliga gegangen, hätte Pascal keine Hemmungen gehabt, eine noch so kühne These nicht nur aufzustellen, sondern so überzeugend darzulegen, daß jedem Zuhörer, wahrscheinlich sogar Janine, eingeleuchtet hätte, anders als er es sagte, könnten die Dinge nicht liegen. Innerhalb weniger Minuten hätte er unter Zustimmung der Anwesenden Kaiser Wilhelm II. zur unbestrittenen, aber historisch leider verkannten Lichtgestalt und den 1. FC Nürnberg zum Deutschen Meister der nächsten zehn Jahre erhoben, aber ein „Janine, laß uns mal reden“ brachte er nicht über die Lippen.

Offensichtlich konnte er seine Grundstimmung nicht verbergen, denn auch Janine wurde mit der Zeit, ganz gegen ihre Art, einsilbiger. Ihre charmante Fröhlichkeit war es ja, die Pascal ursprünglich fasziniert hatte. Davon war wenig geblieben. Gestern Abend war es dann zum lange befürchteten Super-GAU gekommen. Er hatte sich eingeredet, mit einem Gewaltakt den Knoten durchschlagen und einen neuen Anfang setzen zu können. Bei dem Gedanken daran mußte Pascal bitter lachen. „Tolle Beziehung“, dachte er, „die nach einem halben Jahr einen neuen Anfang braucht.“ Da wäre eigentlich ein kerniges Ende das einzig Richtige. Aber Pascal wollte sich sein Scheitern nicht eingestehen. Deshalb hatte er versucht, einen betont schönen Abend zu planen, mit teurem Essen bei Kerzenschein, Wein, Anzug und allem, was dazugehört. Stimmung wollte jedoch keine aufkommen, Pascal war fahrig und verkrampft, Janine gelangweilt. Als sie sich endlich näher kamen, agierte Pascal hölzern und unsicher, fast wie beim ersten Mal. Es wollte denn auch nicht viel laufen. Nach einiger Zeit kniete sie sich so über ihn, daß ihr Unterleib seinem Gesicht zugewandt war, begann ihn oral zu verwöhnen und ihm gleichzeitig langsam und methodisch die Hoden zu massieren. Pascal bekam sofort eine Erektion, die durch ihre langen Haare gefördert wurde, die weich an seinen Schenkeln spielten. Unwillkürlich stöhnte er auf. Doch irritierte ihn dabei, wie sie sich mit ihren unteren Öffnungen seinem Gesicht näherte, so daß er ihren Duft in seiner vollen Intensität atmen konnte. Offenbar begehrte sie etwas, das ihm noch ganz außerordentlich erschien – kaum war er in der Lage, daran auch nur zu denken... Er verlor darüber beinahe alle Sinne und leider auch alle Anspannung, besonders dort, wo er dies gerne vermieden hätte. Das angestrengte Aufbegehren führte zum Gegenteil. Er spürte, wie er einen roten Kopf bekam und wie sie spürte, daß er das spürte, und wollte am liebsten im Boden versinken. Verzweifelt wartete er auf das schreckliche Wort „Schlappschwanz“. Statt dessen lachte Janine laut auf und sagte: „Pascal, Du bist süß.“

Er schämte sich nur noch mehr. Sie drehte sich um, ließ sich auf den Rükken fallen und nestelte eine Zigarette aus ihrem Etui. Dann lagen sie ein paar Minuten nackt nebeneinander, Kopf bei Fuß und schwiegen sich an, während ihre Körper, ohne daß sie von der vollen Glut entfacht worden wären, wieder erkalteten. Schließlich sprang Pascal aus dem Bett. „Sehen wir uns morgen?“ fragte er, während er sich hastig anzog.

„Ja“, kam es zu seiner Überraschung zurück, „drei Uhr, Nussi?“

„O.k., ich warte an der Haltestelle auf Dich.“

„Gut, bis dann.“

„Bis dann.“

Als er in den Hausflur trat, hatte er, mitten in der Nacht, das Gefühl, er müsse seinem Nachfolger begegnen. Er wunderte sich, als niemand im Flur stand.

Inzwischen war es fast zwanzig nach drei. Ein Stück weiter lümmelten vier junge Typen, deren Herkunft nicht genau zu bestimmen war, am Wartehäuschen herum. Offensichtlich stammten sie nicht aus Mittel- oder Nordeuropa. Sie rauchten mit cooler Gestik und schwatzten, besser gesagt, grölten ihre Stärke heraus. Einer spielte mit einem Handy neuester Technik, das Telefon, Minicomputer, Fernseher und Fotoapparat in einem war. Er benutzte es als Straßendisko. Der Typ vollführte rappende Bewegungen zu dröhnend lautem HipHop. Pascal konnte nicht verstehen, was die Jungen sagten, aber daß ihre Kehlen heiser und ihre Sprüche großspurig waren, konnte er erkennen. Ihr Auftreten wirkte provozierend. Jedes Mal, wenn eine Frau über den Bahnsteig lief, kam ein Spruch oder ein obszönes Lachen aus der Vierergruppe. In unregelmäßigen Abständen flog eine Zigarettenkippe auf die Gleise. Ab und zu spuckte einer von ihnen gegen die Scheibe des Wartehäuschens und ergötzte sich daran, wie der Speichel langsam nach unten lief. Als ein besonders „schönes“, gelbgefülltes Prachtexemplar zielgenau an den Fahrplan klatschte, jauchzte er triumphierend auf. Andere Passanten saßen nicht in dem Häuschen. Es stand außer Frage, daß es den jungen Orientalen „gehörte“ – Besitznahme durch Verbreitung aggressiver Stimmung. Pascal waren diese Jungen beim ersten Blick unangenehm, am liebsten wäre er gegangen. Jedesmal, wenn eine Bahn kam, hoffte er, daß sie endlich einsteigen würden, aber den Gefallen taten ihm die Vier nicht.

Zum ungezählten Mal nahm er das Handy in die Hand. Er biß sich auf die Lippen. „Dahin kriegt sie mich nicht, daß ich jetzt anrufe“, dachte er und sehnte die SMS herbei, die schlicht „Das war’s“ lauten würde. Endlich piepte es. Erleichtert blickte Pascal auf das Display: „Sorry, habe mich verspätet, komme gleich.“

„So ein Mist“, dachte er. Aber jetzt gab es kein Zurück. In dem Moment hörte er auch schon ihre Stimme: „Hi, mein Süßer.“ Pascal glaubte zu träumen. Mit dem charmanten Flirtlächeln, das er an ihr so mochte, kam Janine auf ihn zu. Es prickelte doch noch in ihm; schnell spürte er Erregung, auch im Unterkörper.

„Alles klar?“

„Klar“, sagte er mit trockenem Mund.

„Bei mir auch“, antwortete sie und gab ihm einen Kuß auf die Wange. „Wo fahren wir hin?“

„Weiß nicht, vielleicht an den Rhein spazieren?“

„Ach nein, lieber in die Stadt, Kaffee trinken.“

„Hm“, überlegte Pascal, „Feuerwache?“

Sie verzog das Gesicht. „Das ist mir zu spießig“, doch Pascal glaubte, daß ihr dieses Bistro, das innerhalb eines Kulturzentrums lag, eher eine zu intellektuelle Atmosphäre hatte. Ihm gefiel es gerade deshalb. Dort lagen nicht nur Lifestyle- oder Körperbetonungsmagazine aus, sondern auch richtige Zeitungen, sowie diverse Veranstaltungsprogramme. Der pseudoalternative Anstrich nervte ihn zwar ein wenig, aber darüber konnte er hinwegsehen. Eine Weile sagten beide nichts. „Aachener Weiher“, schlug er dann vor, „oder Feynsinn?“

Mit jetzt deutlicherem Widerwillen lehnte sie auch diesen Vorschlag ab. „Auf Biergarten habe ich keinen Bock.“

„Hm“, brummte Pascal. Nun wurde auch er ärgerlich. „Das Feynsinn ist kein Biergarten.“

„Trotzdem mag ich es nicht. Wie wäre es mit Destil?“

„Das war klar.“ Das Destil war ein Trendbistro am Ring, wo die Lifestyletypen sich für die Disko in Stimmung brachten. Ausgesucht schönes Personal beiderlei Geschlechts arbeitete dort, ausnahmslos Südländer, wie der überwiegende Teil der Gäste, die sich bemühten, ebenfalls schön zu sein, und sich so benahmen, als wären sie es. Obwohl die „Location“ an sich nicht verkehrt war, widerstrebte es Pascal, gemeinsam mit Janine hinzufahren, denn sie verschwendete ihre Blicke dort jedes Mal in auffällig hohem Maße an andere junge Männer...

„Du willst nur den geilen Typ an der Theke vom letzten Mal ansäuseln.“

„Ist ja interessant, daß Du Typen geil findest.“ Sie grinste süffisant.

„Ha, ha, ich habe doch genau gesehen, wie Du dem auf den...“

„Ja, sprich's aus, auf den...“

„Auf den Mund gestiert hast.“

„Ich hab' auf sein Sixpack gestiert, wenn Du's genau wissen willst. Ein paar mehr Muskeln würden Dir übrigens auch nicht schaden.“ Pascal schnaubte verärgert. Um die Stimmung nicht zu töten, bevor sie aufkam, beschloß er, das Thema zu beenden. „Laß uns einfach losfahren, wir finden schon was.“

In diesem Moment kam die Bahn. Ohne zu wissen, wohin es gehen sollte, stiegen sie ein. Sie setzten sich in eine Vierergruppe, er mit dem Rücken zur Fahrtrichtung an den Gang, sie ihm schräg gegenüber ans Fenster. Der Wagen war voll von Leuten; die ganze Stadt schien den spätsommerlichen Sonnentag ausnutzen zu wollen. Weitere Fahrgäste drängten und schoben nach. Plötzlich sah Pascal die vier Typen, die ihm an der Haltstelle aufgefallen waren, auf sich zukommen. Das fehlte noch. Mit einem Schlag fühlte er sich unwohl. Er spürte das Unangenehme einer Situation, die noch gar nicht eingetreten war, von der er aber klar vorhersah, daß sie, gerade weil er es befürchtete, eintreten würde. Er wollte den Platz verlassen, aber dafür gab es keinen plausiblen Grund. Was hätte er im übrigen Janine sagen sollen? „Laß uns aufstehen, weil Ausländer kommen?“ „Na und?“ hätte sie gesagt, wenn sie nicht laut losgelacht hätte, und rein rational hatte sie recht. Aber Pascal sah es nicht rational. Er fühlte Unbehagen und blieb sitzen.

„Ey, Alter, da vorne“, sagte der Vorderste, klatschte in die Hände und war mit einer schnellen Bewegung an der Sitzgruppe auf der anderen Seite des Ganges neben ihnen. Hier waren erstaunlicherweise noch die beiden Plätze zum Gang hin frei. Schnell flegelten sich zwei der Südländer auf die Bänke.

Die zwei anderen rückten nach, bis sie unmittelbar neben Pascal stehen blieben. Der erste der beiden machte eine Kopfbewegung in Richtung Pascal und Janine: „Sind die frei?“

Die formale Frage wirkte wie eine faktische Feststellung. „Ja“, antwortete Pascal reflexartig, „klar.“

„Dann rutsch' mal“, erwiderte der Dunkelhaarige in gebieterischem Ton. Er sprach nicht direkt feindselig, führte keine unmittelbare Kampfansage. Ein „Sonst hau' isch Dir auf's Maul“ lag noch nicht in der Luft, doch daran, daß

Pascal zu gehorchen hatte und gehorchen würde, bestand kein Zweifel. Pascal gehorchte. Er rutschte auf den freien Platz am Fenster und saß somit Janine direkt gegenüber. Die beiden Neuankömmlinge ließen sich neben Janine und Pascal, auf dessen aufgegebenem Platz, nieder.

Die vier Jungen mochten um die siebzehn, achtzehn Jahre alt sein. Äußerlich wirkten sie älter, aber erfahrungsgemäß täuscht der Eindruck bei Südländern meistens. Aus ihren Gesichtern schaute nichts Kindliches mehr, man sah, daß sie sich rasierten bzw. rasieren mußten. Bei zweien von ihnen gehörte es zum Stil, dies mehrere Tage lang nicht zu tun. Die studiotrainierten Muskeln verstärkten den Eindruck bemühter Männlichkeit noch: kräftig, aber nicht überdimensioniert, und dabei schlank und drahtig. Daß sie Kampfsport machten, erschien selbstverständlich. Seltsamerweise waren Südländer immer schlank, jung und drahtig. Jedenfalls konnte sich Pascal nicht erinnern, wann er zum letzten Mal einen rundlichen Dicken gesehen hatte, und die Alten, die es doch auch geben mußte, fuhren anscheinend nicht mit der U-Bahn. Als Südländer war man weder alt noch dick. Man hatte keinen körperlichen Makel. Ob es sich um Türken handelte oder Araber, konnte Pascal wie üblich nicht einschätzen, vielleicht kamen sie auch aus dem Kosovo, wer wußte das.

Ihre Kleidung rundete den Auftritt ab. Die beiden rechts von Pascal saßen quer auf ihren Sitzen, mit den Beinen zum Gang hin. Einer trug zur olivgrünen Military-Hose ein weißes, ärmelloses Unterhemd. Mit Kettchen um Hals und Handgelenke, sowie auf drei Millimeter gestutzten Haaren wirkte er wie ein anatolischer Skinhead, dem es auf den Eindruck von Eleganz ankam. Der andere war unauffälliger bekleidet mit einer blauen Trainingshose und einem weißen T-Shirt. Sein volles, rundes Gesicht mit der großen, gebogenen Nase erfüllte alle Klischees. Den dritten beachtete Pascal weniger, obwohl oder gerade weil er genau neben ihm saß. Er hatte halblange Shorts an, darüber einen Kapuzenpulli. Von seinem Gesicht konnte Pascal nur erkennen, daß es ziemlich dunkel war.

Der letzte der Gruppe, der sich neben Janine plaziert hatte, Pascal also schräg gegenüber saß, augenscheinlich der Jüngste der Vier, war der Einzige, der sich noch nie rasiert hatte. An der Stelle, an der irgendwann einmal der Schnauzer wachsen sollte, bedeckte erster Flaum die Oberlippe. Seine eigentlich schwarzen, aber stark blondierten Haare tendierten beinahe ins Orange. Er hatte sie zu einem angedeuteten Irokesenschnitt frisiert, der nach hinten über den Nacken auslief. Seine blendend weiße Jeans trug er bis knapp unter die Knie aufgekrempelt, so daß man seine ausgeprägte, stachelbeerige Beinbehaarung bewundern konnte. Über seinen noch nicht ganz männlichen Oberkörper hatte er ein rotes Netzhemd gezogen. Offensichtlich war ihm wichtig, daß auch von dieser Körperpartie viel sichtbar war. Wie bei den anderen schmückte eine Kette seinen Hals, jedoch nicht golden, sondern silbern, aus großen schweren Gliedern. Zusätzlich zu Armkettchen und Ringen befand sich in seinem rechten Ohr ein etwa centgroßer Stecker mit einem glitzernden Innenteil.

Durch ihre Art zu sitzen hatten sie ihre Plätze und den dazwischenliegenden Gang komplett in Beschlag genommen, eine Art Sitzburg hergestellt. Sie unterhielten sich über die wichtigen Themen des Lebens: Wen man gut abgezogen hatte, wer einem anderen eine verpaßt hatte, wer welche Alte gevögelt hatte, welche Alte gevögelt werden wollte, welche noch gevögelt werden mußte bzw. besonders gut zu vögeln war. Schlagen und ficken, ficken und schlagen lauteten die Kristallisationspunkte, um die sich alles drehte, während die Bahn immer noch an der Haltestelle stand. Sie sprachen aufgeregt, laut und hektisch. „Ey", „Alter" und „ich schwör's Dir" waren die am meisten gebrauchten Worte, häufig in Kombination. Es wurde viel geschworen. „Ey, Alter, ich schwör's Dir!" Immer wieder wechselten sie vom Deutschen in eine andere Sprache, Pascal wußte nicht, in welche. Das gelang jedes Mal so schnell und mühelos, als wenn sie die gleiche Sprache beibehalten hätten. Das Gespräch lief dabei ohne die geringste Unterbrechung weiter. Pascal fand die rohe Art, wie die Viererbande über ihre Nutzobjekte aller Art herzog, befremdlich und hätte eigentlich froh sein können, durch das fremdländische Idiom wenigstens die gemeinsten Obszönitäten nicht mitbekommen zu müssen. Dennoch fühlte er sich auf eine bedrohliche Art ausgeschlossen, wenn die Jungs in ihre Heimatsprache verfielen, denn er spürte deutlich die Absicht, die darin lag, so zufällig es auch erscheinen sollte.

Beengt und gefangen hockte er wie in Mäuschen auf seinem Sitz. Als ginge es darum, ihm keine Verschnaufpause zu lassen, machte ihn sein Gegenüber, sofort nachdem er Pascals bisherigen Platz besetzt hatte, an: „Geile Fotze hast Du." Dabei sah er zuerst kurz auf Pascal, um sodann mit provokativem Blick in Janine einzudringen. Sein Lächeln wirkte gleichzeitig herablassend und fordernd. Pascal ärgerte sich, daß ihn der Typ in all seiner Anmaßung nicht anekelte. „Hast die schon mal in den Arsch gefickt?" Pascal schnürte es die Kehle zu. Er starrte verkrampft auf Janine. Jetzt schlug ihm sein Nachbar, der sich zu ihm gedreht hatte, auf den Oberschenkel. „Was los, Alter, sprichst Du nicht mit Türken?" Ohne eine Antwort abzuwarten, legte er nach: „Das Arschloch spricht nicht mit uns."

„Der hat Angst, daß wir ihm die Fotze ausspannen", warf der Erste mit der zur kurzen Hose aufgekrempelten Jeans zurück. Gleichzeitig griff er Janine ans Knie. „Aua", rief – nein, hauchte sie. „Laß das." Es hörte sich erregt an. Eine Aufforderung, die plumpe Anmache fortzusetzen, hätte nicht anders geklungen. „Oh, Entschuldigung", sagte die kurze Hose mit gespielter Höflichkeit, ergriff beherzt ihre Hand und setzte einen Kuß darauf. „Das macht die doch geil", sagte die gebogene Nase. Darauf die kurze Hose mit Blick auf Janines Lippen: „Echt, mach' ich Dich geil?" Wie die Pingpongbälle warfen sich die beiden Orientalen die Worte zu, und Pascal war die Tischtennisplatte, auf der gespielt wurde. Er wollte aufstehen, wollte protestieren, wollte zu Janine sagen, „Komm', laß uns gehen", aber er tat – nichts. Seine Kehle war wie zugeschnürt, und hundert Klöße lagen schwer in seinem Magen. Es ging nicht um Janine, es ging um ihn ging. Janine ihrerseits wirkte zwar irritiert, aber nicht schockiert.

Die Bahn war inzwischen losgefahren, doch kurz nach der Station Gutenbergstraße blieb sie vor der Einfahrt in den U-Bahntunnel erneut stehen. Einen Moment herrschte an der Sitzblockfront Stille. Auch die anderen Fahrgäste sprachen kaum oder gedämpft. Die gespannte Ruhe empfand Pascal noch unerträglicher als die Provokationen zuvor. Die Erwartung des noch Schlimmeren zerriß ihn fast. Endlich, nach etwa einer halben Minute, die ihm wie eine Ewigkeit vorkam, fuhr die Bahn mit einem Ruck an. Und schon flammten die Gespräche wieder auf. Der Junge mit der aufgekrempelten Hose fragte plötzlich mit einem neuen, ganz anders gearteten, verbindlichen Tonfall: „Wie heißt Du denn?"

Janine, offensichtliches Zielobjekt der Charme-Offensive, wandte sich ihm zu und antwortete etwas unwirsch: „Wer? Ich?"

„Ja, Du!"

„Janine", gab Janine, jetzt um einiges freundlicher, zurück.

„Ich bin der Serdar."

„Hi, Serdar."

„Hi, Janine" – und mit einer leichten Kopfbewegung auf Pascal deutend, aber gleichzeitig weiter den Blick auf Janine gerichtet: „Dein Freund?"

„Ja."

„Hat der auch einen Namen?"

„Ja, hat er."

„Verrätst Du mir den?"

„Pascal."

„Hi, Pascal, ich bin der Serdar." Mit diesen Worten drehte sich die aufgekrempelte Hose nach vorne und streckte die Hand aus. Pascal wurde heiß und kalt. Wie in Trance reichte auch er die Hand hinüber und stieß ein gequältes „Hi, Serdar" hervor. Die anderen drei der Gruppe sprachen nicht mehr, schauten vielmehr gebannt und triumphierend zu, wie Serdar Pascal in die Defensive drängte.

In diesem Moment bremste die Bahn ab und kam allmählich zum erneuten Halt. Westbahnhof/Hans-Böckler-Platz. „Ey, raus Jungs", rief der Typ mit der Militaryhose mit heiserer Stimme. Die vier sprangen auf. „Ok, ciao, Janine, ciao, Pascal!" Serdar gab beiden zum Abschied noch einmal die Hand, als seien sie langjährige Freunde, und drängte zur Tür. Schon stand er in der Lichtschranke. Serdar drehte sich kurz um und brüllte ein zweites „ciao, Janine" zurück. Der Typ mit der Armyhose schnauzte ein drohendes „Lutscher" in Richtung Pascal und unterstrich seine Wertschätzung mit dem rechten Stinkefinger. Draußen standen sie. Nach einem kurzen Piepen fielen die Flügel der Türen zischend in die Schließpositionen, die Bahn fuhr an. Doch der Spuk war noch nicht vorbei, nicht ganz. Ein Nachbeben galt es noch zu überstehen. Kaum hatte sich der Zug in Bewegung gesetzt, rauschten Pascal und Janine an den vier halbstarken Jungtürken, oder was immer sie sein mochten, vorbei. Sie hatten sich in einer Stafette auf dem Bahnsteig aufgereiht, um einen letzten Abschiedsgruß zu entbieten. Der Militarytyp blickte haßerfüllt zu Pascal und knallte seinen Handballen mit voller Wucht gegen die Scheibe. Sie vibrierte derart, daß man befürchten mußte, sie würde in tausend Teile zerspringen. „Lutscher, Lutscher", brüllte er so laut er konnte. Von irgendwo erscholl ein „Scheiß Deutscher!" Pascals Widersacher grinste nur und streckte den Mittelfinger in die Höhe. Der Bahnsteig glitt am Fenster vorüber, nach Bruchteilen von Sekunden tauchte die Bahn ins Dunkel. Jetzt war es vorbei.

Pascal saß wie versteinert, Janine kauerte in ihrem Sitz und kaute an ihren Fingernägeln. Keiner der beiden sprach ein Wort. Nächster Halt Friesenplatz. Hier hätten sie aussteigen müssen, wollten sie in die Stadt. Pascal konnte nicht aufstehen, Janine saß reglos in ihrer Ecke. Auch am Appellhofplatz bewegte sich nichts. Erst am Hauptbahnhof sprang der Gedemütigte wie auf Kommando auf, packte seine Freundin am Arm, riß sie hoch und rief: „Raus!"

„Wieso denn hier?" gab sie zurück, aber Pascal ließ sich auf nichts ein. Er zerrte sie hinter sich her, aus der Bahn, über den Bahnsteig, die Treppe hinauf durch die Bahnhofshalle, hinaus auf den Vorplatz. Diesen hatte man in den letzten Jahren zu einem reinen Fußgängerbereich mit direkter Verbindung zur Treppe, die auf die Domplatte führt, umgestaltet. Der Umbau hat den Platz deutlich aufgewertet, und überraschenderweise blieb er immer verhältnismäßig sauber. Mitten auf dem Platz drehte sich der junge Mann unvermittelt zu seiner Freundin um.

„Was soll denn das?" rief sie außer Atem.

„Das fragst Du?" keifte er zurück. „Wieso läßt Du Dich von diesen Typen anmachen?"

„Das stört Dich wohl?"

„Ja, das stört mich!"

„Warum denn?" fragte sie aufreizend.

„Was?"

„Warum stört Dich das?"

„Sag' mal, tickst Du nicht richtig?"

„Oh ja, ich ticke richtig, so richtig wie noch nie!" Nach einer Pause fügte sie an: „Ich weiß sehr wohl, warum Dich das stört."

„Aha." Auch Pascal konnte schnippisch sein. „Da bin ich ja gespannt."

„Weil es stimmt."

„Was stimmt?"

„Daß Du ein Lutscher bist!"

Das traf. Pascal brauchte ein paar Sekunden, um zu reagieren. „Wie bitte?"

„Du hast mich genau verstanden, Du weißt es selbst – Du bringst es doch nicht – Du hast es noch nie gebracht!" Janine machte eine Kunstpause. „Du bist ein Lutscher", setzte sie dann ruhig und kalt nach.

Pascal, wie vom Blitz getroffen, konnte nichts erwidern. „Da bist Du baff, wie?“ ätzte sie weiter.

Doch jetzt fuhr er ihr über den Mund: „Halt Dein Maul, Du Nutte!“ Nun war sie die Getroffene. Daß Pascal seinerseits unter die Gürtellinie gehen würde, hatte sie nicht erwartet, und auch er beließ es nicht bei dem einen verbalen Schlag: „Und laß Dich von Deinen Türken ficken, am besten von allen gleichzeitig.“

„Pascal, Du bist widerlich.“

„Am besten noch ins Maul!“

„Pascal!“

„Und in den Arsch, genau, wie der Typ gesagt hat, das hat Dich doch ganz feucht gemacht – Du Nutte!“ Pascal kam in Rage. Er wollte sie erniedrigen, wollte sie in Tränen sehen, wollte jetzt schlagen, wo er es vorher nicht konnte; seine Ohnmacht, sein Frust wollten heraus. Dennoch brachten seine Schmähungen noch nicht den erwünschten Sieg, nicht einmal einen taktischen Erfolg, denn Janine hatte sich plötzlich wieder gefaßt: „Stimmt“, sagte sie, das hat mich feucht gemacht – so wie Du mich noch nie feucht gemacht hast. Du Lutscher.“ Die letzten Worte hauchte sie fast, während ein Lächeln über ihr Gesicht huschte. Das war der Triumph.

Pascal stand wie angewurzelt, Augen und Mund aufgerissen. Dann holte er wie in Zeitlupe mit der rechten Hand weit aus und versetzte ihr eine schallende Ohrfeige. Sie klatschte so laut, daß sich die Passanten umdrehten. „Jetzt halt endlich Dein Maul, Du Nutte“, stammelte er. Einige Regentropfen streiften sein Gesicht. Der Himmel hatte sich zugezogen, ein ekelhafter Westwind peitschte über den Platz. Janine sagte nichts. Einige Augenblicke starrten sich die beiden Streitenden am Fuße der Domtreppe unbeweglich in die Augen. Er stand benommen, sie ruhig und überlegen. Ihr Blick zeigte mehr Entschiedenheit als Feindliches. Ihre Wange war feuerrot geworden. Kein Wort kam mehr über ihre Lippen. Pascal verkniff sich die Tränen. Auch er sagte nichts mehr. Jedoch hatte er jetzt Klarheit. Zum ersten Mal an diesem Tag fühlte er sich der Situation gewachsen.

„Das war es wohl“, dachte er und fühlte sich erleichtert. So standen sie eine Weile. Plötzlich drehte sie sich um und ging. Ohne ein Wort.

Der Wille zur Häßlichkeit

Friedrich Wilhelm Ormunait drückte die Zigarre aus, drehte sich um, trat vom Alkoven in die Küche zurück und schloß die Tür. „Das war wohl wieder nichts.“ Mit ironischer Schadenfreude blickte der alte Herr auf seinen Enkel, der wie so oft sein gerngesehener Gast in der dritten Etage des Altbaus in der Eichendorffstraße Nr. 4 war. Pascal nickte. Verrissener Spieltag, wie die ganze Saison. Der Club kam nicht vom Fleck. Schon von Saisonbeginn an hatte Pascal ein mulmiges Gefühl, im Grunde schon davor, seitdem er den Spielplan kannte. Wer am ersten Tag zu Hause gegen einen Aufsteiger spielen muß, kann nur verlieren. Jeder erwartet einen Sieg gegen den hochmotivierten Neuling. Das artet in Verkrampfung aus, und wenn man eine Mannschaft wie der 1. FC Nürnberg ist, dann ist die Pleite vorprogrammiert. So hatte das 0:2 gegen Karlsruhe zum Saisonauftakt Pascal nicht sonderlich überrascht, aber daß sich der Club jetzt beharrlich im Tabellenkeller festsetzte, hatte er nicht erwartet. Wie auch, ein Pokalsieger hatte gefälligst im oberen Tabellendrittel zu stehen, aber inzwischen deutete alles einmal mehr auf Abstiegskampf hin. „Ehe Du Dich versiehst, stürzt Du vom Thron / Was heute schreit, ist morgen schon gewesen“, wie es im Lied einer Gothic-Band heißt.

Bei diesem Gedanken mußte Pascal bitter auflachen, hatte es doch mit Janine auch ein jähes Ende genommen. Er erhob sich von seinem Platz an der Wandseite der Eckbank in der Küche. Hier saß er am liebsten, wenn er seinen Großvater besuchte, was er so oft tat, wie es sich einrichten ließ. Dreimal die Woche kam er mindestens; wenn möglich, noch öfter. Regelmäßig war er samstags nachmittags hier, um gemeinsam mit Opa die Bundesliga zu hören. Fußball zu hören, war weit besser als ihn im Fernsehen zu sehen. Erstens konnte nichts in der Welt die prickelnde Spannung ersetzen, die sich in der Live-Berichterstattung jedem unter die Haut schiebt, der mit Leidenschaft Anhänger eines der Vereine ist, die allwöchentlich um Tore, Punkte und Meisterschaft kämpfen. Die größere Dichte und die hohe Geschwindigkeit der Berichterstattung im Radio übertragen sich auf den Hörer, der ihr mit mehr Konzentration folgt. Spätestens, wenn in der Schlußkonferenz die unnachahmliche Stimme von Manfred Breuckmann „Elfmeter in Bielefeld“ ankündigt, stockt einem der Puls, denn man erfaßt intuitiv, daß das Urteil gesprochen ist, das der

Reporter in wenigen Augenblicken verkünden wird. Zehn Minuten vor Schluß bedeutet ein Elfmeter einen Entscheidungsschlag, Sieg oder Niederlage, das Sein oder das Nichts. Atemlos hält der Hörer sein Ohr zum Lautsprecher, hofft, daß der Strafstoß zugunsten seines Auswärtsvereins gegeben wurde, ahnt aber dabei, daß die sonore Stimme aus dem Äther sogleich – „da hat die Arminia noch mal Glück gehabt" – Erleichterung für die *west*deutsche Fangemeinde verkünden wird. Dieses Miterleben kann einem keine extralangsame Zeitlupe, keine fünfte Wiederholung der umstrittenen Szene und keine Hintertorkamera ersetzen, und seltsamerweise auch keine Fernsehübertragung bei Premiere. Spannung pur gibt es nur im Radio. Die Sportschau indes war für Pascal uninteressant geworden, zu lang, zu viel Werbung, zu viele pseudo-originell Studioplaudereien. Für Pascal lag ein zusätzliches Spannungselement in der ungewöhnlichen Vorliebe eines Rheinlandbewohners für einen bayerischen Verein, zumal er nicht derjenige war, dessen Markenzeichen, der wutschnaubende Polterkopf, Woche für Woche für Stimmung sorgte. Daher brachten die Samstage mehr angsterfüllte als erwartungsfrohe Spannung. Bei wenig anderen Bundesligisten liegen, wenn man die Spiele live verfolgt, Qual und Erlösung so nah beieinander, wie bei dem fränkischen Traditionsverein. Der schlafende Riese schaffte es partout nicht, dem Fahrstuhl zu entkommen, der inzwischen wieder nach unten fuhr, nachdem ihm im Frühjahr erstmals seit fünfundvierzig Jahren gelungen war, einen Titel in die Noris zu holen: In einem echten Pokalfight hatten die Clubberer den VfB 3:2 nach Verlängerung nach Hause geschickt. Zum tragischen Helden war dabei der slowakische Nationalspieler Marek Mintal geworden, der, nachdem er die frühe Führung der Schwaben mit einem glänzend herausgespielten Tor ausgeglichen hatte, durch ein rüdes Foul von Stuttgarts Kapitän Fernando Meira aus dem Spiel getreten wurde. Wer Pascal fragte, wieso er, als im Rheinland lebender Preuße, fußballerisch ausgerechnet in Nürnberg zu Hause war, bekam zu hören, daß es dafür keine rationale Begründung gebe. Es mußte damit zusammenhängen, daß er schon immer, noch bevor er es schließlich im einzelnen nachlas, eine Ahnung von der mystischen Bedeutung dieser Stadt gehabt hatte. Der Name „Nürnberg" verband sich für ihn mit einer goldenen Aura aus einer fernen Zeit. Kaiser und Reich, alte Ehre und Pracht erschienen vor Pascals geistigem Auge, wenn er an Nürnberg dachte. Aber letzten Endes mochte das um Erklärung bemühtes Theater sein. Denn mit dem Fußball ist es so wie mit jeder Liebe: man kann sie nicht erklären.

Opas Herz hingegen schlug für Schalke. Auf die Königsblauen ließ er kein Staubkorn kommen. Seit seiner frühen Jugend hielt er die blau-weiße Fahne der Knappen hoch. Das führte zu mancher Rivalität und Eifersüchteleien zwischen den Generationen. In der Regel hatte der Enkel dem Großvater den Vortritt zu lassen, wenn es um die bessere Plazierung ging. Aber zur Befriedigung des Jüngeren verbuchten die Gelsenkirchener fast nur taktische Geländegewinne, die strategischen Ziele verfehlte der Meister der Herzen regelmäßig. Im Jahre 1958 hatte er die letzte Meisterschaft geholt. Seitdem hieß es „Vize", höchstens. Pascal empfand darüber nicht wirklich Schadenfreude. Jedoch trug er an der Last der ewigen Abstiegskandidaturen leichter, wenn Opa angesichts eines erneuten zweiten Platzes mit ihm im Leid vereint war. Im Grundsätzlichen nämlich standen sie für das gleiche Ziel, und das hieß, eine Meisterschaft von Bayern München zu verhindern, wenn auch nur mit den Waffen der ideellen Verwünschung. Sie blieben in den letzten Jahren oft – zu oft – stumpf.

Was für den Enkel das Pokalfinale 2007, war für den Großvater das 1937er Endspiel um die Meisterschaft gewesen. Damals hatte der legendäre Schalker Kreisel ausgerechnet die Mannen vom Club schwindelig gespielt und sich mit 2:0 den Titel gesichert, dem sich im selben Jahr der Pokalgewinn hinzugesellte. Schalke war damit der erste und bis 1969 einzige Double-Gewinner. Schon die Fahrt zum Berliner Olympiastadion war für Großvater ein Abenteuer gewesen; nicht nur wegen des Endspiels oder der Schnapsflaschen im Zug. Denn die für ihn erste Reise vom damaligen Ostpreußen in die Reichshauptstadt führte seinerzeit durch den sogenannten polnischen Korridor, eine Kuriosität, die sich der Siegerwillkür nach dem Ersten Weltkrieg verdankte. Die Mächte der damaligen Entente hatten mit großem Pathos das Selbstbestimmungsrecht der Völker verkündet, für das ihre Soldaten tapfer und selbstlos fochten. Nach dem Sieg gegen Deutschland im November 1918 zeigten sie, was sie darunter verstanden. Ohne die Menschen, die dort lebten, zu befragen, schlugen sie die mehrheitlich von Deutschen bewohnten Gebiete Polen zu. Diese Teilung Deutschlands in zwei unverbundene Gebiete hatte für die Bewohner Ostpreußens eine Fahrt im verplombten Waggon durch polnisches Hoheitsgebiet zur Folge, wenn sie von Deutschland nach Deutschland fahren wollten. „Du kannst Dir nicht vorstellen, was damals ablief", ereiferte sich der Großvater etwa. „In Marienburg wurden Holz- oder Metallplatten vor die Fenster gehängt. Bis Schneidemühl saßen wir im Dunkeln. Die polnischen Grenz- und Eisenbahnbeamten schikanierten uns, wo sie nur konnten. Wir waren Menschen zweiter Klasse. Junge polnische Rabauken machten sich einen Spaß daraus, die Züge mit Steinen zu bewerfen, so wie sie heute mit Strohhalmen die Frösche aufblasen, bis sie platzen. Damals fing es an." So oder ähnlich hörte Pascal seinen Opa über diese Zeit sprechen. Auch Danzig war dabei ein häufiges Thema. „Freie Stadt", zischte der Großvater, sobald das Gespräch darauf kam. Dabei zog er das Wort „Freie" über Gebühr in die Länge. „Freie Stadt. So ein Hohn! Wenn diese Stadt eins nicht war, dann frei. Höchstens frei von Selbstbestimmung, sonst nichts."

Der Enkel teilte die Sichtweise des Großvaters, wenn auch nicht so emotional. Im Geschichtsleistungskurs war er der einzige, der das Problem überhaupt sah; für die anderen war Ostpreußen kalter Kaffee. Kai beispielsweise vertrat den Standpunkt: „Pimpern kann ich auch ohne Danzig." Pascal hingegen empfand bei dem Thema eine persönliche Betroffenheit, weil er das Schicksal des Großvaters und seiner Vertreibung in sich weitergegeben fühlte. Seines Erachtens hätte das für alle Deutschen gelten müssen, auch wenn sie keine familiären Bindungen zum Osten hatten. Schließlich blieben Hamburg oder Köln auch dann deutsche Städte, wenn man in Frankfurt oder Stuttgart wohnte... Die Gleichgültigkeit der Anderen konnte er nicht verstehen. Durch die Gespräche mit Opa und etliche Bücher, die er gelesen hatte, wußte er jedenfalls mehr zum Thema als sie. Das immunisierte ihn auch gegenüber ihrer Kritik, die in der Regel darin verpuffte, die Phrasen des totalen Knopp aufzukochen. Aber sie hatten gegen Pascal wenig Chancen. Für ihn war Geschichte nicht nur ein Schulfach, sondern Passion. Er besaß über 500 Bücher. Seine Schränke quollen seit langem über, und da sein Zimmer zu Hause bei den Eltern nicht mehr ausreichte, hatte er mehr als die Hälfte bei Großvater deponiert. Dort hatte er sich das alte Wohnzimmer, das nach vorne zur Eichendorffstraße gelegen war, in eine Bibliothek umbauen dürfen. Die anderen Teilnehmer seines Kurses arbeiteten größtenteils nur das im Unterricht vorgegebene Pensum herunter, selten kam es vor, daß einer vertieft etwas nachbereitete. Sie hatten Geschichte gewählt, weil es als seichtes Fach galt, in dem man leicht Punkte erschlagen konnte. Pascal hielt sie für Dünnbrettbohrer, die keine Ahnung hatten. Oft lief die Stunde auf ein Zwiegespräch zwischen ihm und seinem Lehrer, Herrn Dr. Kirchner, einem frühzeitig ergrauten Mittfünfziger, hinaus. Er war fast in allem anderer Ansicht als Pascal, aber sie respektierten sich gegenseitig. Denn Pascal mißbrauchte seine Kenntnisse selten zur Politisierung der Gegenwart. Er sagte höchstens: „Aber *so* stimmt das doch nicht“, oder: „Das war aber doch etwas anders.“ Der Umfang seines Wissens tat ein übriges. Er kannte die Namen auch kleinerer Städte, wußte über die Struktur des Deutschen Ordens, die Keimzelle erster deutscher Staatlichkeit, Bescheid; wußte, daß Brun von Querfurt, der erste deutsche Missionar im Ostland, 1009 als Märtyrer für die Christenheit gefallen oder daß Friedrich Barbarossa 1152 in einer umstrittenen Königswahl in Frankfurt am Main zum deutschen König gekürt worden war und vieles mehr. Als Pascal als Thema seiner Facharbeit die Diskussion um das Zentrum gegen Vertreibung gewählt hatte, rief er damit bei Herrn Dr. Kirchner dementsprechend keine entsetzte, nicht einmal eine verärgerte, sondern eine lakonische Reaktion hervor: „Du mußt es ja wissen.“ Pascal wußte es und bekam 15 Punkte.

Pascal holte zwei Flaschen Köpi – mit dem Großvater teilte er die Vorliebe zu richtigem Bier anstelle des Kölner Spülwassers – aus dem Kühlschrank, nahm einen Öffner aus einer Schublade und ließ die Korken springen. Eine der beiden drückte er dem Großvater in die Hand. Die Flaschen klickten aneinander. Unter Männern brauchte man keine Gläser: „Auf die Meisterschaft.“ – „Auf den Klassenerhalt“.

Ferne Ziele. Zunächst ging man dazu über, eine Partie Schach zu spielen. Die beiden setzten sich an den Küchentisch und vertieften sich für die nächste Stunde in die Figuren. Angesichts ihrer ausgeglichenen Spielstärke war das Ende immer offen. Selten gelang es einem, den anderen richtiggehend niederzuringen, meistens entschied ein leichtfertiger Fehler. Heute war Pascal an der Reihe, ihn zu begehen.

„Revanche?“

„Nein, ehrlich gesagt, habe ich genug. Außerdem bin ich mit Dennis verabredet.“

„Ach, ja, und wann?“

„Im Grunde müßte ich allmählich los.“

„Na, dann sieh zu, daß Du ihn nicht warten läßt. Und mach keinen Krach, wenn Du wiederkommst."

Pascal schlief am Wochenende oft beim Großvater. Genauer gesagt, schlief er dann in seinem alten Kinderzimmer. Bis vor fünf Jahren hatte die ganze Familie Ormunait in Ehrenfeld gewohnt. Sie bestand damals aus so vielen Generationen wie Personen: aus Pascal, seiner Mutter Maria und deren Vater Wilhelm Ormunait, der sie in emotionaler Stimmung nach ostpreußischer Redensart manchmal „Mariellchen" nannte. Pascals Vater war gestorben, als er drei Jahre alt war; er hatte kaum Erinnerungen an ihn. Der Tierarzt hatte sich bei einem seiner Patienten mit der Papageienkrankheit angesteckt. Großvater hatte damals befunden, die Familie müsse zusammenhalten, und da seine Wohnung groß genug war, gab es zunächst keine Probleme, und es kostete auch weniger. So zogen Pascal und die Mutter zum Großvater in die Eichendorffstraße. Je älter Pascal wurde, um so mehr drängte es Mutter und Sohn wieder zu einem eigenen Hausstand. Als sie schließlich einen neuen Mann kennenlernte, war es soweit. Der Diplom-Kaufmann arbeitete als Manager bei Bayer in Leverkusen. Im Kölner Vorort Junkersdorf besaß er ein Haus oder, besser gesagt, eine Villa. Überraschenderweise rebellierte nun Pascal, der bis dato genauso Triebfeder des Umzugs gewesen war. Sein Aufstand endete damit, daß er zwar offiziell mit nach Junkersdorf zog, aber sein Kinderzimmer in Ehrenfeld erhalten blieb, und er die Erlaubnis bekam, ab und zu dort zu übernachten. Mit der Zeit wurde Pascal zum Wanderer zwischen den beiden Welten, wobei er sich beim Großvater freier, mehr als er selbst fühlte und, wie er fand, auch fühlen durfte. Auch Janine war selbstverständlich häufiger Gast in der Eichendorffstraße. Möglicherweise hatte in dieser Geographie von Anfang an eine Sollbruchstelle in der Beziehung gelegen. Wenn sie sagte, „Du bist volljährig und lebst noch bei Deinem Opa", schwang unüberhörbarer Spott in ihrem Tonfall mit, und Janine gab sich Mühe, daß das bei Pascal auch so ankam. Sie ärgerte sich über das innige Verhältnis zwischen ihrem Freund und einem alten Mann. So etwas war uncool.

Heute also würde Pascal auch wieder im Hause des Großvaters schlafen. Das brachte den praktischen Vorteil mit sich, daß die Mutter nicht mitbekam, wann und in welchem Zustand er nach Hause käme, und sparte Diskussionen und Erklärungsnotstände. Seit seiner Trennung traf sich Pascal wieder häufiger mit Dennis und Kai oder anderen aus der Schule. Ihre Abende verliefen immer nach dem gleichen Schema. Erst kehrten sie bei McDonalds oder einer ähnlichen Vollwertbude ein, um sich eine Grundlage zu verschaffen. Danach zogen sie durch ein paar Kneipen in der Friesenstraße oder am Ring, manchmal im Belgischen Viertel, bis sie in irgendeiner Disko landeten. Dabei war Dennis ein Typ, mit dem Pascal vom Wesen her nicht viel verband. Er legte Wert auf sein Äußeres, erschien immer gepflegt und gut gekleidet. Es hatte den Anschein, als konnte er tragen, was er wolle, alles stand ihm und wirkte lässig und elegant. Von Natur aus sportlich und mit 1,86 m großgewachsen, tat er viel, um seinen Körper attraktiv und in Form zu halten. Mindestens zweimal in der Woche besuchte er das Fitneßstudio, anschließend ging er in die Sauna und dazu noch einmal zur Massage. Jeden Sonntag legte er sich zu Hause eine Gurkenmaske aufs Gesicht. Mit dem Alkohol und dem Rauchen hielt er sich zurück, wobei er auf letzteres nicht vollständig verzichten konnte, denn die lockere Art, wie er die Zigarette in der Hand hielt, war eine wichtige Methode, um stylisch zu wirken. Sein hellbraunes, leicht welliges Haar frisierte er immer mit ein wenig Gel, so daß es tadellos saß, aber nie so, daß es wie eine Speckschwarte geglänzt hätte. Die Sonnenbrille, die er auch dann trug, wenn keine Sonne schien, hatte er meistens auf den Kopf geschoben. Aber Pascal kam mit ihm klar. Denn trotz seiner Schönheit war er umgänglich und charmant. Das fanden auch die Frauen. Man konnte mit ihm durchaus einen unterhaltsamen Abend verbringen, und das war es, was Pascal derzeit suchte. Dafür nahm er in Kauf, daß die Gesprächsthemen keinen großen Tiefgang hatten.

Kai hingegen war ein eher bäuerlicher Typ, deutlich kleiner als Dennis, vielleicht 1,75 m, mit dem Ansatz eines Bierbäuchleins, ohne direkt dick zu wirken. Um seine Kleidung kümmerte er sich wenig, er zog an, was gerade im Kleiderschrank war: Jeans, im Sommer ein ausgewaschenes T-Shirt, ansonsten ein langweiliges Oberhemd. Sein oberhessischer Dialekt – er war aus Gießen zugezogen – verstärkte den Eindruck. Wie es dort üblich ist, begann er seine Sätze mit einem weichen „Ei", und wenn er betonen wollte, daß er etwas ganz großartig fand, unterstrich er das mit einem seltsamen hessischen und nicht ins Hochdeutsche übersetzbaren Ausdruck, den er dreimal schnell hintereinander aussprach: „kelle, kelle, kelle" – beispielsweise „kelle, kelle, kelle, hat die Tidde!" Seine Sprechweise und seine unbekümmerte Aufdringlichkeit waren derart skurril, daß sie schon wieder originell erschienen. Nicht selten kam es vor, daß ein Mädchen sich zu Beginn eines Abends eher befremdet abwandte, wenn sie von Kai betextet wurde, eine Stunde später aber ihren Widerstand aufgab und sich mit ihm einließ. Kai ging oft auf Frauenjagd, sehr oft, eigentlich immer, wenn sie gemeinsam unterwegs waren, und das Irritierende war, daß seine Sprüche keiner Ersatzbefriedigung des Besitzlosen entsprangen. Manchmal beneidete ihn Pascal um die Dreistigkeit seiner Erfolgsmasche, die er genauso gerne anwandte wie erläuterte: „Du mußt halb besoffen sein", konnte Kai beispielsweise fachsimpeln, „halb, nicht komplett voll. Wenn Du halb besoffen bist, dann gehst Du richtig ab, und die Weiber werden hemmungslos. Wenn Du total abgeschossen bist, bringst Du es nicht mehr, dann schleppst Du vielleicht noch eine ab, aber dann läuft nichts mehr."

An besagtem Septemberabend war es wieder einmal soweit. Die drei hatten sich nach ihrem Anfangsrundgang ins Wiener Steffi verirrt, einen bundesdeutschen Zwilling des Ballermann 6. Die Idee stammte von Kai. Er hatte ein Faible für bodenständige Lokalitäten. Dennis bevorzugte das Diamonds. Die Nobeldiskothek am Hohenzollernring war in der Tat angesagter als das Steffi, angeblich der angesagteste Schuppen in ganz Köln, wenn auch vielleicht nicht so angesagt, wie es dessen Betreiber gern verkündeten. Dort trafen sich neben der Partysociety noch mehr diejenigen, die dafür gehalten werden wollen. Das rockte. Niemals würde Dennis den Bekannten, die er von dort hatte, sagen, daß er mit Kai ins Steffi ging, obwohl man auf eine gewisse Art auch dort Spaß haben konnte. Im Steffi traf man im Durchschnitt ein älteres Publikum als im Tempel der verordneten Jugend. Kai sah das von der pragmatischen Art: Günstiger Alkohol bei kurzen Schlangen und willigem Frauenfleisch. Er kam schnell in Form. „Hier hast Du massenhaft unbefriedigte Mittdreißigerinnen, die sind willig und bringen Dir noch was bei."

„Und Du bist daran interessiert, heute noch dazuzulernen", ergänzte Pascal süffisant. Kai grinste.

Währenddessen gab Dennis den galanten Gentleman, was in der rustikalen Atmosphäre des Kontakttempels fremd und somit bestechend wirkte. Auch er konnte hier auf seine Kosten kommen, wenngleich er vernehmen ließ, daß er in einen solchen Prollschuppen nur Kai zuliebe ging. Kai indes ließ sich die Schnäpse – die ersten beiden gibt es auf Kosten des Hauses, um die Gäste zu enthemmen – schmecken und fuhr fort, seine Erkenntnisse über die Schlüssel zum weiblichen Geschlecht auszubreiten. Unvermittelt platzte er hervor: „Es geht doch nichts über einen würzigen Vaginalcocktail.“ Dabei machte er ein volles, schlürfendes Geräusch.

„Du bist obszön“, rief Pascal, während er rot anlief. Kais Fixierungen begannen ihm auf die Nerven zu fallen. Außerdem mußte er bei dessen Stichwort schmerzhaft daran denken, daß der definitive Anfang vom Ende darin bestanden hatte, das entsprechende Angebot von Janine auszuschlagen... Kai aber schlürfte noch einmal kräftig und lallte dann: „Und ob das obszön ist!“ Dabei klatschte er mit den Händen vor Begeisterung auf die Oberschenkel.

„Du bist bescheuert“, entgegnete Pascal. Wenn die Menschen trinken, werden sie zum Tier, zur Vegetationsmaschine, reduziert auf die einfachsten Triebe. In der alkoholdunstigen Atmosphäre des Wiener Steffi herrschten kaum andere Zielsetzungen als bei den „Südländern“ aus der Straßenbahn, zwar weniger brutal und anmaßend, aber ähnlich plump. Für Pascal war der Aufenthalt in der oberflächlichen und grölenden Bodenständigkeit kein Genuß, aber eine Methode, um Abstand von Janine zu gewinnen. Weit nach drei kam er nach Hause.

Der Großvater lag auf der Couch, wo er beim Aktuellen Sportstudio eingeschlafen war. Inzwischen lief amerikanischer Klamauk. Pascal stellte den Fernseher ab, stolperte in sein Zimmer, verteilte die Kleider über den Boden und fiel schwer ins Bett. Er war stark betrunken, mehr als halbvoll. Als er erwachte, war es kurz vor Elf. Er spürte, daß er allein in der Wohnung war. Um diese Zeit saß Opa in der Kirche. Pascal sah zur Uhr. Der Gottesdienst war schon fast vorbei. Er überlegte kurz, ob er den Großvater abholen sollte, beschloß dann aber, davon abzusehen. Bis er aufgestanden, gewaschen und angezogen sein würde, wäre der alte Herr schon zu Hause. Im äußersten Fall würde man sich kurz vor dem Haus treffen. Die letzten Zweifel unterdrückte Pascal mit dem Gedanken, daß sie sich verpassen könnten, weil der Großvater den Weg über den Gürtel gehen, er aber die Abkürzung über die Hüttenstraße nehmen würde. Jedenfalls war es möglich, daß sie sich verpassen würden. Nein, Pascal würde sich noch einmal im Bett herumdrehen und im Übrigen heute der verwöhnte Enkel sein. Der Großvater hätte es gern gesehen, regelmäßig, in seinem Verständnis bedeutete das *jeden* Sonntag, von seinem Enkel zum Kirchgang begleitet zu werden. Aber dazu konnte sich der Junge nicht durchringen. Nicht, daß er kein Verhältnis zu Gott gehabt hätte. Im Gegenteil, alles, was ihm vom Heiland und seinem Leben bekannt war, hielt er für gut und richtig. Nur fehlte ihm die selbstverständliche Gewißheit, daß von ihm das Zentrum seines eigenen Lebens, seines eigenen Schicksals erschlossen würde. Er zweifelte gerade deshalb, weil er sich nicht zu mehr als zur Erkenntnis durchringen konnte. Vor einiger Zeit, Pascal wußte nicht mehr genau, wann oder wo, hatte er einen Wandteppich gesehen, der das Gleichnis vom Sämann darstellen sollte. Es war nicht ganz geglückt. Die Samenkörner, die auf felsigen Grund fallen, wo sie in einer dünnen Erdschicht sofort aufgehen, um zu verdorren, waren so dargestellt, als würde ein Teil von ihnen gar nicht aufblühen, während die anderen sich in mühevoller Kleinarbeit durch die Steine arbeiteten, wo sie endlich doch zur Blüte kamen. Gerade diese, der Bibelstelle nicht exakt entsprechende Deutung fühlte Pascal auf sich bezogen. Es arbeitete in ihm, allein der Durchbruch schien nicht zu gelingen. Daran trugen die Umstände ihren Teil. Schon das Personal, dem die Aussaat in der Regel oblag, war nicht dienlich, ihr zum Erfolg zu verhelfen. Wo Pascal sich Erbauung für seine seelischen Konflikte erhoffte, hatte er sich im Religionsunterricht ein ums andere Mal anhören müssen, daß es in erster Linie Christenpflicht sei, dem Fremden mit Respekt zu begegnen oder die Schuld gegenüber den Juden niemals in Vergessenheit geraten zu lassen. Solche mit heiligem Ernst und zerknirschter Protestantenmiene vorgetragenen Belehrungen langweilten Pascal und anstatt, wie die meisten anderen, durch körperliche Anwesenheit eine Pflichtveranstaltung zu erschlagen und die Punkte mitzunehmen – schlechter als befriedigend vergab der Religionslehrer aus Prinzip nicht, da er die Schüler nicht demotivieren wolle – hatte sich Pascal vom Unterricht abgemeldet. Kai hingegen hatte auch hier sein vorlautes Mundwerk zum Einsatz gebracht und moniert, daß man das Thema Judenverfolgung inzwischen bis zur sprichwörtlichen Vergasung durchgenommen hätte. Von dem zwangsläufigen Eklat, den er damit ausgelöst hatte, war unter den Schülern kaum einer wirklich entsetzt, im Gegenteil: Die meisten Jungen hatten gegrölt, die Mädchen hatten gekichert. Nur der Lehrer war wirklich empört. Trotzdem gab er am Ende des Jahres Kai die obligatorischen acht Punkte, anderes hätte ihm seine Mitmenschlichkeit nicht gestattet. Was speziell den Gottesdienst anbelangte, raubte es

Pascal die letzten Illusionen, dort jeden Sonntag nur alte Leute und davon noch wenige – böse Zungen nannten sie eine bescheidene Teilmenge des örtlichen Gerontifikats – anzutreffen, die sich größtenteils mit der Gehhilfe in die kleine Kirche schleppen mußten. Mit Opas aufrechter Haltung schritten nicht viele. Ihr Anblick bedrückte und ärgerte Pascal, weil er darin den Verfallszustand der Amtskirche, ja der Christenheit, widergespiegelt sah. Er hatte nichts gegen alte Menschen, im Gegenteil, er achtete sie und verachtete den wenigen Respekt, den sie in der heutigen Gesellschaft erfuhren. Als Repräsentanz der Restegemeinde verursachten sie ihm aber Bauchschmerzen. Gleichzeitig verurteilte er seinen Hochmut, von dem er andererseits nicht lassen mochte, da er ihn als gerechte Verachtung eines Pfaffenregiments pflegte, das von Luther wenig, von der Toleranz gegenüber andersgläubigem Allerlei hingegen viel zu berichten wußte. Entsprechend blaß waren die Predigten. Schließlich war der Kirchgang als solcher für Pascal frustrierend, denn ihm drängte dabei immer ins Bewußtsein, in welcher Minderheitenposition er sich befand. Schon, daß die kleine evangelische Friedenskirche in einer Nebenstraße lag, während die große katholische St. Josephs-Kirche im Zentrum Ehrenfelds an der Venloer Straße prunkte, ärgerte ihn. So sieht greifbare Diaspora aus. Als er diese Gedanken einmal mit Kai besprechen wollte, hatte der geguckt, als käme Pascal von einem anderen Stern und verständnislos gesagt: „Ei, Du bist doch net ganz dicht, kelle, kelle, kelle.“

Noch bedrückender war indes mitzubekommen, daß bald ein anderes Gotteshaus das Konkurrenzverhältnis der beiden christlichen Konfessionen derart in den Schatten stellen würde, daß sich der bloße Gedanke daran lächerlich ausnahm. An der Ecke Gürtel/Vogelsanger Straße war die größte Moschee Europas geplant. Darin sollten 10.000 Personen Platz finden, hundertmal soviel wie in der Friedenskirche an Weihnachten und vielleicht noch zwanzigmal soviel wie in der Josephskirche. Pascal wurde flau im Magen bei dem Gedanken, daß die Moschee regelmäßig ausgelastet sein würde. Er konnte die Heerscharen, die mit ihren langen Bärten und Kopftüchern jeden Tag durch die Straßen marschieren, vor sich sehen, wobei er sich fragte, ob Frauen überhaupt am Gottesdienst der Moslems teilnehmen durften. Zwar hatte er nichts gegen den Islam an sich, aber seine instinktive Meinung war, daß er nicht nach Deutschland gehöre. „Die Moschee ist ein Brückenkopf", brachte es der Großvater auf den Punkt.

Doch im „hilje Kölle" schien niemanden zu stören, daß er errichtet wurde. Toleranz und Weltoffenheit waren angesagt. Lediglich eine kleine Bürgerinitiative wagte den Protest, aber davon versprachen sich weder Pascal noch Wilhelm Ormunait etwas. Dafür stand bei der heiseren Propaganda dieser Gruppe der Belästigungsaspekt zu sehr im Vordergrund: Der Muezzin wäre zu laut, die Straßen würden verstopft sein, Parkplätze wegfallen. Gerüchte wollten überdies wissen, daß der Vorsitzende der Initiative, ein windiger Rechtsanwalt aus Leichlingen, die Kampagne nur betrieb, um seiner Kanzlei Aufträge zuzuschanzen. Die Anwohner in der unmittelbaren Nachbarschaft hatten ohnehin resigniert. Pascal hatte einmal ein Gespräch zwischen einer Bäckereiverkäuferin und einem Moscheegegner mitbekommen: Der Protest sei doch sinnlos, die Moschee würde sowieso gebaut. Nicht zu vergessen der Verlust, den sie erleide, weil sie bei einer anstehenden Demonstration den Laden schon um elf Uhr schließen müsse, den Einnahmeausfall ersetze ihr keiner. Ihre Gleichgültigkeit hatte die aufgequollene Pomeranze in bestem Kölsch von sich gegeben. In ihrer Mundart hörte sich der langgezogene Satz etwa so an: „Wat wolllen Se denn, de Moschee wittt doch sowiesooo jebauuut!" Spontan wollte Pascal damals dazwischenrufen: „Wenn mer all zusammenstonn, dann wird se nit jebauuut", aber er hatte sich die Worte verkniffen, unter anderem, weil er den Dialekt lächerlich fand. Er wäre sich peinlich vorgekommen, hätte er ihn nachgeäfft. Kai hätte damit sicherlich kein Problem gehabt. Neben all dem Grundsätzlichen hinderte ihn ein recht banaler Grund am Kirchgang: die Ehrenfelder Gemeinde begann ihren Gottesdienst um 9:30 Uhr. Zu früh für einen angehenden Abiturienten: Wie sollte man abends feiern, wenn die Christen zu derart unchristlicher Zeit ihr Programm starteten?

Eine knappe dreiviertel Stunde später riß ihn ein unbarmherziges Klopfen an der Tür seines Zimmers aus seinen Träumen. „Aufstehen, junger Mann!" rief der Großvater mit lauter Stimme, die sich den Anschein gab, streng zu sein, in Wahrheit einen liebevollen Klang nicht verbergen konnte. „Der Kaffee ist fertig." Die Nachricht ließ sich Pascal gefallen. In Windeseile schwang er sich aus dem Bett, sprang unter die Dusche und saß schon bald in kurzer Hose am gedeckten Tisch, wo neben dem frischen Kaffee die warmen Brötchen dufteten. Enkel zu sein war angenehm, Liebhaber anstrengend. Mit trotzigem Ingrimm dachte er einen kurzen Augenblick an Janine zurück. Was bildete sich die Keifdiva ein? Er würde nie mehr eine Freundin haben, nie mehr, nie, nie, nie! Jedenfalls fürs erste.

* * *

Nach dem Frühstück und einer Partie Schach ging jeder seiner eigenen Beschäftigung nach. Den Abwasch überließen sie der Zugehfrau, die dem Großvater dreimal in der Woche, montags, mittwochs und freitags, den Haushalt besorgte. Auch daß er insoweit den lästigen Dingen des Alltags entzogen wurde und seine Energie der Befassung mit höheren Fragen widmen konnte, versüßte Pascal den Aufenthalt in der Eichendorffstraße. Zu Hause bei den Eltern war das in der Regel anders, wenigstens bemühte sich der Stiefvater, Pascals Einbindung in häusliche Dienste durchzusetzen. Während der Großvater begonnen hatte, Briefmarken zu sortieren, griff sich Pascal ein Buch, Werner Beumelburg: „Sperrfeuer um Deutschland“. Er hatte durchgesetzt, daß es im Leistungskurs besprochen wurde. Dort wurde in diesem Schulhalbjahr die Weimarer Republik durchgenommen. Im Moment ging es um republikfeindliche Tendenzen, die damit einhergehende Verherrlichung des soldatischen Typus, wie überhaupt des Kriegserlebnisses und dergleichen. Eher am Rande war der Lehrer, Dr. Marius Kirchner, dabei auf Beumelburg gekommen, hatte seine Schrift als eines der einseitigsten Machwerke, das zu dem Thema je geschrieben worden sei, bezeichnet, ohne seine Ablehnung näher zu begründen. Da Pascal sich erinnerte, das Buch schon bei Großvater im Schrank gesehen zu haben, beschloß er, es selbst zur Hand zu nehmen. Zunächst las er mehr aus Neugier, weil der Lehrer so verächtlich darüber gesprochen hatte. Je weiter er kam, desto größer wurde sein Erstaunen. Denn er fand die Darstellung des Ersten Weltkriegs gar nicht so einseitig, wie behauptet. Weder wurde einer rauschhaften Kriegsbegeisterung das Wort geredet noch die Dolchstoßlegende gepredigt. Darauf hatte Pascal besonders geachtet. Auch wurde nicht verhehlt, was die endlosen Materialschlachten dem einfachen Soldaten an Entbehrung, Schmutz und ungeheurer Belastung zumuteten. Was in der Tat recht stark und an vielen Stellen betont wurde, war die Opferbereitschaft des deutschen Soldaten, sowie seine klaglose Pflichterfüllung noch angesichts der scheinbar unerträglichsten Zustände und der sich abzeichnenden Niederlage. Vielleicht war es dieser Appell, der Herrn Dr. Kirchner sauer aufstieß. Die Bereitschaft zu jammern ohne zu leiden, wie sie Opa oft und verächtlich dem Bundesbürger der Jetzt-Zeit attestierte, schien jedenfalls im Ersten Weltkrieg keine verbreitete Haltung unter den Deutschen gewesen zu sein, wenn man Beumelburg glauben durfte. Da Pascal manches bei Google bestätigt fand, beschloß er, ihm zu glauben. Natürlich hatte er seine überraschenden Funde im Unterricht zur Sprache gebracht, aber als der Lehrer merkte, daß Pascal sich intensiver mit dem Thema befaßt hatte, wollte er auf einmal nichts mehr davon wissen. Als Pascal nicht locker ließ und immer wieder darauf zurück kam, mußte der Lehrer kleinlaut zugeben, daß er das Buch nicht gelesen hatte. Daraufhin hatte Pascal vorgeschlagen, es gemeinsam mit dem Kurs zu lesen. Der Lehrer hatte sich jedoch gewunden, Beumelburg stünde nicht auf dem Lehrplan, Extralektüre hielte den Kurs auf. Im Leistungskurs könne man auch einmal über den Plan hinausgehen, hatte Pascal gekontert. Dabei wurde er von den meisten Mitschülern unterstützt, die dem Lehrer gerne eine Niederlage beibrachten, um so seine Autorität zu untergraben. Allerdings war Dr. Kirchner verschlagener als man ihm zutraute. Mit einem geschickten Schachzug hatte er auf einen Schelmen anderthalb gesetzt: „Ist Dir eigentlich klar, daß das Buch gar nicht mehr gedruckt wird?“ hatte er mit naiver Unschuldsmiene gefragt. Wenn es alle lesen sollten, müßten sie es bei Ebay oder beim ZVAB oder sonstwo im Netz kaufen. Das wäre aufwendig und nicht ganz billig, 20 Euro würde jeder wohl bezahlen müssen. Damit war das Thema für die Kursteilnehmer erledigt, und Pascal geriet in Gefahr, sich in die Sache hineinzusteigern und zum Querulanten zu werden, als er trotzdem nicht nachgab. Mit einer gereizten Bemerkung hatte Dr. Kirchner schließlich zum Ende kommen wollen: „Merkst Du eigentlich nicht, daß Du dem ganzen Kurs auf die Nerven gehst?“

„Ach, wenn der uns das Buch kauft“, hatte Kai daraufhin eingeworfen, „18 mal 20, die schlappen 360 Euro sind Dir Dein wissenschaftlicher Ehrgeiz doch bestimmt wert.“ Gelächter des Kurses war einmal mehr die Folge. Pascal war puterrot geworden und sichtlich aufgeregt. Einen Grund zum Einlenken sah er indes nicht. „Dann halte ich eben ein Referat.“

Diesen Vorschlag nahm Dr. Kirchner zunächst nur widerwillig hin, er hatte keine Lust, das Thema überhaupt noch weiter zu behandeln. Aber letztlich verband sich das allseits bestehende Verlangen, Pascals Dickköpfigkeit nicht länger erdulden zu müssen, mit der Aussicht auf die Abwälzung von Arbeit auf den Hobbyprofessor Ormunait. Das gefiel dem Kurs; auch Dr. Kirchner konnte damit leben. Damit hatte sich Pascal durchgesetzt.

Nun lag es an ihm, die Erwartungen zu erfüllen, und Pascal widmete sich emsig der Lektüre. Noch immer in der kurzen Hose, hatte er sich am Küchentisch in den Text vertieft. Er war inzwischen auf Seite 300 von 542 angelangt und hatte die Stellen immer noch nicht gefunden, die das Werk zu einem der einseitigsten Machwerke werden ließen, die antidemokratischen Umtrieben gegen die Weimarer Republik Vorschub gegeben hatten... Als er noch ganz mit den Gedanken bei Verdun und Flandern war, betrat Opa wieder die Küche. „Wir sollten allmählich losgehen."

Pascal legte das Buch beiseite. Blinder Eifer schadet nur, zumal am Sonntag. „Ja", antwortete er. Um 17.00 Uhr stand bei den Eltern das Kaffeetrinken an. Zuvor wollten die beiden Ormunaits noch einen „architektonischen Spaziergang" machen. Vor einem halben oder dreiviertel Jahr, ungefähr zu der Zeit, als seine Beziehung zu Janine begonnen hatte, war sein Interesse an Baukultur erwacht. Bei Opa hatte er damit offene Türen eingerannt. Wilhelm Ormunait war im Zuge der Ardennenoffensive in amerikanische Gefangenschaft geraten. Er wurde in einem Lager am Rhein festgehalten, und weil er gut Englisch sprach, hatte er bald einen gehobenen Kapo-Posten in der Lagerverwaltung erhalten. Als er 1946 entlassen worden war, mußte er bitter zur Kenntnis nehmen, daß es ein Zurück nach Königsberg nicht geben würde. Aus der Not eine Tugend machend, hatte er ein Bauingenieurstudium an der Technischen Hochschule Aachen begonnen, das er in einer der Kohlengruben des Aachener Reviers finanzierte. Unmittelbar nach dem Abschluß hatte ihn das Denkmalamt der Stadt Köln übernommen, das damals besser „Ruinenamt" geheißen hätte. Im Laufe der Zeit hatte es Wilhelm Ormunait zum Stellvertretenden Amtsleiter gebracht. Da er kein Teil der Kölschen Klüngel-Nomenklatura war, konnte er nicht dessen Chef werden. Weder gehörte er einem Karnevalsverein an, noch hatte er jemals an einer Bestechung mitgewirkt. Auch der Schlendrian war seine Sache nicht. „Viel leisten, wenig hervortreten, mehr sein als scheinen“, die altpreußische Devise war auch diejenige Wilhelm Ormunaits. Aber seine Korrektheit erwies sich auch im Rheinland als unschädlich. Denn in Kombination mit seinem profunden Fachwissen ließ sie ihn als Stellvertretenden Behördenleiter den perfekten Generalstabschef abgeben. Von den Mitarbeitern wurde er als der heimliche Hauptmann verehrt, von den Vorgesetzten als zuverlässiger Referent geschätzt, ohne als Konkurrent gehaßt und gefürchtet werden zu müssen: auf diese Weise war eine Symbiose entstanden. In seiner Funktion konnte Wilhelm Ormunait schalten und walten, wie er wollte. Dabei verhinderte seine Dienstbeflissenheit, daß er jemals Undankbarkeit oder Unzufriedenheit verspürte. Auf dem Posten zu stehen, auf den er gestellt war, konnte einem Ormunait kein Frustrationserlebnis sein. Bis 1988, Pascals Geburtsjahr, verrichtete er treu seinen Dienst.

Wenn er nun allsonntäglich mit seinem Enkel eine Erkundungstour zu den baulichen Sehenswürdigkeiten unternahm, war das Ziel nicht der Dom oder der Gürzenich oder eine der romanischen Kirchen oder eine ähnliche Touristenattraktion. Wilhelm Ormunait ging es nicht darum, ein Standardprogramm abzuspulen. Er zeigte dem jungen Sprössling der Familie die Dinge abseits vom Schaufenster. Die Messeanlagen gehörten beispielsweise dazu oder das Saturnhaus am Hansaring, in den zwanziger Jahren in dem damals typischen Stil monumentaler Backsteinbauten errichtet. Verantwortlich für den Bau der Messe war kein anderer als Konrad Adenauer gewesen, seinerzeit Oberbürgermeister der Domstadt. Bei Opa stand der Alte nicht hoch im Kurs: „Die Stadtplanung ist das einzig Positive, das man dem Separatisten anrechnen kann.“

Pascal hatte sich über diese Geringschätzung gewundert. Für ihn galt der erste Kanzler der Bundesrepublik, dem wir doch unsere Demokratie verdankten, damals noch als ein großer Mann. Allmählich begann er klarer zu sehen. Er hatte zufällig in einem Kapitel seines Schulbuches, das sie im Kurs nicht behandelten, etwas von den sogenannten Stalinnoten gelesen. Angeblich hatte der alte Preußenhasser die Wiedervereinigung nicht gewollt. Pascal würde die Sache noch prüfen.

Am Anfang der Architekturwanderungen, noch vor der Messe und dem Saturnhaus, stand die Hohenzollernbrücke. Sie stellte in zweifacher Hinsicht eine Besonderheit dar. Die erste war bautechnischer Art. Im Grunde bestand diese Eisenbahnbrücke aus drei einzelnen je zweigleisigen Brücken. Die beiden südlichen waren 1987 im Zuge des S-Bahn-Baus um eine nördliche ergänzt worden. Jede einzelne der drei war eine Konstruktion aus drei großen Rundbögen, die auf Sockeln am Ufer bzw. im Rhein verankert waren. Der neue Bogen entsprach in Ausmaßen und Gestaltung den alten, so daß sich die gesamte Brücke wie aus einem Guß präsentierte. Bei einem näheren Blick sah man indes schnell, daß die Bautechnik eine andere war: während die älteren Bögen durch hunderte von Nieten zusammengehalten wurden, war der neue Bogen geschweißt. Aufgrund des besseren Stahls des zwanzigsten Jahrhunderts war die jüngere Konstruktion überdies schlanker. „Fällt Dir etwas auf?" hatte der Großvater Pascal gefragt, wobei er dem Enkel durchaus zugetraut hatte, diese technischen Elemente zu entdecken. Der Enkel hatte gerätselt: „Also Form und Größe stimmen überein, was soll mir daran sonst auffallen, die Technik hat sich etwas geändert, aber was ist daran Besonderes?"

„Na, dann guck' Dich doch mal um", hatte der Großvater süffisant entgegnet und als Pascal nur verständnislos dreinblickte, triumphierend ergänzt: „Sie können es noch!"

Diese Feststellung hatte Pascals Verwirrung weiter gesteigert. „Was? Was können sie noch?"

„Sie können noch *schön* bauen, immer noch, trotz aller Moderne. Sie müssen nur wollen. Schau' Dich um, Pascal! Wenn Du mit offenen Augen die Nachkriegsbauten dieser Stadt siehst, findest Du überall Stein gewordenen Unrat, überall. Denk' nur an das Polizeipräsidium am Waidmarkt oder den Breslauer Platz oder erst an das Gericht." Der Großvater schüttelte sich. „Oder das Archiv. Das ist ein Müllkasten. Neunzig Prozent unserer Gebäude sind keine Architektur, sondern nur Statik, mehr nicht!" Opa konnte sich in Rage reden. Pascal wußte, woher sein eigener ostpreußischer Dickschädel stammte. „Aber das ist nicht das Schlimmste", hatte der Großvater damals weitergepoltert, „das Schlimmste ist, daß sie es nicht anders *wollen*; sie *wollen* es nicht, sie *wollen* die Häßlichkeit. Nicht der fehlende Wille zur Schönheit ist das Problem, nein, der vorhandene Wille zur Häßlichkeit ist das Problem! Das muß man auseinanderhalten."

So hatte Pascal die Zusammenhänge noch nie betrachtet.

Genausowenig hatte er sich die zweite Besonderheit jener Eisenbahnbrücke – die parallele Straßenbrücke wurde nach dem Krieg nicht wieder aufgebaut –, die Deutz mit der Innenstadt verband, jemals bewußt gemacht: Dabei handelte es sich um historische Gestalten, zwei an jedem Brückenkopf, hoch zu Roß, die die eigentliche Zierde der Brücke abgaben. Der Großvater – wie konnte es anders sein? – wußte, wen sie darstellten: „Hier siehst Du die vier preußischen Könige seit 1840."

Vor Pascal erhoben sich auf ihren Herrscherpferden Friedrich Wilhelm IV., Vollender des Domes, 1848 auserkoren, die großdeutsche Krone der Paulskirche zu tragen, Wilhelm I., der Reichseiniger, sein Sohn, der 99-Tage Kaiser Friedrich III. und schließlich dessen Sohn, Kaiser Wilhelm II. Für Pascal war Wilhelm II. der Held dieser Gruppe. Diesem tragischen Herrscher, von 1888 bis 1918 auf dem preußischen und dem deutschen Thron, der fast überall im geschrumpften Restreich verachtet oder vergessen ist, bezeugte ausgerechnet jene Stadt, in der nur der Karneval mit preußischem Ernst und ebensolchen Uniformen begangen wird, in der der Schlesier Lukas Podolski für einen lustigen Polen gehalten und die öffentliche Kopulation Homosexueller während des CSD zum staatspolitischen Ereignis verklärt wird, die letzte Ehre. Hier darf Wilhelm von Hohenzollern, Enkel der Königin Victoria, das ewige Szepter schwingen. Mit blitzenden Augen reitet der Kaiser von der deutschen Seite aus in das linksrheinische Köln. Gerade, weil er so verkannt und in den Staub gezerrt wurde, gehörten ihm Pascals Sympathien.

Am Oktober hatten die Architekturinspizienten ein anderes Ziel, den Gereonshof. Wilhelm Ormunait war mit seinen 84 Jahren nicht nur erstaunlich gut zu Fuß, er war auch stolz darauf, gut zu Fuß zu sein. Pascal, der seinerseits stolz darauf war, vor kurzem den Führerschein gemacht zu haben, wäre lieber mit dem Auto gefahren. Die Möglichkeit hätte bestanden, denn, wann immer er wollte, lieh ihm die Mutter ihren Golf. Sie hätte die beiden auch ohne einen Anflug von Protest abgeholt. Aber gerade das stand nicht zur Debatte, der Großvater hatte einen Architekturgang auf die Tagesordnung gesetzt und keinen Ausflug. Dementsprechend fügte sich Pascal und tat so, als sei das für ihn ein selbstverständliches Vergnügen. So legten die beiden Herren strammen Schrittes auf Schusters Rappen die etwa 3,5 Kilometer von Ehrenfeld zur Innenstadt zurück. Der Großvater sah darin auch einen erzieherischen Effekt, denn in Kürze, nach dem Abitur, würde Pascal zur Bundeswehr kommen, jedenfalls war das für Opa klar. Daher schadete es nichts, wenn er sich schon einmal ans Marschieren gewöhnte.

Sie nahmen den direkten Weg über die Subbelrather Straße. An der Stelle, wo die 5 in den Tunnel fährt, spürte Pascal einen leichten Kloß im Hals. Düster blickte der Ort der Entwürdigung und der Schande. Die Szene von keinem sittlichen Respekt gebremster, triumphierender Rohheit spielte sich erneut vor seinem inneren Auge ab. Er schluckte. Opa bemerkte zum Glück nichts. Bald ging die Subbelrather in die Gladbacher Straße über. Bevor sie den Ring überquerten, bogen sie nach rechts in die Werderstraße ein, obwohl es nahegelegen hätte, geradeaus weiterzugehen. Aber der Großvater wollte Pascal noch den Bereich an der Christuskirche zeigen; gewissermaßen zur kulturellen Aufwärmung. Die Kirche stand inmitten eines Platzes. Zwei der umgebenden Häuser, die den Bombenterror überstanden hatten, ließen erahnen, daß er einmal schön gewesen war. „Hier hast Du es wieder: der Wille zur Häßlichkeit, sieh es Dir an!“

„Meinst Du nicht, Du könntest etwas gnädiger sein, Opa?“ wagte Pascal vorsichtig einzuwenden. Er fand, daß der Großvater zwar im Prinzip nicht Unrecht hatte, aber doch zu hart über die Menschen nach dem Krieg urteilte, die nicht nur kein Dach über dem Kopf gehabt hatten, sondern auch gegen den Hunger in einen sprichwörtlichen Tageskampf verwickelt gewesen waren. Niemand anders als Opa selbst wußte das häufig zu betonen. Aber der alte Herr ließ solche Zweifel nicht gelten: „Nein, das sind faule Ausreden. Nach dem dreißigjährigen Krieg hatten sie auch nichts zu essen, und 1763, nach dem Siebenjährigen, haben sie aus Dresden ein Elbflorenz erschaffen – nein, nein, keine Ausflüchte.“ „Und im übrigen“, fügte er nach einem kurzen Moment des Nachdenkens hinzu, „kamen die eigentlichen Bausünden erst in den sechziger Jahren. Da gab es keinen Hunger mehr, in der Wirtschaftswunderzeit. Aber genau das ist der Punkt. Fetter Bauch und schöpferische Kraft schließen sich aus.“ Damit war das Thema erledigt.

Schweigend setzten sie ihren Weg fort, durchliefen die Maastrichter Straße, überquerten den Ring und erreichten nach einigen weiteren Minuten den Gereonshof. Pascal war schon mehrfach hier vorbeigekommen, aber noch nie hatte er sich den Ort wirklich bewußt gemacht. Sie standen im Zentrum eines gigantischen Baukomplexes, der Hauptverwaltung eines Versicherungsunternehmens. Wie der Großvater zu erklären wußte, war dies der einzige Platz in der gesamten Bundesrepublik, der nach dem Krieg eine zusammenhängende

Raumgestaltung anhand eines Gesamtkonzeptes erfahren hatte. Die Errichtung war nicht ohne Kontroversen abgelaufen, denn die entstehende harmonische Einheit weckte die Empörung derjenigen, die eine Reichskanzlei am Rhein erstehen sehen wollten, getreu ihrem Motto: „Symmetrie ist Faschismus."

Auf der rechten Seite lag, einige Meter hinter der Straßenflucht, der Haupttrakt, ein langgestrecktes, fünfgeschossiges Gebäude, das an beiden Enden auf je einen Querbau stieß, so daß ein rechteckiger, zur Straße hin offener Platz entstand. In dessen Mitte, gerade dort, wo Wilhelm und Pascal stehen geblieben waren, befand sich ein Brunnen mit einer bemerkenswerten Plastik: auf vier Delphinen ritten vier Knaben mit einem Fisch in der Hand. „Delphine sind Symbole des Glücks, die Fische stehen für das Christentum", erklärte der Großvater. „Man wollte in dieser Zeit ein Zeichen des Aufbruchs setzen – glücklichere Zukunft und Wiederbelebung unserer religiösen Wurzeln sah man als Einheit."

Sie wandten sich der anderen Seite zu. Dort stand, genau gegenüber dem Hauptportal des Langbaus, ein fünfzehnstöckiges Hochhaus. Flankiert wurde es von zwei Seitenflügeln mit nur drei Geschossen, die von außen als solche nicht erkennbar waren, da die Fassade von einer Reihe schlanker Säulen durchzogen wurde. Sie waren gleichfalls von der Straße zurückgesetzt, aber nur wenige Meter. In den linken Flügel war ein Relief mit Heiligen eingelassen. An dem hinteren Seitenflügel des Hauptgebäudes befand sich ebenfalls ein Relief. „Die Reliefs stammen von Arno Breker", erläuterte der Großvater.

„Wer ist das?"

„Er *war* ein bedeutender Architekt. Aber er hatte einen Makel."

„Makel?"

„Nun, Breker hat schon vor 1945 Werke geschaffen, und Du weißt ja, jeder, der vor 1945 etwas geleistet hat, ist ein böser Mensch."

Ja, das wußte Pascal, nicht nur vom Großvater. Auch von Herrn Dr. Kirchner war ihm diese Tatsache bekannt. Der Lehrer sprach allerdings ohne ironischen Unterton, wenn er auf Thema Nr. 1 kam, und er kam oft darauf. Beumelburg ließ grüßen. „Werde mal meinen Geschichtslehrer auf diesen Breker ansprechen", sagte Pascal und malte sich belustigt die Zerknirschungsfalten aus, die der Bildhauer dem Historiker mit Sicherheit auf die Stirn meißeln würde. Dann würde auch er sein Relief haben.

Abgeschlossen wurde der Komplex mit jeweils einem Quaderbau an beiden Enden des östlichen Seitenflügels. Sie reichten bis unmittelbar an die Straße und besaßen im Erdgeschoß einen breiten Durchlaß für Fußgänger. Auf diese Weise gewann man den Eindruck eines großen Tores. Alles erschien streng durchgeplant, zu einer Gestaltung geformt, aus der das Bewußtsein sprach, daß Bauwerke nicht nur für die Aufnahme nützlicher Verrichtungen geschaffen werden, sondern auch einem ästhetischen Anspruch zu dienen haben. Dabei hatten die Besucher nur einen Teil des Gesamtkomplexes gesehen, der noch einen schönen, halb geöffneten Rundbau, einen weiteren Platz und andere interessante Gebäude aufzuweisen hatte. „Was sagst Du dazu?" fragte der Großvater triumphierend. „So schafft man gestalteten Raum, nicht nur Stellfläche für irgendwelche Klötze, die nicht zueinander passen. Hier ist nichts zusammengewürfelt. Hier herrscht Harmonie."

Das stimmte – freilich um den Preis einer gewissen unpersönlichen Kühle, die Pascal nicht unterdrücken konnte. Der Gereonshof strahlte Erhabenheit aus, in der Tat, heimelig war er indes nicht. Doch die beiden Ormunaits waren mit ihrer Lust auf Kultur ohnehin am Ende, Opa auch ein wenig mit seiner Kraft. Die frische Herbstluft machte müde und überdies hungrig. Deshalb drängte der Kaffeetisch, der bei den Eltern wartete, Arno Breker in den Hintergrund. Sie machten sich auf den Weg nach Junkersdorf. Um die Straßenbahn der Linie 1 Richtung Lövenich zu erreichen, mußten sie ein kleines Stück zum Rudolfplatz laufen. Pascal hätte nichts dagegen einzuwenden gehabt, mit dem Taxi zu fahren, aber ein solches Vorhaben war mit dem Großvater, der Verschwendungen haßte, nicht umzusetzen. Taxi fuhr der Preuße nicht. Sie hatten Glück; die Bahn kam nach wenigen Minuten. Kaum, daß sie im Wagen saßen, gaben sich Enkel und Großvater einer wohligen Schläfrigkeit hin, die in der warmen Heizungsluft, vom monotonen Fahrgefühl gefördert, aufkam.

Am Stadion wurde Pascal plötzlich wieder hellwach. Nur noch zwei Stationen bis zum Ziel. Beide mußten sich aufraffen aufzustehen, aber sobald sie in der Kälte der frischen Luft die ersten Schritte getan hatten, war die Müdigkeit vertrieben. Sie mußten einige Meter in die Richtung zurückgehen, aus der sie gekommen waren, um dann nach rechts in den Mohnweg einzubiegen. Junkersdorf war ein gehobener Stadtteil, wenn auch kein ausgesprochenes Nobelviertel, dazu war die Aachener Straße, eine der längsten Straßen ganz Kölns, zu befahren. Sie ist die Magistrale, die schnurgerade den Kölner Westen mit der City verbindet. Auf ihrem Weg zur Stadtgrenze schneidet sie sämtliche Ringstraßen. So entstand das von den Römern erdachte Ring-Axialsystem. Im Bereich Junkersdorf verliehen ihr Bürobauten, Tankstellen, sowie einige kleinere Betriebe etwas Gewerbliches. Doch die vornehmen Nebenstraßen verrieten eine gut situierte, jedoch nicht althergebrachte Bevölkerungsschicht. Am Anfang der Straße standen wenige Reihenhäuser, an die sich im weiteren Verlauf freistehende Einzelobjekte, zum Teil regelrechte Villen, anschlossen. Je weiter man die Straße entlang kam, desto stattlicher wurden sie. Pascal und sein Großvater mußten bis zur Hausnummer 34 gehen. Dort stand eines der größten Häuser am Platze, ein gediegenes Anwesen mit zwei Vollgeschossen, Garage, Vorgarten. Die Mutter erwartete sie schon: „Wo bleibt Ihr? Es wird schon dunkel, für's Kaffeetrinken ist es fast schon zu spät.“

„Es ist nie zu spät, Mariellchen“, entgegnete der Großvater. „Laß uns erst mal reinkommen.“

Sie standen im Zuhause von Dr. Stefan Middelhoff. Genau gesagt, war es das seit drei Jahren, seit der Zeit, als der Manager aus dem Bayer-Imperium Maria Apel kennengelernt hatte. Bis zur Neuvermählung hatte sie den Namen ihres verstorbenen ersten Ehemannes beibehalten. Auf ihn hatte der Großvater Wilhelm Ormunait große Stücke gehalten. Arzt, wenn auch Veterinär, war ein ehrbarer Beruf, mit reinen Naturwissenschaftlern oder gar Kaufleuten konnte er hingegen nicht viel anfangen, schon gar nicht, wenn sie für einen internationalen Konzern arbeiteten. Er hatte aus seiner Abneigung gegen den Neuen nie einen Hehl gemacht, trug sie in gewisser Weise sogar zur Schau. Stefan Middelhoff hielt er für einen Emporkömmling und Aufschneider. Pascal fand das Urteil des Großvaters ein wenig übertrieben. Sicher, auch er war mit dem Stiefvater nie richtig warm geworden, empfand ihn als Fremdkörper in der Familie. Für Opa aber war es schlimmer. Er sah in ihm den vorsätzlichen Eindringling. Die Namensfrage hatte in die erste Eskalation gemündet. Mutter hatte sich schließlich, um es beiden Seiten recht zu machen, darin ergeben, einen Doppelnamen anzunehmen. Seitdem hieß sie Maria Middelhoff-Ormunait. Das Ergebnis war allseitige Unzufriedenheit. Zwar stand der Punkt nicht im Zentrum der familiären Beziehungen, aber man konnte auch nicht behaupten, daß es sich um eine Bagatelle gehandelt hätte; allzu oft kam sie bei

Meinungsverschiedenheiten, welcher Art auch immer, zur Sprache. „Damit hast Du dem Alten auch nachgegeben, Du hast Dich nie richtig von ihm emanzipiert“, hieß es beispielsweise, wenn Stefan Middelhoff der Ansicht war, sein Schwiegervater versuche, wie ein sturer Patriarch, der nicht wahrhaben wollte, daß die Zeit seiner Herrschaft abgelaufen war, in die Ehe und insbesondere in die Erziehung von Pascal hereinzureden, und er war oft dieser Ansicht. Umgekehrt bemühte sich Wilhelm Ormunait häufig und vehement klarzustellen, daß ein Doppelname an sich modernistischer Unfug sei. Daß eine solche Sichtweise konsequenterweise zur Folge hätte haben müssen zu akzeptieren, daß seine Tochter nun Frau Middelhoff hieß, focht ihn nicht an. Für ihn war sie eine Ormunait. Für Pascal war die Situation ebenfalls verfahren. Er konnte schlecht den Namen Apel behalten und damit weder mit dem Stiefvater, noch mit der Mutter, noch dem Großvater eine namensmäßige Gemeinsamkeit haben. Middelhoff wollte er sich auch nicht nennen. Dabei schwang weniger die herzliche Abneigung des Großvaters mit; dieser Mann war eben nicht sein Vater – nicht mehr und nicht weniger. Außerdem hatte er einmal in einer Talkshow einen Wirtschaftsbonzen gesehen, der den gleichen Namen trug. Ein größeres, schmierigeres Ekelpaket hätte sich Pascal kaum vorstellen können, was er jedoch eher körperlich empfand als rational durchdachte. Wie dieser kaltschnäuzige Lackaffe wollte er nicht heißen. So war er auf den Einfall gekommen, den Familiennamen seiner ostpreußischen Vorfahren zu führen. Dadurch hatte er zur Mutter wenigstens das Band nicht völlig zerschnitten. Sie ließ es sich gefallen. Beim Großvater stieß Pascal damit auf Befriedigung. Er achtete darauf, das den Enkel wissen zu lassen, was Pascal mit Stolz erfüllte: „Junge, es ist wichtig zu wissen, woher man kommt, Namen sind Identität.“

An jenem Nachmittag stand das Namensthema nicht zur Debatte. Durch den Flur und das Wohnzimmer gingen sie in den Wintergarten, dessen große Fenster, die bis zum Boden reichten, an den eigentlichen Garten grenzten. Der Tisch war schon gedeckt. Kaffee und Kuchen standen bereit, Kerzen trugen zu einer behaglichen Stimmung bei. Stefan Middelhoff, auch am Sonntag im dunklen Anzug, stand am Fenster, den Blick in den Garten gerichtet, das Handy am Ohr. Die letzten Takte eines Gesprächs mit einem Key-Account-Manager, den er für den nächsten Tag noch instruieren mußte, schallten durch den Raum. Als Pascal mit der Mutter und dem Großvater eintrat, drehte er sich zu ihnen, nickte freundlich-kühl und hob, ohne dem Funktelefon die Konzentration zu entziehen, eine Hand zum Gruß. Wilhelm Ormunait runzelte die Stirn. Kurz darauf war das Gespräch beendet, Middelhoff begrüßte Stiefsohn und Schwiegervater. Am Tisch begann ein kurzes Geplänkel, die Mutter schenkte den Kaffee ein und schnitt den Kuchen an: „Bedient Euch."

Während Pascal sich ein Stück Käsekuchen auf den Teller hievte und es sich dann Stück für Stück in den Mund schob, fragte sie: „Na, mein Sohn, was gibt es Neues?"

Pascal mußte eine Zeit lang kauen, bevor er antworten konnte: „Der Club muß aufpassen, daß er nicht absteigt."

„Das war genau das, was Deine Mutter wissen wollte", spöttelte der Stiefvater.

„Was hast Du denn da zu lamentieren?" fiel der Großvater sofort dazwischen, „Du hast doch keine Ahnung vom Fußball."

„Bitte fangt doch nicht gleich wieder an zu streiten", rief die Mutter, hielt kurz inne, um dann fortzusetzen: „Wie läuft's denn in der Schule, Pascal?"

„Gut", erwiderte der Gefragte schmatzend und nahm sich das nächste Stück Kuchen.

„Jetzt weiß Deine Mutter genau, was Ihr gerade durchnehmt", tadelte der Stiefvater.

„Er bereitet sich auf ein Referat vor", warf der Großvater ein, „und arbeitet sogar sonntags daran; hat deshalb heute extra auf den Gottesdienst verzichtet."

„Soooo?" sagte die Mutter positiv erstaunt, „erzähl doch mal, worum geht es denn dabei?"

„Um Werner Beumelburg."

„Um wen?"

„Sitzt bestimmt bei Nürnberg auf der Ersatzbank", ätzte der Stiefvater, der Spaß daran hatte, Pascal mit leicht boshafter Ironie mit seiner ungewöhnlichen Leidenschaft aufzuziehen.

„Nee", konterte der Jüngling trocken, „der lag bei Verdun auf der Schlachtbank und hat Franzosen erledigt."

„So redet man nicht über Menschen", fuhr ihn die Mutter an.

„Wieso? Sind doch tot!"

„Pascal, bitte!"

Er wußte gar nicht, ob der genannte Schriftsteller Soldat im Ersten Weltkrieg gewesen war, aber das war ihm egal. Jedenfalls hatte er seine diebische Freude daran, die Mutter zu schockieren. „Die zieren jetzt das Knochenmuseum, 300.000 auf jeder Seite."

Der Großvater schien damit weniger Probleme zu haben. „So ist es", stimmte er kauend zu. Dabei fiel ihm ein mittelgroßes Stück Schwarzwälder Kirschtorte von der Gabel.

„Ach, nein, Vati, paß doch bitte auf, die Decke ist frisch gewaschen!" Maria Middelhoff-Ormunait sprang auf und lief zur Küche. Wenige Sekunden später kam sie mit einem Handtuch und einer Schüssel heißen Wassers zurück und versuchte, einen dicken bräunlichroten Flecken von der frischgewaschenen weißen Decke zu beseitigen. Das Resultat war ein dicker grauer Fleck. „Es lohnt sich nicht, den Tisch für Euch schön zu decken, es lohnt sich einfach nicht! Mit Euch kann man nur in der Küche Kaffee trinken." Die Mutter brachte Schüssel und Handtuch dorthin zurück. Sie hantierte noch ein wenig herum, bevor sie wieder in den Wintergarten kam. Die Stimmung war im Keller. Maria Ormunait-Middelhoff zündete sich eine Zigarette an, dann versuchte sie es erneut. „Jetzt laß Dir doch nicht alles aus der Nase ziehen, Pascal, was ist das denn für ein Referat? Aber sei bitte nicht wieder so makaber."

Pascal, der inzwischen seinen Bedarf an Kuchen gedeckt hatte, begann darauf, haarklein zu berichten, wie man eher beiläufig auf das Sperrfeuer-Buch gekommnen war, wie sich herausgestellt hatte, daß der Lehrer keine Ahnung davon hatte, aber trotzdem meinte, es historisch einordnen zu können, wie die Klasse reagiert und vor allem, was er durch seine bisherige Lektüre an neuen Erkenntnissen gewonnen hatte. Der Mutter schien das nicht zu behagen. Je mehr Pascal erzählte, desto skeptischer wurde sie. „Also, ich weiß nicht, ob die Idee so gut ist", sagte sie schließlich, als Pascal fertig war.

„Wieso?" empörte er sich. Er hatte gehofft, in seinem Engagement unterstützt zu werden, und fühlte sich jetzt ausgebremst. „Das ist doch eine super Sache."

„Hm", ließ sich der Stiefvater vernehmen, „Deine Mutter hat recht, damit packst Du ein heißes Eisen an, das solltest Du Dir noch einmal überlegen."

„Da gibt's nichts mehr zu überlegen. Was ich übernommen habe, bringe ich zu Ende."

„Seid doch froh, daß der Junge so fleißig ist, das ist doch vorbildlich“, pflichtete der Großvater seinem Enkel bei. „Andere Eltern würden sich freuen, wenn ihre Kinder freiwillig Zusatzaufgaben übernehmen.“

„Darum geht’s doch gar nicht, Vati. Siehst Du denn nicht die Gefahr, daß er sich damit Probleme schafft?“

„Nein, wieso denn?“

„Ich schaffe mir keine Probleme, ich lasse einem geschichtlichen Ereignis Gerechtigkeit widerfahren.“

„Oh, welch großes Wort! Pascal Ormunait, der neue Thukydides“, fiel Stefan Middelhoff ein.

„Du bist gemein, warum wollt Ihr mir alles kaputt machen?“ Pascal, der zwar wenig über Thukydides wußte, aber genau erkannte, daß ihn der Stiefvater lächerlich machen wollte, sprang vom Tisch auf. Er war rot angelaufen.

„Wir wollen Dir nichts kaputt machen“, versuchte die Mutter nun in betont ruhigem Tonfall zu besänftigen. „Wir wollen nur, daß Du Dir nichts verbaust.“

„Nichts verbaust? Weil ich ein Referat über eine unbekannte Epoche halte?“ Eine Weile herrschte Stille.

„Schau mal, Pascal“, setzte der Stiefvater erneut an, „ich glaube Dir ja, daß Du gewissenhaft Deine Schulaufgaben machst, und wahrscheinlich hast Du nicht einmal unrecht, aber es gibt bestimmte Dinge, von denen man besser die Finger läßt.“

„Hm“, sagte Pascal mit gespielter Naivität, „kann sein. So wichtig ist es auch gar nicht. Beumelburg ist nämlich nur eine Art Probearbeit. Das eigentliche Referat kommt erst noch. Das wird noch richtig Arbeit. Kann sein, daß ich dafür sogar ins Archiv muß.“

„Ach“, sagte die Mutter „so etwas Großes?“

„Klar, wer was erreichen will, muß hart arbeiten.“

„Und wovon handelt das *eigentliche* Referat?“ Der Großvater schaute mit einem breiten Grinsen in die Runde; er ahnte, was kommen würde.

„Von Arno Breker, dem ersten Bildhauer des Dritten Reiches.“ Erst trat Stille ein, dann schlug die Mutter die Hände über dem Gesicht zusammen. „Das kann doch nicht wahr sein – sag’, daß das nicht wahr ist!“

„Da siehst Du, wie er unter dem Einfluß des Alten steht!“ Giftig blickte der Stiefvater zu Wilhelm Ormunait. „Aber laß ihn nur machen, wenn er sich alles verbauen will.“

„Halt Du Dich gefälligst zurück“, polterte der so Gescholtene, „der Junge ist volljährig.“

„Genau, Ihr habt mir nichts zu sagen!“

„Dann kannst Du auch gleich *ganz* ausziehen!“ Stefan Middelhoff wurde laut. Nun begannen sich alle anzuschreien; jeder bemühte sich, den anderen zu übertönen. Irgendwann hielten sie peinlich berührt inne, als sei ihnen mit einem Mal klar geworden, welch absurdes Theater sie um eine Mücke aufgeführt hatten, die zu einem Elefanten aufgeblasen worden war. Die Mutter fing sich als erste. „Kinder, laßt uns nicht streiten.“

„Hast recht“, warf der Junge ein, „brauchen wir auch gar nicht, das war nämlich nur ein Scherz, mit Arno Breker.“

Maria Middelhoff-Ormunait und ihr Ehemann schauten sich verständnislos an. „Typisch“, sagte der Manager, „aber mir ist der Humbug jetzt egal, ich muß noch arbeiten.“ Damit überließ er der Mutter den Abwasch und zog sich in sein, ein Stockwerk höher gelegenes, Arbeitszimmer zurück. Pascal, der nun doch ein schlechtes Gewissen bekam, weil er sich die Zerstörung der Kaffeetafel zuschrieb, bot umgehend seine Hilfe an, aber die Mutter, die darüber, daß ihr Sohn mit ihr Schabernack getrieben hatte, weit weniger verärgert als darüber erleichtert war, daß er keinen Breker-Vortrag halten würde, wiegelte milde gestimmt ab. „Laßt mal gut sein, wir wollen uns lieber noch auf einen Kaffee zusammensetzen.“ Der zweite Teil der Tafel wurde im Wintergarten eingenommen. Damit er friedlich blieb, beschränkten sie die Gespräche auf Mutters Gartenpflanzen, Opas Altenstube und Pascals Freunde, von denen Kai immer für eine Anekdote gut war. Später verhinderte „Wer wird Millionär?“ den Rückfall in die Reizthemen.

Die Zeit des Aufbruches nahte. „Ihr habt noch einen weiten Weg vor Euch. Du fährst doch bestimmt mit zu Opa?“

Pascal nickte.

„Das denke ich auch“, sagte der Großvater, während er auf die Uhr blickte, was so viel hieß, als daß er es an der Zeit fand aufzubrechen.

„Gut, dann packe ich Euch noch etwas ein“, sagte die Mutter und machte sich daran, ein paar Stullen zu schmieren. So ausgestattet, verabschiedeten sich die Ormunaits; auch Stefan Middelhoff war noch einmal nach unten gekommen, um „Auf Wiedersehen“ zu sagen. Er hatte seine höflich-distanzierte Managermiene aufgesetzt und schüttelte beiden lächelnd die Hand, so als habe man keinen ausgewachsenen Krach hinter sich, sondern ein geschäftliches Meeting.

Draußen war es dunkel geworden. Schweigend liefen der Großvater und der Enkel durch die Dunkelheit zur Straßenbahn. Der direkte Weg nach Ehrenfeld führte nicht zurück über die Innenstadt. Vielmehr konnten sie am Gürtel in die Ringbahn der Linie 13 umsteigen. Damit kürzten sie die Strecke erheblich ab. Schon an der Subbelrather Straße drängte Pascal zum Aussteigen. Der Großvater reagierte mit Unverständnis, denn besser wäre gewesen, eine Station weiterzufahren, aber Pascal bestand darauf. Er mied die Haltstelle Nußbaumerweg. Seit der Trennung von Janine brachte er sie mit Scham und Blamage in Verbindung. Zu Hause angekommen, gab es gleich das von Mutter liebevoll zubereitete Abendbrot, dazu ein Tagesendbier. „So“ sagte der Großvater dann, „will noch mal bei Maria anrufen. Der Tag ist doch etwas unglücklich verlaufen, wo sie sich doch so darauf gefreut hatte. Deine Mutter ist eine gute Frau, das darfst Du nie vergessen.“

Darin pflichtete ihm Pascal bei. Auch ihn plagte nach wie vor ein schlechtes Gewissen. Beim nächsten Mal würde er einen dicken Blumenstrauß mitbringen. Während der Großvater zum Hörer griff, machte sich Pascal fertig für die Nacht. Im Bett griff er zum „Sperrfeuer“. Aus seinem Schlafzimmer konnte er hören, wie Opa telefonierte, aber nicht verstehen, was gesprochen wurde, nur hin und wieder einzelne Worte oder Wortfetzen, ein „ja“ oder „Du hast ja recht“. Opa betrieb Versöhnung und das war auch gut so. Pascal wirkte erleichtert. Als er das Licht löschte, hatte er weitere 35 Seiten gelesen. Die aggressiven Stellen des bösen Buches hatte er noch immer nicht erreicht.

Advent

Die Tage vergingen, der Herbst rückte vor, es ging auf den Winter zu. Pascal pendelte zwischen Ehrenfeld und Junkersdorf, wobei er seine Hauptzeit ein wenig auf das Elternhaus zu legen begann. Das war logistisch besser. Abends und an den meisten Wochenenden trieb er sich mit Kai herum. Dennis hatte sich ein wenig zurückgezogen. Der Tag des Referats kam. Pascal bestand ihn mit Bravour und erhielt eine ausgezeichnete Note. Seinem Fazit, das besprochene Buch sei eine lesenwerte Alternative zur Standardlektüre, vermochte der Lehrer nicht zu widersprechen, zu sehr hatte Pascal seine Darstellung mit ergänzenden Fakten aus anderen Quellen abgesichert. Beispielsweise konnte er eine Kopie des Originaldokumentes der Note der Entente-Mächte an den US-Präsidenten Wilson aus dem Jahr 1916 vorlegen, aus der unzweideutig hervorging, daß deren Kriegsziel in nichts anderem bestand, als das Deutsche Reich zu vernichten und es deshalb auch zu keinem Zeitpunkt als Verhandlungspartner zu akzeptieren. Pascal hatte sie sich aus dem Auswärtigen Amt besorgt und konnte sogar eine an ihn gerichtete E-Mail eines Legationsrates vorlegen. Das hatte den Lehrer sichtlich beeindruckt, und seine Aussage, daß sich in der Art, wie in Versailles unter Ausschluß Deutschlands ein karthagischer Pseudofrieden diktiert wurde, die soeben erwähnten Kriegsziele der Feinde wiederfanden, war zumindest in sich schlüssig.

Öfter grübelte Pascal in dieser Zeit darüber nach, daß er in gewisser Weise in den Tag hineinlebte. Er sinnierte, wie er seinem Leben festere Strukturen geben könnte. Vielleicht sollte er einem Verein beitreten oder wenigstens zu einer regelmäßigen Spielrunde gehen. Die relative Planlosigkeit seines Daseins war der Preis für seine ständige Pendelei, das häufige Zusammensein mit dem Großvater und auch für den umfangreichen Stoff, der zu beherrschen war, sollte das Abitur im Frühjahr gelingen. Schon war der Advent herangekommen, Weihnachten stand vor der Tür. Die Architekturwanderungen hatten sie unterbrochen; dafür war das Wetter jetzt zu schlecht, und es wurde auch zu früh dunkel. Stattdessen führte der Weg den Schüler und den ehemaligen Bauingenieur nun einmal in der Woche zum Weihnachtsmarkt am Rudolfplatz. „Vorbereitung des Adventskaffees“ nannten sie diesen Tagesordnungspunkt, der in der inneren Erwärmung durch einige Gläser Glühwein bestand. Pascal liebte die heimelige Atmosphäre des Marktes mit seinen beleuchteten Buden und ihren Kerzen, dem Tannengrün, den Tischkrippen, den klimpernden Gläsern, den Spekulatiusplätzchen und dem Geruch gebrannter Mandeln. Auch am Ersten Advent fuhren sie, dort gestärkt, gegen 16 Uhr nach Junkersdorf. Seit dem Vorfall im Oktober bemühten sich alle gezielt um eine angenehme Atmosphäre; die Familie hatte sich geeinigt, bestimmte Themen nicht mehr anzusprechen. Außerdem hatte der Stiefvater in der Vorweihnachtszeit selten Zeit. Die Jahresabschlüsse standen bevor, und auch sonst war so viel zu tun, daß er selten an der Kaffeetafel sitzen konnte. Allein seine Abwesenheit war ein Entspannungsfaktor. So verliefen die Tage in oberflächlicher Harmonie. Die Ehrenfelder hatten sich zuliebe der Mutter, die ungern in dem großen Haus alleine war, angewöhnt, noch zum „Tatort" zu bleiben. Pascal hatte danach keine große Lust mehr, überhaupt noch aufzubrechen, lieber wäre er in Junkersdorf geblieben. Aber er konnte den Großvater schlecht allein in der Straßenbahn fahren lassen. Schon halb eingeschlafen und steif vor Müdigkeit, mußte er sich jedes Mal überwinden, unter der Wolldecke auf dem Sofa hervorzukriechen und noch einmal hinaus in die nasse Kälte des rheinischen Halbwinters zu treten. Bis zur Straßenbahn war er dann doch wieder einigermaßen bei sich.

Opa hatte in letzter Zeit merklich abgebaut. Auf der Rückfahrt sprach er nur wenig und nickte immer wieder ein. Pascal sorgte sich über seinen Zustand. Mit der Mutter indes wagte er nicht darüber zu sprechen. Er hatte das mulmige Gefühl, ein Loch begänne sich in seinem Leben auszubreiten, erst klein und kaum wahrnehmbar, bis es schwarz und gräßlich vor ihm läge. Solange er nicht darüber sprechen würde, hoffte er, es im Zaum zu halten. Man durfte Dinge nicht herbeireden, vor denen man sich fürchtet.

An jenem Abend des Ersten Advents war Pascal besonders aufgekratzt. Ohne zu wissen warum, beunruhigte ihn etwas. Es war nichts Großes, eher viele kleinere Dinge, die sich zu einem mißstimmigen Amalgam verdichteten. Der Club hing im Keller fest, in Mathe hatte er Rückstände, die letzte Klausur war gerade noch ausreichend ausgefallen, Dennis hatte eine neue Freundin und unternahm kaum noch etwas mit den anderen, aber das war immerhin besser, als wenn er durch seine Allgegenwart Pascal ständig an sein Beziehungsscheitern erinnert hätte. Mit Gewalt versuchte er, die Stimmung zu verdrängen, kam aber auf keinen positiven Gedanken.

Am Gürtel verpaßten sie knapp die 13 und mußten 20 Minuten auf die nächste Bahn warten. Pascal war froh, als sie endlich eintraf. In einer Viertelstunde würden sie in der Eichendorffstraße sein. Als sie zwei Stationen gefahren waren, kam Pascal plötzlich auf die Idee, daß er noch Hunger hatte. „Raus“, rief er unvermutet und sprang auf. Um zu Opas Wohnung zu gelangen, hätten sie noch eine oder zwei Stationen weiterfahren müssen, bis zur Subbelrather oder Nußbaumerstraße, je nachdem wie man laufen wollte. Der Großvater war so überrumpelt, daß er gleichfalls aufsprang und seinem Enkel widerstandslos, lediglich mit einem undeutlichen Gemurmel, folgte. Erst auf dem Bahnsteig machte er sich bewußt, daß sie zu früh ausgestiegen waren. „Warum denn schon hier?“ machte er einer leichten Verärgerung Luft.

„Noch kurz zum Mäckes“, sagte Pascal, während sie noch an der Ampel standen, die am Ausläufer des Bahnsteigs den Übergang zum Bürgersteig sicherte. Der Großvater, der zügig nach Hause wollte, ärgerte sich über die Extratour, die ihm sein Enkel aufzwingen wollte.

„Was soll denn das?“ fragte er.

„Noch schnell was essen.“

„Wir haben doch schon gegessen.“

„Ja schon, aber ich hab’ nochmal Hunger – nur kurz zum Mäckes.“ Er wußte, daß der Großvater den amerikanischen Imbiß haßte, der seiner Ansicht nach nichts mit Essen zu tun hatte und deshalb auch *fast food* hieße, „fast Essen“.

„Lieber Pascal, erstens möchte ich jetzt nach Hause, und zweitens bekommst Du in dem schäbigen Laden keine Lebensmittel, sondern Pappmasse, um den Magen zu stopfen. Daß Du Hunger hast, hätte Dir bei Deiner Mutter einfallen können, sie hätte Dir noch ein Brot geschmiert.“

„Ja, schon, ist es mir aber nicht.“ Pascal wurde jetzt ein bißchen wütend. Auf die zwei Minuten konnte es doch nicht ankommen. In letzter Zeit kam es zwischen den beiden öfter zu einer gereizten Stimmung; warum das so war, konnte sich Pascal nicht erklären. Jedenfalls waren sie, anders als früher, seltener in allen Dingen des Lebens einig. Zum Glück verflüchtigten sich die Differenzen meistens schnell. Aber zunächst einmal pflegten beide ihren Dickkopf und redeten aufeinander ein, unnachgiebig der eine wie der andere. Dabei standen sie immer noch an der Ampel des Bahnsteiges. „Dann geh’ Du doch schon mal vor, ich komme gleich nach“, sagte Pascal schließlich.

„Wenn es unbedingt sein muß“, ließ sich der Großvater endlich breitschlagen.

„Ja, muß es jetzt.“ Damit war der Streit nicht beigelegt, aber immerhin umgangen. Wenige Minuten später würde sich Pascal für diesen Vorschlag bitter verfluchen. Doch zunächst war er befriedigt, daß er nicht nachgegeben hatte. Während des Disputes hatten beide quer zur Fahrbahn gestanden und nicht auf den Verkehr geachtet. In dem Moment, als sich Pascal nun umdrehte, sprang die Ampel auf grün, und immer noch von dem Gespräch aufgekratzt, lief er sofort los, ohne nach rechts zu blicken. Das tat er sonst immer, wie in einem Automatismus. Seine leichte Nachlässigkeit sollte ihm beinahe zum Verhängnis werden. Denn der Gürtel erfreute sich seit einigen Jahren einer besonderen Beliebtheit unter halbstarken Jünglingen mit wenig mitteleuropäischem Hintergrund, die hier ihre überschüssige Energie abbauen und gleichzeitig den Passanten die Gelegenheit geben konnten, kostenlos eine Art innerstädtischer Formel Eins zu verfolgen. Dabei hinderten sie weder Kreuzungen noch unübersichtliche Autobahnauffahrten oder andere gefährliche Stellen noch erst recht so etwas Lächerliches wie eine rote Ampel. Im Gegenteil: Der Reiz bestand gerade in einer besonders rabiaten und verbotenen Fahrweise. Rote Ampeln waren Orte, an denen deutsche Schwächlinge anhalten konnten; die Stärke des Mannes erwies sich darin, nach eigenen Gesetzen zu fahren. Die Straße gehört demjenigen, der die meisten PS und den größten Hubraum hat. Für die Jungherren des Ehrenfeldgürtels galt Tempo 50 als Zumutung. Ihre tollkühnen Fahrkünste konnten tragische Folgen zeitigen. Ein Sohn des Oberbürgermeisters hatte vor einigen Jahren am inneren Ring mit dem Leben dafür bezahlen müssen, daß er geglaubt hatte, die Straßenverkehrsordnung gelte auch für Zuwanderer. Seinen Vater hatte der Schicksalsschlag jedoch nicht dazu bewogen, derlei Vorkommnisse auf ihre möglicherweise in der Mentalität der Täter liegenden Ursachen hin zu befragen; er predigte seitdem nur um so intensiver von der bunten Vielfalt seiner weltoffenen Stadt und von dem Verständnis, das man als Einheimischer den Neuerungen der Zeit entgegenzubringen habe.

An diesem späten Abend des Ersten Advents geriet Pascal in höchste Gefahr. Mit einem unglaublichen Tempo, mindestens 100 km/h, kamen die türkischen Rennhelden angeschossen. Zum Glück hatte der Großvater das Unheil instinktiv erahnt. Er stand so zur Straße, daß er die Richtung, aus der die Verkehrsrowdys kamen, einsehen konnte. Zwar richtete er seinen Blick unmittelbar auf den Enkel, doch seitlich an ihm vorbei konnte er Straße und Autos aus den Augenwinkeln erfassen. Reflexartig riß er Pascal an der Schulter zurück und brüllte dabei ein lautes, kasernenhoferprobtes „Achtung!“ Pascal zuckte genauso reflexartig zurück, wobei er durch den Griff des Großvaters halb gezogen wurde, und stürzte rücklings auf den schmalen Weg zwischen der Fahrbahn und den Straßenbahngleisen. So gut wie gleichzeitig donnerten zwei tiefergelegte 5er BMW an ihm vorüber. Daß sie noch zusätzlich aufgerüstet waren, erkannte man an den beiden voluminösen Auspuffrohren, wo nur je ein deutlich kleineres hingehörte, das werkseitig dort auch einmal montiert worden war. Pascals Überleben war eine Frage von Zehntelsekunden. Zitternd richtete er sich auf. „Hast Du das gesehen?“ stammelte er. Sein Herz klopfte wild, der Puls raste. Der Schreck saß tief.

„Na, wenn ich das nicht gesehen hätte, dann wäre ich jetzt derjenige von uns beiden, der am Grab des anderen stehen müßte. Das wäre nicht gut.“

„Nein, aber es wäre auch nicht gut, wenn ich so schnell an Deinem Grab stehen müßte“, erwiderte der Jüngere verwirrt.

„Irgendwann wird es sein müssen. Stell’ Dir vor, es wäre umgekehrt, das wäre ja furchtbar.“

„Bis der Club das nächste Mal deutscher Meister wird, kannst Du aber noch warten.“

„Uh, bloß nicht, dann bin ich ja eine lebende Mumie.“ Beide mußten lachen. Die gemeinsam bestandene Gefahr hatte die kleinen Differenzen vergessen lassen, und der Großvater hatte auch nichts mehr gegen die Einkehr seines Enkels in die Stätte US-amerikanischer Gastlichkeit einzuwenden. Nun war es umgekehrt Pascal, der dem Großvater zuliebe darauf verzichten wollte, aber der alte Herr sagte: „Nun mach’ schon. Du hast Hunger, Sieh zu, daß Du Dich beeilst, ich gehe langsam vor.“ Dabei blieb es.

Pascal, immer noch aufgewühlt, versprach, sich zu beeilen, doch das gestaltete sich schwierig. Vor ihm standen drei Leute an der Kasse. Man steht generell in der falschen Schlange, aber in diesem Fall schien gar nichts zu gehen. An der Theke bediente ein korpulenter Farbiger, der wild mit den Armen gestikulierte. Auch sein Kunde, ein feister Typ mit Jeansjacke, die er trotz des Winters offen trug, gestikulierte und beschwerte sich. Er monierte, daß ihm der Angestellte falsch herausgegeben hätte. Auf beiden Seiten wurde es laut. Der Schichtleiter – auch er ein Exot, wie überhaupt viel exotisches Menschentum in der Abfütterungshalle herumlief; dem Aussehen nach verortete ihn Pascal in Afghanistan oder in einem anderen fernen Land, wo neuerdings auch die Bundeswehr übte – schaltete sich ein. Der feiste Jeansträger bestand darauf, daß er mit einem Zwanzig-Euro-Schein bezahlt hatte, der Mitarbeiter beharrte mit gleicher Inbrunst darauf, daß es ein Zehner war. Der Afghane entschied, ohne viele Umstände zu machen, zugunsten des Kunden. Möglicherweise entsprach das der Philosophie des Hauses, möglich war aber auch, daß er nur deshalb so kulant war, weil er wußte, daß ein eventueller Betrug nicht dem Unternehmen zugute kommen würde, da der Gewinn in der Tasche des Täters verbleiben würde. Daß einige schwarze Schafe unter dem Personal mit solchen Methoden ihr Gehalt aufzubessern gedachten, war bekannt. Trotz des resoluten Vorgehens des Filialleiters verzögerte die Sache den Ablauf. Eine andere Angestellte hatte Probleme mit der Kasse, konnte dieweil ihren Chef nicht fragen, denn an einem weiteren Schalter konnte sich ein zerfahrener Enddreißiger erst nicht entscheiden, bevor er endlich eine Massenbestellung aufgab, und so verrann die Zeit. Pascal trat unruhig von einem Fuß auf den andern. Draußen konnte er den Großvater noch sehen, der anscheinend recht lange an der Fußgängerampel, die hier über die Venloer Straße führte, gewartet hatte, denn eben erst betrat er den gegenüberliegenden Bürgersteig. Auf einmal vernahm Pascal ungesund lautes Motorengedröhn. Er erschrak. Nicht, daß hier wieder die Rennfahrer auftauchen würden! Ehe der Gedanke vollständig zu Ende gedacht war, kam ein 5er BMW aus der Richtung, in die die Heldenpiloten vor wenigen Minuten entschwunden waren, angerauscht. Kurz bevor er die eigentliche Kreuzung Gürtel/Venloer Straße erreichte, bremste der Fahrer den schweren Wagen mit quietschenden Reifen und aufheulendem Motor ruckartig herunter, riß das Steuer herum und zog mit einer Spitzkehre von 180 Grad in die Gegenfahrbahn des Ehrenfeldgürtels. Er fuhr, weiter abbremsend, noch ein Stückchen vorbei an Wilhelm Ormunait und blieb dann, kurz nachdem er den alten Mann überholt hatte, stehen. Der Motor jaulte erneut auf, der Wagen setzte zurück und hielt wieder an, mitten auf der Straße, unmittelbar an der Kreuzung. Die Türen flogen auf und vier junge Türken oder Araber sprangen aus dem Wagen, um in einem Dönerladen an der Straßenecke zu verschwinden, einem von dreien, die hier direkt nebeneinander lagen. Daß es eine Fahrbahn war, wo sie angehalten hatten, und kein Parkplatz, störte sie nicht. Auch für die anderen Passanten, die noch unterwegs waren, schien es keine Besonderheit zu sein, wenn gegen 22 Uhr auf einer wichtigen Ringstraße einer Millionenstadt ein Mittelklassewagen mit laufendem Motor stand, aus dessen Innerem orientalische Musik in einer Lautstärke dröhnte, daß man sein eigenes Wort kaum verstehen konnte, und alles blockierte. Oder ihnen war klar, daß ein Wort der Beschwerde von den Trägern der dann verletzten Ehre nicht ohne weiteres hingenommen werden konnte und würde. Oder es war ihnen egal. Nicht einmal die nachfolgenden Fahrzeuge schien es zu stören, denn sie schwenkten gehorsam nach links auf die zweite Fahrbahn aus und überholten den BMW, obwohl solche Manöver an dieser Stelle, nicht nur schwierig, sondern auch gefährlich waren. Niemanden störte die Blockade.

Aber den Großvater störte sie. Er blieb stehen, um zu warten, bis die jungen Leute zurückkommen würden. Pascal witterte Unheil. Immer noch war er nicht an der Reihe. Gerade schob sich ein fettleibiger Mann in grauem Trainingsanzug an ihm vorbei zum nächsten freien Tisch. Sein aufgedunsenes Gesicht glänzte rosig im Licht der Neonlampen. Der massige Körper schlackerte derart unförmig, daß keines der Bekleidungsstücke vernünftig an ihm saß. Aus der Trainingsjacke hing ein weißes Unterhemd. Die graue Hose gab den unteren Teil des Rückens sowie den oberen der Backen und der Spalte frei. Unter den Achseln hatten sich feuchte, kreisrunde Flecken in den Stoff gezeichnet. Aus seinen Augen sprach gierige Vorfreude auf das Mahl, das er sogleich zu sich nehmen würde: ein Hamburger in einem weichen Brötchen. Neben ihm lagen eine Tüte Pommes und drei Saucen. Zum Herunterspülen stand ein großer Becher Coca Cola bereit. Schon ließ er sich schwer auf einem Hocker an einem freien Platz zwei Meter von Pascal entfernt, direkt am Fenster, das auf die Kreuzung gerichtet war, fallen, riß die kleinen Tütchen auf, verteilte die Mayonnaise und die Saucen auf den Pommes und dem pappigen Brötchen, griff dann mit seinen Wurstfingern in die rotbraungelbe Masse und begann sie in den Rachen zu stopfen. Er schob schnell und schmatzend nach, ohne die einzelnen Bissen zu Ende zu kauen. Pascal verdrehte angewidert die Augen. Mut hatte dieses stumpfe Wesen immerhin, sein Fleisch in der Öffentlichkeit zu zeigen. Wenn es sich schon, wie zu vermuten stand, auf Kosten der Allgemeinheit ernährte, mußte das nicht auch noch unter ihren Augen geschehen. Menschen, die keinen Ansatz von Haltung oder Würde besaßen, verachtete Pascal ähnlich wie die Bauungeheuer aus den 60er Jahren, die aus dem Willen zur Häßlichkeit entstanden waren, mit dem Unterschied, daß die Häuser nichts dafür konnten, wie sie aussahen. Niemand zwang den Herrn zur Fettleibigkeit, die reine Disziplinlosigkeit machte ihn zu dem, was er war.

Pascal hatte während dieser Sekunden unschlüssig über den Hartz-IV-Verbraucher hinweg auf die andere Seite der Straße geschaut. Dort stand der Großvater immer noch, sichtlich erregt. „Und Sie?“ hörte Pascal eine weibliche Stimme fragen. „Hallo, junger Mann, Sie sind dran, was möchten Sie essen?“

In dem Moment kamen die vier Rennfahrer aus dem Eingang der Dönerbude und machten Anstalten, in ihre Kalesche zu steigen.

„Was?“ fragte Pascal und drehte sich geistesabwesend zur Theke. „Nichts, ich will nicht essen.“ Dann stürmte er aus dem Laden. Es war hohe Zeit. Auf der anderen Seite der Kreuzung hatte der Streit schon begonnen. Der Großvater schimpfte und gestikulierte mit dem Spazierstock. Einer der Typen mit Augen so schwarz wie die Nacht und beängstigend kaltem Blick stand ihm Aug in Auge gegenüber. Er hielt die rechte Hand seitlich ausgestreckt, so als wolle er jeden Moment zuschlagen. Pascal schossen schreckliche Bilder durch das Gehirn. Vor kurzem hatte solches Gesindel in München einen Rentner in der U-Bahn fast totgeprügelt. Als er endlich am Boden lag, hatten sie immer wieder Anlauf genommen und mit voller Wucht in das Gesicht des wehrlosen Mannes getreten, dann waren sie noch auf seinen Kopf gesprungen. Ausgerechnet jetzt zeigte die Fußgängerampel für Pascal rot, und es fuhren auch eine Reihe von Autos die Venloer Straße hoch, so daß er im entscheidenden Moment warten mußte. „Halt doch deine Fresse, Du Naziopa“, schrie der vielleicht 18-jährige. Zwei der anderen standen daneben und verfolgten die Auseinandersetzung interessiert. Sollte es zu einer tätlichen Auseinandersetzung kommen, würden sie ihren Kumpel sofort im Kampf gegen einen vierundachtzigjährigen alten Mann unterstützen. Wie die Hyänen belauerten sie ihre Beute. Einer des Quartetts beteiligte sich nicht an der Auseinandersetzung. Er saß bereits hinter dem Steuer. „Was bilden Sie sich ein, Sie Lümmel?“ hörte Pascal den Großvater schimpfen. „Sehen Sie nicht, daß Sie den ganzen Verkehr behindern?“

Der Junge drehte sich zu den beiden anderen um und tat besonders cool. „Habt Ihr gehört, wir behindern den Verkehr“, sagte er betont gelassen. Der Fahrer hupte und versuchte, die anderen zu sich herein zu winken. „Ey, kommt rein, laßt den Hurenbock doch schreien, wir hauen ab.“ Der Wortführer der Bande ließ sich nicht beeindrucken. „Wiederhol’ nochmal, was Du gesagt hast! Los, wiederhol’ es, Du Pisser.“

Wilhelm Ormunait war niemand, der sich die Butter vom Brot nehmen ließ. Er hatte keine Angst vor den Halbstarken, im Gegenteil, ihre Frechheit steigerte seine Wut. Aber er machte sich keine Gedanken darüber, daß sie womöglich ein anderes Anstandsgefühl haben könnten als er. „Was erlaubst Du Dir, Du Lümmel?“

„Halt endlich Deine dreckige Fresse, Hurenbock!“ Mit diesen Worten klatschte die flache Hand mit voller Wucht auf die Wange des alten Mannes. Bruchteile von Sekunden später schlug die linke zu, und wieder rechts und wieder links.

„Opa!“ schrie Pascal mit hörbarem Entsetzen in der Stimme. Endlich war er herangekommen. Die Szene hatte sich in kaum zu beschreibender Geschwindigkeit, fast wie im Zeitraffer, abgespielt. Der alte Mann stand wie angewurzelt.

„Hört auf!“ rief Pascal, anstatt mit einem Abwehrschlag den Großvater aus der Reichweite des Angreifers zu nehmen. Es war keine Angst, die ihn von der Trutzwehr zurückgehalten hätte; sie wäre auch verfehlt gewesen: der Typ mit den dunklen Augen und ebensolchem Blick war ihm körperlich nicht überlegen. Sicher, die anderen standen als Reserve bereit, aber ein beherzter Gegenangriff hätte Pascal wohl Respekt verschaffen können. Jedoch reflektierte der Junge das nicht. Vor allem fehlte ihm die eingeübte Brutalität, die nicht redet, sondern zuschlägt. Er war nicht minder überrumpelt als der Großvater, brachte er es nur zu einem verbalen Einschreiten. Wenigstens lenkte er die Aufmerksamkeit von Wilhelm Ormunait ab. Tatsächlich schien der Jungschläger ein wenig irritiert, zumal auch die anderen jetzt auf die Rücksitze des Autos sprangen. „Komm’ jetzt, Erdjan.“

Erdjan hielt kurz inne, als überlege er, schien indes mit dem Erfolg seines Werkes noch nicht abschließend zufrieden. Und dann, ansatzlos fuhr ein rechter Schwinger dem alten Mann mitten ins Gesicht. Gleichzeitig gab es einen letzten „Hurenbock“ zum Abschied, bevor Erdjan als letzter des Quartetts ins Auto sprang. Der Motor jaulte auf, und, schon im Fahren, zog Erdjan die Tür zu. Schleudernd und kreischend jagte der Wagen Richtung A 57 davon.

Infolge des Schlages taumelte Wilhelm Ormunait nach hinten, Pascal jetzt reaktionsschnell, griff sofort mit beiden Händen seinen Großvater am linken Arm und versuchte, ihn am Sturz zu hindern. Er bewirkte damit jedoch nur das Gegenteil, die Bewegungen verstärkten sich gegenseitig und rissen beide zu Boden. Pascal, der den Großvater halb zurückgezogen hatte, fiel infolge dessen zuerst und zog den Alten auf sich. Er konnte sich gerade noch mit der linken Hand abstützen, die sofort ein stechender Schmerz durchfuhr. Er stöhnte. Doch auf diese Weise fiel der Großvater weich, wurde von dem Körper seines Enkels aufgefangen wie von einem Kissen. „Opa, Opa“, rief der Junge immer wieder. Der Großvater stöhnte nur. Pascal bekam es mit der Angst zu tun. Ihn durchzuckte der fürchterliche Gedanke, sein Großvater könne hier auf der kalten Erde in seinen Armen sterben. Hilfesuchend sah er sich um. Die nicht einmal wenigen Leute, die gaffend herumstanden, mußten mitbekommen haben, was vorgefallen war. Warum hatte keiner dem alten Mann Beistand geleistet? Immer noch machte niemand Anstalten, den beiden sich am Boden wälzenden Menschen zu helfen. „Kommt doch her, helft uns!“ schrie Pascal, und als hätte es der Lösung eines Bannes bedurft, kamen jetzt Passanten herbei. Ein korpulenter Mann mit altmodischem Wildledermantel war zuerst zur Stelle. Fast gleichzeitig kam ein junges Mädchen auf einem Fahrrad heran. Sie lehnte es an die Hauswand, dann halfen beide zunächst dem alten Mann auf. Pascal konnte sich alleine hochrappeln. Auch aus dem Eckdöner waren zwei Verkäufer herbeigeeilt. „Das nix gut, nix gut“, sagte der erste mit ungespieltem Mitleid. „Kommen Sie, kommen Sie“, sagte er und führte den Großvater gemeinsam mit Pascal in den Imbiß, wo sich Wilhelm Ormunait auf einen Stuhl setzen konnte. Währenddessen rief das Mädchen – es war, wie sich später herausstellte, eine Medizinstudentin – mit ihrem Handy die Polizei. „Sie müssen ins Krankenhaus“, sagte einer der Angestellten der Imbißbude besorgt und reichte einen Tee.

„Ach was“, sagte der Alte, der wieder ganz der Alte war. „Ihr wollt mich wohl beleidigen. So ein kleines Backpfeifchen ist für einen Frontsoldaten eine Streicheleinheit. Indianer kennen keinen Schmerz.“

„Doch, Opa, es ist besser“, widersprach der Enkel. „Guck’ mal, wie Du blutest.“

Das hatte Wilhelm Ormunait noch nicht bemerkt. Die Nase schien recht arg getroffen, es lief bis auf den Mantel. „Besser ist das.“

„Ihr Enkel hat recht“, schaltete sich die Medizinstudentin ein. „Zur Sicherheit sollten Sie sich auf jeden Fall untersuchen lassen.“

„Kommt nicht in Frage, im Krankenhaus machen sie Dich erst krank.“ Die Diskussion hätte zum Streit ausarten können, wenn nicht in diesem Moment die Polizei eingetroffen wäre. Mit Martinshorn und Blaulicht kam von jenseits des Ringes ein Streifenwagen angeschossen. Dieser Aufwand wäre nicht nötig gewesen, denn die Wache befand sich keine 200 Meter entfernt, unmittelbar neben dem Aufgang zum S-Bahnhof Ehrenfeld. Die Polizisten hätten zu Fuß gehen können, aber es erweckt den Eindruck aktiverer Strafverfolgung, wenn sich die Staatsmacht in hochgerüstetem Gerät zeigt. Viel blieb für sie allerdings nicht zu tun. Einige Personalien waren aufzunehmen und die Umstehenden zu befragen. Das blieb jedoch ziemlich unergiebig. Denn von ihnen konnte keiner sagen, etwas Verwertbares gesehen zu haben. So schnell, so plötzlich, so überraschend sei alles gekommen, man könne kaum etwas einordnen. Die Täter? Nun ja, junge Südländer, schwarze Haare, dunkle Haut, die üblichen Halbstarken. Größe? Normal. Alter? Halbstarke eben. Goldkettchen? Bestimmt, vielleicht auch nicht. Ringe an den Händen? Möglich, wohl auch Ohrringe. Welcher von ihnen? Na alle, oder mindestens einer oder zwei. Tätowierung? Zu dunkel. „Und Sie, haben Sie etwas gesehen?“ wandte sich einer der beiden Polizisten schließlich an die Medizinstudentin.

„Nein, nicht wirklich“, begann sie zaghaft, „ich war zu weit weg, ich kam ja erst von dort vorn auf dem Radweg“, sagte sie und zeigte in Richtung McDonalds. „Als ich an der Ampel war, fuhren die schon los.“

„Natürlich“, sagte der Polizist, „wir machen Ihnen keinen Vorwurf.“ Er schien nicht sonderlich unglücklich über die Unergiebigkeit der Angaben, die er bisher erhalten hatte.

„Aber die Autonummer habe ich mir gemerkt.“

„Wie bitte?“ Mit einem Ruck wandte sich der Polizist zu der Studentin zurück. „Wie bitte?“ wiederholte er seine Frage.

„Ich habe mir die Autonummer gemerkt.“

„Sie meinen das Kennzeichen!"

„Ja, das Kennzeichen."

„Sind sie sicher?"

„Ja!"

„Bestimmt?"

„Ganz sicher, ich bin doch nicht blöd."

„Na, das ist doch wunderbar", sagte der Polizist. Es klang fast ein bißchen ironisch. Die Ermittlung schien sich doch nicht in einem bloßen Verwaltungsvorgang zu erschöpfen. „Dann sagen Sie mal!"

„K – K 1453."

Vierzehnhundertdreiundfünfzig. Die Zahl entsprach dem Jahr, in dem die Türken Konstantinopel erobert hatten, genauer gesagt: am 29. Mai, aber daß ein Zusammenhang zwischen diesem Ereignis und dem jetzt festgestellten KfZ-Kennzeichen bestand, wäre eine gewagte Behauptung gewesen, schon weil keinem der Jugendlichen zuzutrauen gewesen wäre, über derartiges historisches Wissen zu verfügen, selbst Pascal nicht. So etwas wurde im Geschichtsleistungskurs nicht besprochen.

Inzwischen war ein Notarztwagen eingetroffen. Für den Polizisten, der nun doch ermitteln mußte, war damit der Zeitpunkt gekommen, seinen Einsatz zum Abschluß zu bringen. „Fahren Sie jetzt ins Krankenhaus, Sie erhalten dann schriftlich von uns weitere Nachricht."

„Wann wird denn das sein?" fragte Pascal.

„Keine Hektik, das kommt schon. Sie können dann in aller Ruhe schriftlich Ihre Aussage machen. Sehen Sie erst einmal zu, daß Sie Ihren Großvater wieder auf die Beine bringen."

„Der ist schon auf den Beinen", ließ sich Wilhelm Ormunait aus dem Türkenimbiß vernehmen. Der Polizist ignorierte seinen Protest: „Gibt es hier sonst noch etwas zu sagen?"

Die Studentin schüttelte mit dem Kopf. Auch Pascal wußte nicht, was er noch hätte vorbringen können.

„Dann guten Abend."

„Wollen Sie die nicht verfolgen, jetzt da Sie das Kennzeichen haben?" fragte Pascal zaghaft. Der Polizist zeigte sich überrascht. „Lassen Sie das mal unsere Sorge sein", entgegnete er, „wir sind hier nicht in Hollywood. Sehen

Sie zu, daß Sie schnell Ihre Aussagen machen, wenn Sie den Anhörungsbogen bekommen, alles weitere wird von uns geregelt."

Pascal fühlte sich wie Pik Sieben. Die Ordnungshüter konnten doch nicht einfach planlos herumstehen, während Verbrecher, deren Autonummer bekannt war, frei durch die Gegend fuhren. Andererseits hatten die Polizisten vielleicht doch recht. Köln war groß – wo sollte man die Typen jetzt finden, welcher Aufwand wäre dazu nötig gewesen? Aber würde man sie dann überhaupt jemals finden? „Wie machen Sie denn das?" fragte Pascal.

„Was?"

„Wie finden Sie die?"

„Hören Sie, junger Mann, hier ist nicht der Ort, Ihnen unsere Ermittlungsmethoden auseinanderzusetzen." Der Polizist wirkte inzwischen sichtlich genervt. Außerdem drängte einer der Rettungssanitäter. Er hatte das Nasenbluten mit einer Kompresse zum Stillstand gebracht. Es schien glücklicherweise nichts gebrochen zu sein. „Wir müssen jetzt, kommen Sie mit?"

„Natürlich."

„Dann steigen Sie hinten ein."

„Kurzen Moment noch." Damit wandte sich Pascal zu der Studentin. „Haben Sie vielen Dank. Ohne Sie hätten wir keine Chance, diese Schweine zu finden."

„Schon gut", erwiderte die Angesprochene und lächelte schüchtern. „Ich habe Ihnen meine Adresse aufgeschrieben, für alle Fälle, falls Sie noch Rückfragen haben." „Astrid Müller" stand zusammen mit Anschrift und Telefonnummer in einer sauberen, fast künstlerischen Handschrift auf einem Schmierzettel.

„Oh, vielen Dank."

„Gerne, ich wünsche Ihrem Opa gute Besserung."

„Danke, der wird sich freuen." Pascal lächelte zum Abschied und stieg dann hinten in den Rettungswagen ein. Der Großvater lag auf einer Pritsche. „Die lassen nicht mit sich reden hier – Unverschämtheit, als wäre ich ein kranker Mann."

„Ist doch besser, Opa, nur zur Sicherheit." Pascal quetschte sich auf einen Notsitz an der Seite. Der Sanitäter gab Wilhelm Ormunait eine Spritze. Dann setzte sich der Wagen in Bewegung. Das war zum Glück noch einmal glimpflich abgegangen, dachte Pascal bei sich. Durch das kleine hintere Fenster konnte er auf die Straße sehen. Der Pulk der Gaffer begann sich aufzulösen. Die Vegetationsmaschine aus dem McDonalds war zu erkennen. Sie stand an der Kreuzung, wo sie aus sicherer Entfernung das Geschehen beobachtet hatte, offensichtlich ein Highlight in ihrer armseligen Existenz. Einmal live bei einem Ereignis zugegen zu sein, das sie ansonsten aus dem Vorabendprogramm kannte, bedeutete eine unverhoffte Freude. Sie wischte sich mit der einen Hand über den Mund und rülpste. In der anderen Hand hielt sie eine Flasche Bier. Die Vorstellung war beendet.

Zur Nacht geweinet

„Sie können hier nicht mit rein." Die Krankenschwester im Elisabethkrankenhaus war von unfreundlicher Resolutheit. Pascal wollte protestieren. Es nützte nichts. „Ihr Großvater wird jetzt routinemäßig untersucht. Sie nehmen im Wartezimmer Platz." Pascal murrte. „Du mußt nicht warten, Junge", beruhigte ihn der Großvater. Pascal widerstrebte der Gedanke zu gehen. Er konnte den Großvater, den die Krankenpfleger in einen Rollstuhl gesetzt hatten, in dieser Situation nicht allein lassen. Der aber sagte: „Fahr' zu Mutti und sag' ihr, daß alles in Ordnung ist. Du kannst mich ja morgen besuchen."

Daran hatte Pascal in all der Aufregung nicht gedacht. Der Mutter mußte Bescheid gesagt werden. Somit ließ er sich breitschlagen. Der Großvater nestelte einen Zwanzig-Euro-Schein aus dem Portemonnaie, den er dem Jungen in die Tasche schob. „Nimm ein Taxi." Die beiden drückten sich stumm die Hand, dann schob die resolute Schwester Wilhelm Ormunait durch eine automatische Tür, die sich mit einem dumpfen Zischen schloß. Pascal stand allein im Gang. Langsam drehte er sich um und schlich dem Ausgang zu. Draußen herrschte Stille, Totenstille. Mitternacht war vorbei. Es hatte angefangen leicht zu regnen. Ihn fröstelte. Außerdem wußte er nicht richtig, wo er war. Wohl hatte er auf der Fahrt mitbekommen, daß es grob in Richtung des Hauses seiner Eltern gegangen war. Dann war der Krankenwagen aber mehrfach abgebogen und kreuz und quer durch einige Nebenstraßen gefahren. Er drehte sich noch einmal um und ging zur Anmeldung zurück. Eine blecherne Stimme fragte ihn, was er wünsche. „Könnten Sie mir ein Taxi rufen?"

„Gerne, einen Moment – das dauert nicht lange, in fünf Minuten kommt es."

Das Taxi mit dem Handy selbst zu bestellen, war ihm zu umständlich, da er die Nummer nicht wußte und erst die Auskunft hätte anrufen müssen. Überdies bildete er sich ein, daß es schneller kam und der Fahrer freundlicher wäre, wenn die Anfrage vom Krankenhaus ausginge. Sie hatte etwas Offizielles und gleichzeitig Gebieterisches. Während er auf den Wagen wartete, kam er das erste Mal seit dem Moment, in dem er fast von den Rennfahrern über den Haufen gefahren worden wäre, zu sich. Nun erst bemerkte er die höllischen Schmerzen in der linken Hand. Bestimmt hatte er sie sich bei dem Sturz verstaucht. Die befürchtete Verletzung erfüllte ihn mit einem Anflug von Stolz. Sie war sein Einsatz bei der Verteidigung des Großvaters, sein Verwundetenabzeichen gewissermaßen. Das Taxi kam. Es stellte sich heraus, daß sie sich in der Tat recht nahe an der Junkersdorfer Wohnsiedlung der Eltern befanden. Nach zweimaligem Abbiegen erreichten sie schon die Aachener Straße. Kurz darauf passierten sie das Stadion. Neben vielen anderen hatte es vor einiger Zeit seine Namensidentität an einen Konzern abtreten müssen. Seitdem hieß es Rheinenergiestadion. Pascal mußte an den FC und an Lukas Podolski denken. Er war, abgesehen natürlich von Marek Mintal, sein Lieblingsspieler. Poldi wurde in Bayern nicht glücklich, wie sollte er auch. Pascal konnte sich vorstellen, vieles in seinem Leben zu machen, aber nicht nach Bayern zu ziehen, höchstens nach Nürnberg, doch das war nicht Bayern, sondern Franken. Außerdem waren die Hohenzollern die Burggrafen von Nürnberg gewesen, bevor sie 1415 zu Markgrafen von Brandenburg berufen wurden, um dort den Grundstein des späteren Staates Preußen zu legen. Vielleicht war diese Beziehung auch der Grund für Pascals Zuneigung zum Club. Rational klargemacht hatte er sich das nie. Nürnberg war erlaubt, München nicht.

Inzwischen waren sie in den Mohnweg eingebogen, und kurz darauf hielt der Wagen vor Hausnummer 34. „So, junger Mann, da wären wir.“ An der Tür klingelte er Sturm, obwohl er einen eigenen Schlüssel besaß. Es dauerte eine Zeit, die Pascal über Gebühr lang vorkam, bis im Obergeschoß ein Licht anging, dann noch eins, dann im Wohnzimmer; gleich mußte jemand kommen. Der Stiefvater öffnete im Bademantel. „Pascal“ rief er voller Überraschung aus, „was machst Du denn so spät hier, wieso benutzt Du nicht Deinen Schlüssel?“ Pascal stürmte an ihm vorbei ins Wohnzimmer. „Wo ist Mama?“ Mehrfach rief er laut nach der Mutter. Der Stiefvater packte ihn unsanft am Arm: „Sag’ mir sofort, was Du hier für ein Theater aufführst!“ In dem Moment hörte er die Schritte, mit denen die Mutter die Treppe herunterkam. „Opa liegt im Krankenhaus. Die Türken haben ihn zusammengeschlagen!“ Die Botschaft schlug ein wie eine Bombe. „Was?“ fragte der Stiefvater mit einem langgezogenen „ah“, während sich die Mutter langsam einen Stuhl zurechtrückte. „Mein Gott“, brachte sie stammelnd heraus. „Wie ist das denn passiert?“ Pascal begann zu erzählen. Er war jetzt, da er die Situation noch einmal vollständig in seinem Kopf abspulte, so aufgeregt, daß er sich nicht setzen konnte, sondern die ganze Zeit im Raum hin und her lief. Der Stiefvater hatte sich zur Mutter an den Tisch gesetzt. „Ja", endete Pascal seine Schilderung, „ich komme gerade vom Krankenhaus." Der Satz klang so lakonisch, daß der Stiefvater leise auflachen mußte. „Tja, dann bleib' vorerst bei uns. Die Mutter erhob sich langsam. „Ich mach' uns einen Kaffee. Sei trotzdem morgen pünktlich in der Schule", setzte sie hinzu.

Am nächsten Morgen lastete die Stimmung dumpf und schwer über dem Frühstückstisch, an dem Mutter und Sohn Ormunait allein saßen. Der Stiefvater hatte in aller Frühe das Haus verlassen, um zu einem Geschäftstermin nach Frankfurt zu fahren. Pascal hatte keinen Hunger. Er war immer noch erregt und hatte schlecht geschlafen. Seit dem Aufwachen hatte er das Gefühl einer riesigen Blase im Bauch. Mechanisch kaute er an einem Brötchen, das er halbgegessen auf dem Teller liegen ließ. Lustlos fuhr er mit der Straßenbahn zur Schule. Dort war der Vorfall um ihn und seinen Großvater bereits bekannt. Eine kleine Meldung mußte durch einen Lokalsender gegangen sein. Nicht bekannt waren die Beteiligten. Als Pascal darüber aufklärte, wurde die Nachricht Tagesgespräch. Die Erzählungen, die er begann, sollten vor allem der Abarbeitung dienen. Aber seine Erwartung, daß allenthalben die Empörung über den Terror der Halbstarken die einzig mögliche Reaktion sein würde, trat nicht ein. Warum sich denn der Großvater habe einmischen müssen, war ein häufig gehörter Einwand; ihm als Fußgänger hätte es doch egal sein können, wenn ein Auto falsch parkt. Pascal erschien das Gerede als Umkehrung der Wertigkeiten. Natürlich war sein Opa kein Hilfssherif, aber er mußte doch das Recht haben, auf eine bestehende Ordnung hinzuweisen. Auch Kai urteilte in diese Richtung. „Man soll sich mit den Kanaken nicht einlassen, weiß doch jeder. Klar hatte Dein Opa Recht, aber Du kennst den Spruch: Hier ruht der Radfahrer, der Vorfahrt hatte." Als sei es mit dem Unverständnis nicht genug, mischte sich Zynismus in die Kommentare. Die Innenansicht des Krankenhauses sei die zwangsläufige Folge, wenn ein alter Mann in einen Ringkampf mit der A-Jugend gehe, und ähnliche Spitzen brachten die Lacher auf ihre Seite. Wer den Schaden hat, braucht für den Spott nicht zu sorgen.

Pascal kam frustriert nach Hause. „Nach Hause" hieß von diesem Zeitpunkt an nach Junkersdorf. Denn in der Wohnung des Großvaters hielt er es unter den gegebenen Umständen nicht aus. Gleich nach dem Essen fuhr er mit dem Golf der Mutter nach Ehrenfeld, um den Großteil seiner Sachen und die wichtigsten Bücher zu holen. Als er an der Kreuzung Gürtel/Venloer Straße vorbeikam, verkrampfte sich ihm der Magen. Warum um alles in der Welt hatte er nur diesen sinnlosen Gang machen müssen? Ohne den Umweg über die amerikanische Feinkostkette wären sie nicht auf die Türken getroffen. Pascal biß sich auf die Lippen. Letzten Endes war alles seine Schuld.

Die Wohnung wirkte seltsam verwaist. Pascal war nicht zum ersten Mal alleine hier, im Gegenteil, es kam öfter vor, zum Beispiel, wenn Opa in die Kirche oder spazieren ging oder in der Altenstube Schach spielte. Jetzt aber kam sie ihm anders, verlassen, vor, obwohl der Großvater nur für ein paar Tage im Krankenhaus liegen würde. Spätestens nächsten Samstag würden sie wieder in der Küche sitzen und Bundesliga hören. Pascal versuchte, sich seine Hoffnung als Gewißheit einzureden, aber insgeheim spürte er Zweifel. Er bemühte sich, die negativen Gedanken zu verdrängen, packte hastig alles, was er in der nächsten Zeit brauchen würde, zusammen und verließ den Ort, der ihm unangenehm geworden war. Er war froh, als er wieder im Auto saß. Als erstes steuerte er das Elisabeth-Krankenhaus an.

„Wilhelm Ormunait – Sind Sie verwandt? Der Enkel, so. Zimmer 304. Eigentlich ist erst in einer halben Stunde Besuchszeit, aber ich werde mal ein Auge zudrücken."

Pascal hatte es eilig, vom Großvater zu hören, daß alles in Ordnung sei und er noch in dieser Woche das Krankenhaus verlassen würde. Zu ungeduldig, um den Fahrstuhl abzuwarten, hastete er die Treppen hinauf in den dritten Stock. Wenig später stand er außer Atem vor Zimmer 304. In einer Mischung aus Hoffen und Bangen klopfte er an und öffnete, ohne eine Antwort abzuwarten, die Tür. Er stand in einem Doppelzimmer. Der Großvater saß in dem Bett am Fenster und löste Kreuzworträtsel. Er schaute bereits zur Tür, als der Enkel eintrat. Es schien ihm gut zu gehen.

„Grüß' Dich, Junge", sagte er mit erfreulich kräftiger Stimme. Dann drehte er vorsichtig seine Beine zur Seite und versuchte aufzustehen.

„Warte, Opa, ich helfe Dir", beeilte sich Pascal, ihn zu unterstützen. Er ergriff Arm und Schulter und half ihm aus dem Bett.

„Komm, Junge, wir machen einen kleinen Spaziergang."

Nur zu gern kam Pascal diesem Vorschlag nach, denn er bedeutete, daß der Großvater keine schwerwiegenden Verletzungen haben konnte. Begierig erwartete er den Bericht. Was er dann zu hören bekam, war nicht das Erhoffte. Es ließ die gerade aufkommende gute Stimmung in ihr Gegenteil umschlagen. Durch den Sturz hatte sich der Großvater, genau wie der Enkel, eine leichte Verstauchung an der Hand zugezogen. Außerdem hatte er sich die Schulter geprellt. Das wäre noch kein Grund für eine stationäre Behandlung gewesen, aber es hatte sich herausgestellt, daß die Schläge, die Wilhelm Ormunait hatte einstecken müssen, bei dem alten Mann eine leichte Gehirnerschütterung hervorgerufen hatten. Für sich genommen waren die Blessuren nicht besonders besorgniserregend. Der Großvater behauptete, nichts zu spüren, weder an Kopfschmerzen noch an Schwindel zu leiden. Aber wahrscheinlich glaubten ihm das die Ärzte nicht. Jedenfalls hielten sie es aus Vorsichtsgründen für geboten, den Patienten noch einige Tage zur Beobachtung in der Klink zu behalten.

„Und was soll das heißen, einige Tage?“ fragte Pascal besorgt.

„Sie sprachen von ungefähr einer Woche.“

„Uh, das ist aber lang.“

Der alte Mann zuckte mit den Schultern. „Was soll’s? Vielleicht haben sie ja recht.“ Pascal staunte, mit welchem Gleichmut der Großvater die Anordnung akzeptierte. Das kannte er nicht an ihm. Gestern noch hatte er sich weigern wollen, überhaupt in den Rettungswagen zu steigen. Trat hier Resignation zu Tage? Der Großvater bemerkte das ängstliche Mißtrauen des Enkels. „Außerdem, Pascal, stell’ Dir vor, was zu Hause für ein Theater wäre, wenn Deine Eltern hören würden, daß ich das Krankenhaus gegen den Rat der Ärzte verlassen hätte. ‚Da siehst Du wieder, wie dickköpfig der Alte ist, will sich nicht helfen lassen und wir dürfen dann Botengänge für ihn zur Apotheke machen und so weiter’“, äffte er den Tonfall des Stiefvaters nach. „Sie würden darauf bestehen, daß ich zu ihnen in die Wohnung käme, und versuchen, mich zu kontrollieren. In Junkersdorf hätte ich keine ruhige Minute. Dein Vater würde meckern und Deine Mutter mich ständig betutteln und zeigen, wie besorgt sie ist. Nein, da bleibe ich lieber hier und gebe ihnen keinen Anlaß, mich herumzukommandieren.“

Beide lachten auf. Pascal war überzeugt. Zwar würde es aller Wahrscheinlichkeit nach umgekehrt sein, der Großvater würde die Eltern herumkommandieren, die Mutter zur Apotheke scheuchen und sich über den Stiefvater echauffieren, der ihn, Wilhelm Ormunait, lieber im Krakenhaus sähe als bei der Familie, am allerliebsten auf dem Friedhof. Aber wie auch immer, der Konflikt wäre vorprogrammiert, und angesichts dessen war es wirklich sinnvoll, wenn Opa bis nächste Woche im Krankenhaus bliebe. Außerdem war es so schlecht nicht, daß er dadurch unter der Obhut der Ärzte stand, man konnte nie wissen.

„Zur Winterpause bin ich draußen."

Die beiden unterhielten sich noch lange über dies und das, die Schule, den Absturz des Clubs, der Wilhelm Ormunait offensichtlich mehr Sorgen bereitete als sein eigener Gesundheitszustand, über Lukas Podolski, der gut daran täte, nach Köln zurückzukehren, und über Stefan Middelhoff, der einen so arroganten und unsympathischen Namensvetter hatte. Nach einer Stunde verabschiedeten sich die beiden voneinander. Aufgrund der überraschenden Verlängerung des stationären Aufenthaltes benötigte der Großvater einige Kleidungsstücke und ein paar andere Utensilien. Für Pascal war es eine Selbstverständlichkeit, noch am selben Tag dafür zu sorgen, daß der Großvater alles erhalten würde. Ohne zu zögern, fuhr er die Strecke, die er gekommen war, wieder zurück, betrat zum zweiten Mal die verwaiste Wohnung, packte in Höchstgeschwindigkeit alles zusammen, was dem Großvater dienlich sein könnte, vergaß insbesondere den Jahreskicker nicht und war bald wieder auf dem Weg zum Elisabethkrankenhaus. Dabei passierte er zum vierten Mal den Ort des Geschehens. „Scheißtürken", dachte er.

* * *

Die nächsten Tage verliefen nach einem Einheitsschema: Von der Schule ins Krakenhaus, von dort zum Mohnweg 34, etwas lesen, Hausarbeiten machen, für's Abi lernen. Auch die Mutter fand sich täglich am Krankenbett ihres Vaters ein. Am Samstag, dem 8. Dezember, am Vorabend des Zweiten Advents, besuchten sie den Großvater gemeinsam. Es ging ihm viel besser. Er hatte nun tatsächlich keine Kopfschmerzen mehr, die Prellungen waren abgeklungen, und auch die resignative Stimmung war verflogen. Er lästerte über die

Krankenschwestern, was ihn nicht daran hinderte, mit ihnen zu flirten, und tadelte die Ärzte. Das war ein gutes Zeichen. Das Kämpferherz war wieder erwacht. Im Bett hielt er sich, wie er stolz berichtete, nur nachts auf, tagsüber machte er Ausflüge durch den ganzen Gebäudekomplex, den er auf seine architektonische Erlaubtheit hin kritisch untersuchte. Mit einigen der anderen Patienten spielte er Schach, den Pflegern erzählte er Anekdoten aus Ostpreußen. Fast konnte man glauben, er mute sich zu viel zu, indes Pascal glücklich und erleichtert war. Gesundheit merkt man der Stimmung an. Zur Feier des Tages zündete sich der alte Preuße eine dicke Zigarre an. „Das wollten sie mir verbieten. Dadurch schmeckt sie umso besser."

Am selben Tag lag ein ungewöhnlicher Brief im Kasten, Absender Polizeipräsidium Köln. Für den 20. Dezember wurde Pascal zu einer Zeugenvernehmung geladen. Er nahm es befriedigt zur Kenntnis. So schnell hatte er nicht damit gerechnet. Die Polizei ließ keine bürokratische Trödelei einreißen, um dem kriminellen Gesocks das Handwerk zu legen. Seine Stimmung bekam beinahe etwas Euphorisches, wenn auch ein melancholischer, von der Sorge um den Großvater genährter Unterton blieb. Es war die Polizeiwache in der Venloer Straße, unmittelbar neben dem Bahnhof in Ehrenfeld, zu der er bestellt war. Mit Bitterkeit rief sich der Gedanke in Erinnerung, wie nah sie zum Ort des Geschehens gelegen und wie fern sie von effektiver Hilfe entfernt war. Die Vernehmung war für 14 Uhr angesetzt; sofort nach der Schule würde er zur Polizei fahren.

Am nächsten Montagmorgen erschien Pascal zum ersten Mal seit jenem dunklen Tag gelöst in der Schule, so gelöst, daß es den anderen auffiel. „Hey, was ist denn mit Dir los", fragte Kai, „hast Du gestern gut gevögelt?"

„Nein, besser", lachte Pascal.

„Was denn, wurdest Du gevögelt?"

Zur Antwort gab es zwar den Mittelfinger, aber beide, Kai und Pascal, wußten ihn scherzhaft aufzufassen. Gut gelaunt fuhr Pascal nach Hause. Wäre er ein guter Sänger gewesen, wäre ihm gewiß zum Singen zumute gewesen, als er den Schlüssel ins Schloß steckte. „Huhu, hallo, seid Ihr da, was gibt's zu essen, Pfannkuchen?" Keine Antwort. „Hallo, Mama, wo bist Du? – Huch!" Pascal war überrascht, den Stiefvater zu sehen. „Was machst Du denn hier? Mußt Du nicht arbeiten?"

Stefan Middelhoff sagte nichts. Jetzt erst nahm er seine Mutter wahr, die mit versteinerter Miene am Wohnzimmertisch saß. Nervös spielte sie mit einer Hand an ihren Lippen. „Stimmt was nicht?“ Alles blieb still. Der Stiefvater räusperte sich.

„Ist was mit Opa?“ Indem er die Frage aussprach, entfaltete sie die Wirkung, die Pascal ängstlich zu unterdrücken suchte. Er hatte das Gefühl, ein Messer führe durch seinen Körper. Endlich begann die Mutter zu sprechen. Mit heiserer Stimme flüsterte sie: „Er ist gestürzt.“

Pascal wagte nicht zu fragen, ob es schlimm sei. Langsam und leise fuhr die Mutter fort. „Oberschenkelhalsbruch!“ Pascal verschnürte es die Kehle. Er wußte, was diese Diagnose bei einem alten Menschen zu bedeuten hatte.

Wenig später betraten Pascal Ormunait und seine Mutter Maria Ormunait-Middelhoff das Foyer des Elisabeth-Krankenhauses in Köln-Müngersdorf. Als Pascal mit bleiernen Schritten die Tür durchschritt, kam sie ihm schwarz, schwer und ultimativ vor, so als führe der Weg schnurstracks zum Schafott. Die Ahnung trog nicht. Es hatten sich Komplikationen eingestellt. Erst jetzt kam zur Sprache, wie schwerwiegend der Sturz gewesen war. Der Großvater war einen kompletten Treppenabsatz hinabgefallen. Dabei hatte er sich neben dem Oberschenkelhalsbruch eine Reihe von Prellungen und Blutergüssen zugezogen. Innerhalb kurzer Zeit hatte sich sein Allgemeinzustand so verschlechtert, daß man ihn auf die Intensivstation verlegen mußte. Alles hatte sich schon am Abend zuvor zugetragen. Pascal wurde wütend. Warum hatte man sie erst so spät benachrichtigt? Darauf gab es nur Achselzucken zur Antwort. Wenig Personal, Vorrang der Krankenversorgung, keine Zeit. Sehen könnten sie ihren Angehörigen leider nicht, zur Intensiven könne Besuchern der Zutritt nicht gestattet werden. Ob man denn wenigstens den behandelnden Arzt sprechen könne. Ja, aber der sei im Moment in einer Behandlung, sie müßten ein wenig warten. Also setzten sich Pascal und seine Mutter ins Wartezimmer. Die Zeit verging, eine Stunde, anderthalb, weder Pascal noch die Mutter konnten sich auf die Zeitschriften, in denen sie nervös herumblätterten, konzentrieren. Sie sprangen auf, setzten sich wieder, sprangen erneut auf und liefen hin und her. Endlich kam der Arzt. Das Ergebnis des Gesprächs war ernüchternd. Mutter und Sohn hörten nur, was sie schon gehört hatten, Komplikationen, Intensivstation, keine Besuchsmöglichkeit. Ob die Situation besorgniserregend sei? „Den Umständen entsprechend. Ihr Vater ist kein junger Mann mehr.“

Die Mutter hielt kurze Zeit inne. Man merkte, daß sie sich nicht traute, etwas zu sagen, weil sie vor dem eigenen Gedanken erschrak. Der Arzt blickte ungeduldig auf die Uhr. „Mehr kann ich Ihnen leider nicht sagen, Frau Ormunait, wir können nur abwarten."

Die konkludent ausgesprochene Botschaft, daß die Besucher besser nach Hause gehen sollten, weil ihre Anwesenheit die Krankenhausroutine im besten Falle nicht störte, war das Zeichen für die Mutter, sich endlich zu der Frage durchzuringen, die im Raume stand: „Müssen wir mit dem Schlimmsten rechnen?"

Der Arzt blickte zu Boden. Nach einem betretenen Schweigen sagte er: „Das können wir nicht ausschließen."

Die Mutter nickte stumm.

„Aber wir wollen auch nicht den Teufel an die Wand malen", fuhr der Arzt fort. Dabei wirkte er wie ein Schaffner, der sagt, er wisse nicht, ob der Zug pünktlich käme. Sie drückte seine Hand. „Wir tun unser Bestes, Frau Ormunait, ich verspreche es Ihnen."

Die Worte des Arztes klangen für Pascal so, als hätte er gesagt: „Bereiten Sie für alle Fälle die Beerdigung vor, absagen können Sie sie immer noch."

Pascal empfand einen Haß auf den Arzt und haßte sich gleichzeitig selbst für diesen Haß. Was sollte der Mann anderes sagen, er konnte ihm im Grunde keinen Vorwurf machen. Pascal tat es trotzdem. Vielleicht brauchte sein Schmerz ein personalisiertes Ziel, und da diese Person konkret vor ihm stand, wurde sie dazu. Die beiden fuhren nach Hause, die Mutter traurig und resigniert, der Sohn traurig und wütend.

In den nächsten Tagen veränderte sich nicht viel. Pascal stand vollkommen neben sich. In die allgemeine Stimmungslage paßte die spezielle der Fußball-Bundesliga. Ausgerechnet gegen Schalke kassierte der 1. FC Nürnberg zum Abschluß der Hinrunde die Niederlage, die ihn auf einen Abstiegsplatz hinabdrückte. Pascal versuchte daraus ein Zeichen herbeizuzwingen, einen symbolischen Opfergang zu sehen, den er für des Großvaters Genesung zu erbringen hätte – und wieviel Abstieg hätte er für dieses Ziel in Kauf genommen! Wenigstens hoffte er jenseits solcher metaphysischen Quacksalberei, der Großvater würde durch geheimnisvolle Windungen des Schicksals die Geste intuitiv spüren, eine telepathische Eingebung des Ergebnisses haben und eine mentale

Auferstehung beginnen, die in eine körperliche mündete. In Zeiten der Not gibt es wenige Surrealismen, zu denen der Mensch keine Zuflucht sucht. Aber Schalke spielte nicht für den Großvater, sondern für sich selbst, und der 1. FC Nürnberg stand nicht auf Platz 16, um Pascal zu retten, sondern weil er aus Unvermögen nicht anders konnte. Sportliche Beschränkung, nicht jenseitige Sinngebung stand dahinter.

In der Schule beschränkte Pascal seine Teilnahme am Unterricht auf die körperliche Anwesenheit; das hatte es selten gegeben. Mit den anderen sprach er kaum. In einer großen Pause, als er zufällig neben Kai am Kaffeeautomaten stand, ließ er seinen Gedanken freien Lauf: „Weißt Du, das ist alles komisch. Du bereitest Dich auf' s Abi vor, versuchst einigermaßen den Stoff klarzukriegen, guckst die Tagesschau, siehst den Tatort, liest die Zeitung. Uli Hoeneß bekommt einen Wutanfall, Beckham hat Blähungen, Biolek rührt einen neuen Quark an und – ja, und irgendwo sterben die anderen. Es sind immer die anderen, die sterben, das geht einen alles gar nichts an oder höchstens als Anekdote." Pascal stockte. Seine Worte hatten alles ausgedrückt, was es hier und jetzt zu sagen gab. Kai erfaßte Pascals Gefühlslage. Er räusperte sich kurz und sagte dann: „Ich kann dazu nicht viel sagen, aber sieh es mal so: Wenn, also falls es jetzt schnell gehen sollte, dann, bitte versteh' mich nicht falsch, aber dann hätte Dein Opa doch einen annehmbaren Tod. Kein Krebs, kein Alzheimer, nichts von dieser ganzen Scheiße. Er ist vierundachtzig." Kein „kelle, kelle, kelle" kam zur Unterstreichung, Pascal nickte. Was Kai gesagt hatte, war richtig, rational betrachtet. Trotzdem tat es unglaublich – und für Nichtbetroffene nicht nachvollziehbar – weh, wenn auf einmal klar wurde, daß ein Leben im Begriff stand, dem Ende entgegenzugehen, daß der Tod nicht nur eine theoretische Größe war, der man dankbar sein konnte, wenn sie auf leisen Sohlen ohne Folter und Qual herbeeilte. Möglichst sanft sollte er schon sein, aber vor allem möglichst weit weg. Er umarmte seinen Kursgenossen.

Zu den Dingen, die Pascal trotz allem tun mußte, gehörte, die Weihnachtsgeschenke zu kaufen. Fiel es ihm auch sonst schon schwer, die richtige Muße hierfür zu entfalten, geriet es ihm in seiner düsteren Stimmung zur ausgesprochenen Pflichtaufgabe. Er wußte nicht, was er den Eltern schenken sollte, insbesondere dem Stiefvater. Bei der Mutter lief es in der Regel auf ein Buch hinaus, sie las gern, aber da ihr Ehemann nie Zeit hatte, kam das für ihn nicht in Frage. Was schenkt man jemandem, der alle materiellen Besitztümer schon hat oder sich doch kaufen kann, wenn man keine innere Bindung zu ihm hat? Lust-, ziel- und ratlos ließ sich Pascal durch die Schildergasse treiben. Weihnachtsmänner mit Mänteln, deren Rot zu grell leuchtete und deren Bärte aussahen, als seien sie hundertmal mit Persil gewaschen, verteilten Werbeprospekte oder riefen in Schaufenstern zum Kauf der neuesten Unterhaltungselektronik auf. DVD, Super-Player, Handy mit Fotofunktion, iPhone oder ein besonders ausgeklügeltes Navi lauteten die Maßeinheiten, in denen die Menschen anläßlich der Geburt Christi die Liebe zu ihren Nächsten ausdrückten. Pascal nahm sie zur Kenntnis. Ohne Plan lief er durch die Läden, um schließlich von einer seltsamen Trommelmusik angezogen zu werden, die aus dem Kaufhof kam. Begleitet wurde sie von einem exotischen Gesang: „Heijaijaijah heijajjah, heijaijah heijaijah." Wie von unsichtbarer Hand geleitet, lief Pascal dem Gejaule nach, um nach ein paar Augenblicken vor einer Dreiergruppe verkleideter Winnetous zu stehen, deren rotbraun geschminkte Gesichter in tiefschwarzen Perücken mit langen Zöpfen steckten. Der Federschmuck auf dem Kopf durfte nicht fehlen. Sie gaben einen Vorgeschmack auf den kommenden Karneval, der dieses Jahr kurz ausfallen würde, weil die drei tollen Tage früher als sonst lagen. Ihre besondere Note erhielt die Dreiercombo durch die Tatsache, daß die tapferen Krieger vergessen hatten, ihre Beine zu schminken, die aus den kurzen Hosen hervorstachen. Ihr kalkiges Weiß wurde durch den Kontrast zur Gesichtsschminke noch verstärkt. Es ergab sich eine eklektische Mischung aus Rothaut und Bleichgesicht, die ähnlich authentisch wirkte wie ein Busfahrer mit Cowboyhut. Das „Hejah Heijajah" hatte inzwischen aufgehört, der Häuptling hatte ein Mikrofon zur Hand genommen. In breitem Kölsch stellte er die erste Gummersbacher Indianergruppe von 1995 vor. Für eine Stunde später drohte er den nächsten Auftritt an. Angewidert drehte Pascal sich um. Er ärgerte sich, daß es der Gurkentruppe gelungen war, ihn in das Kaufhaus zu locken. Unschlüssig stand er im Gang und stellte fest, daß er in der Kosmetikabteilung gelandet war. Kaum hatte er sich vollständig orientiert, sprach ihn eine angealterte Verkäuferin, die ihre Blässe mit der Sonnenbank und die dadurch hervorgerufene Faltenbildung mit viel Creme bekämpfte, an. Mit ihrem Outfit paßte sie wie die Faust auf' s Auge zu den Indianern. Mit dem aufgesetzten Lächeln des Händlers, der wie eine Spinne ein sicheres Gespür dafür entwickelt hat, wenn er eine Beute wittert, umgarnte sie ihn: „Kann ich Ihnen helfen, junger Mann, für wen suchen Sie denn ein Geschenk, für den Vati?“ Woher sie das nur wußte. „Hier haben wir etwas Nettes.“ Sie hielt Pascal ein Rasierwasser unter die Nase. „Tabac original. In der Komplettgarnitur mit einer schönen Seife.“ Pascal war sich nicht sicher. Die Verkäuferin wußte die Zweifel geschickt zu zerstreuen. „Damit können Sie nichts verkehrt machen, waschen muß man sich immer. Und die Seife wird auch nicht schlecht.“

„Hm.“ Pascal überlegte. „Können Sie mir die Sachen verpacken?“

„Aber natürlich. Das macht meine Kollegin an der Kasse. Ich bringe es Ihnen rüber.“ Pascal ließ es sich gefallen. Er war froh, daß er die Angelegenheit abhaken konnte. Für die Mutter würde er ein Buch kaufen, wie immer. Vielleicht eine schöne Ausgabe von Effi Briest. Am Wochenende würde er ins Antiquariat gehen.

Eine Vernehmung

Der 20. Dezember kam, und mit ihm die schlechte Stimmung. Mit der 13 fuhr Pascal vom Ring bis zu der Haltestelle, an der er beinahe totgefahren worden wäre. Hier hatte alles seinen Ausgang genommen, als er die feige Attacke beobachtet hatte. Ihm wurde mulmig. Was hatte das alles jetzt noch zu bedeuten, da man bei Opa mit dem Schlimmsten rechnen mußte? Er hatte diesen Gedanken noch nicht ganz gefaßt, da stieß er ihn wieder, wütend auf sich selbst, von sich. So durfte er nicht denken. Die Verbrecher müßten ihre gerechte Strafe bekommen, und er, Pascal, schuldete dem Großvater, daß er alles, was in seiner Macht stand, dazu beitrug. Festen Schrittes überquerte er die Straße. Wenige Augenblicke später stand er vor der Wache Ehrenfeld. Wie nah sie dem Ort des Geschehens lag! Pascal war über die Dreistigkeit schockiert, daß jemand zweihundert Meter von einem Stützpunkt für Sicherheit und Ordnung entfernt einen offenen Rechtsbruch begehen konnte, ganz so als wäre er nicht existent. Offensichtlich fühlten sich Schläger von der Nähe der staatlichen Gewalt, die theoretisch ein staatliches Monopol sein sollte, nicht bedroht.

Den Vorraum konnte er ungehindert betreten. Dort befand sich eine Art Schalter, an dem er sich anmelden mußte. „Guten Tag, mein Name ist Pascal Ormunait, ich bin für 14 Uhr zu einer Vernehmung bestellt.“ Der Wachtmeister ließ sich die Ladung und den Personalausweis durch ein bewegliches Fach reichen, mit dem Papier und ähnliches unter einer Scheibe, vermutlich aus Panzerglas, hindurchgereicht werden konnte. „Bitte nehmen Sie einen Moment Platz. Sie werden gleich abgeholt.“ Pascal war zu nervös, um sich auf einen der Plastiksitze zu setzen. Stattdessen lief er auf und ab. An der rechten Wand steckten in einer Halterung diverse Prospekte und Flyer. Pascal fingerte einige von ihnen heraus. „Wie Fahrradfahrer zur Gefahr werden“, „Achtung Autoeinbrüche“, „Sicherer Schulweg“ und ähnlich lauteten die Überschriften. Ein weiteres Faltblatt erschien Pascal seltsam: „Wie erkenne ich Rechtsextremismus? Hilfe für Eltern betroffener Kinder.“ Er grinste. Im Gemeinschaftskundeunterricht hatten sie etwas Ähnliches in bezug auf Homosexualität durchgenommen. Dafür war sogar eine Tante vom Jugendamt oder der Aidshilfe in der Schule angerückt. Leitspruch war gewesen, „zu erkennen, um zu verstehen“, Liebe verdiene Respekt, man müsse sich in andere Sichtweisen einfühlen und dergleichen. Pascal hatte den Eindruck einer aufgesetzten Aktion gehabt. Entweder jemand war schwul oder nicht, was gab es da einzufühlen. Kai – wer anders? – hatte den geistigen G-Punkt getroffen: „Hast Du Scheiße auf der Spitze, warst Du in der falschen Ritze.“ Die Klasse hatte getobt, und selbst der Lehrer mußte schmunzeln. Die Aidshilfetante war tödlich beleidigt. Kais Äußerung sei diskriminierend, mit dem Thema der sexuellen Selbstfindung dürfe man keine Scherze treiben usw.

In dem Rechtsextremismusblatt ging es augenscheinlich nicht um einfühlendes Verständnis. Der vergleichsweise kurze Text hätte es nicht vermitteln können. Stattdessen erzeugte eine Reihe reißerischer Bilder eine ebensolche Stimmung: ein Paar Springerstiefel, eine Glatze von hinten, zwei tätowierte Arme, ein Baseballschläger, eine Reichskriegsflagge, ein großformatiger Spruch in orangeroter Alarmfarbe: „Wachsam sein!“ Das Arrangement wirkte wie Werbung für die Bild-Zeitung. Auf der Rückseite des Blattes befand sich ein Bestellformular für weitere Broschüren zum Thema: „Wie erkenne ich Nazis?“, „Rechte Lieder und Symbole“, „Rechtsradikale Mode“, „Rechte Denkstrukturen: Symptome und Therapie“. Erstaunt nahm Pascal zur Kenntnis, daß die Landeszentrale für politische Bildung NRW der Herausgeber war, eine Institution, bei deren Namen er Seriosität und Sachlichkeit erwartete, aber keine marktschreierische Propaganda. Erst recht erschloß sich ihm nicht, warum in einer Polizeiwache politische Thesenblätter auslagen, die mit Verbrechensbekämpfung wenige Berührungspunkte aufwiesen. Er beschloß, sich nicht weiter darum zu kümmern.

Überdies erweckte ein Schwung Informationsblätterblätter in türkischer Sprache, die gleichfalls in der Halterung steckten, seine Neugier. Was darin wohl zu lesen sein mochte? Vielleicht: „Dein Freund und Helfer als Partner bei der Integration“? Es konnte aber auch ein Anwerbeblatt sein. Darauf schien ein Informationscoupon zum Ausschneiden zu deuten. Die Zielanschrift, das Polizeipräsidium Köln, war das einzig Deutsche auf dem sechsseitigen Faltblatt. Mehrfach hatte er in der Zeitung gelesen, daß die Polizei inzwischen massiv „Mitarbeiter mit Migrationshintergrund“ suchte, um, wie es hieß, Aggressionspotentiale gegen den deutschen Staat aufseiten der Mitbürger abzubauen. Außerdem erhoffte man sich von den neuen Mitarbeitern, daß sie, anders als ihre deutschen Kollegen, in der Lage wären, in bestimmte Stadtviertel zu fahren, ohne Leben oder Gesundheit zu riskieren. So etwas gab es! In bestimmten Gegenden von Kalk sollte das kein Ausnahmefall sein. Für einen deutschen Polizisten empfahl es sich, sie zu meiden. Es sollte sogar vorkommen, daß Polizeiwagen von der zugewanderten Nachwuchsmilitanz regelrecht in die Flucht geschlagen wurden. Ein Fall war bekannt geworden, bei dem eine Streife zwei pubertierende Marokkaner dabei ertappt hatten, als sie, eine ganze Straße entlang, die Seitenspiegel der Autos abgetreten hatten, um ihren Frust am – arbeits- und sinnlosen – Dasein, das ihnen die Mehrheitsgesellschaft zumutete, abzubauen. Innerhalb von zwei Minuten hatten die Typen per Handy über hundert Gesinnungsgenossen zusammengetrommelt. Die Polizisten wurden bespuckt und bepöbelt und sogar tätlich angegriffen. Einer von ihnen mußte mit der Pistole drohen, um das Schlimmste zu verhindern. Unter lautem Gejohle fuhren die beiden Beamten rückwärts aus der Straße, nicht ohne dabei mit Flüchen und Baseballschlägern traktiert zu werden. Der Streifenwagen soll hinterher schrottreif gewesen sein, hieß es. Mehr als Gerüchte hatte die Öffentlichkeit jedoch nicht erfahren. Die Berichterstattung hatte mit einer kleinen Zeitungsmeldung Anfang und Ende gefunden, und bereits diese hatte, wie man flüsterte, hinter den Kulissen für Panik gesorgt. Maßgebliche Kreise waren alarmiert und sahen Handlungsbedarf – in puncto der vorlauten Presse. Im toleranten Köln durften keine ausländerfeindlichen Emotionen geschürt werden. Angeblich hätte der Polizeipräsident höchstselbst im Einvernehmen mit dem Oberbürgermeister Deeskalation als Gebot der Stunde ausgegeben. Im Internet aber feierten hunderte von Einträgen in diversen Foren noch tagelang den Sieg über die Scheißschweinefresserbullen, den Scheißstaat und die Scheißdeutschen.

Pascal schüttelte mit dem Kopf. Er hielt die Herangehensweise des Staates für verquer. Seiner Ansicht nach zog man das Pferd vom After her auf. Wenn das Aggressionspotential unter den Ausländern wirklich so hoch war, wie behauptet wurde, sollte man mit Härte darauf reagieren und nicht mit Rückzug. Er konnte nicht nachvollziehen, daß ein normaler deutscher Polizist nicht mehr in der Lage sein sollte, ohne Angst in jede Straße von Kalk zu fahren, und deshalb Ausländer eine Entsatzkompanie stellen mußten. Kapitulation war keine Lösung. Von der Richtigkeit seiner Ansicht hätte ihn niemand abbringen können, dafür würde er gern in Kauf nehmen, als naiv zu gelten. Gleichzeitig spürte er, wie die Wut in ihm hochstieg. Die Kapitulanz machte es erst möglich, daß sich solche Halbstarken, wie sie auch Opa auf dem Gewissen hatten, wie die Herrenmenschen benehmen konnten und den Einheimischen unzweideutig klarmachten: „Die Straße gehört uns." Erst die Straße. Dann die Stadt. Wer weiß, ob es dabei bleiben würde?

„Herr Ormunait? Kommen Sie bitte mit." Pascal blickte auf. Ein Polizist in Zivil stand in der halb geöffneten Tür. „Guten Tag, Mertens mein Name." Mit dem Fahrstuhl ging es in den vierten Stock des profanen Verwaltungsbaus. Beiderseits eines engen Flurs mit Linoleumboden lagen die Büroräume. Durch die dritte Tür auf der linken Seite betraten die beiden das Zimmer von Herrn Mertens. Am Fenster standen zwei Schreibtische einander gegenüber, ein dritter kleinerer befand sich vor Kopf zu ihnen. Die kastigen Monitore auf den beiden größeren Tischen wirkten selbst für einen Technikverweigerer wie Pascal altmodisch. Vor zehn Jahren wären sie modern gewesen. Auf den Tischen herrschte ein auf seine Weise „geordnetes" Chaos aus Papieren, Unterlagen, Stempel- und Stifthaltern. An der Wand hing die übliche Büroausstattung, wie man sie vom „Tatort" kennt: Kalender mit großen Feldern zum Eintragen von Terminen, ein schwarzes Brett mit allerlei Ansichtskarten, ein Wimpel vom 1. FC Köln, oder, wie man hier sagt, vom „Efffzehhh". Die offenkundigen Glanzlichter bestanden aus zwei Schwarz-Weiß-Computerausdrucken. Auf einem von ihnen war ein Angler abgebildet, der bis zum Bauch im Wasser stand und selig grinste. Im Wasser nuckelte ein Karpfen an einem Körperteil südlich des Bauchnabels, den er dem Köder am Haken vorzog. Der Spruch zum Bild lautete: „An der Rute." Kai hätte seine helle Freude an der bemerkenswerten Alternative zum Pin-up-Girl gehabt. Pascal würde ihm gleich morgen davon erzählen.

„Bitte nehmen Sie Platz." Herr Mertens deutete auf den kleinen querstehenden Schreibtisch. Pascal setzte sich. Der Kommissar, ein Mann von etwa 45 bis 50 Jahren, hatte noch dichtes, an den Schläfen leicht graues, halblanges Haar, Vollbart. Er trug eine Cordhose und einen dicken braunen Wollpullover. „Wir können eigentlich gleich zur Sache kommen. Sie wissen ja, warum Sie hier sind."

„Ja."

„Also“, setzte Herr Mertens fort, „Eine Zeugin konnte sich zum Glück die Autonummer merken. Dadurch war es uns möglich, einige Leute zu ermitteln, den Halter und Personen aus dem Umfeld.“

Daß der Halter nicht mit dem Fahrer identisch zu sein braucht, wußte Pascal, doch er verstand nicht, was unter dem Begriff „Umfeld des Halters“ zu verstehen war. Ein Umfeld konnte es nur geben, wenn die Polizei nähere Informationen über ihn hatte. Herr Mertens schien die Gedanken zu erraten. „Es ist so“, begann er erneut, „daß uns manche Personengruppen nicht ganz unbekannt sind. Es ist möglich, daß es gewisse Verbindungslinien zu den Tätern im Falle Ihres Großvaters gibt.“

Pascal nickte artig, obwohl die als Erläuterung gedachten Worte ihm die Zusammenhänge nur noch kryptischer erschienen ließen. Herr Mertens blieb unbeirrt: „Ich werde Ihnen jetzt eine Lichtbildmappe vorlegen, und Sie sagen mir, ob Sie jemanden erkennen.“ Damit legte er einen Aktenordner vor Pascal auf den Tisch. „Blättern Sie bitte alle Seiten durch.“

Pascal begann, die Seiten umzuschlagen. Für Herrn Mertens ging er dabei anscheinend zu schnell vor. „Langsam, langsam, junger Mann. Sehen Sie sich die Bilder genau an, wir haben Zeit, nichts überstürzen. Lieber genau hinsehen. Das ist wichtig.“

Pascal versuchte sich zu bremsen. Aber eigentlich war das überflüssig. Er hatte die Schläger im Kopf, zumindest den, der den Großvater direkt angegriffen hatte. Dessen Visage hatte sich ihm tief eingebrannt. Wenn sie dabei war, würde er sie auf jeden Fall wiedererkennen, daran bestand kein Zweifel. Auch an den Fahrer konnte er sich noch gut erinnern. Er blätterte weiter und achtete darauf, nicht zu hastig zu wirken. Herr Mertens sollte nicht denken, er gäbe sich keine Mühe. Bald hatte er dreißig der nummerierten Bilder, die sich alle untereinander recht stark ähnelten, betrachtet. Nicht, daß die Personen völlig gleich ausgesehen hätten, wie Zwillinge, aber vom Typ her glichen sie sich: Sie waren jung, im Durchschnitt vielleicht zwischen 18 und 25. Einige mochten noch jünger sein, älter war keiner. Viele mit Kettchen um den Hals, die meisten auch mit Piercings oder anderem Körperschmuck. Sie wirkten debil-dynamisch, eine Mischung aus Kampfsport, Sonnenbank, Kraftraum und Drogen. Dicke gab es kaum. Würde man Janine fragen, strahlte ein Teil sogar einen gewissen Charme aus, jedoch mit einem gefährlichen, ins Brutale gehenden Unterton. Nein, die Bilder zeigten, von Ausnahmen abgesehen, keine klischierten Unsympathen, eher Machos, die wußten, wie sie die Frauen umgarnten – und im Bedarfsfalle vergewaltigten. Ethnisch waren sie zu neunzig Prozent dem Balkan, dem vorderen Orient und dem nördlichen Afrika zuzuordnen. Mitteleuropäer waren kaum zu sehen. Bei Nummer 36 hielt er kurz inne, blätterte dann weiter, wieder zurück. „Der sieht so aus, wie der, der meinen Großvater geschlagen hat."

„Sicher?" fragte der Kommissar mit einem Tonfall, der gleichzeitig Bestätigung gab und suchte. Pascal nickte langsam. „Ich glaube ja."

„Glauben ist nicht Wissen. Wie sicher sind Sie sich?"

„Ziemlich. Ja, ich glaube, der ist es. Sieht aber anders aus als in Wirklichkeit."

„Das ist normal." Herr Mertens wirkte befriedigt, und, wie um Pascals letzte Zweifel zu zerstreuen, ergänzte er: „Der hat auf dem Bild wahrscheinlich etwas anderes an."

„Stimmt", erwiderte Pascal und fühlte sich sicherer.

„Passen Sie auf, wenn Sie ganz sicher sind, zeige ich Ihnen noch mehr Bilder von dem sauberen Herrn."

„Ach, Sie kennen den?"

„Oh ja, wir kennen unsere Pappenheimer." Damit schaltete er den Computer ein. „Wir stellen allmählich auf EDV um, auch was das betrifft." Nachdem der PC hochgefahren war, gab der Beamte eine Reihe von Daten ein und erhielt dafür ein gestochen scharfes Porträtbild eines vielleicht 18 Jahre alten Jugendlichen mit schwarzen Haaren, modischer Lederjacke, glitzerndem Ring im rechten Ohr. Das war er! Pascal blickte in genau das Gesicht, das sich ihm an der Kreuzung des Geschehens ins Gehirn gebrannt hatte. Es gab keinen Zweifel mehr. „Ist ein aktuelles Bild", unterstrich der Kommissar noch einmal. „Es macht nichts, daß Sie ihn nicht gleich zu hundert Prozent erkannt haben, auf dem älteren Bild. Im Gegenteil, das würde Ihnen vor Gericht keiner abnehmen." Dann druckte er die Daten des Gefundenen aus. „Das ist ein sogenannter Intensivtäter, ein ganz ausgekochtes Bürschchen. Bitte setzen Sie jetzt die Durchsicht fort. Vielleicht erkennen Sie noch jemand anderen."

Pascal blätterte weiter, und tatsächlich, Nummer 78 war wieder ein Treffer. Bei ihm war sich Pascal sofort sicher. Der gleiche Vorgang wie beim ersten Mal wurde wiederholt, das Papierfoto mit dem digitalen Bild verglichen, die Wiedererkennung erneut bestätigt und die persönlichen Daten ausgedruckt. Der Kommissar bat Pascal, den Ordner noch bis zum Ende durchzugehen, aber er erkannte keinen weiteren Täter. „Macht nichts, zwei haben wir ja." Herr Mertens wirkte aufgeräumt. Sein Habitus strahlte die zuversichtliche Gelassenheit dessen aus, der gerade eine Mathematikklausur mit dem untrügerischen Bewußtsein abgegeben hat, eine schwierige Textaufgabe richtig gelöst zu haben. Augenscheinlich hatte er erreicht, worauf er gehofft hatte. „Jetzt müssen wir den Sachverhalt zu Protokoll nehmen. Bitte lesen Sie sich dafür zunächst diesen Text durch." Herr Mertens deutete auf zwei Zeilen, die als „Belehrung" gekennzeichnet waren. Pascal las dort, daß er als Zeuge Aussagen verweigern konnte, durch die er sich selbst oder nahe Verwandte belasten könnte, daß er ansonsten aber die vollständige Wahrheit sagen müßte. Das war kein Problem. Er brannte schließlich darauf, alles loszuwerden, was an dem Tag geschehen war. Beginnend damit, daß und warum sie an der Haltestelle ausgestiegen waren, über die unglückliche Verkettung von Pascals Hunger mit Opas berechtigter Ungeduld und dem Schaugehabe eines jungen Mitbürgers, der allen zeigen wollte, wer die Regeln setzte. Pascal konnte nicht so schnell sprechen, wie er wollte, da Herr Mertens gleichzeitig die Aussage in den PC tippte. Von Zeit zu Zeit stellte er eine Nachfrage, so daß sich die Prozedur in die Länge zog. Zum Abschluß nahm er einen Vermerk auf. „Dem Zeugen wurden entsprechend Nummer 13 der Richtlinien für das Straf- und Bußgeldverfahren Lichtbilder aus einer Auswahl von Personen vorgelegt. Dabei hat er die Personen auf den Bildern Nummer 36 und 78 als Täter identifiziert." Herr Mertens druckte mehrere Exemplare aus. Pascal bekam Zeit, sich die Aussage in Ruhe durchzulesen, und unterschrieb dann jedes einzelne Blatt sowie einmal am Ende die Gesamtaussage. Sie waren am Ende der Vernehmung angekommen, aber für Pascal war das Eigentliche noch gar nicht angesprochen. Die Aussage empfand er nur als Vorspiel. „Was passiert denn jetzt? Werden die Typen verhaftet?"

Herr Mertens lachte kurz auf. „Das wäre schön. Wir sind schon froh, wenn wir denen mal eine Tat nachweisen können."

„Aber die ist doch jetzt nachgewiesen", warf Pascal mit einem protestierenden Unterton ein.

„Sachte, sachte“, erwiderte der Beamte mit leichter Oberlehrerattitüde. „Erstmal muß Ihr Großvater seine Aussage machen, wenn er aus dem Krankenhaus kommt, und die sollte dann schon mit Ihrer übereinstimmen.“

„Hm“, brummte Pascal, das würde sich wohl organisieren lassen, wenn es Opa wieder besser gehen würde... Pascal schluckte.

Als ob Herr Mertens den dunklen Gedanken geahnt hätte, sagte er mit leichter Schärfe: „Ich würde Ihnen nicht empfehlen, sich miteinander abzusprechen. Das merken wir ohnehin schnell. Ganz schnell. Und dann stehen Ihr Großvater oder Sie wegen Falschaussage vor Gericht und das wollen Sie doch nicht, oder?“

„Nein, natürlich nicht“, rief Pascal erschrocken.

„Sehen Sie, und außerdem kann ich mir bei einem seriösen Beamten im Ruhestand nicht vorstellen, daß er die Polizei belügen würde. Bei Ihnen natürlich auch nicht. Ein gewisses Problem ist, daß die Aussagen nicht gleichzeitig gemacht werden können. Daraus wird ein geschickter Verteidiger versuchen, Absprachen zu konstruieren, aber das Entscheidende ist die Lichtbilderkennung, und damit die authentisch ist, bringen wir die Fotos in eine andere Reihenfolge und nummerieren sie um. Sonst reißt uns nachher der Anwalt alles auseinander.“ Offensichtlich war das für Herrn Mertens eine beunruhigende Vision.

Pascal war nicht zufrieden. „Und warum verhaften Sie die jetzt nicht?“ kam er auf seine bereits gestellte Frage zurück.

„Pah!“ Herr Mertens schnaubte verächtlich, ohne damit Pascal zu meinen. Gleichzeitig machte er eine wegwerfende Handbewegung. „Sie glauben doch nicht, daß das so einfach geht!“

„Aber Verbrecher kann man doch nicht frei herumlaufen lassen.“

„Junger Mann, was soll ich Ihnen erzählen? Die Strafprozeßordnung ist kompliziert, die Dinge liegen nicht so einfach, wie Sie sich vielleicht vorstellen. Wir brauchen Haftgründe.“

„Ist es denn kein Haftgrund, wenn man einen alten, wehrlosen Mann krankenhausreif geschlagen hat?“

„Einfache Antwort: Nein.“ Als Pascal dazu nichts sagte, sondern unverständig blickte, fuhr der Kommissar fort: „Wir sprechen von Untersuchungshaft, nicht von einer Haftstrafe. Und die dient dazu – *ausschließlich* dazu – den

Ermittlungszweck zu sichern. Heißt auf Deutsch: Es muß sichergestellt werden, daß sich der Verdächtige nicht absetzt, untertaucht oder Beweismittel vernichtet. Man nennt das Flucht- bzw. Verdunkelungsgefahr. Und dafür, ob die vorliegt, gibt es in der StPO enge Kriterien."

„Aha. Die sind hier wohl nicht erfüllt?"

„Nein."

„Aber Sie haben doch gesagt, der Typ ist ein Intensivtäter. Reicht das nicht? Was heißt das überhaupt?"

„Das heißt, daß er schon mehr als 50 Straftaten begangen hat. Mit elf hat er angefangen zu klauen, anfangs kleine Taschendiebstähle, dann Autoeinbrüche usw. Damals war er noch nicht strafmündig. Später dann die ersten Körperverletzungen, Messerstechereien, Raub bzw. Abziehen, wie das heute heißt, Drogengeschichten. Zwischenzeitlich hatte der auch mal ein paar Mädels laufen. Das Übliche."

Pascal schaute verstört. Daß jemand mit einer solchen Latte nicht im Gefängnis saß, verstand er nicht. „Wenn so etwas allgemein bekannt ist, reicht das immer noch nicht, einen solchen Schwerkriminellen hinter Schloß und Riegel zu setzen?" Pascal hielt inne. Sie waren dabei, ins Allgemeine abzugleiten. „Dürfen Sie mir das eigentlich alles erzählen?"

Herr Mertens erhob sich. Offensichtlich traf Pascals Stichwort ins Schwarze, denn der Kommissar wirkte jetzt deutlich zugeknöpfter. „Wie gesagt, was *die* Geschichte betrifft", damit zeigte er auf das Vernehmungsprotokoll, „hat sie mit den Vortaten oder -strafen nichts zu tun, und ich sagte doch gerade, bei der Anordnung von U-Haft geht es um Flucht- oder Verdunkelungsgefahr, und da er Deutscher ist und einen festen Wohnsitz hat..."

„Ach, der ist Deutscher...?"

„Na ja, er hat einen deutschen Paß. Ist Bundesbürger. Deshalb wird gesetzlich vermutet, daß er sich nicht ins Ausland absetzt, und weil er, um es zu wiederholen, einen festen Wohnsitz hat, gibt's keinen Haftgrund."

„Und wenn die Vermutung falsch ist?"

„Seien Sie mal nicht so skeptisch, junger Mann, und lassen Sie uns unsere Arbeit machen." Er streckte Pascal die Hand hin. Der Junge war auch aufgestanden, gab sich aber noch immer nicht zufrieden: „Also wenn der so viele Verbrechen begangen hat, wieso ist er dann nicht dafür bestraft worden?"

„Ist er ja."

„Aber dann kann er doch nicht frei herumlaufen". Die Debatte drehte sich im Kreis. Herr Mertens seufzte. Seine Geduld war nur deshalb noch nicht überstrapaziert, weil Pascal in ihm den Punkt zum Schwingen gebracht hatte, um den er selbst ständig kreiste: „Was glauben Sie denn, was man dafür bekommt, wenn man, sagen wir mal ... wenn man als Sechzehnjähriger mit einem anderen Sechzehnjährigen einem dritten Sechzehnjährigen auflauert, ihn zusammenschlägt, ein bißchen gemeinschaftlich auf ihn eintritt, nichts Spektakuläres, also nur die Nase gebrochen ist und ein paar Rippen? Vielleicht noch eine kleine Nachbehandlung mit dem Messer. Und das dann zur Feier des Tages mit dem Handy filmt und ins Internet setzt, hm, was gibt das wohl?"

Anstatt zu antworten, fragte Pascal entsetzt: „So etwas Brutales ist doch hoffentlich selten?"

„Was glauben Sie, was ich in dreißig Dienstjahren alles erlebt habe? Wäre schön, wenn das selten wäre! Das ist die Regel, das ist die Sprache, die auf der Straße gesprochen wird, jede Woche, jeden Tag, sag' ich Ihnen." Herr Mertens sprach jetzt laut und erregt. „Also, was meinen Sie, was bekommt solch ein Menschenfreund?"

„Hm, der bekommt schätzungsweise zehn Jahre Zuchthaus, würde ich sagen."

„Haah!" Herr Mertens lachte bitter auf. „Schön wär's und notwendig auch. Aber nicht bei uns, nicht beim Jugendgericht Köln. Vier Wochen Dauerarrest und drei Monate Antiaggressionstraining."

Ungläubig starrte Pascal auf den Polizeibeamten. Er wußte nicht, ob er das Gesagte für einen Scherz halten sollte. „Ja, Herr Ormunait, ich könnte Ihnen viel erzählen vom Jugendrecht, von der sogenannten Ausländerfeindlichkeit der Polizei und..."

„Hatten Sie nicht gesagt, er sei kein Ausländer?" unterbrach Pascal triumphierend.

„Ja, ja" entgegnete der Kommissar, „natürlich nicht, ich hätt's fast vergessen. So, junger Mann, nun haben wir uns genug über Fragen der allgemeinen Kriminalitätsproblematik unterhalten. Mein Schreibtisch wartet. Und keine Absprachen mit Ihrem Opa! Mein Kollege bringt Sie nach unten." Damit öffnete er die Tür und rief in den Flur: „Helmut!" Als der Gerufene wenige Sekunden später an der Tür erschien, sagte Herr Mertens zu ihm: „Bring' den Herrn bitte nach unten. Wiedersehen, Herr Ormunait."

„Wiedersehen."

Der zweite, deutlich jüngere Polizist begleitete Pascal den Weg über den Flur zurück zum Fahrstuhl, den er eine Dreiviertelstunde zuvor gekommen war. Auf der Fahrt nach unten sprach keiner ein Wort. Pascal schwirrte die Flut der gehörten Informationen durch den Kopf. Daß es solche Schlägertypen geben konnte, hatte er nie durchdacht. Die plastisch geschilderte Realität mußte er gründlicher reflektieren. Daß wirklich so laxe Strafen verhängt wurden, konnte er sich kaum vorstellen. Vielleicht hatte Herr Mertens übertrieben, um Eindruck zu schinden, mit welchen Ganoven er zu tun hatte. Oder er hatte spektakuläre Einzelfälle vorgeführt. Ihn ärgerte, daß der Polizist wenig darüber hatte wissen wollen, wie es dem Großvater mittlerweile ging. Andererseits bestand kein Grund, danach zu fragen. Opas Gesundheit gehörte wahrscheinlich nicht mehr in den Bereich der Ermittlungen. Anders verhielt es sich offenbar mit der Fortschreibung der Kriminalstatistik des Intensivtäters, in die Herr Mertens viel Energie zu investieren schien. Seltsam genug, daß man ihm nicht längst das Handwerk gelegt hatte. Hoffentlich würde man es bald tun. Pascal konnte sich keinen rechten Reim auf die Dinge machen, die er gehört hatte.

Unheiliger Abend

Um den Großvater stand es nicht gut. Die Boten des Todes begannen deutlicher zu sprechen. Drei Tage nach dem Sturz gesellte sich zum Oberschenkelhalsbruch ein Darmverschluß, eine Krankheit, die so makaber daherkommt, daß Nichtbetroffene bei den Vorstellungen der Symptome ins Lachen kommen können. Für Betroffene stellt sie sich anders da. Am schlimmsten ist, daß sich bereits Endverdautes den Rückweg durch den Körper über die Speiseröhre zum Mund sucht. Das ist nicht nur unschmackhaft, sondern auch ungesund. Was sich selbst für den jungen Menschen nicht immer in einer Tortur erschöpfen mag, hält der alte nicht lange durch. Innere Vergiftungen, Organversagen lassen nicht lange auf sich warten. Am Vorabend des Vierten Advent, der auf den 23. Dezember fiel, war es soweit. Der Großvater aß und trank nichts mehr, hing am Tropf. Es war Zeit, sich zu verabschieden. Pascal und die Mutter wurden jetzt zu Wilhelm Ormunait vorgelassen, trotz Intensivstation, Schläuchen, Infusionen, Spritzen, Kanülen und Apparaten. In seinen Augen leuchtete matt ein Rest von Leben. Pascal suchte Verbindung mit ihnen aufzunehmen, er hätte alles darum gegeben zu wissen, ob in diesem Menschen, der doch vom selben Blute war wie er, noch eine gedankliche Fühlung lebte. Er verharrte lange. Plötzlich schien den Großvater ein letztes Aufbäumen zu durchfahren. Pascal sah es deutlich; er ergriff die Hand des Sterbenden. Der Großvater sah ihm in die Augen. „Halt Dich wacker und paß auf Mariellchen auf“, wollten sie sagen. Eine einsame Träne rann über die Wange des Enkels. Es war ein elendes Spiel, ein anderes, als wenn Marek Mintal eine Formkrise hatte. Opas Auge wurde wieder stumpf, die Hand erschlaffte. Überwältigt von der Flut der Sinne drehte sich Pascal zur Mutter. „Komm“, sagte sie wie durch einen weit entfernten Lautsprecher. „Es ist Zeit zu gehen.“ Der Stiefvater hatte draußen gewartet. Ein letztes Mal verließ die Familie das Krankenhaus, das zum Totenhaus geworden war.

Pascal konnte die ganze Nacht kein Auge zudrücken. Unruhig wälzte er sich von einer Seite auf die andere. Seine innere Stimme bestätigte ihn darin, angemessenen Abschied genommen zu haben. Dennoch bohrte der quälende Gedanke in ihm, bis zum Schluß Totenwache halten zu sollen. Der Morgen des Heiligen Abends lähmte den Selbsthader, ohne von ihm zu befreien. Die kleiner gewordene Familie stand zeitig auf und versuchte mit Hilfe der Weihnachtsroutine, die düsteren Gedanken zu vertreiben. Tannenbaumschmücken, letzte Einkäufe. Pascal ertappte sich dabei, ständig zum Telefon zu blicken. Als seine Blicke sich dabei einmal mit denen der Mutter trafen, erröteten beide. Das Mittagessen kam, Pascal stocherte lustlos in einer Bockwurst und im Kartoffelsalat herum. Plötzlich, als er ausnahmsweise an etwas anderes dachte als an Opas Endkampf, klingelte das Telefon. Pascal fuhr zusammen. Die Mutter erstarrte. Stefan Middelhoff nahm ihre Hand. Keiner ging zum Telefon, doch es wollte nicht aufhören zu klingeln. Endlich erhob sich Pascal, ging die wenigen Schritte zur Kommode, nahm den Hörer ab. „Pascal Ormunait“. Seine Stimme zitterte. Weiter sagte er nichts, er hörte nur. Schließlich legte er auf. Ganz leise hauchte er noch ein „Ja, danke“ in den Apparat. „Das war das Krankenhaus!“ Tränen strömten über sein Gesicht.

Die Nachricht, obwohl abstrakt erwartet, steigerte, da sie nun konkret eingetreten war, noch einmal die Gefühlsaufwallungen der letzten Tage. Pascal erfaßte eine große Leere; die Mutter war gleichfalls aufgelöst. Jetzt erst wurde offenbar, wie nahe auch ihr der Tod des Vaters ging. Da sie Dinge mehr in sich hineinfraß als sie nach außen zu tragen, hatte sie in den vergangenen Tagen kaum geklagt, doch innerlich hatte der Schicksalsschlag an ihr gezehrt. Es war ihr deutlich anzumerken. Hinzu kam, daß die Entwicklung so plötzlich und überraschend gekommen war, ohne jede Ankündigung. Ein alter, aber rüstiger Herr trifft per Zufall auf einen unreifen Bengel, den die Polizei als Gewohnheitstäter kennt. Der Brutalo teilt einige wenige Schläge aus, die er selbst wahrscheinlich als wenig nennenswerte Imponierstreiche an der unteren Skala seines Gewaltpotentials verstanden hat. Dementsprechend nehmen sich die Folgen zunächst scheinbar harmlos aus; doch dann, wie aus heiterem Himmel schlägt das Barometer um, und aus einer groben Ungehörigkeit wird rückwirkend eine tödliche Begegnung.

* * *

Weihnachten war zum schwarzen Loch geworden. Bislang hatte dieses Fest wenigstens bewirkt, daß alle Mitglieder der Familie bewußt höflich miteinander umgingen, und Konfliktthemen überdeckt. Dadurch war es in der Tat eine Art besinnliches Friedensfest gewesen. Daran war jetzt nicht zu denken.

Wie bei einer Verkettung unglücklicher Umstände häufig, setzte der Hader ein. Hatte der Vater sich mit den Türken anlegen müssen? Was ging es ihn an, wenn vier dahergelaufene Halbstarke auf der Straße parkten? Mußte er im Krankenhaus so leichtsinnig sein und schnell wie ein Junger herumturnen? Mit Sicherheit hatte er gegen den Rat der Ärzte gehandelt. Hätten die beiden nicht ohnehin ein Taxi nehmen können? Endlose Fragen, die zu nichts führten als zu quälenden Selbstvorwürfen, die die Depression nur steigerten. Bei Pascal kam das schlechte Gewissen hinzu, Opa für einen entscheidenden Augenblick allein gelassen zu haben. Wäre er bloß nicht auf den elenden Einfall gekommen, sich bei McDonalds den Magen zu stopfen. *Ihn* hätten die Türken gerne zusammenschlagen können, alle Zähne würde er sich nachträglich herausbrechen lassen, um das Geschehen rückgängig zu machen. Wahrscheinlich hätte er den Großvater ohnehin davon abgehalten, den Streit zu suchen. Oder die Türken hätten sich nicht getraut, den Kampf gegen zwei aufzunehmen. Oder, oder, oder. Eine Endlosschleife aus „hätte", „wenn" und „aber". Stefan Middelhoff schließlich sinnierte in negativen Gedanken über die Verfahrenheit der Gesamtsituation.

Als der Punkt erreicht war, an dem die gedankliche Sackgasse selbst das Lamento zum Schweigen gebracht hatte, tischte die Mutter den Gänsebraten auf. Beim Essen versuchten sie, die triste Stimmung mit Belanglosigkeiten zu überspielen. Pascal hatte keinen Hunger. Zu allen Themen, die die Mutter oder der Stiefvater anschnitten, gab er patzige Antworten. Die Mutter versuchte, unterstützt vom Stiefvater, ihn zum Essen zu animieren. „Deine Mutter hat sich so viel Mühe mit dem Braten gemacht, und Du rührst keinen Brocken an." Pascal reagierte empört. Wie konnte der Mann in dieser Situation über seinen fehlenden Appetit mäkeln. Die Niedergeschlagenheit begann in Streit umzuschlagen. Pascal ätzte und provozierte so lange, bis wechselseitige Beschimpfungen ausgetauscht wurden, die darin gipfelten, daß der Junge dem Stiefvater an den Kopf warf, die Familie zerstört zu haben und sich jetzt bestimmt freue, daß Wilhelm Ormunait nicht mehr in der Lage wäre, die Mutter vor ihm, Stefan Middelhoff, zu warnen. Das war zu viel. Sekundenbruchteile später schlug die ausgerutschte Hand des Stiefvaters ein. „So nicht, Pascal!"

Darauf schien der Neunzehnjährige nur gewartet zu haben. „So auch nicht", erwiderte er trotzig, stand auf, hielt einen kurzen Moment inne und riß dann mit einer einzigen Handbewegung die Decke vom Tisch. Mit lautem Krach stürzten Teller, Schüsseln, Gläser und Besteck hinunter. Gänsekeulen und Kartoffelklöße rollten über den Boden. Vom Bier und den fetten Saucen bildeten sich große Pfützen, die Schaum und Bläschen warfen, bevor sie langsam im Teppich versickerten. Die Mutter schrie auf; der Stiefvater, der reflexartig aufgesprungen war, um zu verhindern, daß er von Tellern oder Keulen getroffen würde, und dabei fast mit dem Stuhl umgekippt wäre, stand mit rotem Kopf einen Meter neben dem Tisch. Auch Pascal war glühend angelaufen. „Ihr könnt mich mal!"

Einen Moment blieb er mit stolzem Widerstandsblick im Zimmer stehen, drehte sich dann abrupt um, rannte ohne ein weiteres Wort mit schnellen Schritten die Treppe hinauf, verschwand in seinem Zimmer und knallte die Tür hinter sich zu. Das Fest war beendet.

* * *

Der nächste Morgen weckte Pascal mit der bleiernen Schwere des schlechten Gewissens. Er traute sich kaum aufzustehen. Endlich tat er es doch. Nach der Morgentoilette schlich er die Treppe hinunter, wobei er versuchte weder gesehen, noch gehört zu werden. Die Eltern saßen am Tisch. Sie hatten schon gefrühstückt. Mutter blätterte in den Gelben Seiten. Hin und wieder schrieb sie etwas heraus. Stefan Middelhoff las in der Financial Times Deutschland. Von der Bescherung, die Pascal am Vorabend angerichtet hatte, war nichts mehr zu sehen; eine frische, schneeweiße Decke blitzte vom Tisch, und auch die Bierflecken waren wie weggezaubert, nicht einmal Ränder waren zurückgeblieben. Offensichtlich hatte eine Wunderchemikalie ihre versprochene Wirkung getan. Tannengrün und Kerzen gaukelten weihnachtliche Normalität vor. Wortlos setzte sich Pascal an seinen Platz. „Entschuldigung", preßte er über die Lippen, „ich weiß, das war gestern echt Scheiße von mir."

„Angenommen", entgegnete der Stiefvater, ohne von dem Blatt aufzusehen.

„Also...", wollte Pascal noch einmal ansetzen. Doch Middelhoff unterbrach ihn und sah auf. „Wir haben uns alle nicht wie die Gentlemen benommen, laß gut sein jetzt." Ärger über sich selbst erleichterte ihm seinen Großmut. Er warf sich vor, so aus der Fassung geraten zu sein. Das empfand er indes eher als Niederlage denn als Fehlverhalten. Man durfte es einfach nicht so weit kommen lassen, den Sohn – und sei es den Stiefsohn – zu schlagen und ihn damit in seiner Widerspenstigkeit auch noch zu bestätigen. „Ja“, fiel nun die Mutter ein, „vergeßt die Geschichte bitte. Und streitet nicht mehr.“ Auf einem Beistelltischchen lagen Geschenke: Die Tirpitz-Biographie von Franz Uhle-Wettler, die sich Pascal gewünscht hatte, daneben etliches Praktisches wie verschiedene Hemden, ein Schal und andere Kleidungsstücke. „Sieh mal hier!“ Die Mutter, die es liebte, ihrem Sohn durch eine Überraschung eine Freude zu machen, übergab ihm, in schönes Geschenkpapier verpackt, ein weiteres Buch. Neugierig begann Pascal mit der Enthüllung, bis er Beumelburgs „Preußische Novelle“ in den Händen hielt. „Ich dachte, das könnte Dein Interesse finden ...“ Gerührt stieß Pascal ein leises „Danke“ hervor, glücklich und erleichtert, daß das Tischtuch offensichtlich nur heruntergerissen aber nicht zerrissen war. „Ich habe für Euch auch noch was...“

„Später“, sagte die Mutter: „Iß jetzt schnell, wir wollen ins Krankenhaus fahren.“

Jetzt erst machte sich Pascal klar, daß gestern niemand auf die Idee gekommen war, noch am Abend diesen Gang anzutreten. Er biß sich auf die Lippen.

Eine dreiviertel Stunde später stand er mit seiner Mutter dem Stationsarzt im Elisabeth-Krankenhaus gegenüber. Der Großvater war ruhig eingeschlafen; wenigstens das war ihm vergönnt gewesen. Es war ein schwacher Trost. Der Arzt riet davon ab, ihn noch einmal zu sehen, Gelegenheit gäbe es nach der Präparierung durch das Beerdigungsinstitut. Pascal beschloß darauf zu verzichten. Er hatte Abschied genommen, und die Vorstellung, den Großvater, mit dem er so vieles geteilt hatte und der so plötzlich nur noch ein Teil der eigenen Vergangenheit war, als totes Fleisch aus dem Kühlfach gezogen zu sehen, verursachte dem Enkel Bauschmerzen. Offensichtlich ging es der Mutter nicht anders, und so blieb ihnen nichts, als nach Erledigung der Formalien, zu denen auch die Aushändigung der persönlichen Wertsachen gehörte, das Krankenhaus wieder zu verlassen. Pascal war froh darum, er haßte diesen Ort des Schreckens, in dessen Bezeichnung „Krankenhaus“ bereits etwas Zynisches steckte. Ansonsten hätte es „Gesundheitshaus“ heißen können. Bei diesem Gedanken mußte er kurz und bitter auflachen. „Was ist denn?“ fragte die Mutter.

„Ach, nichts.“

* * *

Die nächsten Tage brachten weitere Formalien mit sich, die Beerdigung mußte organisiert, die Verwandten und Bekannten benachrichtigt, und nicht zuletzt mußte der Haushalt des Großvaters aufgelöst werden. Was hier alles zusammenkam! Strom, Wasser, Zeitung, Versicherungen waren zu kündigen, Konten aufzulösen und so fort. Außerdem stellte sich die Frage, was aus der Wohnung und den Möbeln werden sollte. Pascal regte an, diese letzte Frage einstweilen zu vertagen, bis er das Abitur hinter sich haben würde. So lange wollte er in die Eichendorffstraße zurückziehen. Der Stiefvater protestierte zunächst dagegen, aber Pascal versteifte sich darauf. Um einem neuen Streit vorzubeugen, gab Stefan Middelhoff nach, zumal Pascal von der Mutter unterstützt wurde. Denn in der Tat sprachen einige praktische Gründe für seinen Vorschlag. Die Wohnung konnte zwar aufgrund des Todesfalls zum ersten Februar gekündigt werden, aber da Pascal einen Großteil seiner Bücher dort eingelagert hatte, überdies der Weg zur Schule kürzer war und er Ruhe zum Lernen hatte, war es sinnvoll, wenn er zunächst in Ehrenfeld blieb. Eigentlicher Beweggrund war für ihn, daß er sich nicht durch offensichtliche Veränderungen den Bruch mit den bisherigen Verhältnissen und dem bisherigen Leben eingestehen wollte. Durch die weitere Nutzung der großväterlichen Wohnung konnte der Anschein aufrechterhalten werden, daß erst einmal alles beim Alten bliebe. Im Übrigen wäre ihm eine sofortige Kündigung als Leichenschändung vorgekommen. Die Mutter glaubte, daß es das Beste im Hinblick auf einen guten Schulabschluß ihres Sohnes sein würde, wenn er sich bis dahin in einer Umgebung, in der er sich wohlfühlte, darauf vorbereiten konnte, und der Stiefvater sah schließlich eine willkommene Möglichkeit, weiteren Konflikten mit dem Sohn seiner Frau, die ihn nur belasteten und nichts einbrachten, vorzubeugen. Dafür zahlte er bereitwillig die Miete bis zum Mai oder Juni.

Die Trauerfeier wurde für den 31. Dezember angesetzt. In der Kapelle des riesigen Areals des Melatenfriedhofes fand sich keine große Gemeinde ein. Die Schwester der Mutter, also Pascals Tante, sowie die Tochter einer Cousine des Großvaters waren die einzigen Angehörigen. Diese Cousine, Pascal nannte sie Tante Uschi, kam aus Erkelenz. Sie hatte in den letzten Jahren nur sporadischen Kontakt zur Familie gehalten, obwohl die geringe Entfernung mehr zugelassen hätte. Heute tat sie so, als hätte die Verwandtschaft immer das innigste und herzlichste Verhältnis gehabt: „Oh, Maria, wie furchtbar, den Vater so plötzlich zu verlieren, oh, Pascal, mein Junge, ich weiß, wie sehr Dir der Tod von Onkel Wilhelm zu Herze geht. Wenn du weinen mußt, tu Dir keinen Zwang an, es ist nichts dabei, seine Trauer zu zeigen."

Pascal mußte nicht weinen, das hatte er hinter sich, stattdessen mußte er sich zurückhalten, geradeheraus zu sagen, was für eine Hexe Tante Uschi war, die nur kam, um bei der Aufteilung der Hinterlassenschaft, namentlich der antiken Möbel des Großvaters nicht zu kurz zu kommen. Frei nach Machiavelli, der im „Fürst" geschrieben hatte, daß der Mensch eher bereit ist, den Mord des Vaters zu vergessen, und, wie zu ergänzen wäre: zu verzeihen, als den Verlust des väterlichen Erbes. Mit gespielter Naivität wußte Pascal der Tante den Zahn zu ziehen, indem er mit besonderem Nachdruck davon sprach, daß die Wohnung in der Eichendorffstraße noch lange erhalten bliebe. Tante Uschi konnte ihre Enttäuschung schlecht verbergen.

„Was wird denn dann aus den Möbeln?"

„Na, die bleiben drin." Pascal genoß den verschnupften Blick der Tante und schwor sich, daß eher der komplette Hausrat auf dem Sperrmüll landen würde als in einem Anhänger nach Erkelenz.

Neben den Angehörigen waren drei ehemalige Arbeitskollegen gekommen; viele, die den Großvater noch gekannt hatten, waren selbst schon tot oder gesundheitlich nicht mehr auf der Höhe. Die Stadt Köln war durch einen Blumenkranz vertreten. Auch die Landsmannschaft Ostpreußen hatte einen Kranz geschickt, obwohl Großvater nur hin und wieder als Gast eine ihrer Veranstaltungen besucht hatte. Er sah sie als nostalgischen Verein, der sich von parteipolitischen Sonntagsrednern mißbrauchen ließ, solange die biologische Lösung es erlaubte. Vielleicht verdankte er die Ehrung seinem langjährigen Abonnement des „Ostpreußenblatts", das er indes schon vor einiger Zeit abbestellt hatte, weil es ihm, wie die ganze Organisation, zu langweilig geworden war. Schließlich war noch ein Schachfreund aus der Altenstube anwesend. Mit ihm konnte sich Pascal einigermaßen unterhalten.

Als der Gottesdienst mit einem Choral begann, mußte Pascal doch mit den Tränen kämpfen. Jetzt trat die ganze Trauer, die er in den letzten Tagen durch bemühte Geschäftigkeit, wie die Auswahl der Lieder und ein ausführliches Gespräch mit dem Pfarrer und dergleichen unterdrückt hatte, schlagartig wieder an die Oberfläche. Bei der Ansprache mußte er ständig schlucken. Immerhin hatte sich der Kirchenmann darauf eingelassen, von Vertreibung und Unrecht, das Wilhelm Ormunait erlitten hatte, zu sprechen und seinen Kriegseinsatz als Pflichterfüllung zu bezeichnen. In dem Vorgespräch hatte das zunächst anders geklungen. Pascals Standpunkt, Wehrmachtssoldat gewesen zu sein, habe nichts mit Schuld und Verbrechen zu tun, und Bezeichnungen wie „Tätervolk" und „Angriffskrieg" seien tendenziös, hielt der Pfarrer für einseitig, um nicht zu sagen, extremistisch. Aber schließlich rang er sich zu der Haltung durch, daß er, der die Geschichte anders bewerte, es nicht als seine Aufgabe ansehe, der Familie Ormunait die Form des Gedenkens und die Bewertung ihres Verwandten vorzuschreiben. Mit dieser für die evangelische Kirche nicht selbstverständlichen Toleranz konnten alle Beteiligten leben. „Recht so", hatte Pascal das Ergebnis befriedigt kommentiert. Und dachte hinzu: „Wenn Sie verscharrt werden, können Sie ja predigen lassen: wieder ein Angehöriger des Tätervolkes weniger."

Als die Feier mit dem Lied „Die Nacht ist vorgedrungen" endete, dem gemeinsamen Lieblingslied von Pascal und dem Verstorbenen, konnte sich der Neunzehnjährige nicht länger zurückhalten und brach in ein kurzes, aber heftiges Schluchzen aus. Auch der Mutter rannen nun die Tränen. Sie nahm ihren Jungen in den Arm. Bei den Zeilen „auch wer zur Nacht geweinet, / der stimme froh mit ein, / der Morgenstern bescheinet / auch Deine Angst und Pein", gab sich Pascal einen Ruck und verkniff sich jede weitere Träne. Opa hätte gern gesehen, daß er Haltung bewahrte, und er nahm sich vor, ihm diesen Wunsch zu erfüllen.

Zu Hause sollte noch ein kleiner Umtrunk abgehalten werden. Pascal fuhr gemeinsam mit seiner Mutter und dem Schachfreund des Großvaters voran, während der Stiefvater Tante Uschi aus Erkelenz und zwei der drei Arbeitskollegen, die noch zu Ormunaits kamen, mitnahm. Im Mohnweg wurden sie von der Haushälterin erwartet, die alles vorbereitet hatte. Auf dem Tisch, der eine Woche vorher noch Schauplatz jugendlichen Jähzorns gewesen war, stand das gute Geschirr. Weiße Rosen säumten die Teller. Auf Pascals Platz lag zusätzlich ein Umschlag. Die Haushälterin hatte die Post sortiert, und ein Brief war für Pascal dabei. Er bekam selten Post, wenn überhaupt etwas Offizielles – von der Schule oder gelegentlich einen Bußgeldbescheid für falsches Parken – jedoch nie für zu schnelles Fahren. Er spürte sofort, daß es diesmal etwas anderes, Wichtigeres war. Der Absenderstempel samt Landeswappen bestätigte es: Staatsanwaltschaft Köln. Unvermittelt schlug sein Herz höher. Erwartungsfroh und voller Ungeduld riß er den Umschlag auf. Das konnte nur die Ankündigung des Gerichtstermins sein, in dem das Verbrechen am Großvater gesühnt würde. Die Ermittlungen waren demnach doch schnell vorangebracht worden, hatten keine acht Monate gebraucht, wie der Polizist geunkt hatte. Jetzt würde mit diesen Verbrechern abgerechnet werden. Hastig überflog er das Schreiben, das aus nur einer Seite bestand. Nach einer Schrecksekunde fuhr er auf, wie vom Blitz getroffen. Das konnte nicht wahr sein! Statt Gerechtigkeit zu erfahren, gab es neues Unrecht, diesmal begangen von der Behörde: „Das Ermittlungsverfahren gegen Erdjan Bulgur wird im Hinblick auf andere Straftaten, denen gegenüber die vorliegende nicht ins Gewicht fällt, gemäß § 154 StPO eingestellt." Einen Augenblick stand Pascal fassungslos vor dem Tisch, den Brief in der Hand, seinen Blick ins Leere gerichtet. In dem Moment betrat die Mutter, die zunächst überprüft hatte, ob die Haushälterin an alles gedacht habe, das Eßzimmer. „Was ist denn, was hast Du da?"

„Diese Schweine!" rief Pascal und riß den Bescheid, der das Unrecht legitimierte, indem er das Recht verweigerte, in Stücke.

§154

Pascal fühlte sich wie vor den Kopf gestoßen. Nach seiner überhitzten Aktion klaubte er die Einzelteile des Papiers mühsam wieder auf und klebte sie mit Uhu zusammen. Davor brütete er nun in seinem Zimmer. In dem kurzen, nicht mehr als einen Satz fassenden „Schreiben" der Staatsanwaltschaft verstand er viele Dinge nicht. Offen eingestanden, gehörte fast alles zu diesen Dingen. Was hieß zum Beispiel „nicht ins Gewicht fallend"? Konnte etwa nicht ins Gewicht fallen, daß ein Mensch tot war? Gut, es war möglich, daß die Staatsanwaltschaft den Fall voreilig abgeschlossen hatte, noch bevor der Großvater gestorben war. Ein Behördenbrief konnte länger brauchen, bevor er den Weg vom zuständigen Schreibtisch in die offizielle Post gefunden hatte und bei Pascal gelandet war. Wohl deshalb stand in dem Bescheid „Ermittlungsverfahren wegen Körperverletzung". Wer wußte, ob sie überhaupt schon wußten, welch tragischen Verlauf das feige Verbrechen genommen hatte? Bestimmt hatte ihnen das keiner gemeldet. Oder es war untergegangen, weil sie in der Hektik vor Weihnachten noch schnell einige Verfahren zum Abschluß bringen wollten. Vielleicht gäbe es eine Möglichkeit, die Sache wieder aufzugreifen, wenn sie erführen, was inzwischen passiert war. Aber selbst ohne den Mord zu berücksichtigen, war das Ganze noch rätselhaft genug, denn immerhin war ein wehrloser alter Mann in aller Öffentlichkeit brutal mißhandelt worden. Mit seinen 84 Jahren war er einem jugendlichen Brutalo, der womöglich viermal in der Woche zum Kickboxen ging, hoffnungslos unterlegen. Wenn etwas bei einem Verbrechen ins Gewicht fallen konnte, ja mußte, dann war es ein solch krasses Mißverhältnis. Auch, daß der Typ nur mit einem einzigen Schlag den Großvater niedergestreckt hatte, konnte nach Pascals Ansicht zu keiner anderen Bewertung führen, im Gegenteil, das machte den Schläger gerade gefährlich. Bei Kampfhunden gab es schließlich auch umso schärfere Auflagen, je bissiger und aggressiver sie waren. Warum sollte das bei Menschen anders sein? Im Übrigen hatte dieser Halbstarke den Streit nur vom Zaun gebrochen, weil er nicht ertragen konnte, daß jemand gewagt hatte, seine Fahrbahnblockade zu kritisieren, deren Berechtigung er mit seiner Tat gewissermaßen unterstreichen wollte. Also war sie besonders niederträchtig. Wie konnten all diese Gesichtspunkte außer Acht bleiben? Fragen über Fragen. Er grübelte und grübelte und rief schließlich Kai an. Der Schulfreund war jedoch nicht zu erreichen. Wahrscheinlich bereitete er sich schon auf Sylvester vor. So blieb Pascal nichts anderes übrig, als mit einer kurzen SMS um Rückruf zu bitten. Dann schaltete er das Handy aus. Es hatte auch sein Gutes, Kai nicht erreicht zu haben. Er hätte ihn bestimmt bedrängt, zu irgendeiner Party mitzukommen. Genau danach stand Pascal der Sinn als letztes.

Inzwischen hatte sich die Trauergemeinde vollständig im Wohnzimmer versammelt. Es wurde eine Gulaschsuppe gereicht, dazu gab es Baguette und trockenen Weißwein, den gleichen wie beim Abendmahl. Tante Uschi hatte ihre Enttäuschung um die zunächst ausbleibende Beteiligung am Nachlaß des Großvaters überwunden und plauderte wie ein Wasserfall daher. Pascal wunderte sich, wie ein Mensch fähig sein konnte, eine derartige Ladung geballter Belanglosigkeiten von sich zu geben und dabei guter Laune zu sein. Wahrscheinlich war es gerade das. Seine Blicke trafen sich mit denen des Stiefvaters und verrieten ausnahmsweise Einigkeit. Die anderen Teilnehmer der Tafel schienen den Ergüssen der Tante nicht ohne Behagen zuzuhören, ersparte es ihnen doch, selbst zur Unterhaltung der Runde beizutragen. Nach und nach löste sich der Kreis auf. Wie zu befürchten, blieb Tante Uschi am längsten und schnatterte. Wäre nicht der letzte Tag des Jahres gewesen, hätte man damit rechnen müssen, daß sie eine Einladung, zum Abendessen zu bleiben, nicht abgeschlagen hätte. So aber bewahrte der Kalender die Familie vor diesem Szenario. Überschwenglich verabschiedete sich die Tante. „Es war so schön, Euch endlich einmal wieder alle gesehen zu haben – wie schade, daß es immer die traurigen Anlässe sein müssen, die uns zusammenführen! Laßt uns uns doch im nächsten Jahr regelmäßig treffen. Eine Familie muß zusammenhalten. Und Pascal, also wenn Dir das zu viel wird mit der großen Wohnung, sag' ruhig Bescheid. Du weißt ja, wenn Du etwas nicht mehr gebrauchen kannst, also bevor Du es wegschmeißt... Wir kommen auch mit dem Wagen, wir machen Dir keine Umstände. So und alles Gute für das neue Jahr, und Mariellchen, gräm' Dich nicht so. Auch wenn ich Dich allzu gut verstehen kann. Mir tut es genauso weh, wirklich. Und diese Bengels, ach es ist eine wirre Zeit. Aber es hat doch auch sein Gutes, er hat doch wenigstens nicht gelitten, oder sagen wir kaum. Gut, der Darmverschluß, stimmt es eigentlich, daß man dann durch den Mund...? Oh, es ist nicht auszudenken! Das muß doch fürchterlich sein, oder ist das dann wenigstens flüssig? Unsere Nachbarin, die hatte ja Krebs, also, die hat alle Organe ausgebrochen, nach und nach versteht sich, aber ihr Mann, den ganzen Tag war er bei ihr, was sage ich, Tag und Nacht. So was nenne ich Liebe. Also das ist Wilhelm Gott sei Dank erspart geblieben, das hätte er ja auch nicht verdient..."

„Anders als Deine Nachbarin", fiel an dieser Stelle der Stiefvater unvermittelt ein.

„Stefan!" rief die Mutter erschrocken, „bitte!"

Pascal grinste. Die Tante, die schlagartig verstummt war, blickte pikiert. „Also ich gehe dann, und nochmals guten Rutsch! Ich finde nach draußen, Ihr braucht mich nicht zum Bahnhof zu bringen, ich weiß ja, wie die Bahnen fahren." Ihr Tonfall war spitz geworden. Kurzes, verkniffenes Händeschütteln, dann verließ sie das Haus Mohnweg 34.

„Guten Rutsch", erwiderte Pascal mechanisch, als schon die Tür ins Schloß fiel, „und reiß Dir dabei nicht den Arsch auf."

„Pascal!"

„Ist doch wahr." Er für seine Person wäre nie auf die Idee gekommen, die Tante zum Bahnhof zu bringen, höchstens zurück zum Friedhof.

Den Rest des Tages verbrachte Pascal allein auf seinem Zimmer und vertiefte sich in sein Weihnachtsgeschenk, die Tirpitz-Biographie. In den Lesepausen holte er sich einen Kaffee oder ging ins Internet. Alle möglichen Serien-E-Mails mit standardisierten Neujahrswünschen trafen ein. Er beantwortete sie mit einem „dito" oder „Dir/Euch auch" oder „Wünsche Dir auch alles Gute für 2008". Die beißende, anfallende Trauer war einer milden Melancholie gewichen. So klang allmählich das Jahr aus, das den bis dahin größten Umbruch im Leben des Pascal Ormunait, eines neunzehnjährigen Primaners aus Köln am Rhein, Enkel des Wilhelm Ormunait aus Königsberg in Preußen mit hugenottischem Blut in den Adern, gebracht hatte. Er konnte nicht ahnen, was das kommende Jahr an Verwerfungen für ihn bereithalten würde.

* * *

Um 8 Uhr gab es Abendbrot, kalte Platte und den Rest der Gulaschsuppe. Danach ging Pascal wieder seinen eigenen Dingen nach. Ihm war nicht nach Feiern zumute; er hielt grundsätzlich wenig davon, Party um der Party willen zu machen, im Falle von Sylvester am wenigsten. Der Jahreswechsel bedeutete ihm mehr Ausdruck der Vergänglichkeit als der Erneuerung. Er sah nicht, was es daran zu feiern gab. Die Eltern waren bei den Nachbarn auf einen Umtrunk eingeladen. Kurz vor Mitternacht standen sie wieder in der Tür. „Es muß doch Neujahr werden“, sagte die Mutter. „Die Welt bleibt nicht stehen.“ Der Stiefvater holte eine Flasche Sekt aus der Küche. Pascal zögerte. Stefan Middelhoff erriet seine Gedanken. „Wenn wir gleich anstoßen, bejubeln wir nicht das vergangene Unglück, sondern hoffen, daß es besser wird.“ Damit hatte er Recht. Um Punkt zwölf brachen Batterien von Knallern und Raketen los. Gegen den Radau versuchte sich der gleichzeitig einsetzende Glockenschlag zu behaupten. Aus der ganzen Stadt läutete es. Stefan Middelhoff öffnete die gläserne Schiebetür zur Veranda. Die drei traten hinaus und lauschten in die Nacht. Mutter kehrte nach wenigen Augenblicken zurück ins Haus, weil ihr kalt wurde. So standen die beiden Männer allein nebeneinander und blickten in den Garten. „So eine Schrulle“, sagte der Stiefvater in die Stille. Pascal schmunzelte. Auch er hatte gerade an Tante Uschi gedacht. „Bei dem ganzen Quatsch, den sie erzählt hat, kann man leicht übersehen, daß auch Sinnvolles dabei war.“

„Ach?“

„Gut“, setzte der Stiefvater fort, bemüht, verständnisvoll zu klingen, „wahrscheinlich hat sie es selbst nicht gemerkt, aber es ist etwas dran an dem Ratschlag, sich nicht zu grämen. Weißt Du, ich habe auch einmal einen Menschen verloren, der mir sehr nahe stand, meine erste Liebe, Elke. Das war im Studium. Unfall, sie war 25. Ich wußte kaum, wie ich damit umgehen sollte. Und da hat ein entfernter Bekannter, ein Verbindungsheini, den ich sonst nur mit Bierkrug und großem Maul kannte, gesagt, hadere nicht, daß Du sie verloren hast, sondern sei dankbar, daß Du sie hattest. Erst wollte ich ihm links und rechts ein paar auf die Ohren geben, aber ich merkte dann, daß echtes Mitgefühl in den Worten steckte, ohne Pathos. Da wurde ich ruhig. Mir haben diese Worte anschließend sehr geholfen, das alles zu verkraften.“

Beide schwiegen eine Zeit lang. Dann legte der Stiefvater seine linke Hand auf die rechte Schulter von Pascal und sagte mit tiefem Ernst: „Pascal, zerstör’ Dir nicht Dein Leben.“

* * *

Am nächsten Morgen gab es bereits um neun Uhr Frühstück, denn alle waren früh genug im Bett gewesen. Der Tag setzte zunächst, wie der vorherige, die tote Zeit fort. Die Mutter werkelte im Haushalt, telefonierte mit einigen Freundinnen und ging daran, die Kondolenzpost zu beantworten. Der Stiefvater mußte arbeiten. Pascal hatte sich ein paar Schulunterlagen vorgenommen. Schleichend, aber unerbittlich, trat in sein Bewußtsein, daß er nur noch knapp vier Monate bis zu den Abiturprüfungen Zeit hatte. Gegen drei Uhr ging sein Handy. Kai war am Apparat. „Hi, Pascal."

„Hi, Kai, schön daß Du zurückrufst." Nach einem „guten neuen Jahr" kam Pascal schnell zur Sache. Er berichtete dem Schulkameraden von der im Hinblick auf andere Taten, denen gegenüber der im Ergebnis tödliche Anschlag auf den Großvater angeblich nicht ins Gewicht fiel, beschlossenen Einstellung des Strafverfahrens. Auch der Schulkamerad fand seltsam, daß es ohne Konsequenzen bleiben sollte, wenn ein junger Rabauke aus purer Bosheit einen alten Mann niederschlug. Darüber, ob man die Attacke mit dem Tod des Großvaters in Verbindung bringen konnte, war er jedoch unsicher. Ehrlich gesagt, könne er sich nicht vorstellen, daß der Typ den Großvater wirklich hatte umbringen *wollen*. „Und hat er im Grunde genommen auch nicht, jedenfalls nicht so direkt." Pascal wollte zunächst aufbegehren, zögerte aber nach kurzem Nachdenken. So Unrecht hatte Kai nicht, denn es gab, das hatte er verschiedentlich aufgeschnappt, Straftaten, bei denen auch jemand zu Tode gekommen war, die aber nicht Mord oder Totschlag geheißen hatten, sondern fahrlässige Tötung oder Körperverletzung mit Todesfolge oder ähnliches. Nun konnte hier von Fahrlässigkeit wahrlich keine Rede sein, aber Körperverletzung mit Todesfolge käme vielleicht in Betracht. Ob sie deshalb die Ermittlungen eingestellt hatten? „Meinst Du, die fangen von vorne an, wenn sie feststellen, daß Opa gestorben ist?" fragte er Kai.

„Das kann ich Dir nicht sagen, am besten, Du fragst mal nach." Kais Gedanke klang nicht unvernünftig. Pascal würde sich gleich hinsetzen und einen Brief schreiben. Ob ihm Kai helfen könnte? Würde er selbstverständlich gerne, aber das könne Pascal bestimmt besser; er, Kai, wäre ihm keine große Hilfe. Diese Reaktion hatte Pascal kaum anders erwartet, er hatte befürchtet, daß Kai sich drücken wollte. Pascal nahm dem Freund die Antwort nicht einmal übel. Denn insgeheim stimmte er ihr zu, Kai war für solch ein Schreiben nicht wirklich zu gebrauchen.

„Ich würde an Deiner Stelle sowieso besser hingehen."

„Wieso denn das?"

„Na, die wimmeln Dich sonst ab, das siehst Du doch an dem Brief. Denen geht es nur darum, die Akten schnell zuzuklappen – glaubst Du, die interessieren sich für Deinen Opa?"

Völlig falsch fand Pascal den Gedanken nicht. „Das sind Beamte", legte Kai nach, als er merkte, daß sein Gedanke bei Pascal zu verfangen begann. „Hauptsache, der Schreibtisch ist leer. Du kennst doch den Witz: Was macht ein Beamter, der in der Nase bohrt?" Pascal kannte ihn nicht. „Er holt das letzte aus sich raus." Beide lachten. Dann wurde Kai wieder ernsthafter. „Nein, ehrlich, die Sache mußt Du persönlich klären, nicht im Brief, der wandert in den großen Rundordner. Nach einem Brief hörst Du in einem halben Jahr das nächste Mal was, wenn überhaupt."

„Stimmt, ich lasse mir besser einen Termin geben."

„Nein, geh' sofort hin!"

„Was, ohne Anmeldung? Meinst Du, das geht?"

„Klar geht das, geht beim Zahnarzt auch. Wenn Du Schmerzen hast, dann geht es immer, und Du hast doch Schmerzen, das Schicksal von Deinem Opa tut Dir doch weh?!" Ja, das tat es. „Also mach' es so."

„Ich überleg' es mir – und sonst?" fragte Pascal hinterher, weil er es unhöflich gefunden hätte, nur über seine Probleme zu sprechen. „Wie war Dein Sylvester?"

„Geil, kelle, kelle, kelle!" Pascal hatte den Punkt getroffen, den G-Punkt, wie sich unschwer erraten ließ. „Alter, habe ich gevögelt, eine Tussi aus dem Bergischen, Overath. Du, ich sag' Dir, diese Landpomeranzen haben es faustdick hinter den Ohren. Die hat das ganze Haus zusammengeschrien. Und ein Vaginalcocktail... Bißchen abgestanden, ganz bißchen, verstehst? So an der Grenze, daß es Dich gerade noch heiß macht. Kelle, kelle kelle."

An dieser Front also nichts Neues. Dann plänkelten sie noch ein wenig, bedauerten sich, daß sie in den Ferien zu wenig für's Abitur getan hätten, und wie ärgerlich es war, daß die Schule bald wieder losginge. Dort würde man sich ohnehin bald sehen. „In dem Sinne bis die Tage."

„Ja bis dann, Kai, ciao."

„Ciao, Pascal."

Das Gespräch hatte Pascal gut getan. Kai hatte einmal mehr seinen Sinn fürs Praktische bewiesen. Vor allem der Vergleich mit dem Zahnarzt stimmte. Er mußte in der Tat gleich selbst hingehen, ohne lange zu fackeln, sonst würde man ihn nur abwimmeln. Letztlich war Kai o.k., auch wenn er ein Großmaul war – aber er war ein liebes Großmaul.

* * *

Vor der Mutter hielt er seinen Plan zunächst geheim, sie mußte nicht alles wissen. Wahrscheinlich wäre sie auf diverse Einwände verfallen, man solle doch die Toten ruhen lassen und dergleichen. Dabei wußte er genau, daß sie hinterher froh und stolz sein würde, wenn er in der Angelegenheit noch etwas erreicht haben würde. Denn auch sie litt sehr wohl darunter, daß der Mord an ihrem Vater ungesühnt bleiben sollte, nur konnte sie sich nicht durchringen, den Kampf dagegen zu führen. Sie hätte der Behörde nicht im Traum zugetraut, aus reiner Bequemlichkeit einen Fall nicht gründlich zu bearbeiten. Was vom Staat kam, hatte seine Richtigkeit, warum sollte man herumrühren und sich wie Michael Kohlhaas mit allen anfeinden? War nicht gerade der Trotz Opa zum Verhängnis geworden? Pascal konnte allein bei dem Gedanken an das eventuelle Palaver mit der Mutter in Rage geraten. Nein, er mußte auf eigene Faust handeln, und *daß* gehandelt werden mußte, stand nach dem Gespräch mit Kai fest. Er durfte sich nicht mit dem unverständlichen Wisch aus dem Justizapparat abspeisen lassen und weiterhin nur Trübsal blasen. Jammern füllt keine Kammern. Durch das Gespräch mit Kai hatte er wieder Mut gefaßt. Wie unreif war er gewesen, sich von einem kleinen Bescheid eines arbeitsscheuen Staatsanwaltes, der keinen Bock hatte, sich vor Weihnachten ins Zeug zu legen, einschüchtern zu lassen. Denen würde er etwas erzählen! Er würde dafür sorgen, daß es nicht folgenlos bleiben konnte, seinen Opa auf offener Straße umzubringen.

* * *

Im Internet fand er schnell heraus, wo sich die Staatsanwaltschaft befand. Sie lag in einem Komplex mit dem Amts- und Landgericht, neudeutsch „Justizzentrum“ genannt. So lautete auch die offizielle Anschrift auf dem Briefkopf des Schreibens. Der Technokratenbegriff sollte vielleicht verhindern, daß der Bürger Gerichte und Staatsanwaltschaften für Orte „struktureller Gewalt“ und damit für etwas im Grunde Böses oder jedenfalls Unheimliches hielte. „Justizzentrum“ klingt eher nach Dienstleistung als nach Eingriff. Nach modernem Verständnis hat Staat Service zu sein. Deshalb hieß es mittlerweile auch „Justizvollzugsanstalt“ anstatt „Gefängnis“ und „Vollzug“ anstelle von „Haft“, alles schön weichgespült. Das Gericht kannte Pascal, seitdem sie mit der zehnten Klasse dort eine Verhandlung angesehen hatten. Wenn er mit der Bahn fuhr, brauchte er keinen Parkplatz zu suchen. Da die Schule erst am Donnerstag wieder anfing, hatte er einen freien Tag. Er konnte ihn kaum erwarten. Am heißersehnten Morgen nahm er gleich nach dem hastig verschlungenen Frühstück die Linie 1 in die Stadt. Am Neumarkt hätte er in die 18 umsteigen und mit ihr bis zur Weißenburgstraße fahren können. Sie fuhr über Barbarossaplatz in die Luxemburger Straße bis Sülz und von dort als Stadtbahn weiter bis Bonn. Als Kind hatte Pascal mit dem Großvater einmal die ganze Tour gemacht. Man sollte es kaum glauben, aber in Bonn fuhr die Linie als U-Bahn. Damit konnte den Menschen Urbanität vorgegaukelt werden, und sie konnten sich einbilden, ihr Nest sei eine Hauptstadt. Alle Städte, die ihre Wichtigkeit herausstellen wollen, haben heute eine U-Bahn, selbst Bielefeld und Bochum. Pascal grinste, weil alle diese Städte mit „B“ anfingen, „B“ wie „bemüht“. Als Pascal mit dem Opa Bonn besucht hatte, war das Bundesoberdorf, auch dem Namen nach, schon keine Hauptstadt mehr, aber die U-Bahn fuhr noch, immerhin ein positiver Effekt des Selbstbetruges.

Doch Pascal fuhr nicht bis zum Neumarkt. In seiner Erregung stieg er bereits am Rudolfplatz aus. Als er den Irrtum bemerkte, nahm er vor lauter Ungeduld die nächstbeste Bahn. Es war die Linie 16, die zwar auch bis Bonn, aber die Rheinufer-Strecke über Beyenthal und Wesseling fuhr. Mit ihr waren sie damals zurückgefahren. Dementsprechend hätte er am Barbarossaplatz noch einmal umsteigen müssen, aber da er es schon grundsätzlich haßte, auf Bahnen warten zu müssen, war er in seiner momentanen Stimmung dazu erst recht nicht gewillt. Daher beschloß er, den Rest der Strecke zu Fuß zu gehen, auch wenn er im Ergebnis länger brauchen würde, als wenn er die nächste Bahn abgewartet hätte. Das war ihm egal. Er konnte nicht länger warten bzw. tatenlos herumstehen. Wenn er zu Fuß ging, konnte er wenigstens selbst bestimmen, wann er ankam. Außerdem konnte er beim Gehen sein Gemüt ein wenig entspannen und das bevorstehende Gespräch mit dem Staatsanwalt durchdenken, wenn es denn dazu kam und er nicht an der Tür abgewiesen wurde.

Der Barbarossaplatz ist einer dieser häßlichen Plätze, mit denen Köln infolge der Kombination aus englischen Befreiungsbombardements und bundesdeutscher Aufbaunüchternheit reich bestückt ist. Die Häuser standen wahllos im unstrukturierten Raum und ergaben keine Gesamtheit. Nur die Tatsache, daß hier viele Straßen aufeinander trafen, dementsprechend Verkehr floß und viele Geschäfte in der Gegend angesiedelt waren, verhinderte, daß man sich in bebauter Brache wähnte. Ohne die Autos und ihren Lärm wäre es hier unerträglich trist gewesen. Sie vermittelten wenigstens den Eindruck pulsierenden Lebens; merkwürdiger Gedanke, denn hohe Verkehrsbelastung gehört in der Regel nicht zu dem, was Städte oder Stadtviertel als Ausweis ihrer Lebensqualität für sich beanspruchen. Am Barbarossaplatz hingegen bewirkte der eine Ekel, daß man den anderen nicht so schlimm wahrnahm. Ähnliches spürt der Mensch bei körperlichem Schmerz. Wer mit voller Wucht gegen einen Schrank läuft, vergißt für eine Zeit den Kater vom Vorabend. Der Krönung lief Pascal freilich erst entgegen. Denn nach der Eisenbahnunterführung am Südbahnhof gab die Luxemburger Straße, wo sie sich zu einer Magistrale verbreiterte, in deren Mitte die Bahn auf eigenem Gleiskörper fährt, die Sicht auf zwei Hochhäuser frei, deren Anblick Pascal Schmerzen bereitete.

Auf der rechten Straßenseite ragte ein riesiger Wohnklotz geschätzte dreißig Stockwerke in die Höhe. Dort zu wohnen, konnte nur reine Zweckerfüllung sein, Befriedigung des Bedürfnisses, ein Dach über dem Kopf zu haben. Wahrscheinlich lebten deshalb viele Studenten in dem Kasten. Die Universität lag nur ein paar Schritte entfernt. Weiter vorne, auf der anderen Straßenseite, erkannte Pascal das Gericht. Es war genauso ein Klotz wie der Menschenverwahrbunker gegenüber, bestand ebenfalls aus mehreren Trakten, die im Winkel zueinander lagen und das Gebäude dreieckig wirken ließen. Der Gerichtsbau war einige Meter von der Straße zurückgesetzt errichtet. Pascal vermutete, daß die beiden Monumentalkästen auf derselben Idee beruhten. Von einheitlicher

Planung konnte man indes nicht sprechen. Denn trotz ihrer konstruktiven Ähnlichkeit strahlten die architektonischen Monster keine Beziehung zueinander aus, erst recht bestand keine Wechselwirkung zur Straße. Auch sie war an dieser Stelle auf ihren Funktionalismus reduziert: Zubringerfunktion, Anfahrt, nicht Glied im städtischen Organismus. An ihnen störte weniger die, wenn auch verfehlte, Gigantomnie: daß monumentale Gebäude Erhabenheit ausstrahlen können, kann man an der Frankfurter Allee in Berlin ablesen oder an der Lomonossow-Universität in Moskau. Sie bestätigten viel mehr, was Opa immer gesagt hatte: der Wille zur Häßlichkeit hatte die Planungsfeder geführt. Pascal bemühte sich, sein Unverständnis zu bremsen. Sicher, Geschmäcker konnten verschieden sein, und in den siebziger Jahren waren sie offensichtlich anders. Aber, und damit bestätigte er sich wieder, solche Form des Umgangs mit Baumasse konnte eigentlich nur erträglich oder gar gut finden, wer gleichfalls am Gestank von Unappetitlichem Gefallen fand; solche Leute soll es ja geben, Für Pascal war der Baustil, den ihm die mißratenen Brüder präsentierten, kein Ausdruck von Geschmack, sondern von Geschmacksverirrung. An diesem Begriff, der ihm spontan einfiel, ergötzte er sich. Auch fühlte Pascal etwas Tieferes hinter dem Willen zur Häßlichkeit, eine verborgene Ursache, etwas, von dem er nur erahnen konnte, daß es vorhanden war, das er aber nicht hätte namhaft machen können. Es war die Ahnung, daß der Wille zur Häßlichkeit letztlich nichts anderes ist als der in äußere Formen gegossene Wille zum Nichts.

Der Eindruck toten Gesteins verstärkte sich noch, als Pascal endlich den Haupteingang erreicht hatte. Denn jetzt erkannte er, daß hinter dem großen Winkelklotz noch ein etwas kleinerer stand, in dem die „Agentur für Arbeit“, wie man das Arbeitsamt inzwischen nannte, residierte. Zwischen beiden lag ein weiteres freistehendes, würfelförmiges Betonkonstrukt. Es grenzte unmittelbar an die Straße und hatte nur zwei Stockwerke. Ein eisiger Wind pfiff durch die Winkel und Gänge zwischen den Blöcken. Im Erdgeschoß des Würfels befand sich eine geschlossene Gaststätte. Ihre leeren Fenster unterstrichen die Unwirtlichkeit der gesamten Umgebung, mehr noch: Es schien geradezu Bestimmung dieser Räumlichkeiten zu sein, eine außer Betrieb befindliche Kneipe zu beherbergen, denn wer konnte hier schon verweilen wollen? Von allen Seiten hasteten Leute heran. Um 8:30 Uhr in der Früh herrschte offensichtlich die rush hour der dritten Gewalt. Die Mäntel, ob modisch knielang oder gediegen dunkelblau bis zu den Waden hatten die meisten hochgeschlagen; die Gesichter verkniffen und die Augen oft hinter beschlagenen Brillen verborgen, die Aktentasche unter einen Arm geklemmt, unter dem anderen bisweilen ein schwarzes Stoffknäuel, strömten sie der Gerechtigkeitsfabrik entgegen. Es war eine amorphe Masse, die, allein durch Hektik verbunden, dort ihr Ziel suchte. Nur hin und wieder kamen Menschen zu zweit oder zu dritt heran, die ein Gespräch führten und den dazu erforderlichen gemessenen Schritt einhielten.

Pascal beeilte sich, ins Gebäude zu kommen. Nachdem er eine großflügelige Drehtür passiert hatte, stand er in einem hallenartigen Foyer, das wie der Eingangsbereich eines Versicherungskonzerns wirkte. An einem Schalter in dessen Mitte, ähnlich den „Service-Point" genannten Einrichtungen in den Bahnhöfen, stand in großen Lettern „Information" zu lesen. Pascal wollte sich zunächst selbst einen Überblick verschaffen, ließ ihn deshalb links liegen und hielt geradewegs auf zwei Personenschleusen zu. Hier wurde jeder kontrolliert, der ins Innere des Gerichts, sein Eigentliches, die Wirkungsstätte der Rechtsanwendungstechnik kommen wollte – oder mußte. Wie auf einem Flughafen waren Jacken, Mäntel sowie alle metallischen Gegenstände in einen kleinen Kasten zu legen, auch Handys und Schlüssel, dann erst durfte man durch die Schleusen gehen. Taschen mußten durch eine eigene Vorrichtung geschoben werden. Zwei Amtswalter kontrollierten die Abläufe. Einer von ihnen trug ein hellgrünes Hemd, dessen zwei obere Knöpfe offenstanden und das er bis zur Hälfte der Unterarme hochgekrempelt hatte. Pascal schätzte ihn auf etwa Ende zwanzig. In seinem linken Ohr steckte ein kleiner Ring, auf dem rechten Unterarm erkannte Pascal die Ausläufer einer Tätowierung. Auch an den Händen befanden sich Ringe, drei an der Zahl, einer links, zwei rechts, davon einer am Daumen. Die Hose des Mannes bestand aus behördentypischem Stoff in behördentypischem Grau. Die Dienstbekleidung, die bei entsprechender Trageweise Uniform hätte genannt werden können, zeigte lediglich eine der möglichen Erscheinungsweisen. Ein anderer Vertreter seiner Zunft trug einen Wollpullover, ähnlich denen der Bundeswehr, in dem gleichen Grün wie das des Hemdes seines Kollegen. Wieder ein anderer hatte seinen Dienst mit einigermaßen geordnetem Hemd, dafür mit einer schwarzen Hose angetreten. Er stand mit verschränkten Armen hinter der Schleuse und überwachte das Treiben. Sein Bild rundete ein Paar Turnschuhe ab, wie sie bei Deichmann für

50 Euro im Sonderangebot zu haben sind. Das äußere Auftreten der Wachtmeister, das Pascal wenig an eine Anstalt erinnerte, die dazu berufen war, durch ihre Würde dem Bürger die Verbindlichkeit des Gesetzes in den Lebenslauf zu schreiben, wurde von der physiognomischen Haltung des Türstehers begleitet, wie er sie vom Diamonds kannte. Die Herrschaft über das Portal gehörte hier wie dort zu den ersichtlichen Ersatzkrücken der personalen bzw. institutionellen Selbsterbauung.

Pascal blieb unschlüssig, ob er sich an der Schlange, die sich vor den Schleusen gebildet hatte, anstellen wollte, stehen. Denn ihm war klar geworden, an diesem Einlaß nicht zu seinem Ziel zu kommen. Er kehrte zum Informationsschalter zurück. „Guten Tag, ich möchte zur Staatsanwaltschaft."

„Da sind Sie hier leider verkehrt. Sie müssen wieder raus und dann links am Gericht vorbei." Die Dame an der Theke lächelte ihn halbverbindlich an. „Sie können dort entlang gehen." Mit der Hand wies sie auf den anderen Ausgang, der zur Arbeitsagentur gelegen war. „Dann links und immer geradeaus, ein paar Treppen runter, den Weg weiter, über einen Wendehammer kommen Sie automatisch zur Staatsanwaltschaft. Das können Sie nicht verfehlen. Da stehen auch Schilder."

Pascal dankte und machte sich ein wenig skeptisch auf den beschriebenen Weg. Erfahrungsgemäß waren häufig diejenigen Wege am schwierigsten zu finden, die man „überhaupt nicht" verfehlen konnte. Das kannte er vom Mathematikkurs. Wenn Beweise oder Umformungen so schwierig waren, daß man sie kaum nachvollziehen konnte, verzichtete das Lehrbuch verschiedentlich auf den Abdruck, und ersetzte ihn durch ein lapidares „Wie man leicht sieht". Nicht Nachvollziehbares muß zum Selbstverständlichen oder Offenkundigen erhoben werden, damit die Menschen, wo sie nicht wissen, glauben können. So ging er unsicher durch den zweiten Ausgang, fand aber entgegen seiner Befürchtung schnell den Weg und die Treppen, die die Frau beschrieben hatte. Er war schmal und eher eine Art Schleichweg als der offizielle Zugang zur Staatsanwaltschaft. Dafür sprach auch, daß er vor der Treppe durch ein kleines eisernes Tor gehen mußte, das danach aussah, als sei es normalerweise geschlossen. Aber da ihm zahlreiche andere Personen entgegenkamen, konnte Pascal davon ausgehen, daß es sich zumindest um einen halboffiziellen Weg handelte. Schon bald kam er an den erwähnten Wendehammer sowie an eines der Hinweisschilder: „Staatsanwaltschaft Köln“. Er stand nun vor einem Gebäuderiegel, der mit seinen vier Obergeschossen und der ockerbraunen Marmorfassade ein klein wenig mehr architektonisches Bemühen erkennen ließ als der formlose Wolkenkratzer, den er jetzt im Rücken hatte – freilich ohne dabei eine Offenbarung zu sein. Lediglich das Fehlen des Häßlichkeitsfaktors hob ihn in eine erträgliche Kategorie. Nach wenigen weiteren Schritten zeigte sich, daß es sich bei dem Riegel um den Seitenflügel eines H-förmigen Behördenbaus handelte, der sich jedoch aus Pascals Perspektive wie ein U ausnahm und in dessen innerer Stirnseite der Eingang lag. Darauf, also auf das Innere des „U“, marschierte Pascal jetzt mit entschlossenen Schritten zu.

Als er wenige Augenblicke später vor der Pforte stand, war es mit seiner soeben aufgeflammten Euphorie schon wieder vorbei. Zwar gab es hier weder eine so große Sicherheitskulisse wie im Gericht noch eine Schlange davor, die den Besucher zu langen Wartezeiten zwang und den Justizwachtmeistern trotz ihrer hochgekrempelten Hemden das Gefühl von Wichtigkeit geben konnte. Aber eine Schleuse trennte auch hier die Welt vom Recht. Hinter dicken Glasscheiben saß eine Wachtmeisterin mit langen, schweren Haaren und unnatürlich gebräuntem Gesicht in einer kleinen Kabine. Mit rauchig heiserer Stimme sprach die Frau Pascal in breitem Kölsch an: „Sie wünschen?“ (Es klang wie „Sie wünnnschen?“ wobei mit der Endsilbe „en“ die Rauchstimme in die Höhe ging.) Dabei blieb ihre Miene unverändert. Aufgeregt fummelte Pascal den Einstellungsbescheid aus seinem Rucksack hervor. „Hier“, sagte er, wobei er sich zwingen mußte, ein Zittern in der Stimme zu unterdrücken. „Ich muß etwas besprechen, wegen dieses Bescheides.“ Pascal hielt das Blatt von außen vor die Scheibe der Wachkabine. Die Wachtmeisterin bedeutete ihm, es in eine Schublade, wie er sie aus der Polizeiwache Ehrenfeld kannte, zu legen. „Leeeejen Se dat mal daaaa rein.“ Pascal kam der Aufforderung nach, und die Frau begann das Dokument ausgiebig zu studieren. Dabei bewegten sich die Lippen so, als ob sie den Text stumm vorlasen. Hin und wieder schüttelte die Frau leicht mit dem Kopf. Als ein Anruf kam, legte sie das Blatt kurz zur Seite, nahm es während des andauernden Telefonats wieder auf, las weiter und schüttelte erneut leicht mit dem Kopf. Pascal trat unruhig von einem Bein auf das andere. Er merkte, daß er einen roten Kopf bekam, und befürchtete, daß er hier abprallen, daß die Schranke, vor der er stand, eine überwindliche sein würde. Wie zur Bestätigung hörte er jetzt die Frau sagen: „Was haben Sie denn da noch zu besprechen, das ist doch alles entschieden?“ („Watt han Se denn daaa zu besprechchen...?“)

„Aber falsch!“ entfuhr es ihm mit dem Ton der Empörung.

„Soso“, reagierte die Frau nun ihrerseits mit leichter Empörung darüber, daß ein spätpubertärer Jüngling die Autorität der Justiz anzweifeln konnte, und es war unschwer zu erraten, daß es ihre Autorität war, die sie angegriffen sah, und erst in zweiter Linie die dahinterstehende des Staatsanwalts. Pascal fühlte sich beinahe wie der Mann vom Lande in Kafkas Erzählung „Vor dem Gesetz“. Aber er war nicht der Mann vom Lande, und er stand auch nicht vor dem Gesetz, sondern nur vor der Staatsanwaltschaft, und nicht irgendwo im literarischen Raum, sondern in Köln am Rhein, und Kölner lassen keinen allein. Jedenfalls behaupten sie das immer. Jetzt konnten sie es beweisen. „Falsch“, wiederholte die Frau an der Pforte in einer Kombination aus Ironie und Erstaunen, „Termin haben Sie wohl keinen?!“

„Nein“, gab Pascal kleinlaut zu. Damit hatte ihn die Frau auf dem falschen Fuß erwischt, konnte er doch schlecht zugeben, daß er sich aus taktischen Gründen keinen hatte geben lassen. Würde sie nun „Dann besorgen Sie sich mal einen“ sagen, wäre das Todeswort gesprochen. Pascal schwebte zwischen Hoffen und Bangen.

Das Todeswort kam nicht. Die Pförtnerin hatte möglicherweise die Chance gewittert, ihre Macht durch Großzügigkeit zu beweisen. Vielleicht war sie auch einfach ein gutmütiger Mensch. Wie auch immer, sie runzelte die Stirn, griff zum Telefon und wählte eine Nummer. Dabei murmelte sie mit jetzt gespielter Empörung: „Was Ihr Euch immer vorstellt.“ Eine Weile blickte sie mit konzentrierter Ausdruckslosigkeit ins Leere, während sie darauf wartete, daß am anderen Ende der Hörer abgehoben würde. „Ja, hier ist Schmitz von der Pforte. Guten Morgen, Herr Zeisig.“ Kurzes Schweigen, offensichtlich antwortete ihr Gegenüber. „Hier ist ein junger Mann für Sie“. Schweigen. „So habe ich das nicht gemeint, Sie sind mir ja ein Schlingel.“ Die Frau setzte ein süffisantes Gesicht auf. Es herrschte eine gute Gesprächsatmosphäre. Pascal bekam wieder Auftrieb. Schweigen. „Der versteht einen Bescheid von Ihnen nicht.“ Schweigen. „Ja.“ Die Frau lachte auf, wahrscheinlich hatte Staatsanwalt Zeisig mit aufgesetzter Verärgerung gefragt, was es daran nicht zu verstehen gebe, seine Bescheide seien klar und deutlich, richtig seien sie sowieso. „Will es wohl genau wissen." Schweigen. „Also, ich schicke ihn dann rüber." Pascal frohlockte. Er hatte gewonnen. Die Frau stand auf und kam aus ihrer Loge. Mit einer Handbewegung rief sie Pascal zu sich. Vom Kontrollgang durch die Schleuse war nicht mehr die Rede. „Haben Sie gefährliche Gegenstände bei sich?" Die Frage klang alibihaft.

„Nein."

„Gut, dann gehen Sie die Richtung bis zum nächsten Gang, dort rechts, gleich hier im Erdgeschoß Zimmer 127." Ihr ausgestreckter Arm wies in einen Flur, von dem nach etwa zehn Metern ein anderer abzweigte.

„Kein Problem, das finde ich schon. Und vielen Dank."

Die Wachtmeisterin nickte wohlwollend. Die erste und schwierigste Hürde war geschafft. Wer Einlaß erhalten hat, ist im Innern der Gralsburg.

Mit wiederhergestelltem Selbstbewußtsein marschierte Pascal in die angezeigte Richtung, zunächst die zehn Meter bis zur Abzweigung, dann nach rechts in einen langen Gang. Er befand sich jetzt in dem zweiten Längsflügel des U. Dieser nicht sonderlich breite Gang war, wie alle Gänge des Hauses, mit einem robusten Teppich ausgelegt. Er war offensichtlich für Publikumsverkehr nicht vorgesehen – Bestandteil eines Behördeninnenlebens, das durch die Tatsache seiner Abschirmung dem Apparat Leben und Macht verleiht. Zur Funktionalität des Ortes paßte die weiße Fasertapete der Wände. Die meisten Türen standen offen, so daß Pascal Einblick in die Räume nehmen konnte. Unmengen von Akten lagerten dort auf Tischen und Regalen; rote Akten, zum Teil mit Leinenbändern zusammengehalten. Die Szenerie wirkte harmlos und bieder, so daß man in den Akten vielerlei Langweiliges vermutet hätte, am ehesten Gebührenbescheide oder Abwassersatzungen oder Versammlungsprotokolle des Sportausschusses einer Kleinstadt, aber keine aufgebrochenen Autos, abgezockten Rentnerinnen, eingeschlagenen Kiefer, verstümmelten Gliedmaßen oder lüsternen Triebtäter, die den Juckreiz ihrer Genitalien an den Leibern kleiner Kinder stillen, wenn sie sich mit rötlich-aufgedunsenen Gesichtern gierig und dumpf zur Entlastung stöhnen, während sie den Opfern, die dieses Grauen nie vergessen werden, die kleinen Kehlchen so stark zudrückten, daß ihre Hilferufe zu einem undeutlichen Krächzen verröchelten. Nein, die Akten enthalten nicht das Eigentliche, können es nicht enthalten, weder Kinderschreie noch erschrecktes Überraschen der Greise, denen die Geldbörse trickreich entleert wurde, noch die Angstblicke der Passanten, die die Klinge des Springmessers vor sich sahen. Wo sie davon sprechen, sind es Blaupausen des Lebens, die das Eigentliche ins juristisch Handhabbare übersetzen. Die Akten verwalten Vorgänge, und die digitale Erfassung sorgt dafür, daß die Reihenfolge der Bearbeitung nicht durcheinanderkommt.

Zimmer 127. Pascal hatte sein Ziel erreicht, einen kleinen, nahezu quadratischen Raum. Durch ihn konnte er den Weg erkennen, den er durch das Zentrum des U gegangen war, um zur Pforte zu gelangen. Am Fenster stand der Arbeitstisch des Staatsanwaltes, bestückt mit der justiztypischen schmucklosen weißen Kunststoffplatte, die zu einem guten Teil von dem voluminösen Monitor des PC eingenommen wurde. Ein einfacher Rollsessel, ebenfalls aus Kunststoff, wies den Arbeitsplatz des Staatsanwalts aus. Zwei weitere Stühle entsprachen in etwa dem Schulmobiliar im Heilig-Geist: einfachste Konstruktionen aus Metallbeinen und einer Sitzfläche aus hellem, lackiertem Holz. In den Regalen stapelten sich, wie in denen der anderen Räume, rote Akten. Das Zimmer unterschied sich atmosphärisch wenig von dem in der Wache Ehrenfeld, obwohl es kleiner war und durch den Teppich und die Akten etwas wärmer wirkte.

„Guten Tag." In der Mitte des Raumes stand ein unscheinbarer Mann mit Durchschnittsgesicht, Brille und Schnurrbart. Er mochte um die Mitte bis Ende 40 sein. In den mittellangen, früher schwarzen Haaren begann sich das Grau emporzuarbeiten. Das satte Königsblau seiner Jeans sah unnatürlich aus und wollte nicht recht dazu passen, daß es eben Jeans waren. Dazu trug der Mann einen roten Wollpullover, aus dem der Kragen und die Ärmel eines karierten Hemds ragten. Nichts war wie im Fernsehen. Kein großer Saal, dessen Düsternis durch eine schwere Lampe schwach ausgeleuchtet wurde, keine Holzkaskaden in den Decken, die überdies auch nicht so hoch waren wie die einer schönen Altbauwohnung aus der Gründerzeit, sondern so niedrig wie die eines Abstellraums oder einer Garage, kein Schreibtisch aus Eiche oder Mahagoni, keine imponierenden Flügel- oder wenigstens schweren Holztüren und auch kein Amtswalter im feinen Dreiteiler, der wie ein Industriebaron den Besucher empfing und über Telefon die Sekretärin auf silbernem Tablett Kaffee und Kekse servieren ließ. Stattdessen Kunststoff, ein Anorak an der Garderobe, ein surrender PC und ein großer Kaffeebecher mit Löffel sowie Bilder einer Frau und zweier Kinder, eines Jungen, eines Mädchens, zehn und zwölf Jahre alt, auf dem Tisch.

„Zeisig, guten Tag.“ Mit der rechten Hand deutete der Staatsanwalt auf einen der Klassenstühle. „Setzen Sie sich.“ Zu der wenig eindrucksvollen Gestalt trug bei, daß er zwar kein Männchen, aber mit einer geschätzten Körpergröße von höchstens 1,70 m deutlich kleiner war als Pascal. Langsame, bedächtige, fast phlegmatische Bewegungen rundeten das Bild ab. Das ganze Erscheinungsbild des Verbrecherjägers wirkte indifferent. Kein typischer Beamter, der Formulare ausfüllt und die Bildzeitung unter dem Tisch verschwinden läßt, wenn der Vorgesetzte mit einem Auftrag droht, aber erst recht kein energischer Vertreter der Staatsmacht, der Feuereifer bei der Bekämpfung der Kriminalität entwickelte. An ihm haftete nichts Fürchterliches, nicht einmal etwas Böses, das maximal Negative, das diesem Mann zuzutrauen war, lag darin, daß er sich genervt fühlen konnte. Aber daran war zunächst nicht zu denken. Aus alten Karikaturen kannte Pascal das Bild des Staatsdieners mit den Ärmelschonern; diesen hier hätte er sich im Bademantel vorstellen können. Der Staatsanwalt ließ sich auf dem Rollsessel rechts des Tisches nieder; Pascal nahm auf einem der anderen Stühle mit dem Rücken zur Tür Platz. Herr Zeisig schlug die Beine übereinander und machte erneut eine auffordernde Handbewegung. „Haben Sie etwas dagegen, daß ich rauche?“

„Nein, natürlich nicht.“ Pascal glühte vor Ungeduld. Sein Gegenüber legte eine Packung Tabak auf den Tisch einer Schublade, nahm eine Pfeife aus einer Halterung und stopfte sie sorgfältig. Dann zündete er ein Streichholz an und hielt es lange an den Pfeifenkopf. Gleichzeitig zog er mehrfach kräftig, um die Glut zu entfachen. Dichte schwarzblaue Wolken quollen auf und erfüllten den Raum mit dem typischen Duft, der wohlriechend ist, wenn seine Intensität das rechte Maß einhält, andernfalls schnell eine unangenehme Penetranz entfaltet. „Dann erzählen Sie mal, Sie haben Post bekommen von uns?“ Dabei zog er erneut intensiv.

„Ja“, begann Pascal und setzte sich aufrecht, „ja, wegen meinem Opa. Der wurde umgebracht.“

„So“, sagte Zeisig und nahm einen weiteren tiefen Zug, „zeigen Sie mal her.“ Nichts in seinem Tonfall klang wie ein Aha-Effekt. Pascal reichte ihm das ominöse Blatt und blickte erwartungsfroh. Staatsanwalt Zeisig nahm es in die linke Hand, ohne die Pfeife aus der rechten zu legen, und las den Text, der bei Pascal für Entsetzen gesorgt hatte. Ohne aufzuschauen, legte er es stumm zur Seite, um zum Telefon zu greifen. Er wählte mit der Linken, in der er gleichzeitig den Hörer hielt, und wartete die Reaktion am anderen Ende ab. „Frau Sebastian, bringen Sie mir doch bitte mal die Akte Bulgur, 33 Js 14157 aus 07." Zu Pascal gewandt: „Kann etwas dauern." Dabei nickte er beifällig. „Sie sind noch Schüler?" Pascal nickte seinerseits heftig und ungeduldig. Sein Status war nicht das Thema, das er besprechen wollte. Er sprang auf. Mit den Händen in den Taschen trat er von einem Bein auf das andere, drehte sich nach links, nach rechts und musterte den kleinen Raum, der überall und mit jedem seiner Gegenstände geballte Routine ausstrahlte. „Darf ich Sie etwas fragen?"

„Gern", doch in diesem Moment klopfte es, während schon die Tür aufsprang. Eine Gestalt betrat den Raum, die ersichtlich einem Antidiskriminierungsplan ihre Stelle verdankte. Frau Sebastian war, wenn es hoch kam, 1,20 m groß, Kopf und Oberkörper waren normal ausgeprägt, doch das machte die Figur im ganzen unförmig, denn sie steckte auf viel zu kurzen, viel zu dicken Beinen. Infolge dessen watschelte die Frau mehr, als daß sie ging, was wiederum zu Hüftproblemen führte, die ihrerseits das Watscheln verstärkten. Gut, daß Kai nicht hier war, der hätte sofort frohlockt: „Ei, hier geht's zum Zwergenwerfen, kelle, kelle, kelle." Pascal mußte bei diesem Gedanken ein Lachen unterdrücken, für das er trotzdem ein schlechtes Gewissen bekam. Frau Sebastian setzte ersichtlich all ihre Möglichkeiten ein, um sich in den Dienst des Rechts zu stellen, womöglich überragte sie damit manche anderen mit höheren Körpermaßen. Die Akte trug sie schwer in beiden Armen und, am Schreibtisch angekommen, der ihr knapp bis zu den Schultern reichte, mußte sie ihre ganze Kraft aufbieten, um sie dort hinaufzuwuchten. Bei alldem versprühte sie eine natürliche Fröhlichkeit und auf dem Gesicht ein ungestelltes Lächeln. Mitleid war das letzte, was sie erheischen wollte.

„Sooo", sagte Herr Zeisig zum zweiten Mal. Diese Worte waren seine ersten, die entschlossen klangen. Mit Griffen, die ahnen ließen, daß er schnell das Wesentliche erfassen und vom Unwesentlichen trennen konnte, durchblätterte er die Akte. Dabei nickte er unentwegt. Er schien sich an den Sachverhalt zu erinnern. „Das ist ein klarer Fall von 154."

Pascal blickte verstört. Mit diesem Wissen war er schon hergekommen.

„Wenn eine Straftat..." – Herr Zeisig hatte die Akte wieder geschlossen und mit einer einzigen sicheren Bewegung vor sich auf die Schreibtischplatte geworfen – „...im Verhältnis zu einer oder mehreren anderen, die gleichzeitig verfolgt werden, nicht sonderlich ins Gewicht fällt, kann sie eingestellt werden. So haben wir das hier gemacht."

„Was denn für andere Taten?"

„Das darf ich Ihnen nicht sagen. Aber gehen Sie davon aus, daß der Täter kein unbeschriebenes Blatt ist."

„Aha."

„Nennen Sie ihn ruhig Intensivtäter."

„Das heißt?"

„Wie gesagt, Einzelheiten darf ich Ihnen nicht mitteilen. Aber es laufen derzeit noch andere Ermittlungen gegen ihn, mit weit schwerwiegenderen Delikten, und im Hinblick darauf haben wir Ihr Verfahren" – dabei deutete Herr Zeisig auf die Akte, die sicher auf dem Tisch ruhte – „eingestellt."

„Aber", fiel Pascal, der seine Enttäuschung nicht verbergen konnte, vehement ein, „dann wird der Verbrecher deswegen ja gar nicht bestraft!"

„Also, erstens handelt es sich hier nicht um ein Verbrechen, sondern um ein Vergehen, aber zweitens haben Sie recht: strenggenommen wird er dafür nicht bestraft. Aber so einfach, wie es sich anhört, kann man das nicht sehen. Wir haben es hierbei mit komplexer Materie zu tun. Er wird ja nur deshalb an *dieser* Stelle nicht bestraft, weil das Strafbedürfnis schon abgegolten ist, indem die anderen schwereren Taten zur Aburteilung kommen. Aus Gründen der Verfahrensökonomie ist eine solche Vorgehensweise manchmal geboten."

Pascal war über das Spezialvokabular, das weder geeignet noch gedacht ist, außerhalb des Justizinnenlebens verstanden zu werden, verwirrt. Welch kryptische Worte: „Strafbedürfnis", „abgegolten", „Verfahrensökonomie", und vor allem: kein Verbrechen! „Ist Mord denn kein Verbrechen?" fragte er trotzig. Der Staatsanwalt unterdrückte ein Schmunzeln, das aus der unbeabsichtigten Belustigung über die Naivität dessen, der eine Geheimwissenschaft nicht durchschaut, folgte. „Wenn Sie mit ‚Mord' meinen, daß Ihr Großvater im Krankenhaus zu Tode gekommen ist, dann sind Sie leider im Irrtum. Der Eintritt des Todes hat mit der Tat nichts zu tun."

„Wie bitte?“ dachte Pascal. Mit der Tat nichts zu tun!? In was für einem Film saß er? Er konnte sich zwar selbst nicht sehen, aber sein Gesichtsausdruck mußte ein derart ungläubiges Erstaunen angenommen haben, daß Staatsanwalt Zeisg nach einem weiteren Schmunzeln sich aus der halb liegenden Position in seinem Stuhl aufrichtete, die Pfeife in die Halterung legte und mit ruhigem Ton zu einem kleinen Vortrag ansetzte. Er zeigte jetzt Anzeichen jener Genervtheit, die ihm im schlimmsten Falle zuzutrauen war. „Die Strafprozeßordnung behandelt die Delikte in einer formalen Sichtweise. Man muß die Tat im streng prozessualen Sinn betrachten. Sie war eine Körperverletzung, eine *einfache* Körperverletzung in Gestalt eines Fausthiebes, und Körperverletzung ist ein Vergehen und kein Verbrechen. Das sind zwei verschiedene Deliktskategorien. Vergehen sind vom Gesetz mit einem geringeren Strafmaß bedroht. Daraus ergeben sich insbesondere Konsequenzen für die Strafbarkeit des Versuchs, aber das würde jetzt zu weit führen. Jedenfalls hat das Ableben Ihres Herrn Großvaters im Krankenhaus nichts mit der Tat im prozessualen Sinne, also im Sinne der Strafprozessordnung, zu tun; die war mit dem Schlag bzw. den Schlägen abgeschlossen. Der Rest, also der Sturz und der tragische Tod Ihres Großvaters, wurden durch die Tat nicht adäquat kausal verursacht. Anders ausgedrückt: Der Körperverletzungsparagraph dient nicht dazu, zu verhindern, daß ein Mensch im Krankenhaus stürzt, sondern dazu, zu verhindern, daß der A den B schlägt.“

Pascal, der dem massierten Ansturm juristischer Winkelzüge nur ansatzweise hatte folgen können, verstand nichts mehr. Er schüttelte den Kopf. „Nicht kausal verursacht? Das stimmt doch nicht. Hätte der ihn nicht zusammengetrümmert, dann wäre er nicht ins Krankenhaus...“

„Sachte, junger Mann.“ Herr Zeisig fiel ihm ins Wort, streckte beide Arme waagerecht in die Luft und drückte zur Beschwichtigung die Hände wiederholt nach unten, so wie ein Fußballtrainer, der nach dem 1:0 in der 85. Minute seine Mannen zum Ergebnishalten auffordert. Ruhig Blut sollte die Geste heißen. „Nicht *adäquat* kausal habe ich gesagt. Ich kann mich nur wiederholen: Ihr Großvater hat im Krankenhaus eine eigene Kausalkette in Gang gesetzt, wie wir Juristen einen solchen Vorgang nennen. Das müssen Sie gedanklich von dem Geschehen vorher trennen. Aber ich kann Ihnen hier keine juristische Vorlesung halten. Sehen Sie es so: So bedauerlich und für Sie wirklich tragisch der ganze Vorfall ist: Man kann dem Täter nicht anlasten, daß Ihr Großvater im Krankenhaus, sei es aus Unvorsichtigkeit, sei es aus einer Verkettung unglücklicher Umstände, stürzt und infolgedessen zu Tode kommt. Darin realisiert sich nicht die kriminelle Energie einer Straftat, sondern ein allgemeines Lebensrisiko. Andernfalls könnte man Adam und Eva für alles verantwortlich machen, was hier und heute irgendwelche Spitzbuben anstellen."

Pascal war bedient: irgendwelche Spitzbuben. Schon der Ausdruck und die vollkommen nüchterne Sprechweise des Juristen störten ihn; als würde man eine Bauanleitung für ein Ikea-Regal vorlesen. Dabei sprach der Staatsanwalt von ganz gemeinen, brutalen Verbrechern, und die liefen immer noch frei herum. Im übrigen war noch nicht geklärt, warum der mickrige Rest, der nach dieser gewöhnungsbedürftigen Ansicht noch an abgespeckter Tat übrig blieb, also die Tat im „prozessualen Sinn" bildete, wie der Herr Staatsanwalt es ins Technokratendeutsch übersetzt und dadurch die Brutalität in ein ungreifbares Abstraktum gebannt hatte, gegenüber den anderen nicht ins Gewicht fiel. Pascal wollte sich noch nicht abfinden. „Ich verstehe das trotzdem nicht. Wie Sie alles so abwiegeln können..."

„Ich wiegele nichts ab, ich wende die Vorschriften an. Das müssen Sie verstehen. Bitte werden Sie nicht ungehalten..."

„Ich verstehe das aber nicht! Ich kann nicht begreifen, warum das Wenige, das noch übrig bleibt, wenn der Tod meines Opas nicht *adäquat* kausal ist, damit man denen nicht Adam und Eva in die Schuhe schieben kann, wieso denn der Rest auch noch unter den Teppich gekehrt wird. So was kann man doch gar nicht glauben!"

„Tja", sagte Herr Zeisig gedehnt, „wie soll ich Ihnen das vermitteln? Da spielt unter anderem die Systematik der Gesamtstrafenbildung mit hinein und so weiter, aber das würde jetzt wirklich zu weit führen."

„Ich will es aber wissen!"

„Bitte, Herr Ormunait. Ich kann Ihnen jetzt nicht die komplette StPO erklären. Sie müssen die Dinge hinnehmen, wie sie sind. Wenn mehrere Taten zur Aburteilung anstehen, kann es dazu kommen, daß die relativ leichteren bei der Strafmaßfindung nicht ins Gewicht fallen. So ist das eben."

„Aber das heißt doch...", Pascal versuchte, das Gehörte in ein logisches System zu übersetzen. „Aber das heißt doch...", setzte er erneut an, „das heißt doch, daß es einen Rabatt gibt, je mehr Straftaten man begeht."

„Nein, so können Sie das nicht sehen."

„So *muß* man es doch sehen!"

Der Staatsanwalt erhob sich. Er war mit seiner Geduld und seinem Latein am Ende. „Herr Ormunait. Ich bedauere, Ihnen keine andere Auskunft geben zu können. Ich weiß, daß die Zusammenhänge für einen juristischen Laien nicht einfach zu durchschauen sind, aber vielleicht denken Sie zu Hause alles noch einmal durch. Bitte haben Sie Verständnis, aber ich muß jetzt arbeiten. Was Ihnen widerfahren ist, tut mir leid, aber juristisch ist der Vorgang abgeschlossen."

Er streckte Pascal die Hand hin. Der Schüler stand jetzt auch auf und nickte. „Ja, das befürchte ich auch."

„Wiedersehen."

„Wiedersehen. Trotzdem danke für die Zeit."

„Nichts zu danken, wir bemühen uns um Bürgerfreundlichkeit."

Pascal wandte sich zur Tür. Scheißspiel, dachte er, das soll er mal seinen Vorschriften erzählen, denn die bemühten sich nicht darum.

„Herr Ormunait!"

Pascal drehte sich noch einmal um.

„Ich kann Sie verstehen in Ihrer Gefühlslage, aber Sie machen es sich zu einfach. Wir können Menschen nicht einfach wegsperren, wenn es uns paßt. So etwas gab es früher. Die rechtsstaatlichen Garantien sind eine wesentliche Errungenschaft unserer Demokratie nach dunkler Zeit. Es ist ja nicht so, daß wir den Tätern das Bundesverdienstkreuz verliehen hätten."

„Ach nein? Darüber sind die bestimmt sauer."

Pascal kochte vor Zorn und Empörung. Am liebsten hätte er gesagt: Sie können mich mal! Und wenn Sie mich jetzt anzeigen wollen wegen Beleidigung, dann tun Sie sich bitte keinen Zwang an. Es gibt auch keine andere Tat, derentwegen meine nicht beträchtlich ins Gewicht fiele. Sie können mich in aller prozessualen Folgerichtigkeit verurteilen. Er verkniff es sich. Herr Zeisig schüttelte den Kopf.

* * *

Wer vom Rathaus kommt, ist klüger; wer von der Staatsanwaltschaft kommt, auch. Das Gehörte wieder und wieder durch den Kopf wühlend, schlich Pascal den Weg zur Pforte zurück.

„War wohl nicht erfolgreich?" Die Wachtmeisterin mit den schwarzen Haaren und den auffallend nicht vorhandenen grauen Strähnen blickte jetzt mitleidig.

Pascal schüttelte den Kopf. „Nein."

„Müssen Sie zurück zur Luxemburger Straße?"

Er nickte.

„Dann können Sie dort entlang gehen." Die Frau deutete auf zwei Fahrstühle. „Ist eine Abkürzung. Fahren Sie in den dritten Stock und gehen Sie geradeaus, wenn Sie aus dem Aufzug raus sind, am Ende rechts, dann links." Sie gestikulierte heftig. „Da kommt ein Übergang zum Gericht, leicht zu finden." Pascal schien nicht überzeugt. „Bei dem Wetter. Wenn Sie durch' s Haus gehen, müssen Sie nicht durch die Kälte laufen." Damit hatte sie zweifelsohne Recht.

„Gibt's hier eigentlich eine Kantine?" fragte er unvermittelt.

„Auch im Gericht. Wir haben hier leider nur einen Kaffeeautomaten. Sie können den Weg nicht verfehlen, und wenn doch", sie unterbrach sich kurz, „wenn doch, dann kommen Sie einfach wieder zu mir, und ich fahre mit Ihnen hoch und zeige Ihnen, wie Sie gehen müssen."

Pascal vermeinte fast zu glauben, daß die Herrin der Pforte es gern gesehen hätte, wenn er den Weg nicht gefunden hätte. Er jedoch war darauf erpicht, den Ort der prozessualen Korrektheit zu verlassen. Auf keinen Fall wollte er länger als nötig hier verweilen. Er fuhr in den dritten Stock und war froh, den beschriebenen Weg sofort zu finden. An der Stelle, wo im Erdgeschoß die Querwand das Gebäude und den Gang beendet hätte, begann ein geschlossener Überweg, der zum Gericht führte. Von dort konnte man links unten den Wendehammer sehen. Pascal überquerte die für Otto Normalrechtsverbraucher, der durch den Haupteingang kam, unsichtbare Querverbindung zwischen Staatsanwaltschaft und Gericht, einen kleinen Dienstweg gewissermaßen, und fand sich nach der Passage in einem breiten Flur wieder, der denen des Elisabethhospitals nicht unähnlich war. Auf dieser Seite verkündete eine Aufschrift die Grenzen für den mündigen Bürger offiziell, die praktisch ohnehin von niemandem in Frage gestellt würden: „Nur für Justizpersonal."

Einen Rückweg sollte es für Pascal also nicht geben.

Alles für Deutschland

Pascal folgte den Wegweisern zum Ausgang, kam an der angekündigten Cafeteria vorbei zu einem Treppenhaus, das ihn ein Stockwerk hinab ins Erdgeschoß zu der Schleuse führte, die er vom Morgen kannte. Von dieser Seite hätte er problemlos hindurchlaufen können, doch in dem Moment fiel ihm auf der anderen Seite ein Gesicht auf. Wen er vor sich hatte, wußte er nicht, doch hatte er von einer Sekunde zur anderen das Gefühl einer schon immer bestehenden und nie verebbten Vertrautheit. Jedoch wollte ihm kein Name und kein Zusammenhang einfallen. In dem Moment, da sich die Blicke trafen, erkannte ihn auch sein Gegenüber, und ihm schien, als würde dort das gleiche Déjà-vu ausgelöst. Ein gewinnendes Lächeln der Wiedererkennung zog sich über das Gesicht eines sportlichen jungen Mannes, dessen dunkelblondes Haar an den Schläfen fast bis zur Kopfhaut gestutzt war und sich als Faconschnitt fortsetzte. Als begrüße ihn der Sitznachbar aus dem Geschichtskurs, rief ihm der Junge aus zehn Metern ein „Hi, Pascal“ zu und hob eine Hand zum Gruß. In diesem Augenblick erkannte Pascal, wer dort, nur durch die Schranken des Gesetzes getrennt, auf Einlaß wartete. Vor ihm stand sein alter Fußballkamerad Kevin. Kevin Schultz.

Als Kevin seinerseits Pascal erkannte, trat er aus der Schlange und bedeutete Pascal mit einer leichten Kopfbewegung, zu ihm zu kommen. Pascal freute sich. Aus Gründen, die er nicht hätte nennen können, von denen er gleichwohl überzeugt war, erwartete er in diesem Hause die erste angenehme Begegnung. Er beeilte sich, durch die Schleuse zu kommen, und stand wenige Sekunden später vor Kevin. Beide klatschten sich ab, schlugen sich auf die Schultern und schüttelten dann kräftig ihre Hände. „Mensch, Kevin, das gibt's ja gar nicht!“

„Gibt's doch“, lachte der, „oder bin ich ein Geist?“

„Nee, aber so was ähnliches, und zwar ein guter, endlich“, gab Pascal zurück.

„Wie jetzt?“ fragte Kevin.

„Ach, nichts, vergiß es.“

Kevin schüttelte den Kopf und lachte wieder. „Also, etwas komisch warst Du ja immer schon.“

„Du kennst mich also noch?“

„Klar, Pascal Ormunait, der Typ, der nichts vom Fußball versteht und deshalb so einer Gurkentruppe wie dem Club die Treue hält.“

„Sag’ mal!“ Für den Bruchteil einer Sekunde war Pascal ehrlich empört. „Wir sind Pokalsieger!“

„Ja, ja, und jetzt steigt Ihr ab, aber das habt Ihr als Meister auch schon geschafft, das macht Euch keiner nach.“

„O.k.“, lenkte Pascal ein, „anderes Thema, was machst Du hier?“

„Na, was macht man schon im Gericht?“ fragte Kevin, „ich will einen Kaffee trinken.“

„Ach so“, antwortete Pascal, „schmeckt der denn hier so gut?“

„Nein, das nicht“, sagte Kevin und setzte eine ernste Miene auf, „aber der ist billig hier und weil ich gerade arbeitslos geworden bin...“ Dann konnte er sein Lachen nicht mehr unterdrücken. „Quatsch, Du Naivling, ich bin sozusagen in offizieller Mission hier.“

„So? Aber Du arbeitest nicht hier?“

Nun legte der Angesprochene den Kopf schief. „Sag’ mal, willst Du mich verarschen? Ich habe hier einen Gerichtstermin, die wollen mir was anhängen.“

„So“, brummte Pascal, „hast was ausgefressen?“

„Na, wie man’s nimmt. Aber erzähl’ ich Dir gleich, ich bin nämlich tatsächlich zum Kaffeetrinken hier – vorher. Ich hab’ noch eine dreiviertel Stunde Zeit, komm’ doch mit.“

Der Vorschlag traf sich mit Pascals eigener Idee, und da er ohnehin keine Planung für den Tag hatte, kam ihm diese Abwechslung gerade recht. Kevin schien sich gut auszukennen. Er kannte die kleine Cafeteria im ersten Stock und wußte, wie man dahin kam. Also ging es wieder durch die Schleuse. Nach einiger Wartezeit waren sie an der Reihe und mußten die Prozedur über sich ergehen lassen. Über die breite Treppe kamen sie ins Foyer des ersten Obergeschosses. Dort standen ein paar verlorene Bänke. Einzelne Flure zweigten in die Tiefen des Gerichtstempels ab. Die Cafeteria lag unmittelbar an dieser Plattform. Sie holten sich belegte Brötchen und Kaffee und setzten sich in den Raucherbereich ans Fenster, von wo sie auf die Innenstadt blicken konnten. Im Hintergrund waren der Dom auszumachen, zwei weitere Kirchen und der Colonius. Auch die Hochhäuser am Ebertplatz und am Mediapark konnte Pascal erkennen. Aus dieser Entfernung schienen sie viel näher beieinander zu stehen, als es in Wirklichkeit der Fall war.

Die beiden hatten sich viel zu erzählen. Seit drei Jahren hatten sie sich nicht mehr gesehen. Sie kannten sich vom Fußball. Einige Jahre hatten sie zusammen bei Olympia gespielt, einem Verein, der mit seinem Sportplatz zwischen den Schienensträngen im Gleisdreieck zwischen Hauptbahnhof und dem alten Abstellbahnhof eine Luft aus Arbeitersport und trostlosen Sozialsiedlungen atmete. Ihre gemeinsame Karriere dauerte, bis sie sechzehn waren. Dann war Kevin nach Kalk gezogen. Er fing damals mit der Lehre als KFZ-Mechaniker an. Von dem ersten Geld und einer Halbwaisenrente – die Mutter war an Brustkrebs gestorben, als er drei Jahre alt war – konnte er seine eigene kleine Wohnung finanzieren, einen besseren Verschlag in der Kapitelstraße. Er hätte jedes Domizil genommen, da er damals unbedingt von zu Hause wegziehen wollte. Der Vater trank, es gab ständig Ärger, auch Schläge. Eines Tages hatte Kevin zurückgeschlagen. Das war kein Zustand. Er zog aus. Den Kontakt zum Vater hatte er vollständig verloren, seitdem er in Süddeutschland bei seiner neuen Freundin lebte. Kevin spielte inzwischen bei einer Thekenmannschaft in Delbrück. Damals war er für ein Jahr zur Jugend von Bayer Leverkusen gewechselt, wo er als hoffnungsvolles Talent galt, sich aber nicht hatte durchsetzen können. Als Kevin damals den Verein gewechselt hatte, hatte Pascal ganz mit dem Spielen aufgehört. Zum einen war er seinerzeit in die Oberstufe auf das neue Gymnasium gekommen. Der Übergang gestaltete sich schwieriger, als er gedacht hatte. Er mußte viel Stoff nachholen, um mitzukommen. Außerdem hatte er außer zu Kevin kaum Kontakte zu anderen Spielern aus der Mannschaft gehabt, von oberflächlichen abgesehen. Hinzu kam, daß ihm der aktive Fußball an sich verleidet worden war. „Die Türken haben immer so getreten. Das hat mir keinen Spaß mehr gemacht."

„Stimmt", schmatzte Kevin, „die treten immer noch, macht mir auch keinen Spaß, wenn die mir einen mitgeben, aber wenn ich mal zurücktreten kann, ohne daß es der Schiri sieht, macht es Spaß."

„Aber das ist doch kein Fußball mehr."

„Na ja, wie man es nimmt, Fußball ist eben Kampf. Und wegen der Kanaken höre ich damit nicht auf. Zum Glück spielen bei uns in der Mannschaft fast nur Deutsche." Kevin machte eine Pause. „Habe wegen der Kanaken übrigens schon mal eine Strafe kassiert."

„So?“ Pascal horchte auf. Sie kamen dem Thema näher. „Hattest Du eine Schlägerei?“ Pascal hockte gespannt, aber auch ein wenig schockiert, auf seinem Stuhl, hatte er doch immer eine Abscheu vor Schlägertypen gehabt. Opas Totschläger, dessen Tat nicht ins Gewicht fiel, kam ihm in den Sinn. Kevin indes war ihm nie als Schläger erschienen. „Oder Beleidigung?“

Kevin biß in sein Brötchen. „Nein.“

„Was denn dann, hast einem die Reifen vom Moped aufgestochen oder Zucker in den Tank gekippt? Sag schon!“

„Volksverhetzung, § 130 StGB“, schmatzte Kevin.

„Aha“, reagierte Pascal mehr fragend, denn wissend und wurde neugierig. Gleichzeitig spürte er ein leichtes Kribbeln im Rücken. Das hörte sich geheimnisvoll und gefährlich an. Ohne eine Ahnung zu haben, worum es bei diesem Tatbestand, denn darum handelte es sich offensichtlich, ging, kamen ihm bei dem ominösem Wort dunkle Phantasien auf. Volksverhetzung – was mochte Schwerwiegendes dahinter stecken? Er verband sie spontan mit Aufruhr, pöbelnden Massen und Bücherverbrennungen, einer Vorstufe zum Bürgerkrieg und ahnte nicht, daß er damit recht genau die ursprünglichen Vorstellungen des Gesetzgebers getroffen hatte. Vor seinem geistigen Auge stand auch ein Demagoge in schwarzem Mantel und glühenden Augen, der auf einer Versammlung mit geiferndem Gesicht, fuchtelnden Armen und sich überschlagender Stimme schrie: „Nun, Volk steh auf und Sturm brich los!“ woraufhin der Mob die bereitliegenden Fackeln und Benzinkanister ergriff und grölend in Richtung Asylantenheim oder Reichstag aufbrach, wo die Abgeordneten in Panik nach der Polizei riefen. Zaghaft fragte er: „Was heißt denn das?“

Kevin kaute immer noch auf seinem Brötchen. Er ließ seine linke Hand mehrfach durch die Luft kreisen, was so viel heißen sollte wie: Keine Hektik, ab 20 Gramm wird es unverständlich. Dann wischte er sich mit der Serviette den Mund ab und sagte, noch halb kauend: „Ich habe Flugblätter verteilt.“

„Ja und?“

„Da stand drauf: Für eine national befreite Zone.“

„Ja und?“ wiederholte Pascal. Er konnte keinen Zusammenhang zum Gericht herstellen. „Was ist daran schlimm?“

Kevin druckste ein wenig herum. „Na, es stand noch drauf: Deutsche wehrt Euch – laßt euch von den Türken nicht das Land wegnehmen. Dazu noch ein schönes Bildchen.“

„Aha“, murmelte Pascal, bemüht, vielsagend zu klingen. Tatsächlich verstand er aber immer noch nicht, wofür Kevin verurteilt worden war. Gut, die Aussage war etwas kraß, besonders in ihrer Pauschalität, aber man würde doch noch zuspitzen dürfen, zumal auch er fand, daß sich manche Einwanderer zu viel herausnehmen. Dabei dachte er nicht an die 154er Rennhelden, sondern an die Geschichte in der Bahn mit Janine und seufzte auf.

„Was ist denn?“

„Ach nichts. – was war das denn für ein Bild?“

„Egal jetzt, zeige ich Dir später.“

„Hm.“ Pascal erschien die Geschichte noch immer herzlich unklar.

Nach einer Weile fragte er: „Bist Du heute auch wegen so etwas hier?“

„Nicht ganz, aber wegen etwas Ähnlichem.“

„Und zwar?“

„Alles für Deutschland.“

Pascal verstand schon wieder nicht. Was hatte der Spruch mit einem Gerichtsverfahren zu tun – „Alles für Deutschland“? Kevin trank den letzten Schluck Kaffee, wischte sich noch einmal den Mund trocken und wiederholte: „Alles für Deutschland.“

„Schon klar, alles für Deutschland“, versuchte Pascal ihn nachzuahmen, „aber wofür bist Du jetzt hier?“

„Na dafür. Ich habe ‚Alles für Deutschland’ verteilt.“

„Klar“, meinte Pascal, „und deshalb trinkst Du hier einen Kaffee und dann noch einen Schnaps!“

Kevin lachte auf. „Nein, im Ernst, das ist verboten, das darf man nicht sagen, jedenfalls nicht öffentlich, auf einer Versammlung zum Beispiel und auch nicht auf Flugblättern verbreiten.“

Pascal wurde ärgerlich. „Komm, verarsch’ mich nicht.“

„Ich verarsch’ Dich nicht, der Spruch ist eine Verwendung verfassungswidriger Kennzeichen, § 86a.“ Kevins Andeutungen blieben geheimnisvoll. „Es gibt bestimmte politische Zeichen, die darf man nicht verwenden, sonst wird man bestraft, so von früher, weißt Du?“

„Nein, weiß ich nicht.“ Eine dunkle Ahnung hatte Pascal aber doch. „So“, begann er zaghaft, „so von ganz früher, vom Dritten Reich?“

„Du hast es erfaßt. Kennzeichen ehemaliger NS-Organisationen.“

„Nein, habe ich nicht. Du hast doch was erzählt von Deutschland, nicht vom Dritten Reich, und außerdem: Wo bitte ist Dein Kennzeichen?“

„Tja“, Kevin blickte vielsagend: „Jetzt kommt der Trick. Kennzeichen ist nicht nur Kennzeichen, Kennzeichen sind auch Sprüche, Parolen, Abzeichen, alles, was das Herz begehrt.“

Pascal verstand weiterhin Bahnhof. „Also vielleicht bin ich ja zu blöd, aber entweder willst Du mich doch verarschen, oder Du erzählst mir nicht alles.“

„Nein, im Ernst, das ist so, ich wußte das auch nicht. Aber angeblich war ‚Alles für Deutschland’ das Motto der SA!“

„Aha, und deshalb darf man das nicht aussprechen?“

„So, ist es. Und nicht verbreiten.“

„Hm.“ In Pascals Kopf arbeitete es. „Darf man denn das Deutschlandlied noch singen, ohne ins Gefängnis zu kommen? Ich meine, das wurde von den Nazis doch auch gesungen.“

„Das könnte knapp werden“, erwiderte Kevin grinsend, „für relativ ungefährlich halte ich es aber, fleischlos zu essen, obwohl der Führer Vegetarier war.“

Pascal schüttelte den Kopf. Der Freund erzählte ihm Ganovenlatein. Dahinter mußte etwas anderes stecken, aber er würde seine Gründe haben. Pascal schluckte den Vortrag erst einmal; vielleicht würde Kevin noch herausrücken, was es mit der seltsamen Geschichte auf sich hatte.

Kevin sah auf die Uhr: „Oh, wir müssen los, komm!“ Um zu dem Saal zu gelangen, in dem die Verhandlung gegen Kevin stattfinden sollte, mußten sie wieder zurück, die Treppe hinunter, durch die Schleuse hinaus, durch eine zweite Schleuse seitlich davon wieder hinein, den Türstehern ihren Tribut zollen, eine andere Treppe hoch. So kamen sie zu dem Flur, wo die Strafprozesse stattfanden. Er sah aus wie alle anderen. Doch hatte Pascal kurz zuvor, als er in Gedanken an das unfruchtbare Gespräch mit dem Staatsanwalt den heiligen Boden betrat, auf nichts geachtet und sah sich nun genauer um. Im Grunde sah es hier nach nichts weniger aus als nach einem Gericht, zumindest wenn man die Maßstäbe des „Tatort“ oder des „Fall für Zwei“ oder auch die eigenen Vorstellungen heranzog. Schlichte Treppen statt hoher Hallen und Kaskaden. Nackte, breite, aber niedrige Flure mit einem sterilen Linoleumfußboden, die Wände weißgekalkt, mit braunlackierten hölzernen Handläufen, in unregelmäßigen

Abständen unterbrochen von einfachen, schmucklosen Türen. Überraschen konnte die Tristesse indes nicht: sie entsprach der äußeren. Pascal erinnerte die Szenerie an das unglückselige Krankenhaus, in dem der Großvater die letzte Station seines Lebens hatte beenden müssen. Geteilt wurde der Gang von einer Glastür, hinter der der Flur sich zu einem Warteraum verbreiterte. Neben den Türen zu den Gerichtssälen zeigte ein in die Wand eingelassener Glaskasten die Nummer des jeweiligen Saales und die zu verhandelnden Verfahren an. Beispielsweise konnte man bei Raum 210, dem ersten Saal auf der linken Seite, lesen: „17. kleine Strafkammer, Vorsitzender Richter Dr. Bernshagen." Darunter waren die zur Verhandlung kommenden Fälle aufgereiht: „1. 9:00 Uhr 17 Ds 23 Js 2134/07 Hashemid, gefährliche Körperverletzung, 2. 9:45 Uhr 17 Ds 44 Js 1209/07 Yalgün und Erdogan, schwerer Raub, Müller-Dörrschmidt, Lisken, 3. 11.00 Uhr 17 Ds 44 Js 504/06 Ismail, Kaselis, Abdoullah, schwere Körperverletzung u.a., 4. 12:30 17 Ds 11 Js 4687/06 Merkel, Betrug, Dr. Kleinweiler." Eine Leuchtschrift besagte: „Öffentliche Verhandlung."

„Verstehst Du das?" fragte Pascal. „Wieso stehen denn hier noch Namen dahinter?"

„Keine Ahnung, vielleicht die anderen Angeklagten."

„Nein, das kann nicht sein, die stehen doch vorne."

„Du, das ist mir jetzt Wumpe." Kevin wirkte gereizt. „Was interessieren mich diese Schilder? Das war damals schon so, jeden Scheiß hast Du hinterfragt, vielleicht sind das die Verteidiger, was weiß ich!"

Richtig, die Verteidiger konnten es sein, und in der Tat, oben stand es auch, kleingedruckt. Nicht alle Angeklagten hatten einen Verteidiger. Pascal fiel auf, daß auch Kevin ohne Begleitschutz im Gericht erschienen war. „Braucht man denn keinen Anwalt?"

„Hm", brummte Kevin, „gebrauchen könnte man ihn, aber umsonst ist der Tod."

„Nee", konterte Pascal grinsend, „das stimmt nicht, der kostet das Leben."

„Na siehste." Kevin grinste zurück. „Dann weißt Du ja Bescheid."

„Aber ein Risiko ist es doch?"

„Das schon, naja für die Kanaken nicht."

Pascal zog die Brauen zusammen. Was konnte Kevin damit wieder gemeint haben? „Na, Du wirst es erleben, die haben schon ihre Helfershelfer, die dafür sorgen, daß sie nicht zu hart angefaßt werden." Kevin sprach, als ob er Ahnung hätte, jedoch klang auch Verbitterung aus seinen Worten.

Sie standen vor der Tür auf der rechten Seite des Flures, die zu Saal 247 führte. Aus dem Glaskasten ging hervor, daß man es mit einem Jugendgericht zu tun hatte, genauer gesagt, mit einer Jugendrichterin. Bei kleineren Delikten entschied ein Einzelrichter, keine Strafkammer. Stand etwas mehr auf dem Spiel, kam man vor ein Schöffengericht. Pascal wunderte sich über Kevins Detailwissen, er wollte lieber nicht wissen, woher er es hatte. Kevins Termin sollte um Punkt 11.00 Uhr beginnen, jetzt war es viertel vor. Er war Nr. 5 auf der Rolle, eine halbe Stunde für ihn vorgesehen. Und, was sich bisher, jedenfalls für einen in diesem Metier Unbeleckten wie Pascal, wie eine Räuberpistole ausgenommen haben mochte, hier wurde es amtlich: „Verwendung verfassungswidriger Kennzeichen". Damit konnte man sich tatsächlich strafbar machen! Hatten diese Worte für Pascal immer noch nicht ihren Schrecken verloren, so empfand er gleichzeitig etwas wie Respekt vor dem wiedergefundenen Freund, ja fast sogar ein bißchen Neid. Denn in gewisser Weise nahm sich dieser Tatvorwurf gar nicht als Anklage eines kriminellen Delikts aus, eher wie die Beschuldigung einer politischen, keiner gesetzlichen Abweichung. Als gewöhnlicher Krimineller würde man es bestimmt nicht dazu bringen, wegen Verwendung verfassungswidriger Kennzeichen oder auch wegen Volksverhetzung angeklagt zu werden. Körperverletzungen, ob schwer, gefährlich, einfach, doppelt, schienen im Vergleich damit geradezu banal. Kevin war aber weder ein Körperverletzer noch ein Räuber oder ein Kindesentführer. Vielleicht war er überhaupt kein Krimineller, sondern der Mutige, den jede verbotene Wahrheit braucht, um ausgesprochen zu werden? In Deutschland war dieser Mut noch nie beliebt: nicht zu Zeiten Metternichs und nicht zu denen von Kevin Schultz.

Die Namen der Angeklagten waren auch in Raum 247 Programm: Stepanovic, Tesic, Kelfas, Hashim. Formal konnten sie natürlich Bundesbürger sein. Der erste „richtige" Deutsche kam an Nr. 4, Tobias Ziprian, BtMG. In der Juristensprache hieß das so viel wie: „Verstoß gegen das Betäubungsmittelgesetz"; ein Kiffer also. Kevin schaute sich um. Etwas weiter zurück im Gang lungerten in einem kleinen Wartebereich mehr Leute herum, als es hätte sein dürfen, wenn alle Prozesse termingemäß verlaufen wären. „Mal erkunden, wie weit die sind.“ Pascal ging auf die Wartenden zu. „Welche Sache ist denn gerade dran?“ fragte er in die Runde.

„9.45 Uhr, hat sich alles verzögert“, sagte eine Frau, deren Gesicht die gleiche unnatürliche Bräune zeichnete wie das der Pförtnerin bei der Staatsanwaltschaft. Jedoch hatte sie bedeutend mehr Falten, ja das Gesicht schien eine einzige Anhäufung von Falten zu sein. Daran konnten auch Creme und Schminke nichts ändern. Trotz aller Antiaging-Energie wirkte es wie ein zerknitterter Lederlappen. Unter den Augen hatten sich dicke Ringe gebildet, Tränensäcke hingen schlaff herab. Die Frau war ein Ausdruck der Verbrauchtheit und als solche eine selbsterhobene Anklage gegen den Verfall der eigenen Jugend, einer Jugend, die allerdings kaum einen anderen Lebenszweck gekannt haben konnte, als sich selbst zu verzehren. „Bei uns geht es schnell“, sagte sie. Mit „uns“ meinte sie offensichtlich sich selbst und einen schlaksigen jungen Mann mit einem schmalen, kantigen Gesicht neben ihr auf der Bank, der etwa im Alter von Pascal und Kevin stehen mochte. Sein straßenköterblondes Haar war nur im Ansatz zu sehen, da es zum größten Teil in einer schwarzen Strickmütze steckte, die sich bis über den Hinterkopf wölbte. Einige der rastagelockten Strähnen fielen nach vorne bis über die Schultern herab. Die Hände hielt er in die Taschen einer schwarzen Hose gestopft, die Beine lang ausgestreckt. Dazu trug er unter einer offenen Lederjacke ein graues Sweatshirt, das über die Hose hing. Seine hingeflegelte Haltung sowie die Tatsache, daß er, abgesehen von der Verbrauchten, der einzige Mitteleuropäer unter den Anwesenden war, ließen erahnen, daß er Tobias Ziprian, der Kiffer, war. Mit der Verbrauchten gab dieser Verquanzte ein gutes Paar ab. „Die ist bestimmt seine Dealerin oder irgend so eine Vertrauenstante aus der Szene“, raunte Kevin Pascal ins Ohr.

„Und was macht die hier? Ob sie eine Zeugin ist?“

„Kann sein, komm’, wir gehen rein, ich hab’ keinen Bock auf die.“

„Geht das denn, die Verhandlung läuft doch gerade. Da kann man doch nicht reinplatzen.“

„Doch, komm, da sagt keiner was, ich will mal abchecken, wie der Richter so drauf ist.“

Damit wandten sich die beiden zur Tür. Kevin öffnete vorsichtig. So leise wie möglich tasteten sie sich zu den Zuschauerbänken vor. In dem unvermutet kleinen Raum gab es nur zwei Reihen, sie setzten sich in die hintere der beiden. Schräg vor ihnen in der ersten Bank saßen zwei andere Personen im Zuschauerbereich; der eine ein junger Typ, wohl ein Schüler, der ausgesprochen angestrengt wirkte, soweit Pascal das von hinten erkennen konnte. Das Gesicht verpickelt und vor Anstrengung gerötet, die Lippen verkrampft aufeinandergepreßt, starrte er auf die Anklagebank wie das Kaninchen auf die Schlange. Daneben kauerte, ihm halb zugewandt, eine gleichfalls sehr junge Frau. Seine Linke hielt sie in der einen Hand, die sie mit der anderen unentwegt streichelte.

Die Richterin, sehr jung und zierlich mit langen, blonden, hinten hochgesteckten Haaren, wirkte wie eine Schaufensterpuppe. Als die beiden jungen Männer eintraten, sah sie kurz auf. Ihr Blick strahlte sowohl eine gewisse Unsicherheit als auch eine um Korrektheit bemühte Dienstbeflissenheit aus. Linkerhand von ihr saß der Protokollführer, ein Stoppelkopf undefinierbaren Alters; Brille, Haare grau, schwarzer Rollkragenpullover unter der Robe, die eher eine Kutte war. Nachdem sie kaum zu Pascal und Kevin hinübergeschaut hatte, drehte die Richterin den Kopf nach rechts zum Fenster, wo ein Enddreißiger ebenfalls mit Brille hinter seinem Staatsanwaltstisch hockte, die Augen quer durch den Raum auf zwei halbwüchsige Burschen mit offensichtlichem Migrationshintergrund gerichtet, die ihm gegenüber hinter der Bank der Angeklagten saßen. Sie wirkten ungespielt cool. Rechts von ihnen wälzte ein grauhaariger dicker Mann, um die Mitte fünfzig, wie alle Offiziellen in schwarzer Robe, ein Gesetzbuch. Offensichtlich war er der Verteidiger. Neben dem Enddreißiger, der mit verschränkten Armen in nicht unähnlicher Haltung wie Tobias, der Verquanzte, in seinem Sessel hing, saß mit etwas Abstand eine Frau mit rundem Rücken und blauem Pullover. Sie blätterte in einem Aktenordner.

Der Prozeß war weit fortgeschritten. „Ja“, sagte die Frau und setzte anscheinend Ausführungen fort, mit denen sie bereits begonnen hatte: „Nach allem, was wir gehört haben, haben wir es also mit eindeutig jugendtypischem Verhalten zu tun.“ Sie sagte „Verhalten“, nicht „Taten“, geschweige denn „Kriminalität.“ „Der Murat“, setzte sie ihre Ausführungen in mütterlichem Tonfall fort, „ist halt noch sehr unreif. Er hat von Hause aus keine festen Maßstäbe mitbekommen. Seine Eltern sind noch vollkommen in traditionellen Vorstellungen befangen und kommen mit dem westlichen Lebensstil nicht zurecht. Sie waren außerstande, für ihren Sohn, der durch seinen täglichen Umgang mit

Gleichaltrigen mit einer ganz anderen Lebenswelt konfrontiert wird, ein wirkliches Verständnis zu entwickeln. Konflikte waren hier vorprogrammiert, Gewalt gehört seit seiner frühesten Kindheit zum Familienalltag. Murat ist im Grunde bis heute desorientiert; er kennt nur Gewalt als Mittel zur Durchsetzung der eigenen Interessen und in der Auseinandersetzung mit anderen. Hinzu kommt, daß er sein Umfeld als tendenziell feindlich wahrnehmen mußte und sich als Außenseiter empfindet. In einer solchen Negativsozialisation, verbunden mit der gleichzeitigen Abhängigkeit von einem entfremdeten Elternhaus, konnte er bisher keine stabile Persönlichkeitsstruktur aufbauen. Die Tat entspricht seinem pubertären Entwicklungsstand. Sie ist, so wenig man sie billigen kann, auch Ausdruck eines Versuchs, seinen Platz in der Gesellschaft einzunehmen. Ich empfehle dem Gericht daher die Anwendung von Jugendrecht."

Damit kam die Vertreterin der Jugendgerichtshilfe zu ihren Empfehlungen für die auszusprechende Strafe. Nahtlos an das Bisherige anschließend, fuhr die Sozialpädagogin fort, das hohe Lied des Verständnisses und der Milde zu singen, diesmal im Sinne der Zukunft, die ihrem Schutzbefohlenen keinesfalls zu verbauen sei. Natürlich, man dürfe auch das Opfer nicht übersehen, das Gericht sei auch gehalten, den Tätern vor Augen zu führen, daß ihr Tun Unrecht sei, aber dabei dürfe das Erziehungsprinzip nicht aus den Augen verloren werden.

Allmählich erschloß sich Pascal und Kevin, daß eine Schlägerei, und zwar eine ziemlich einseitige, verhandelt wurde. Unmittelbar ausgesprochen hatte es noch niemand, seitdem sie im Saal waren.

Das soeben angesprochene Prinzip gebiete vielleicht nicht zwingend, lege aber doch nahe zu berücksichtigen, daß „der Murat" erstmals in seinem Leben, nach zwei abgebrochenen Versuchen, die Aussicht habe, eine Lehre abzuschließen. Das lasse eine positive Prognose im Hinblick auf seine, künftig sicherlich zu erwartende, straffreie Lebensführung zu. Einen konkreten Vorschlag bezüglich des Strafmaßes könne sie zwar nicht unterbreiten, wolle auch dem Gericht in der Entscheidungsfindung nicht vorgreifen, jedenfalls aber bei Abwägung allen Für und Widers die Erteilung von Auflagen im Sinne von § 15 des Jugendgerichtsgesetzes als angemessenes Mittel empfehlen.

Anschließend ging es in der gleichen Tour mit dem zweiten Angeklagten weiter, seines Zeichens Nexhia mit Namen, von dem die Jugendtante in eben solch familiärem Näherverhältnis sprach wie von „dem Murat“. Die Geschichte, die sie in diesem Fall zum Besten gab, ähnelte der vorangegangenen, wenn nicht in den Details, so doch im Prinzip, wiewohl die rechtserhebliche Quintessenz, Jugendrecht anzuwenden, hier von allein eintrat, da der Delinquent erst siebzehn und damit noch nicht volljährig war. Daher befand man sich – sofern das Gericht dem Vorschlag für Murat folgen würde, in beiden Fällen – in einer vollkommen anderen Rechtsordnung als in der des Strafgesetzbuches. Das Jugendrecht gewährt den Kriminellen eine Reihe von Vergünstigungen, zu denen unter anderem eine Begrenzung der Höchststrafe auf zehn Jahre zählt. Aber bis es dahin kommt, sind eine Menge Hürden zu überwinden. Denn gemäß § 3 des Jugendgerichtsgesetzes ist ein Jugendlicher nur dann strafrechtlich verantwortlich, wenn er zur Zeit der Tat nach seiner sittlichen und geistigen Entwicklung reif genug ist, das Unrecht der Tat einzusehen. Abgesehen davon ist das ganze Gesetz vom Geist des Erziehungsgedankens durchwirkt. Kriminalitätsbekämpfung oder gar Opferschutz sind hier weniger bedeutsam als die fürsorgliche Hand, die die Gesellschaft gehalten ist, dem mit ihren Normen sich Schwertuenden entgegenzustrecken, um ihm den Weg ins Leben nicht vollkommen zu verbauen.

Nach den ausführlichen Bemerkungen der Jugendgerichtshilfe verlas die Richterin die Einträge aus dem Erziehungsregister. Würde der Blick in die Vergangenheit der beiden Angeklagten zum Maßstab der Sozialprognose erhoben, dann hätten sie schlechte Karten. Seit dem zwölften Lebensjahr hatten beide Bekanntschaft mit der Polizei und den Strafgesetzen gemacht. Autoeinbrüche, Diebstähle aller Art, Körperverletzungen usw. Pascal und Kevin blickten sich vielsagend an. Das war eine Menge Holz. „Damit kommt die doch nicht durch“, flüsterte Pascal und deutete mit dem Kopf in Richtung Sozialtante.

„Wart’s mal ab.“

Inzwischen war die Verlesung abgeschlossen. „Anträge?“ fragte die Richterin und wandte den Kopf zwischen Staatsanwalt und Verteidiger hin und her. Der Rechtsanwalt war bislang überhaupt noch nicht in Erscheinung getreten, seine wichtigste Aufgabe schien darin zu bestehen, darauf zu achten, daß hier nichts aus dem Ruder liefe. War das gesichert, würde sich der Rest von alleine geben. „Wie sehen Sie das mit dem Handy?“ fragte er in einem Tonfall in den Raum, der besagte, daß Platz war, etwas herunterzurechnen.

„Raub ist das meiner Meinung nach nicht – wie sehen Sie das?“ griff die Richterin den Ball auf und reichte die Frage an den Staatsanwalt weiter.

„Weil Sie im Moment des tätlichen Angriffs keinen Wegnahmevorsatz sehen?“ gab dieser die Frage zurück.

„Zumindest ist das nicht eindeutig nachzuweisen“, antwortete die zierliche Blondine.

„Hm“, brummte der Anklagevertreter, „Diebstahl, 154. Daran hatte ich auch gedacht.“

Der Verteidiger nickte wohlwollend. Da hatte er es wieder gehört, das Zauberwort, das eine Straftat zum Verschwinden bringen konnte, mit einem Federstrich wie ein Radiergummi eine Bleistiftzeichnung. § 154 und schwupp, weg war sie. Pascal lachte ironisch auf. Opa konnte nicht mehr sagen „schwupp, hier bin ich“ und aus seinem Grab steigen, als wäre nichts gewesen. Die Richterin blickte verärgert auf. „Ruhe im Saal“, sagte sie mit erstaunlicher Strenge. „Wenn Sie sich unterhalten wollen, gehen Sie bitte raus! Der Diebstahl wird gemäß § 154 Strafprozeßordnung eingestellt – weitere Anträge? Das ist nicht der Fall, dann können wir die Beweisaufnahme schließen und zu den Plädoyers kommen. Herr Staatsanwalt!“

Der so Angesprochene erhob sich. Jetzt sah man, daß auch er Jeans trug, wie so viele hier. Das Hemd stand etwas über den Hosenbund hervor. Ohne jeden Anflug von Theatralik begann er sein Plädoyer mehr herunterzureißen als zu sprechen. „Nach dem Ergebnis der Beweisaufnahme steht fest, daß die beiden Angeklagten die ihnen zur Last gelegten Taten begangen haben. Fraglich ist nur, wie sie zu bestrafen sind. Nachdem wir den Diebstahl gemäß § 154 ausgesondert haben, ist nur noch auf die gefährliche Körperverletzung abzustellen. Einzig erfülltes Tatbestandsmerkmal ist hier die Alternative der Nr. 2 des Paragraphen 224 Strafgesetzbuch: Mehrere gemeinschaftlich. Schwere Tatfolgen haben wir nicht, der Geschädigte konnte das Krankenhaus nach drei Tagen wieder verlassen, die letzten Verletzungen waren nach zwei Wochen ausgeheilt. Ob die Schuhe als gefährliche Werkzeuge gelten können, war nicht festzustellen. Für die Angeklagten spricht, daß sie sich seit der Tat straffrei verhalten und sich einsichtig gezeigt haben, daß ihr Verhalten überzogen war. Auch die Geständnisse sind grundsätzlich positiv zu würdigen, jedoch möchte ich ihnen kein allzu großes Gewicht geben, weil sie erst abgegeben wurden, nachdem der Geschädigte zweifels- und widerspruchsfrei die Tat geschildert hatte und sich abzeichnete, daß es auch so zur Verurteilung kommen würde. Gegen die Angeklagten sprechen eindeutig ihre Vorbelastungen, die wir soeben gehört haben. Ich meine daher, daß die Rechtsfolge spürbar sein muß. Den Tätern muß klargemacht werden, daß ihr Verhalten nicht in Ordnung ist. Nachdem aufgrund der Prognose der Jugendgerichtshilfe jedenfalls jetzt keine schädlichen Neigungen festgestellt werden können, halte ich die Verhängung von Jugendarrest in Gestalt von Freizeitarrest für erforderlich. Daneben sollte eine Arbeitsauflage erteilt werden. Unter Abwägung aller Gesichtspunkte beantrage ich zwei Wochen Freizeitarrest sowie 75 Arbeitsstunden."

Der Staatsanwalt war am Ende. Was nun eigentlich vorgefallen war, wußten nach diesem Abriß weder Pascal noch Kevin definitiv, wohl aber war ihnen klar geworden, daß die Strafverfolgungsbehörde es als spürbare Rechtsfolge verstand, daß zwei Jungbrutalos, die seit frühester Jugend auf Gewalt und Rechtsbruch setzten, für zwei Wochenenden ihr gewaltgetünchtes Normaldasein in das Jugendgefängnis verlagern sollten, wo sie mutmaßlich einen Großteil ihres gewohnten Umfeldes aus der Parallelgesellschaft antreffen würden, sie also im Grunde nur ihr zweites Zuhause aufsuchten. Trotzdem wurden die beiden migrationshintergründigen Kids bei dem Wort „Arrest" spürbar unruhig. Anscheinend war das für sie eine Härte, mit der sie nicht gerechnet hatten.

Damit kam der Verteidiger mit seinem Plädoyer an die Reihe. Zunächst stellte er klar, daß er formal nur für einen der beiden Angeklagten sprechen könne, eben für seinen Mandanten, aber das einheitliche Tatgeschehen erlaube es, seine Ausführungen der Sache nach auch auf den anderen zu übertragen. Auch er könne sich, wie der Herr Kollege – damit meinte er den Staatsanwalt – auf wenige Worte beschränken, die Tatfrage sei geklärt, die Rechtsfolgen – will heißen: das Strafmaß – seien das, was es zu erörtern gelte, wobei man nach Ausscheidung der Wegnahme des Handys und der Beleidigung gemäß § 154 nur noch über die Körperverletzung zu befinden habe.

Pascal zuckte zusammen. Hundertvierundfünfzig, dieses Zauberwort kannte er inzwischen. Anscheinend war es eine Allzweckwaffe. Verwundert nahm er darüber hinaus zur Kenntnis, daß das Strafmaß nicht festgesetzt, sondern erörtert wurde, ausdiskutiert wie in einem Debattierklub gewissermaßen.

Hier – damit kam der Verteidiger auf die Diskussion des Strafmaßes zurück – könne er dem Herrn Staatsanwalt nicht ganz folgen, insbesondere, was die prozessuale Bedeutung des Geständnisses betreffe. Er sähe nicht, daß man dieses vernachlässigen könne; das Gegenteil sei der Fall. Zur Tatzeit sei es dunkel gewesen; ob man dem Geschädigten, der von den Schlägen und Tritten doch sicherlich in einen besonderen Streßzustand versetzt worden sei, ohne weiteres darin folgen dürfe, daß er die Angeklagten erkannt habe, müsse bezweifelt werden. Eine intensive Befragung, die womöglich manche Zweifel zu Tage gefördert hätte, habe er sich aber infolge des Geständnisses ersparen können, und genau darin liege dessen Wert im strafprozessualen Sinne. Schließlich habe man dem Opfer dadurch ersparen können, sich mit der Erinnerung an die Tat und deren genauer Schilderung allzu sehr quälen zu müssen, und ihn, was auch zu bedenken sei, vor einer möglichen Falschaussage bewahrt. „Ich sage *möglich*, ich will Ihnen nicht zu nahe treten, Herr Fink, aber wir wissen doch alle und haben es hier oft genug erlebt, daß die Opfer, auch wenn sie Opfer bleiben, doch zu einigen Übertreibungen neigen, wenn sie glauben, es bestehe die Gefahr eines Freispruchs, oder daß sie sich im Laufe der Zeit unbewußt in ihre Erinnerung hineinsteigern und sie ausschmücken. Und auch eine Übertreibung ist strenggenommen eine Falschaussage mit allen sich daraus ergebenden strafrechtlichen Konsequenzen, eine Ausschmückung erst recht."

Es war das erste Mal, seit Pascal auf der Polizeiwache in Ehrenfeld seine Aussage gemacht hatte, daß die Konsequenz einer Straftat, einer nur „möglichen" auch noch, jemandem potentiell zugerechnet wurde, der als Opfer auf der Gerichtsbank saß. Der Verteidiger hatte seine Sache gut gemacht. Gestik und Mimik brachten eine Selbstgewißheit zum Ausdruck, die der einzig richtigen Rechtsansicht, nämlich der seinigen, entsprach. Er hätte es wahrscheinlich nicht abgelehnt, vonseiten des Opfers Dankbarkeit für seine nachsichtige Verteidigung der beiden Jungmigranten, die bedauerlicherweise auf der Anklagebank saßen, einzufordern. Der Junge vor ihnen erweckte leider einen anderen Eindruck. Auch schien ihn das Verfahren trotz des Geständnisses nicht vor Seelenqualen bewahrt zu haben. Eher konnte man das Gegenteil annehmen. Er war knallrot angelaufen, und es war nicht das Rot der Euphorie. Die Freundin war, so dicht es ging, an ihn herangerückt und hielt seine Hand fest umklammert. Der Verteidiger setzte sich zufrieden, nachdem er das Ansinnen auf Jugendarrest als deutlich übertrieben von sich gewiesen hatte. Mit den Arbeitsstunden könne er sich jedoch anfreunden, es sollten allerdings höchstens 50 sein.

„Das letzte Wort gebührt den Angeklagten." Beide verzichteten. Für einen Moment trat Stille ein. Die Richterin schrieb und strich in ihren Papieren herum, legte dann den Stift zur Seite und erhob sich. Auch alle anderen, einschließlich der Zuschauer sowie des Schülers und seiner Freundin, standen auf. Pascal und Kevin horchten gespannt. Sie wußten schließlich immer noch nicht, was zwischen dem Pickligen, der den Namen Fink trug, und den Fremdverwurzelten abgegangen war.

„Im Namen des Volkes ergeht folgendes Urteil: Die Angeklagten Nexhia Hashim und Murat Kelfas werden wegen gefährlicher Körperverletzung zur Ableistung von 75 Arbeitsstunden verurteilt. Sie haben die Kosten des Verfahrens zu tragen. Außerdem haben sie dem Geschädigten eine Wiedergutmachung in Gestalt einer Geldzahlung in Höhe von jeweils 50 Euro zu leisten. Setzen Sie sich bitte."

Als alle wieder Platz genommen hatten, begann die Richterin mit der Urteilsbegründung. Als erstes stellte sie fest, warum in beiden Fällen Jugendrecht zur Anwendung kam. Dabei konnte sie, wie sie sagte, vollständig den Ausführungen der Jugendgerichtshilfe folgen. Die Vorsitzende begann, den Sachverhalt zu referieren. Es wurde spannend. Fest stand bisher nur, daß der schmächtige Junge vor ihnen, dieses halbe Kind, von den beiden Multikulturellen in irgendeiner Form angegangen worden und wahrscheinlich, wie die kurze Erwähnung des Wortes „Körperverletzung" durch den Verteidiger andeutete, zusammengeschlagen worden war. Doch auch das war bis dato nicht klar ausgesprochen worden, von den Einzelheiten ganz zu schweigen. Die kamen jetzt: „Das Gericht geht von folgendem Tatgeschehen aus: Sie kamen in der Nacht des 13. März letzten Jahres gegen 5:30 Uhr aus dem ‚Destil', wo sie mit Freunden und Bekannten gefeiert hatten. Mit der ersten U-Bahn fuhren Sie bis zur Station Kalk-Post. Von dort wollten Sie zusammen bis zur Wohnung von Herrn Hashim in der Kalk-Mülheimer Straße gehen, um dort noch gemeinsam Wasserpfeife zu rauchen. Auf dem Weg kam Ihnen Herr Fink entgegen. Als Sie auf gleicher Höhe waren, stießen Sie, Herr Kelfas, mit Herrn Fink zusammen. Fest steht zunächst, daß Sie gesagt haben: ‚Was guckst Du, Kartoffel?' Darüber hinaus haben Sie, Herr Kelfas, behauptet, von Herrn Fink angerempelt worden zu sein; Herr Hashim bestätigt diese Einlassung. Herr Fink hat das umgekehrt dargestellt, er hätte versucht, Ihnen auszuweichen, Sie aber hätten ihn gezielt mit der Schulter gestoßen. In diesem Punkt konnte das Gericht den Sachverhalt aufgrund der sich wiedersprechenden Aussagen nicht aufklären. Zu Ihren Gunsten muß man ihn insoweit unter Anwendung des Zweifelssatzes offen lassen. Fest steht dann aber der weitere Geschehensablauf. Sie gingen sofort auf Herrn Fink los, brüllten ihn mit den Worten ‚Paß auf, Du scheißdeutscher Hurensohn' an, hielten ihn fest und begannen unvermittelt, ihm Ohrfeigen zu versetzen. Sie schlugen ihm in schneller Folge mindestens zehn Mal ins Gesicht, stießen Herrn Fink dann zu Boden, traten dort mehrfach auf ihn ein. Daß Sie ihn am Kopf trafen, konnte nicht festgestellt werden, was möglicherweise darauf zurückzuführen ist, daß der Geschädigte die Hände zum Schutz vor das Gesicht hielt. Das wird insofern bestätigt, als er an diesen starke Prellungen davontrug. Daneben wies der Geschädigte Prellungen im Brust- und Rückenbereich sowie an den Beinen auf, am linken Knie wurde ein Bluterguß festgestellt. Im Gesicht hatte er lediglich leichte Prellungen, im Wesentlichen bestätigte die rote Färbung, die von den Ohrfeigen herrührte, den Tathergang. Diesbezüglich war nicht auszuschließen, daß die Verletzungen von dem Sturz herrührten und somit nicht vom Tatvorsatz umfaßt waren. Als sich dann ein Auto näherte, ließen Sie von Herrn Fink ab, wobei einer von Ihnen merkte, daß ihm ein Handy aus der Tasche gefallen war. Sie nahmen es an sich, bevor Sie sich im Laufschritt entfernten. Nach wenigen Metern warfen Sie es in ein Gebüsch, weil Sie Angst hatten, es könne Sie verraten. Sie konnten dann zunächst entkommen, wurden aber bei einer Lichtbildvorlage durch Herrn Fink erkannt. Ihre Täterschaft hat sich im Verlauf der Ermittlungen erst allmählich bestätigt. Das Alibi, das Sie zunächst angaben, wirkte konstruiert, die Aussagen der Entlastungszeugen stimmten so detailliert überein, daß die Polizei von Absprachen ausging. Es wurde daher Anklage erhoben, und heute haben Sie ja den Sachverhalt im Großen und Ganzen bestätigt. Es war daher zu entscheiden, wie Sie für diese Tat zu bestrafen sind. Die wesentlichen Überlegungen hierzu sind in den beiden Plädoyers vorgetragen worden, ich brauche sie nicht zu wiederholen. Wie der Herr Staatsanwalt bin auch ich der Ansicht, daß Ihre Tat kein Kavaliersdelikt war, was Sie im Grunde selbst wissen. Sie haben eingeräumt, daß Ihre Reaktion überzogen war..."

Reaktion? – Pascal hatte richtig gehört. Doch was konnte worauf eine Reaktion sein, da nicht nur offen geblieben war, wie es zu dem Zusammenstoß gekommen war, sondern auch keine Rede davon sein konnte, daß der Junge Anlaß gegeben hätte, ihn derart zusammenzuschlagen? So viel stand auch nach dem wenigen, das Pascal nun mitbekommen hatte, fest. Die Richterin hatte begonnen, zu begründen, warum das Geständnis, wie die Verteidigung zutreffend dargelegt habe, sehr wohl strafmildernd zu berücksichtigen sei, so wie auch der berauschte Zustand der Angeklagten zur Zeit der Tat und die schwierigen Verhältnisse in deren sozialen Umfeld. Negativ sei zwar hervorzuheben, daß die Täter bereits mehrfach strafrechtlich in Erscheinung getreten seien, aber das Gericht sehe den Fürsorgegedanken des Jugendstrafrechts im Mittelpunkt der Entscheidungsfindung, und daher sei es zu der soeben ausgesprochenen Strafe gekommen. Als die Richterin abschließend die möglichen Rechtsmittel der Angeklagten erläuterte, zogen diese bereits ihre Jacken über, während der Verteidiger seine Tasche packte und mit einem zustimmungheischenden Blick zur Uhr aufsprang. Weitere Termine! Ein Händedruck und ein Nicken zu den beiden Nachwuchsschlägern, und alle drei liefen zur Tür.

Das Urteil war gesprochen, der dicke Anwalt wünschte den Anwesenden einen schönen Tag, nickte auch Pascal und Kevin zu. Der Gewinner ist gern jovial, auch zu Menschen, die man nicht kennt; immerhin könnten sie Angeklagte und damit Mandanten von morgen sein. Der Pickelige ließ den Schlägern reichlich Vorsprung, bevor er sichtlich verängstigt mit seiner Freundin, die ihren Arm um seine Hüfte schlang, aus dem Gerichtssaal schlich.

Auf dem Gang brannte Pascal darauf, eine Frage an Kevin zu richten: „Hast Du das gehört? Reaktion? Das gibt's doch gar nicht!"

„Doch, gibt's. Es reicht, wenn Du als Deutscher nicht schnell genug Platz machst. Damit verletzt Du deren Ehre."

Sie hatten keine Zeit, das Thema zu vertiefen, denn schon drängten die Verbrauchte samt dem Verquanzten zur Anklagebank des Saales 247. Wenn auch bei ernsthaftem Nachdenken ohnehin nahe lag, daß diese Frau nicht als Dealerin im Gericht herumlief, kam es für Pascal doch überraschend, daß sie sich als die Verteidigerin des Verquanzten und damit als Organ der Rechtspflege erwies. Es bestanden wenig Zweifel, daß sie die Drogenthematik nicht nur aus den Akten ihres Mandanten kannte. Pascal fragte sich, ob der Zufall diesen verkifften Jüngling der Verbrauchten zugetrieben hatte. In den Augen der Anwältin glaubte er eine gewisse Portion Sehnsucht, vielleicht sogar Gier, zu vermuten. Durch den Kontakt und die durch ihn vermittelte Nähe zu dem Typen konnte sie sich einbilden, immer noch seiner Sphäre, auch was ihr reales Alter anging, anzugehören, und dieses mit dem gefühlten zu scheinbarer Deckung zu bringen. Pascal beugte sich zu Kevin und flüsterte: „Meinst Du, zwischen denen läuft was?“

Kevin verzog das Gesicht. „Wenn er klug ist, ja. Dann kann er das Honorar senken.“

„Wäre aber ein ziemliches Opfer.“

Beide grinsten.

Die Verbrauchte sah verunsichert und beleidigt zu ihnen herüber. Pascal merkte, wie er rot wurde. Sie zog sich ihre Robe über und setzte sich ans Pult. Der Verquanzte ließ sich in den Sessel neben ihr fallen und schob die Ärmel seines Pullis bis zu den Ellenbogen hoch. Unter dem Pulli wurde ein weißes T-Shirt sichtbar, das noch schlabberiger aus der Hose hing als der Pullover darüber. Die Richterin erhob sich, mit ihr alle Anwesenden. Kaum, daß sie standen, bedeutete die Vorsitzende mit einer leichten Handbewegung den Personen im Saal, wieder Platz zu nehmen.

„Es kommt zum Aufruf die Sache gegen Ziprian.“ Die Richterin zog die Akte hervor. Die Personalien und die wirtschaftlichen Verhältnisse waren schnell erörtert. Der Delinquent war 20 Jahre alt, ledig, Student der Soziologie und Pädagogik, wohnte in einem Studentenwohnheim, lebte von BaföG. Kinder und Unterhaltspflichten hatte er keine. „Noch Fragen zu den persönlichen Verhältnissen?“ Allseits nein. „Dann bitte die Anklage.“

Der Mittdreißiger erhob sich. Die Linke in die Hüfte gestemmt, in der Rechten eine Handakte, verlas er mit sonorer Stimme die Anklageschrift: Dem Verquanzten wurde vorgeworfen, auf dem Balkon seiner WG Haschischpflanzen gezüchtet zu haben, darüber hinaus zweimal mit ein paar Gramm des Rauschgiftes angetroffen worden zu sein, und zwar in Mengen, die es nahelegten, daß er den Stoff nicht nur zur Aufschärfung der eigenen Selbstgedrehten verwenden würde. Verstoß gegen das Betäubungsmittelgesetz in drei Fällen, nach § 29 Absatz 1 Ziffer 1 des Betäubungsmittelgesetzes (BtMG) und § 53 des Strafgesetzbuches.

„Sie haben gehört, was Ihnen zur Last gelegt wird?“ sagte die Blondine. „Wollen Sie sich zum Tatvorwurf äußern?“

„Vielleicht darf zunächst ich etwas dazu sagen?“ schaltete sich unmittelbar die Verbrauchte ein.

„Bitte.“

„Die Sachlage scheint mir doch klar zu liegen.“

„Ihr Mandant hat sich im Ermittlungsverfahren nicht eingelassen...“

„...aber auch die Vorwürfe nicht eingeräumt. Wenn wir ehrlich sind, ist doch schon die Aktenlage recht dünn...“

„Was ist denn daran dünn? Bei Ihrem Mandanten wurden drei Päckchen Marihuana aufgefunden, das ist Fakt“, warf der Staatsanwalt ein.

„Also jetzt mal der Reihe nach“, unterbrach ihn die Richterin. „Haben Sie oder Herr Ziprian etwas zum Tatvorwurf zu sagen?“

„Nun, wir könnten es kurz machen. Was hier im Raume steht, ist eine geringfügige Menge zum Eigengebrauch. Meiner Ansicht nach ist das ein Fall von 31a. Alles andere wäre unverhältnismäßig.“

Damit kam sie auf ein ebenso effektives Zauberbonbon wie § 154 zu sprechen, das mittels einer gewundenen Formulierung eine formale Strafandrohung mit faktischem laissez faire verbindet. Absatz 2 der Vorschrift lautet: „Ist die Klage bereits erhoben, so kann das Gericht in jeder Lage des Verfahrens unter den Voraussetzungen des Absatzes 1 mit Zustimmung der Staatsanwaltschaft und des Angeschuldigten das Verfahren einstellen.“ Die Voraussetzungen des in bezug genommenen Absatzes 1 sind eine geringe Schuld des Täters und mangelndes öffentliches Interesse an der Strafverfolgung. Vor allem aber darf der Täter die Betäubungsmittel lediglich zum Eigenverbrauch in geringer Menge anbauen, herstellen, einführen, durchführen, sich in sonstiger Weise verschaffen oder besitzen. Das Betäubungsmittelgesetz ist eine jener Vorschriften, die vom guten Glauben an das Gute im Menschen durchwirkt sind, der danach trachtet, die strukturelle staatliche Gewalt möglichst in die Schranken zu weisen. Trotzdem: Gerade der Punkt, ob die Menge noch gering genug war, um den Tatbestand des Eigenverbrauchs zu erfüllen, war fraglich. Der Staatsanwalt verzog das Gesicht. „Das mußte ja kommen“, mochte er denken.

„Na, ja.“ Auch die Richterin zögerte. Ihre Reaktion verriet, daß die Anregung der Verbrauchten für sie ebensowenig überraschend kam wie für den

Staatsanwalt, nur etwas verfrüht. „Ihr Mandant ist kein unbeschriebenes Blatt." Sie schien unschlüssig oder wollte so erscheinen, denn allzu offenkundig durfte nicht zu Tage treten, daß der Prozeß kaum daß er begonnen hatte, auf das Ergebnis zustrebte, das im Kopf sämtlicher Beteiligten bereits vorhanden war, als sie den Saal betraten. Deshalb störte die Richterin, so hatte Pascal den Eindruck, die Plumpheit, mit der die Verbrauchte das Ziel formulierte, noch bevor der Weg richtig beschritten war. Dazu gehörte auch die Durchschaubarkeit, mit der die Verteidigerin, indem sie das Personalpronomen „wir" benutzte, eine Gemeinsamkeit der Anschauungen hervorkehren wollte. Vielleicht war der Richterin aber auch die durch wenig Zweifel getrübte Erwartungshaltung zuwider, die die Verbrauchte an den Tag legte und die sie sich nicht bemühte zu verbergen.

So schnell ging es indessen nicht: „Sie können doch nicht ständig mit Rauschgift durch die Gegend fahren und dann erwarten, daß das nicht geahndet wird. Sie wissen, daß der Besitz bestimmter Mengen strafbar ist. ‚Eigenbedarf', wenn ich das höre! Das hier ist kein Eigenbedarf mehr. Das wissen Sie doch selbst. Haben Sie sich mal Ihr Vorstrafenregister angesehen? Lassen Sie den Unfug doch einfach sein. Und Ihre Plantagen, ich möchte nicht wissen, wen Sie damit alles versorgen." Der Staatsanwalt war sichtlich verärgert, die Verbrauchte hingegen erregt. „Das ist nicht erwiesen", rief sie. Mit so viel Widerstand hatte sie nicht gerechnet. Ihr Schützling begann unruhig zu werden. Lief hier etwas aus dem Ruder? Die Richterin versuchte weiter, für Ordnung zu sorgen. „Nun lassen Sie uns doch der Reihe nach vorgehen", wiederholte sie. „Die Vorstrafen sind in der Tat ein Problem." Sie schien zu überlegen, ob eine Klippe zu umschiffen sei. Dann setzte sie zögerlich nach: „Was haben Sie sich denn vorgestellt?" Das Signal für die Verbrauchte war gesetzt.

Trotzdem war sie an einem gefährlichen Punkt. Denn das Wesentliche an einem Gerichtsverfahren ist Psychologie. Wenn sich das Gericht nicht ernstgenommen fühlt, kann es dazu kommen, daß selbst solche Delinquenten, denen der liberale Rechtsstaat mit wohlwollender Toleranz entgegentritt, schlechte Karten haben. Umgekehrtes gilt, wenn ein Zeuge seine Aussage überzieht und erkennen läßt, daß er dem Angeklagten etwas anhängen will. In derartigen Situationen erlebt der Zuschauer Fälle, bei denen die Verfahrensatmosphäre kippt. Die grundsätzliche Feindseligkeit des Staatsanwaltes, die er gegenüber dem Angeklagten empfindet, weil er angeklagt ist, schlägt gegen den Zeugen um. Der Staatsanwalt, der sich hereingelegt fühlt, sieht auf einmal den Angeklagten als Opfer eines Komplotts; und wenn er schon kein Mitleid für ihn empfindet, nimmt er gerne die Pose dessen an, der einen zu Unrecht Beschuldigten davor bewahrt, ein Fehlurteil zu erleiden. In diesen Fällen plädiert er auf Freispruch. In solchen Situationen, in denen auf Messers Schneide steht, in welche Richtung das Pendel ausschlagen wird, lauern für den Angeklagten Gefahren und Chancen zugleich. Hier zeigt sich, ob der Verteidiger ein Meister seines Faches ist oder ein quacksalbernder Winkeladvokat. Der schlimmste Fehler des Verteidigers besteht dann darin zu überziehen. Ein Gericht, das sich auf den Arm genommen fühlt, reagiert trotzig; ein Gericht, das die Forderungen des Verteidigers für abwegig hält und ihn deshalb nicht für voll nimmt, reagiert genervt. Beide Fälle hat der Delinquent auszubaden.

Die Verteidigerin war am Zug. Für sie kam es darauf an, den zugespielten Ball nicht zu verfehlen. Sie verfehlte ihn – fast. Anstatt kleine Brötchen zu backen, und als hätte sie die Einwände nicht gehört, sang sie zunächst weiter das Lied vom straffreien Eigengebrauch, der hier nach bestimmter Auffassung bestimmter Gerichte doch gegeben sei. Sie sang es in schrillen Tönen und bunten Farben, passend zu ihren Klunkern. Selbst, falls kein Eigengebrauch vorläge, wäre doch die Schuld des Angeklagten gering; eine Einstellung des Verfahrens gegen eine Geldbuße sei das Maximale, was in Betracht käme. Damit hatte sie den Bogen gerade noch gehalten. Die prinzipielle Neigung der Dritten Gewalt, die immer noch bestehende Strafbarkeit leichter Drogen als Verfehlung des Gesetzgebers anzusehen, die das Grundrecht zum selbstbestimmten Rausch beschneidet und zudem im Widerspruch zur gesellschaftlichen Duldung der Volksdroge Alkohol steht, kam ihr dabei zugute. Sie überwog das Bestreben des Gerichts, zu demonstrieren, daß es die Fäden selbst in der Hand behalten wolle, um nicht den Eindruck hervorzurufen, sich von dem Verquanzten und seiner Verehrerin die Maßstäbe vorgeben zu lassen.

„Über 153a könnten wir wohl sprechen“, griff die Richterin die Ausführungen zögerlich auf. „Dann brauchen wir, nebenbei bemerkt, nicht zu klären, ob Jugendrecht anzuwenden ist.“ Einen Weg zu finden, Dinge nicht zu klären, die die Prozeßordnung gern geklärt hätte, ist die Kunst des Richters, dicke Akten in dünne und wenig arbeitsintensive Verfahrensabschlüsse umzusetzen.

Der Staatsanwalt zog laut die Luft durch die Nase. „Wieviel?“ fragte er nach einer Kunstpause. Das Grundsätzliche war entschieden, jetzt wurde über den Preis verhandelt. Bei 500 Euro trafen sich die Akteure, zahlbar an die Staatskasse, ohne festgelegten Zweck. So hatte jeder etwas davon: der Staat, dem einschließlich der Gerichtskosten etwa gleichhohe Einnahmen entstanden wie bei vierzig Falschparkern, der Verquanzte, der ohne förmliche Strafe aus der Veranstaltung ging, und die Verlebte, die sich das Verdienst dafür an die faltige Brust heften konnte.

„So“, sagte die Richterin und blickte dabei zu den beiden Zuschauern, von denen sie augenscheinlich annahm, daß sie mit der nächsten Verhandlung in Zusammenhang stehen. „Wir machen zehn Minuten Pause, dann geht es weiter.“

Die Richterin verließ den Raum durch eine Tür in der rückwärtigen Wand, der Staatsanwalt warf seine Robe auf den Tisch und folgte der Verbrauchten und dem Verquanzten durch die Eingangstür. Auch Pascal und Kevin verließen den Saal Richtung Flur. Dort war der Verquanzte dabei, sich eine Zigarette zu drehen und sie mit einer gelblich-braunen Substanz, das er aus einem Klümpchen zu Pulver klopfte, anzureichern. Nachdem er fertig gedreht hatte, steckte er sie mit der Lässigkeit, von der anzunehmen war, daß sie die Verbrauchte erregte, in den Mundwinkel und hielt ihr die Tabakpackung hin: „Auch eine?“

„Gerne“, sagte sie dankbar.

* * *

„In der Strafsache Schultz die Beteiligten bitte eintreten.“ Pascal und Kevin kehrten erneut in den Gerichtssaal zurück. Gemeinsam mit ihnen betrat ein Mittvierziger den Raum. Kevin setzte sich auf die Anklagebank, dorthin, wo zuvor die Mitbürger und der Verquanzte erleben durften, wie der Staat im Sinne der Menschenwürde Zurückhaltung bei der Ausübung seines Strafanspruchs übte. Der Mittvierziger strebte in die Mitte des Raumes, wo er neben einem zentralen Stuhl stehen blieb. Pascal setzte sich wieder auf seinen alten Platz im Zuschauerraum. Er war jetzt der einzige Zuhörer.

„Sind Sie ein Freund des Angeklagten?“ fragte die Richterin. Pascal nickte. „Als Zeuge kommen Sie nicht in Betracht?“

„Nein.“

„Dann können wir ja anfangen. Es kommt zum Aufruf die Strafsache gegen Schultz.“ Zunächst wandte sich die Richterin an den Mittvierziger. „Sie sind Herr Zielinski?“

„Richtig“, antwortete der Angesprochene mit abgeklärtem Kölschen Tonfall. Es stellte sich heraus, daß Herr Zielinski Polizist war und als Zeuge gehört werden sollte. Als solcher wurde er noch einmal aus dem Saal geschickt. Wie bei dem Verquanzten wurden zunächst Kevins Personalien sowie seine wirtschaftlichen Verhältnisse festgestellt. Dieser Punkt ließ sich schnell abhaken. „Dann bitte die Anklage verlesen“, wandte sich die Richterin an den Staatsanwalt.

Der Angesprochene erhob sich und verlas mit der von der vorherigen Verhandlung bekannten betonungsfreien Stimme: „Kevin Schultz, geboren am 2. Januar 1989, wird angeklagt, am 8. Mai 2007 auf der Hohen Straße in Köln Flugblätter verteilt zu haben, die einen Text enthielten, der mit dem Satz ‚Alles für Deutschland‘ endete. Vergehen, strafbar gemäß § 86 a, Absatz 1 Nr. 1, 3. Alternative StGB. Am Tattag verteilte der Angeklagte gemeinsam mit zwei unbekannten Mittätern in der Kölner Innenstadt, namentlich in der Einkaufszone Hohe Straße, Flugblätter, auf denen die Befreiung Deutschlands vom nationalsozialistischen Unrechts- und Terrorregime abschätzig dargestellt und in eine, so wörtlich, ‚Erniedrigung und Entrechtung des deutschen Volkes‘ umgefälscht wurde. Am Ende des Flugblattes fanden sich die Worte: ‚Laßt Euch nicht verdummen, glaubt den Herrschenden nicht ihre Geschichtslügen. Wer mit der Lüge lebt, geht immer gebeugt. Ehre unseren Ahnen. Alles für Deutschland.‘ Dieser Sachverhalt steht fest aufgrund der Aussagen des Polizeibeamten Zielinski, sowie der sichergestellten Flugblätter.“

Der Staatsanwalt setzte sich. Die Richterin ergriff das Wort: „Sie haben gehört, was Ihnen zur Last gelegt wird. Es steht Ihnen frei, sich zu äußern. Wollen Sie etwas sagen?“

„Nein“, erwiderte Kevin mit fester Stimme. Weiter sagte er nichts. Ein „Mit Ihnen rede ich nicht“ verkniff er sich, aber sein Tonfall ließ in diese Richtung keine Fragen offen.

„Dann können wir den Zeugen hören.“ Nachdem der Staatsanwalt Zustimmung nickte, sprach die Vorsitzende in ihr Mikrophon: „Herr Zielinski, bitte.“

Wenige Sekunden später stand Herr Zielinski wieder im Zentrum des Raumes, wo er beim ersten Betreten des Saales gestanden hatte. Auf dem Zeugenstuhl wurde er zunächst auf seine Wahrheitspflicht belehrt: „Als Zeuge haben Sie die Wahrheit zu sagen. Wenn sie es nicht tun, ist das eine Falschaussage und als solche strafbar, im Fall der Vereidigung wäre sie als Meineid ein Verbrechen. Haben Sie das verstanden?“ Herr Zielinski nickte gelangweilt. Zeugenaussagen gehörten für ihn zur gleichen Routine wie Anzeigen schreiben. Danach gab er sein Alter – 45 Jahre – an und verneinte die Frage etwaiger Verwandtschafts- oder Verschwägerungsverhältnisse mit Kevin. Zur Sache konnte er mitteilen, daß am fraglichen Tage mehrere empörte Anrufe bei der Polizei eingegangen seien, auf der Hohen Straße würde Nazipropaganda verteilt. Daraufhin seien er und sein Kollege Frenck der Sache nachgegangen; sie hätten den Angeklagten dort angetroffen, wie er mit einem Passanten in ein Gespräch verwickelt gewesen sei. Deshalb habe er sie wohl nicht kommen sehen, denn zwei Kameraden, die mit Blättern in der Hand unterwegs gewesen seien, seien sofort geflohen. Er habe dann den Angeklagten angesprochen, der noch einige der Blätter in der Hand gehalten hätte. Ob er sicher sei, daß die angetroffene Person der Angeklagte sei? Ja, da sei er sicher, hunderprozentig. Und, so die nächste Frage, die Flugblätter, die er sichergestellt hätte, seien solche gewesen wie dieses hier? Die Richterin hielt ein Blatt in die Höhe: „Kommen Sie ruhig nach vorne.“ Zu Kevin: „Sie dürfen auch kommen.“ Beide kamen der Aufforderung nach. Auch der Staatsanwalt trat ans Richterpult. Die Richterin wiederholte ihre Frage: „Sind das die Flugblätter?“

„Ja“, sagte Herr Zielinski, „das sind die Flugblätter.“

„Fragen?“ Die Richterin drehte ihren Kopf vom Staatsanwalt zu Kevin und wieder zum Staatsanwalt.

„Keine“, sagte ihr Amtskollege bereits auf dem Rückweg zu seiner Bank. Kevin blieb weiterhin stumm. „Dann können wir den Zeugen meines Erachtens entlassen.“

Der Staatsanwalt verschränkt seine Arme vor der Brust und nickte wie jemand, der bei einer Inventur bei Kaisers die Waren abzählte und mit Genugtuung feststellte, daß genau die Anzahl an Erdnußbüchsen im Regal stand, die dort laut Vorgabe stehen mußte. Das Gericht hätte im Grunde gleich das Ergebnis in die Inventurliste eintragen können, aber die Nachzählung mußte nun einmal sein, wie lästig sie auch war – Vorschrift ist Vorschrift. Die Richterin sprach noch einmal Kevin an: „Sie dürfen Fragen an den Zeugen stellen."

„Habe ich keine." Damit war auch der Punkt abgehakt.

Die Vertreterin der Jugendgerichtshilfe faßte sich diesmal preußisch knapp: „Der Herr Schultz lebt schon seit geraumer Zeit in seinem eigenen Haushalt. Außerdem offenbart die Tat ein hohes Maß an strategischem Vorgehen. Für die Anwendung von Jugendrecht sehe ich daher keinen Raum."

Die Richterin quittierte den Bericht mit einem Nicken. „Wir kommen zu den Vorstrafen. Da haben wir eine Eintragung: Amtsgericht Bonn im letzten Jahr, 20. April. 120 Tagessätze wegen Volksverhetzung." Es setzte eine kurze Pause ein. „Dann können wir die Beweisaufnahme schließen. Herr Staatsanwalt bitte."

Der Vertreter der Anklage erhob sich und setzte in dem stenographischen Buchhalterstil, den er die ganze Zeit an den Tag gelegt hatte, zu seinem Plädoyer an. Der angeklagte Tatvorwurf habe sich durch die Beweisaufnahme bestätigt, es gebe keinen Grund, dem Polizeibeamten nicht zu glauben, schließlich habe auch der Angeklagte nicht widersprochen. Er sei damit der Tat überführt. Fraglich sei, wie er zu bestrafen sei. Die Aussage „Alles für Deutschland" sei bekanntermaßen strafbar, das habe spätestens die Entscheidung des Oberlandesgerichts Hamm 1 Ss 432/05 geklärt. Man könnte vielleicht der Auffassung sein, in ihr liege keine besondere Polemik im Sinne einer NS-Hetze, aber dem müsse entgegnet werden, daß man es bei diesem Spruch mit der Parole der SA zu tun habe, und der Gesetzgeber habe die Vorschrift mit Bedacht ausgestaltet. Gerade die scheinbar neutralen Parolen begründeten die Gefahr, daß der Rechtsextremismus in die Mitte der Gesellschaft vordringen könne, und deshalb sei hier besondere Wachsamkeit geboten. Der Angeklagte – der Staatsanwalt vermied es weiterhin, Kevin mit seinem bürgerlichen Namen anzusprechen – sei sich dessen bewußt, er sei Aktivist der rechten Szene und entsprechend vorbestraft. Wenn auch die Deliktgruppe nicht formal derjenigen angehöre, zu der die Volksverhetzung gehöre, so seien doch der Unrechtsgehalt sowie das zu schützende Rechtsgut das gleiche. Der Vergiftung des politischen Klimas gelte es vorzubeugen, die Bürger sollten schon vor dem Anschein bewahrt werden, es könnten sich extremistische Tendenzen erneut breitmachen und einem Unrechtsregime den Weg bahnen. Man könne im übrigen nicht übersehen, daß die Tat ausgerechnet am Tag der Befreiung begangen wurde, das könne schwerlich als Zufall, müsse vielmehr als bewußte Provokation der freiheitlich demokratischen Grundordnung angesehen werden, diese aber sei aus den Erfahrungen mit der unseligen deutschen Vergangenheit als wehrhafte ausgestaltet. Zur Entlastung des Angeklagten gäbe es nichts anzuführen. Zwar habe er die Tat nicht bestritten, aber sein Schweigen, das ihm selbstverständlich zustände, könne auch nicht als schuldminderndes Geständnis angerechnet werden. Die Vorstrafe habe er schon erwähnt, auch sie sei strafverschärfend in Ansatz zu bringen, aus den Gründen, die er bereits genannt habe. Nachdem die erst vor kurzer Zeit ausgesprochene Geldstrafe sich offensichtlich als nicht ausreichend erwiesen habe, dem Täter den Unrechtsgehalt seiner Tat vor Augen zu führen, müsse nun eine Freiheitsstrafe verhängt werden, wie es auch das OLG Hamm in dem soeben erwähnten Urteil getan habe. Hierbei könne man sich durchaus im unteren Bereich des Strafrahmens bewegen; man verhandle zwar nicht über Mord oder Totschlag, aber rede auch nicht über ein Kavaliersdelikt. Nach all dem halte er eine Freiheitsstrafe von sechs Monaten für tat- und schuldangemessen. Daß diese zur Bewährung ausgesetzt werden könne, sei die Regel. Ferner beantrage er, dem Angeklagten aufzuerlegen, eine Geldbuße an die jüdische Kultusgemeinde der Stadt Köln zu entrichten. Die Höhe solle bei 1.500 Euro liegen.

Die Richterin schrieb etwas in ihre Unterlagen und fragte anschließend, ob Kevin noch etwas zu sagen habe; ihm als Angeklagten gebühre das letzte Wort.

„Nein, das interessiert Sie doch sowieso nicht."

Die Richterin schaute kurz und irritiert auf. „Werden Sie nicht frech!" rief der Staatsanwalt und wirkte erstmalig in der Verhandlung emotionalisiert. Eine solche Antwort gehörte nicht zur Regie.

Pascal staunte über das, was er hier zu hören bekam, hatte er doch zunächst Kevin unterstellt, daß der ihn auf den Arm nehmen wollte, als er erzählt hatte, die Parole „Alles für Deutschland" habe ihn in das Hohe Haus geführt. Daß jemand dafür tatsächlich ins Gefängnis kommen konnte, erschien ihm wie eine Satire, freilich von einer billigen Art, die er nie schreiben würde, weil er Angst hätte, daß die Leser sie für aufgesetzten Kitsch halten könnten. Aber noch mehr staunte er über die Selbstverständlichkeit, mit der alles abgehandelt wurde. So hatte er zumindest erwartet, daß eine Abwägung vorgenommen würde, ob solch ein läppischer Spruch überhaupt unter ein Strafgesetz fiele. Gut, er hatte soeben gelernt, die SA habe ihn als Motto geführt, aber konnte das so bedeutsam sein? Mußte es nicht darauf ankommen, ob der Spruch selbst in irgendeiner Weise hetzerisch oder aggressiv eingesetzt wurde? Der Inhalt müsse doch, so glaubte Pascal, entscheidend für die Bewertung einer Aussage sein, und nicht, wer wann in der Vergangenheit ähnliches gesagt habe. Schließlich könnte die Aussage auch anders verstanden werden, etwa im Sinne der Selbstverständlichkeit, die einst John F. Kennedy ausgesprochen hatte: „Frage nicht, was dein Land für dich tun kann, frage, was du für dein Land tun kannst.“ Wie konnte ein Rechtsgut, so hatte es der Staatsanwalt genannt, nur dadurch verletzt sein, daß eine Parole, die an sich völlig in Ordnung war, von einer Organisation geführt worden war, die es seit über sechzig Jahren nicht mehr gab? Ob das die normalen Leute überhaupt wußten; und wenn nicht, wie konnte dann das politische Klima vergiftet werden, und was hieß das überhaupt?

Im Saal interessierten solche Fragen nicht. Die Richterin kritzelte immer noch in ihren Papieren. Dann legte sie den Stift beiseite, sah auf und erhob sich. Die Anwesenden folgten ihr. Pascal kannte die Prozedur inzwischen.

„Im Namen des Volkes ergeht folgendes Urteil: Der Angeklagte wird wegen Verwendung von Kennzeichen einer ehemaligen nationalsozialistischen Organisation zu einer Freiheitsstrafe von sechs Monaten verurteilt. Die Vollstreckung der Strafe wird zur Bewährung ausgesetzt. Der Angeklagte hat die Kosten des Verfahrens zu tragen. Darüber hinaus ergeht folgender Beschluß: Der Angeklagte hat als Auflage eine Geldzahlung an die jüdische Kultusgemeinde der Stadt Köln in Höhe von 1000 Euro zu zahlen. Die Bewährungszeit beträgt drei Jahre. Nehmen Sie wieder Platz.“

Gespannt wartete Pascal auf die Urteilsbegründung. Aber, darauf erpicht, zu erfahren, was Kevin Böses getan hatte, wurde er erneut enttäuscht. Anstatt darzulegen, welchen Angriff auf die Rechtsordnung sein neuer alter Freund unternommen hatte, hielt sich die Richterin weiter an ihrem Schema fest: Daß vom allgemeinen Erwachsenenstrafrecht auszugehen sei, habe die Jugendgerichtshilfe überzeugend dargelegt. Die inkriminierte Äußerung unterfalle dem gesetzlichen Tatbestand, das sei eindeutig, Interpretationsspielraum ließe er keinen zu. Zu Kennzeichen im Sinne des Gesetzes gehörten auch Wahlsprüche und Motti, und damit habe man es vorliegend zu tun. Auch sie sei zwar, als sie die Anklage zugestellt bekommen habe, überrascht gewesen, was Inhalt des Tatvorwurfes sei, jedoch habe sie bei einer Google-Recherche bestätigt gefunden, daß es sich bei dem Ausspruch „Alles für Deutschland“ um eine SA-Parole handele, und bekanntlich komme es für die Strafbarkeit einer Handlung nicht darauf an, daß der Täter diese kenne; für den Vorsatz genüge, daß er das, was er sage, bewußt sage, und diesbezüglich habe die Beweisaufnahme ergeben, daß Herr Schultz – jetzt nannte sie den Namen doch – die verfahrensgegenständliche Propaganda verteilt habe. Anderes gelte nur bei Unvermeidbarkeit eines Irrtums über die Strafbarkeit, doch genau das sei hier auszuschließen. Vielmehr müsse man davon ausgehen, daß dem Angeklagten als langjährigem Aktivisten der Szene, der als solcher gerichtsbekannt sei, die Bedeutung seiner Worte auch ohne einen Blick in eine Online-Suchmaschine klar sei. Die Strafhöhe resultiere aus der Erkenntnis, daß der Angeklagte sich offenkundig durch die vorangegangene Geldstrafe nicht habe beeindrucken lassen, so daß nun die Verhängung einer Freiheitsstrafe geboten sei. Der Staatsanwaltschaft könne insofern vollumfänglich gefolgt werden. Diese könne aber noch einmal zur Bewährung ausgesetzt werden. Damit Herr Schultz nicht auf den Gedanken käme, er ginge als freier Mann nach Hause, sei es angebracht, neben der Strafe eine Geldauflage festzusetzen, welche ihn das Unrecht seiner Tat fühlbar werden lasse. Auch darin gäbe sie dem Antrag des Anklagevertreters dem Grunde nach statt. In der Höhe meine sie aber, dem Angeklagten ein wenig entgegenkommen zu können, diesbezüglich halte sie 1000 Euro für ausreichend. Demgegenüber habe sie auf eine bewußt lange Bewährungszeit entschieden. Der Angeklagte täte gut daran zu bedenken, daß er dadurch zur politischen Mäßigung angehalten werden solle. „Der Gesetzgeber wollte politischem Extremismus vorbeugen, damit wir uns als freie und tolerante Gesellschaft entwickeln können, und was unter politischem Extremismus zu verstehen ist, sagt uns das Gesetz. Das ist nun einmal so.“

Die bemühte Festigkeit des letzten Satzes klang mehr nach Rechtfertigung als nach der Bekräftigung, die sie hatte sein sollen. Der Effekt war gegenteilig. Das Selbstverständliche muß man nicht betonen, und daß ein Gericht das Gesetz anzuwenden hat, sollte eine Selbstverständlichkeit sein. Betonen muß nur, wer ein schlechtes Gewissen oder ein ungutes Gefühl hat, weil er ahnt, wo

Recht und Gesetz auseinanderklaffen und daß in solchen Fällen die Frage nach dem Recht in besonders eindringlicher Form gestellt, aber nicht gelöst wird. Vielleicht grübelte Pascal zu viel, jedenfalls hatte die Begründung des Urteils für ihn dessen Fragwürdigkeit unterstrichen. Die Fragen, die er sich stellte, schienen die Richterin nicht zu quälen, sie machte ihren Job. Um formale Korrektheit war sie immerhin bemüht. Ihre Worte sprach sie emotionsfrei, fast schüchtern, ohne inquisitorischen Eifer oder Haß. Konnte der Staatsanwalt seine Befriedigung kaum verbergen, blieb sie sachlich. Kevin unterfiel, soeben war es gesagt worden, einem Tatbestand; so einfach war das. Nichts an ihr oder ihrem Urteil kündete von etwas Großem; kein Pathos der Gerechtigkeit, kein Anflug von Schicksal. Im Gegensatz dazu stand die Rechtsfolge. Für Kevin waren die Gefängnistore gefährlich weit aufgestoßen worden, was nach den Ausführungen der Richterin auch beabsichtigt war.

Der Justizbuchhaltung war eine Protokollnotiz hinzugefügt worden. Die Vorsitzende wurde wieder förmlich: „Gegen dieses Urteil können Sie Berufung oder Revision einlegen. Die Frist für beide Rechtsmittel beträgt jeweils eine Woche, beginnend mit dem Tag der Urteilsverkündung, also heute. Sie können das Rechtsmittel schriftlich oder zur Niederschrift bei der Geschäftsstelle einreichen. Im Falle der Revision wäre sie binnen eines Monats, beginnend vom Zugang der schriftlichen Urteilsbegründung an, schriftlich von einem Rechtsanwalt oder einem Rechtslehrer an einer deutschen Hochschule zu begründen. Die Sitzung ist geschlossen." Mit den letzten Worten überreichte sie Kevin ein Blatt Papier, auf dem die Rechtsmittelbelehrung schriftlich abgefaßt war. Die Richterin packte ihre Unterlagen zusammen und drehte sich zur Protokollführerin. „Wir sind ja doch noch einigermaßen gut in der Zeit."

Pascal fühlte sich merkwürdig berührt, wie im Kino, wenn der tragische Held erschossen am Boden lag, was der Zuschauer von Anfang dunkel geahnt hatte, aber nicht wahrhaben wollte. Er stand auf und ging auf Kevin zu, der äußerlich unbeeindruckt schien. „Das ist ja dumm gelaufen."

„Ja, Scheißspiel. Diese Systemknechte." Letzteres war ein wenig zu laut gesprochen, der Staatsanwalt horchte auf. „Was haben Sie gesagt? Passen Sie bloß auf!" Aber Kevin war schon durch die Tür hindurch. Statt einer Antwort flüsterte er zu Pascal, aber auf den Ankläger gemünzt: „Du mich auch." Pascal lachte auf. Der Staatsanwalt rief noch etwas; laut, aber unverständlich.

Geburtstag

„Komm', wir fahren noch zu mir, ich brauche jetzt einen Schnaps." Mit dieser Idee konnte sich Pascal anfreunden, zumal er weder Lust hatte, etwas zu tun noch allein zu bleiben. Also fuhren sie gemeinsam nach Kalk, dem Domizil von Kevin Schultz – 19 Jahre jung, vorbestraft wegen Volksverhetzung sowie der Verwendung von Kennzeichen ehemaliger NS-Organisationen in Gestalt des Ausspruchs „Alles für Deutschland!" Von der U-Bahn mußten sie ein Stück die Kalk-Mülheimer Straße hinauf gehen, bis sie zur Kapitelstraße kamen.

Im Haus mit der Nummer 8, einem etwas heruntergekommenen Altbau, wohnten sechs Parteien. „Schultz" lautete der einzige deutsche Name auf den Klingelschildern. Durch einen muffigen, dunklen Hausflur mußten sie drei Stockwerke nach oben gehen, bis es nicht mehr weiter ging. Die Einraumwohnung des Meinungskriminellen lag unter dem Dach. Außer dem Hauptraum bestand sie aus einem kleinen Badezimmer sowie einer ebenso kleinen Diele. Das Leben spielte sich im Wohn-/Eß-/Schlafzimmer ab. An der rechten Wand stand eine Schlafcouch, auf der die zerknautschte Bettwäsche herumlag; in der Mitte des Zimmers befand sich ein niedriger Tisch, an der Wand gegenüber ein Schreibtisch, darüber ein großes Bild mit einem untergehenden Kriegsschiff, auf dem ein todgeweihter Matrose die Kriegsflagge des Kaiserreiches, das liegende schwarze Kreuz auf weißem Grund mit dem Adler in der Mitte und dem Eisernen Kreuz im linken oberen schwarz-weiß-roten Feld, in die Höhe reckte. „Der letzte Mann" von Hans Bohrdt. An der Querfront, gegenüber dem Fenster, bildeten eine Kochplatte, eine Spüle und ein kleiner Kühlschrank eine Einbauküche. Ein großer Kleiderschrank und zwei Regale – auf diesen neben Werkzeug, ein paar Bierkrügen, CDs eine ungeahnte Menge von Büchern – vervollständigten die spartanische Einrichtung. Die meisten der Bücher, größtenteils gebundene Ausgaben, waren augenscheinlich älteren Datums mit einem Schwerpunkt in den zwanziger Jahren. Pascal staunte nicht schlecht. „Reiter in deutscher Nacht" hieß einer der Titel, „Die Geächteten" ein anderer, „Die Kadetten", „In Stahlgewittern", „Bauern, Bomben, Bonzen". Die Verfasser hießen Ernst Jünger, Ernst von Salomon, Hans Fallada oder Hanns Heinz Ewers.

„Du liest ganz schön viel", sprach Pascal mit Anerkennung.

„Du nicht?"

„Doch auch, aber selten so alte Schinken. In der Schule nehmen wir was anderes durch, in erster Linie Böll, Brecht, Hermann Hesse, Tucholsky, solche Dinge.“

„Kenne ich alles kaum, hab’ nur davon gehört. Böll hab’ ich mal reingelesen. Der gefällt mir nicht, der verbreitet Minusstimmung. Den finde ich, wie soll ich sagen...?“

„Destruktiv?“

„Genau, destruktiv, das ist das richtige Wort. Du als Gymnasiast mußt es ja kennen.“

Pascal wiegelte ab. „Gibt aber auch andere Sachen, Beumelburg zum Beispiel, habe ich gerade entdeckt, ist total spannend...“

„Was Du nicht sagst!“ Kevin grinste.

„Was, den kennst Du?“

Statt einer Antwort griff Kevin zielsicher ins Regal. Wortlos übergab er Pascal eine wunderbar erhaltene Ausgabe des „Sperrfeuers um Deutschland“. Pascal war baff, dieses Buch hatte er bis jetzt noch nicht bemerkt.

„Da staunst Du, was? Bei mir kannst selbst Du noch was lernen. Komm, wir trinken erst mal einen, zur Feier des Tages.“ Damit holte Kevin eine frische Flasche Nordhäuser aus dem Kühlschrank und nahm einen großen Schluck aus der Flasche. „Du auch?“

„Gern.“

„Glas?“

„Danke, nicht nötig.“

Pascal setzte wie Kevin die Flasche an und goß wie er den Schnaps in die Kehle. Anschließend gab er den Hochprozentigen an den Freund zurück. Trinken aus der Pulle war männlich. Dann rülpste er.

„Entschuldigung.“

„Kein Problem. Willst ’ne Zichte?“

Kevin steckte sich eine Zigarette an.

„Nein danke, ich rauche nicht.“ Plötzlich fiel Pascal die Feststellung Kevins persönlicher Daten in der Gerichtsverhandlung ein: „Mensch, Du hast doch heute Geburtstag!“

„Gut aufgepaßt. Und das beste Geschenk habe ich schon: keinen Knast“, sagte Kevin lakonisch.

„Na, verdient hättest Du ihn, bei einem solchen Anschlag auf die Demokratie“, entgegnete Pascal gleichermaßen lakonisch. Beide mußten lachen, aber Pascal merkte, daß Kevin nicht wirklich befreit wirkte; wie sollte er auch?

„Also, jetzt noch einmal ganz von vorne und zum Mitschreiben“, begann Pascal den Vorgang aufzuarbeiten: „Du wurdest heute wegen der Verwendung von Kennzeichen ehemaliger nationalsozialistischer Organisationen zu einer Haftstrafe verurteilt.“

„Das hast Du richtig erfaßt.“

„Das heißt, niemandem fehlt das Portemonnaie.“

„Du sagst es.“

„Es wurde auch keinem das Konto abgeräumt.“

„Stimmt.“

„Niemand hat ein blaues Auge.“

„Nein, niemand.“

„Tot ist auch keiner.“

„Na, tot sind einige, aber nicht durch mich.“

Pascal grinste, Kevin grinste auch.

„Es ist nichts zerstört“, fuhr Pascal fort.

„Richtig, nichts zerstört.“

„Und es hat auch nichts gebrannt.“

„Es hat nichts gebrannt.“

„Und ein Kind wurde auch nicht...“ Pascal brach mitten im Satz ab; der Gedanke, den er soeben gefaßt hatte, war ihm zu ekelhaft, als daß er ihn hätte aussprechen können.

„Nein, das sowieso nicht.“

„Mit anderen Worten: Du wirst bestraft, weil Du etwas gesagt hast, was anderen nicht paßt. Das finde ich kraß.“

„Tja, so ist das im freiesten aller freien Staaten, den die freie westliche Welt je gesehen hat.“ Kevin klang verbitterter, als er den Eindruck erwecken wollte.

Pascal schüttelte den Kopf. Je mehr er den Sachverhalt reflektierte, desto absurder kam er ihm vor. „Daß die das dürfen! Haben wir nicht so etwas wie Meinungsfreiheit?“ Im Geschichtskurs hatten sie sich lange mit dem Thema befaßt. Dr. Kirchner, resümierte er, wurde nicht müde, die entsprechenden Errungenschaften der Revolution von 1848 anzupreisen. Sie hätte zwar keine unmittelbaren Folgen hervorgebracht, jedoch habe sie in der Paulskirchenverfassung ein Dokument von historischem Wert hinterlassen, deren Grundrechtekatalog dem Grundgesetz der Bundesrepublik Deutschland als Vorbild gedient habe, in dem sie zu einklagbaren Ansprüchen aufgewertet worden seien. „Wenn man ein Grundrecht auf eine Insel mitnehmen darf, dann ist es die Meinungsfreiheit. Wir können stolz auf dieses kostbare Gut sein. Deutschland hatte zwei Diktaturen, und was die Despoten am meisten hassen, ist, daß die Menschen selbständig denken. Deshalb ist es Zeichen der Diktatur, daß das freie Wort unterdrückt wird", so seine häufig gehörten Worte.

„Es sei denn, es vergiftet das politische Klima", unterbrach Kevin. „Die Meinungsfreiheit ist ein schönes Thema für Deine Geschichtsbücher."

Pascal ließ sich auf das Sofa fallen. „Komm, Gib' noch einen Schluck."

Kevin reichte wortlos die Flasche. Pascal setzte sie professionell an und kippte einen kräftigen Schluck in den Hals. „Ob sie eigentlich an das glauben, was sie sagen?"

„Ich weiß nicht, an was die glauben. Die glauben an die deutsche Schuld, an sonst gar nichts."

Darauf gab es nicht viel zu sagen. Daher ergriff Kevin nach einer kurzen Pause erneut das Wort: „Was anderes: Was hast *Du* denn heute im Gericht gemacht?"

Eine berechtigte Frage, denn Pascal war weder, als sie in der Cafeteria gesessen hatten, noch später auf seine erfolglose Mission zur Staatsanwaltschaft zu sprechen gekommen. Das tat er jetzt. Er erzählte die verhängnisvolle Geschichte in all ihren Details, vom Ersten Advent angefangen, über das illegale Autorennen bis zum bitteren Ende. „Das Bitterste ist für mich aber, daß alles ohne Folgen bleiben soll. Ich versteh' das nicht. Man kann doch nicht durch einen juristischen Zaubertrick eine Straftat verschwinden lassen wie ein weißes Kaninchen im Zylinder. Und wenn es dreimal ‚nur' Körperverletzung ist. Was ohne Folgen bleibt, ermutigt doch jeden zur Nachahmung. Und ganz im Ernst, ich finde es dreimal so schlimm, wenn halbstarke Gören einen alten Mann zusammenschlagen, als wenn Du einen Spruch schiebst, den die SA benutzt hat, auch wenn ich so ein Flugblatt nicht verteilen würde. Das interessiert doch heute keinen Menschen mehr, außerdem haben die bei der SA auch mit Messer und Gabel gegessen – ist das dann auch verboten?"

Auf Pascals Stirn hatte sich ein kleines Bockshörnchen gebildet, während er sich in Rage geredet hatte. Kevin lachte. „Mich brauchst Du nicht zu überzeugen. Fürs System ist es eben gefährlicher, wenn sich eine ‚falsche' Geschichtsauffassung ausbreitet, als wenn Kriminalität um sich greift. Aber", und damit holte er zwei Büchsen Bier aus dem Kühlschrank, „laß uns von was anderem reden. Mich kotzt das schon genug an."

„Außerdem könntest Du Berufung einlegen."

„Nein, genug jetzt, ich hab' auf das Thema keinen Bock mehr. In Glaubensfragen kannst Du mit hundert Berufungen nichts erreichen."

„Dann mußt Du in Zukunft verdammt vorsichtig sein."

„Gar nichts muß ich, ich lasse mir den Mund nicht verbieten, soll'n die mich doch einsperren, das halbe Jahr sitze ich auf einer Arschbacke ab. Und jetzt endgültig Thema ex. Hopp, fang", sprach's und warf Pascal eine der Dosen zu. „Acht Grad."

Damit gingen sie dazu über, die seit drei Jahren getrennten Wege nachzuzeichnen. Sie erzählten sich ihr Leben, bzw. erzählten, was junge Menschen erzählen, die glauben, vom Leben etwas zu verstehen. Schule, Lehre, Frauen, Autos, Fußball. Für Pascal hatte sich wenig geändert, seitdem er in die Oberstufe gekommen war. Schule ist Schule. Kevin hingegen hatte mit der Lehre ein neuartiges Leben begonnen, zumal er eine eigene Wohnung bezogen hatte. Pascal bewunderte ihn für seine Selbständigkeit. Kevin war ein Mann, ein junger Mann zwar, aber ein Mann. Was war er selbst dagegen für ein Kind! Kevin verstand etwas vom Leben, nicht nur von Büchern. Selbstverständlich war er Fußballfan. Für den FC besaß er eine Dauerkarte. „Kannst ja mal mitkommen, ins Stadion. Ende Januar fängt die Saison wieder an."

„Zweite Liga interessiert mich nicht", neckte Pascal.

„So?" höhnte Kevin, „sollte es aber bald."

„Oh, ja", stöhnte Pascal im Hinblick auf den Club und seinen neuen Konzepttrainer.

Auch von Frauen verstand Kevin etwas. Das merkte Pascal bei jedem Wort, oder besser gesagt: weil Kevin wenig Worte darum machte. Seit er fünfzehn war, hatte er längere Beziehungen gehabt, drei an der Zahl. Im Moment war er solo. „Hast *Du* eigentlich eine Freundin?"

Pascal blickte verlegen ins Leere. „Nein. – Derzeit nicht."

Kevin schien zu spüren, daß er einen neuralgischen Punkt getroffen hatte. Er verzichtete darauf nachzubohren. Stattdessen ließ er Pascal von selbst kommen. Und Pascal kam. Wes Herz voll ist, des Mund läuft über. Das Scheitern mit Janine saß tiefer, als er sich zugeben wollte, und die Art, in der Kevin vor ihm saß, gelassen an seiner Zigarette zog und ihm zuhörte, machte es ihm einfach, sein Scheitern auszubreiten, bis hin zu dem Punkt, der ihm am peinlichsten war. Als es draußen war, sagte er erleichtert. „Ich war, ach, ich bin, glaube ich, ziemlich naiv."

Kevin winkte ab: „Mach' Dir nichts draus. So sind die Weiber. Du wirst schon eine finden, die zu Dir paßt." Damit holte er die nächste Runde aus dem Kühlschrank und zündete sich eine neue Zigarette an. „Sie stehen halt auf Lecken."

Pascal lachte spitz. „Das kann ich bestätigen." Dann zeigte er auf die Schachtel. Kann ich jetzt doch eine kriegen?"

„Klar." Kevin tat unüberrascht und schob Pascal cool die Packung zu. Pascal fingerte sich hastig eine Zigarette heraus, Kevin gab Feuer. Pascal begann zu paffen.

„Wir können ja mal ins Pascha gehen." Von dieser Location hatte Pascal verschiedentlich gehört. Da sollte es ziemlich abgehen. Er versuchte genauso cool zu wirken wie sein Freund. „Klar", sagte er, „warum nicht?" Nach einer Pause setzte er hinzu: „Aber erst mal zum FC."

So ging es den ganzen Tag, den Nachmittag, den frühen Abend, den Abend. Als sich Pascal auf den Heimweg machte, war er stark angetrunken. Langsam legte er das kurze Stück bis zur U-Bahn zurück. Erst in der Kälte der beginnenden Nacht merkte er die Wirkung der Nordhäuser. Sie hatten das ihrige getan. Er mußte sich zusammenreißen, um nicht zu schwanken. Bei jeder Gestalt, die ihm entgegen kam, war ihm seltsam zumute. Hoffentlich würde er die beiden Typen aus der Gerichtsverhandlung nicht treffen. Vor dem Abgang in den Bahnhof hielt er kurz inne. Deutsch war hier nur, was alt war, das Postgebäude auf dem Platz gegenüber etwa, sowie einige wenige weitere Häuser aus der Vorkriegszeit. Nachdenklich stieg Pascal die Stufen zum Bahnsteig hinab.

* * *

Der erste Schultag des neuen Jahres sah Pascal in aufgeräumter Stimmung. Zwar war die Erinnerung an den Tod des Großvaters noch frisch, zumal als die Mitschüler aus den Kursen ihre Weihnachts- und Jahreswechselerlebnisse austauschten. Aber er fühlte sich durch die neugewonnene Bekanntschaft mit Kevin belebt. Die beiden trafen sich von nun an fast jeden Tag. Zu den Dingen, die sie gemeinsam hatten, gehörte der gastronomische Geschmack. Anstatt wie Dennis oder Janine den Reichen und Schönen und denen, die sich dafür hielten, im Diamonds zuzuschauen, tranken sie ihr Bier in der Malzmühle oder der Postschänke.

Als er an einem jener Tage, am späten Abend des 11. Januar, in Ehrenfeld den U-Bahnhof verließ und den Weg über die Hüttenstraße einschlug, lief er noch ganz in Gedanken, als ihn ein seltsames Geräusch aufschreckte. Pascal hielt inne. Was war das? Er lauschte in die Nacht und zuckte zusammen, das Geräusch erklang von neuem – eindringlich und, da er sich jetzt konzentrierte, eindeutig: Da gingen Scheiben zu Bruch. Unwillkürlich suchte er in einem Hauseingang Zuflucht. Das Klirren des zersplitternden Glases ließ sich wieder und wieder vernehmen. Pascal beugte sich leicht vor und starrte angestrengt in Richtung des berstenden Materials. Da sah er sie: Schattengestalten, deren Umrisse sich schemenhaft vom Dunkel der Umgebung abhoben, machten sich an den parkenden Autos zu schaffen. Wie die Gespenster huschten sie von einem zum anderen, schlugen die Fenster ein, tauchten für Sekunden in das Innere der Fahrzeuge ein und mit der Beute in der Hand wieder auf. Pascal konnte hören, wie sie sich etwas zuriefen; verstehen konnte er sie indes nicht, es war eine fremde Sprache. Die Route ihres Diebeszuges entfernte sie von seinem Standort. Allmählich wurden die Stimmen leiser, und auch das Geräusch der zerbrechenden Scheiben verebbte. Als es nicht mehr zu hören war, wagte sich Pascal aus seinem Versteck hervor und schlug zunächst langsam, dann immer schneller den Weg ein, den die Einbrecher genommen hatten. Dabei zeigte sich das ganze Ausmaß des Beutezuges: Fast an jedem Wagen waren die Spuren der Verwüstung sichtbar: die Splitter der zerstörten Scheiben hatten sich über die Sitze ergossen, Radios und Handschuhfächer waren ausgebrochen, durchwühlte Utensilien lagen in den Fußräumen. Am dritten Auto blieb Pascal stehen und überlegte, ob er die Polizei rufen sollte, als er wieder Schritte hörte. Er erschrak und drückte sich in die nächste Tür. Was, wenn die Banditen zurückkämen? Es war jedoch nur ein Nachbar, der seinen Hund ausführte. Pascal kannte den Mann vom Sehen, er wohnte ein Haus weiter in der Eichendorffstraße 6, sie grüßten sich auf der Straße. Jetzt erkannte auch er das Debakel, blieb zunächst stehen, drehte sich dann um, ging ein Stück zurück, drehte sich erneut um und kam wieder auf Pascal zu. „Du liebe Güte“, konnte Pascal hören, wie der Mann zu sich selbst sprach. „Du liebe Güte, überall, überall.“ Nun wurde Pascals Schrecken noch größer. Er ahnte, was ihm drohen könnte, wenn der Nachbar ihn erkannte. Der würde ihn mit Sicherheit verdächtigen, etwas mit der Sache zu tun zu haben. Aber der Mann schöpfte keinen Verdacht, denn, von dem offensichtlich generalstabsmäßig durchgeführten Großeinbruch in Beschlag genommen, achtete er nicht auf die Toreinfahrten, sondern ging schnellen Schrittes vorüber. In der einen Hand hielt er ein Handy. Als er knapp an Pascal vorbei war, hörte er ihn aufgeregt rufen: „Hallo? Ist da die Polizei? Ja. Ich muß etwas melden.“ Als Pascal sicher war, nicht mehr gesehen zu werden, nahm er die Beine in die Hand und marschierte strammen Schrittes heimwärts. Ab und zu blickte er zurück, um sich zu vergewissern, daß ihn niemand sehen würde. Besser war es, mit dieser Sache nichts zu tun zu bekommen. Mit solchen Gedanken schlief er ein.

Tags darauf war der nächtliche Streifzug Tagesgespräch in der Bahn, bei Antenne Köln und auch in der Schule. Denn es hatte auch einen Lehrer getroffen, Herrn Wollscheidt aus dem Mathematik-Parallelkurs. Er wohnte nicht in Ehrenfeld, sondern weit draußen in Pulheim, hatte aber in der Röntgenstraße, einer Parallelstraße der Eichendorffstraße, eine Freundin, obwohl er verheiratet war. Seine Liaison war ein offenes Geheimnis, jeder am Heilig-Geist wußte davon, nur seine Frau angeblich nicht. Schadenfroh wurde spekuliert, wie er ihr erklären würde, was sein Auto nachts in der Eichendorffstraße machte. Sein Kollege vom Lehrervolleyball, bei dem er angeblich übernachtete, wenn sie nach dem Sport noch gebechert hatten, wohnte jedenfalls in Lindenthal...

* * *

Als Pascal am Abend bei Kevin im Flur stand, kam er sofort auf sein nächtliches Erlebnis zu sprechen: „Stell’ Dir vor, ich war dabei!“ Aufgeregt berichtete er, was er wenige Stunden zuvor erlebt hatte. Aufmerksam hörte ihm der Freund zu: „Warst Du schon bei den Bullen?“

„Nein, ich weiß nicht, ob das was bringt."

„Höchstens Ärger, besser ist, du gehst nicht hin."

„Da hast Du wahrscheinlich Recht, aber ich habe eine andere Idee."

„Nämlich?"

Pascal begann zu erzählen. Er hatte sich einen netten Plan zurechtgelegt: Er wollte doch zur Polizei gehen und dort behaupten, die Täter erkannt zu haben. Es seien nämlich diejenigen gewesen, die seinen Großvater verprügelt hätten, daher hätte er sie wiedererkannt. Wie sie hießen, wüßte er natürlich nicht, aber die Gesichter hätten sich ihm tief eingebrannt, die würde er nicht vergessen. Glauben würde man ihm auch, denn schließlich handele es sich bei den Typen um Intensivtäter, und genialerweise könne er beweisen, daß er am Tatort war, hatte er doch den Nachbarn mit dem Hund gesehen. Bei dem könnten sie sich vergewissern. Alles war stimmig. „Wie findest Du das?" Pascal hatte mit Feuereifer gesprochen und schaute erwartungsfroh.

Kevin sah seinen Freund mitleidig an. „Das ist eine Scheißhausidee!"

„Wieso denn?" fragte Pascal eingeschnappt.

„Erstens glauben sie Dir nicht..."

„Doch klar", unterbrach Pascal, „hast Du mir nicht zugehört? Die Typen sind Serientäter, die haben schon als Kinder von Einbrüchen gelebt. Und in der Schule ziehen sie die anderen Kinder ab."

„Die glauben' s Dir trotzdem nicht. Die Story ist zu eindeutig. Gerade die Kanaken, auf die Du spitz bist, brechen Autos auf, und Du bist auch noch dabei! Da sieht doch ein Blinder mit dem Krückstock, daß Du denen was anhängen willst."

„Muß denn eine Geschichte unwahrscheinlich sein, damit man sie glaubt?"

„Nein. Das nicht..."

„Na also!"

„Nichts also, es ist trotzdem unwahrscheinlich. Organisierte Autoknackerei ist nichts für Türken. Dafür sind die Rumänen zuständig und die Zigeuner."

Pascal war nicht zu bremsen. Doch Kevin war nicht zu überzeugen: „Selbst wenn sie Dir die Geschichte abkaufen, was glaubst Du, was dann passiert? Du hast das doch selbst durch. Meinst Du vielleicht, die Bullen interessieren sich für so etwas Banales wie einen Einbruch?"

„Wieso denn nicht?“

„Weil das zu läppisch für die ist. Du glaubst doch nicht im Ernst, die verfolgen das! Die verwalten es, sonst nichts.“

Kevin schien augenscheinlich befriedigt über sein Wortspiel. Pascal ließ nicht locker: „Aber die ganzen Leute stehen doch hinter mir, denen man die Autos aufgebrochen hat. Die wollen doch auch, daß die Täter gefunden werden.“ Unsicher geworden, suchte er nach Argumenten, um sich selbst die Überzeugung zu erhalten. Doch Kevin ließ sich nicht auf den fixen Gedanken ein. „So ein Quatsch, die wollen ihre Kohle zurück, alles andere interessiert die nicht. Diebstahlsanzeigen machst Du für die Versicherung, damit Du denen was vorlegen kannst.“

„Hm.“ Pascals Elan verflüchtigte sich. „Na, wenn Du meinst...“

„Ja, bestimmt, ist besser.“

Doch Pascal hatte sich nicht umstimmen lassen, er tat nur so, um zu verhindern, daß Kevin weitere gute Gründe fand, um ihm klarzumachen, daß seine Idee nichts tauge. „Komm, wir trinken einen.“ Kevin öffnete den Kühlschrank. Die beiden kamen auf andere Themen. Pascal wurde die innere Unruhe aber nicht los. Sein Vorhaben arbeitete weiter in ihm. Nach nur gut einer dreiviertel Stunde machte er Anstalten zu gehen. „Ich muß nach Hause, noch lernen, wir schreiben morgen eine Klausur.“

„Na dann, aber mach keinen Unsinn!“

„Nein“, Pascal griff nach der Jacke. Dabei fiel sein Blick auf einen Handzettel mit einem Foto von einem großen Kreuz in einer kreisförmigen Vertiefung, umgeben von Fahnen und Steinblöcken. „Schlageterdenkmal in Düsseldorf“ lautete die Bildunterschrift. Auf der Rückseite war für den 26. Mai ein Veranstaltungshinweis einer Gruppierung, die sich „Baltische Jugend“ nannte. Pascal hatte davon schon im Netz gelesen, wußte aber nicht genau, um wen es sich bei der Organisation handelte. Lediglich der Name war ihm im Gedächtnis geblieben. „Was ist das denn?“

Kevin überlegte. „Das ist eine Jugendorganisation“, sagte er zunächst zögernd, um dann zu ergänzen: „Eine Art Pfadfinder, wenn Du so willst. Im Mai machen wir ein Schlagetergedenken in Düsseldorf. Den Termin kannst Du Dir schon mal vormerken, das wird eine große Sache, da mischen wir die feinen Pinkel richtig auf. Wir erwarten 500 Leute.“

„Aha." Pascal steckte sich ein Blatt in die Tasche. „Mal sehen." Er klang nicht begeistert, da er in Gedanken an anderer Stelle war. Der Stachel saß tief. Was Kevin redete, konnte – durfte – nicht stimmen! Zum Abschied gab der ihm noch einen Rat mit: „Weißt Du eigentlich, daß eine Falschaussage strafbar ist?"

„Klar weiß ich das. Aber das interessiert mich nicht. Ich mache keine Falschaussage!"

Pascal stand in der Tür. Zaghaft drehte er sich noch einmal um. Leise sagte er: „Irgend etwas muß ich doch machen, wo ich die Sache mit Opa verbockt habe. Wäre ich nicht so feige, so scheißfeige gewesen, würde er noch leben." Und so leise, daß es kaum zu hören war, flüsterte er zur Wiederholung: „Irgendwas muß ich doch machen."

Kevin legte ihm die Hand auf die Schulter. „Aber nicht das Falsche."

* * *

Die Würfel waren gefallen. Pascal ließ sich nicht abhalten. Einen Tag später stand er in der altbekannten Polizeiwache Köln Ehrenfeld. Diesmal würde er nicht als Geschlagener kommen, der auf die Hilfskrücke des bundesdeutschen Behördenapparates zurückgreifen müßte, um eine schwächliche Reaktion auf einen Anschlag, den er nicht hatte abwehren können, den niemand anders abwehrte, weil kein Interesse daran bestand, zu suggerieren. Diesmal würde er der Angreifer sein. Daß er dabei versuchte, genau den Behördenapparat zum Instrument seines Offensivgeistes zu machen, der sich soeben erst als stumpfes Schwert erwiesen hatte, fiel ihm nicht als Widerspruch auf...

Der Raum, in den er zwecks Abgabe seiner Aussage geführt wurde, war ein anderer, als bei der früheren Vernehmung, der Beamte war ein anderer, die Stimmung in der Polizeiwache war die gleiche. Pascal machte seine Aussage. Der Beamte notierte. Hier und da hatte er eine Nachfrage, im Ganzen sprach er nicht viel. Pascal hingegen redete wie ein Wasserfall, spulte seine eingeübte Geschichte flüssig herunter und dachte nicht daran, daß ihre allzu zielgerichtete Tendenz Verdacht erregen könnte. Auf den vorgelegten Lichtbildern „erkannte" er den Schläger und den Fahrer des 5er BMWs wieder. Weil er in der Nähe einer Laterne gestanden hätte, wären die Gesichter klar zu erkennen gewesen. Er hatte an alles gedacht. Zur Bekräftigung spielte er abschließend seinen Beweistrumpf auf. „Wenn Sie mir nicht glauben, können Sie meinen Nachbarn fragen, Herrn Egon Weißgerber aus der Eichendorffstraße 6, der hat seinen Hund ausgeführt, als die Autos aufgebrochen wurden."

Damit hatte er den Rubikon endgültig überschritten. Eine voreilige Bekräftigung erweckt die Zweifel, die sie verbergen soll: „Warum soll ich Ihnen nicht glauben, Herr Ormunait?" fragte der Polizist. „Sie sagen doch die Wahrheit, oder?"

„Ja, natürlich, wieso sollte ich denn nicht?" stotterte Pascal peinlich berührt.

„Alles andere wäre auch nicht ratsam."

Eine unangenehme Stille trat ein. Dann erhob der Beamte seine Stimme. „Es stimmt also, was Sie gesagt haben?"

„Ja, ja, selbstverständlich, es stimmt."

„Und Sie sind sich ganz sicher?"

„Ja, ganz sicher!"

Der Beamte räusperte sich. „Na gut, eine Frage hätte ich noch: Warum haben Sie nicht sofort die Polizei gerufen?"

Pascal fühlte sich ertappt. Die Frage war zu erwarten gewesen. Er hätte daran denken müssen. Zum Glück fiel ihm eine spontane Ausrede ein: „Weil ich mein Handy vergessen hatte an dem Abend!"

„Hm. Und am nächsten Tag – warum haben Sie dann nicht angerufen? Oder haben Sie zu Hause kein Telefon?"

Pascal wurde heiß, die Situation begann unangenehm zu werden. Er bemühte sich, nicht zu stammeln. „Ich habe den Vorfall erst mit einem Freund besprechen wollen."

„Was haben Sie besprechen wollen? Wie man sich eine Aussage zurechtbiegt?"

„Nein", fuhr Pascal auf, „ich war mir nicht sicher, ob mich das was angeht, und außerdem..."

„Außerdem?"

„Außerdem hatte ich Angst. Ich gebe es ehrlich zu. Wenn die rausbekommen, wer sie verpfiffen hat, dann gehe ich ein großes Risiko ein. Aber das ist mir egal, das schulde ich meinem Großvater."

„Soso“, sagte der Beamte. Daß er Pascal keinen Glauben schenkte, war unschwer zu verkennen, doch hatte er keinen Anhaltspunkt, ihm die Falschaussage nachzuweisen. „Dann unterschreiben Sie bitte hier.“ Er druckte das Protokoll aus und hielt es Pascal hin. Pascal überflog das Papier hastig und unterschrieb schwungvoll. Er wollte schnellstmöglich diesen Ort verlassen, bevor er sich in den Fallstricken, die er sich selbst gelegt hatte, verfangen würde. Der Beamte brachte ihn zur Tür. „Höre ich von Ihnen?“ fragte er ihn noch.

„Das ist denkbar. Auf Wiedersehen.“

„Auf Wiedersehen.“

Mit gemischten Gefühlen schlich Pascal nach Hause. Mit zunehmender Zeit neigte sich seine Stimmung zur schlechteren Seite. In der Eichendorffstraße quälte er sich wie ein begossener Pudel durch das Treppenhaus zur Wohnung, die ihm noch leerer und fremder vorkam als jemals seit Opas Tod.

Früher Besuch

Als er die Tür ins Schloß fallen ließ, hatte ihn das schlechte Gewissen vollends übermannt. „Scheiße!“ Kaum angekommen, packte er hastig ein paar Sachen zusammen. Zahnbürste, Schlafanzughose und was man sonst für die Nacht braucht. Heute wollte Pascal auf keinen Fall in Ehrenfeld schlafen. Zu den Eltern zu fahren, hatte er erst recht keine Lust. So blieb nur eine Möglichkeit. Auf dem Weg zur Haltestelle rief er Kevin an. „Ich muß heute bei dir schlafen ... erklär' ich Dir dann ... geht doch, oder? ... Super, echt cool von Dir ... klar, kein Problem, um sieben aufzustehen ... bin schon auf dem Weg.“ Kevin erwies sich als echter Freund. Seltsamerweise war es für Pascal selbstverständlich, bei Kevin übernachten zu wollen; auf die Idee jemand anderen, beispielsweise Kai, zu fragen, wäre er keine Sekunde gekommen.

„Laß mich raten – Du warst doch bei den Bullen und hast die Anzeige erstattet?“

Pascal nickte stumm.

„Das war keine gute Idee.“

„Stimmt“, gab Pascal kleinlaut zu. „Was soll ich jetzt machen?“

„Hoffen, daß Du deshalb keine Aussage vor Gericht zu machen brauchst. Im schlimmsten Falle wäre das Meineid.“

„Ach Du meine Güte.“ Soweit wollte Pascal nicht denken. „Ob ich es von mir aus aufkläre?“

„Weiß ich nicht. Wenn, dann solltest Du es sofort machen. Je schneller, desto besser. Ich hab' Dir doch gleich gesagt, laß die Scheiße sein. Du hast dir 'ne ganz schöne Suppe eingebrockt.“

„Ja, ist ja gut, Du alter Besserwisser.“

Pascal ärgerte sich über Kevin wie über einen Spiegel, der ihm seine eigene Dummheit vorhielt. Es war die erste Mißstimmung, die zwischen beiden aufkam, und Pascal wollte nicht wahrhaben, daß er sie zu verantworten hatte. Doch so schnell die atmosphärische Störung gekommen war, so schnell verflog sie wieder. Kevin hatte sich ein neues Auto gekauft, wobei sich „neu“ nur auf seine Stellung als Eigentümer bezog. Tatsächlich handelte es sich um einen zwanzig Jahre alten Audi 200, an dem ständig etwas in Stand gesetzt werden mußte. Der Wagen war ein Dauerprojekt für die nächsten Jahre. Kevin brannte darauf, Pascal sein Juwel vorzuführen. Sie mußten einige Meter laufen, da es schwierig war, in der Gegend einen Parkplatz zu finden. Drei Nebenstraßen weiter stand das Prachtstück: 160 PS, 2,2 Liter, fünf Zylinder, Turbo. „Wenn ich den richtig auf Vordermann gebracht habe, läuft der 220 Sachen." Kevin war Feuer und Flamme. „Dann machen wir eine Spritztour."

„Am besten gleich ins Pascha, das wäre eine Spritztour im wahrsten Sinne des Wortes." Beide lachten.

„Genau, und da machen wir auf dicke Hose. Wir schmeißen dem Türsteher den Autoschlüssel zu und sagen ‚Harry, bitte bringen Sie den Wagen in die Garage!' Und dann holen wir uns die Nutten mit den dicksten Titten und saufen Sekt aus ihren Bauchnabeln." Kevin fuhr mit der Hand liebevoll über den vorderen Kotflügel.

„War bestimmt teuer?"

„Nein, gar nicht, das ist es ja gerade, war ein echtes Schnäppchen, tausend Euronen."

Pascal schaute beeindruckt. Kevin war ein cooler Typ. Der hatte alles im Griff, wußte, wo er stand. Er hingegen mußte allmählich aufpassen, keinen folgenreichen Fehltritt zu begehen. Schweigend trotteten die beiden zur Wohnung zurück. Am Kiosk sorgten sie für flüssigen Nachschub. „Wenn Du heute bei mir übernachtest, sollst Du keinen Durst leiden."

Oben angekommen, setzte Kevin ein wichtiges Gesicht auf. Er stellte die Flaschen ab und machte sich am Bücherregal zu schaffen. Im untersten Fach stand eine kleine Holzkiste, die Pascal bisher noch nicht aufgefallen war. „Hier hab' ich noch etwas besonders Schönes." Damit holte er aus der Tiefe der Kiste zwei Bücher hervor. Es waren edle Exemplare, in Leder gebunden.

„Was hast Du denn da?"

„Sprengstoff", flüsterte Kevin und freute sich diebisch über das verblüffte Gesicht von Pascal. „Du siehst aus wie eine Erdkröte."

„Ha, ha!"

„Hier!" Kevin streckte dem Freund mit beiden Händen eines der Bücher aus der Kiste entgegen. Ehrfürchtig nahm Pascal das Dargebotene in Empfang. Der Lederumschlag trug keinen Titel. Pascal blätterte das Buch auf. Einem dicken ersten Blatt folgte ein Pergamentpapier. Dann kam statt eines Titels ein Bild: das Bild des Verfassers. Es war ein bekanntes Bild, das Bild eines Mannes, dessen Name oft genannt wurde, sei es in der Schule, sei es im Fernsehen – eines Mannes, der ein Drittel der historischen Abteilung in Büchereien und Buchhandlungen füllte und die Hälfte des Geschichts-, Deutsch- und Religionsunterrichtes. Dieses Bildnis war in der Lage, viele Menschen geradezu aufschreien zu lassen. Auch Pascal zuckte zusammen. „Das ist ja...!“ Er hielt ein Exemplar von „Mein Kampf“ in der Hand. Schnell schlug er es wieder zu. Er fühlte sich unwohl. Damit wollte er nichts zu tun haben. Ähnlich wie in dem Märchen „Der Geist im Glas“ hatte er das dringende Bedürfnis, das Bild wieder unter den Buchdeckel zu bannen. „Und da?“ Pascal deutete auf die Kiste, „hast Du da noch mehr davon?“

„Nicht in so einer Edelausgabe.“

„Was willst Du denn damit? Liest du das etwa?“

„Das andere ist für einen guten Freund von mir, das gute Exemplar behalte ich.“

„Liest Du es denn?“ kam Pascal auf seine Frage zurück.

„Den muß man im Haus haben.“

„Naja, ich weiß nicht.“

Kevin zeigte sich enttäuscht über die Reaktion, nahm Pascal das Buch aus der Hand, verstaute es wieder in der Kiste und schob sie unter das unterste Brett des Regals zurück. Augenscheinlich hatte er von Pascal Bewunderung dafür erwartet, daß er es wagte, den Rubikon mit seiner heißen Ware, die er im Hause hatte, zu überschreiten. Doch leider zeigte der Reiz des Verbotenen bei Pascal weniger Wirkung als die Abscheu vor einer Weltanschauung, der er ganz und gar nichts abgewinnen konnte. Ihn nervte es, daß Adolf Hitler ein Dauerthema war, und für ihn wurde nichts dadurch besser, daß es Leute gab, für die er nicht der Gottseibeiuns, sondern eine Lichtgestalt war.

Kevin schien die Gedanken zu erraten: „Für mich ist der Typ keine Lichtgestalt. Aber allein, daß die ganzen Spießköpfe darauf wie die HB-Männchen abgehen, finde ich geil. Du kannst die Leute steuern wie die Marionetten.“

Pascal sah darin keine Perspektive, derentwegen es sich lohnte, NS-Propaganda zu betreiben, und sei es zum Schein oder zur Provokation. „Hast Du nicht ein Bier?“ wechselte er zu einem Thema, über das Einigkeit zu erzielen war.

„Klar.“

Als hätte der kleine Zwischenfall nicht stattgefunden, holte Kevin aus einem anderen Fach seines Regals eine DVD. „Wollen wir einen Film gucken?“

„Warum nicht, wenn's keine Berichterstattung über den Reichsparteitag ist."

„Nee", lachte Kevin, der im Nu wieder der Alte geworden war. „Aber vielleicht einen Vorbehaltsfilm?"

„Einen was?"

„Einen Vorbehaltsfilm." Kevin machte ein vielsagendes Gesicht, dem die überlegene Freude daran abzulesen war, daß Pascal nicht wußte, was er Geheimnisvolles kannte. Um die Spannung zu steigern, machte er keine Anstalten, sein Herrschaftswissen preiszugeben; vielmehr wartete er, bis Pascal ihn auffordern würde zu erklären, was unter einem „Vorbehaltsfilm" zu verstehen war. Pascal, schlau genug, das zu bemerken, tat dem Freund den Gefallen trotz geweckter Neugier zunächst nicht. Kevin hatte den längeren Atem. Schließlich bettelte Pascal: „Nun sag' schon!"

Kevin drückte Pascal eine DVD, die er inzwischen hervorgekramt hatte, in die Hand. „*Das* ist ein Vorbehaltsfilm!"

Während Pascal das empfangene Teil inspizierte, fuhr Kevin den Computer hoch. „Vorbehaltsfilme sind Filme, die Du nicht frei kaufen oder sehen kannst; die können nur bei Propagandaveranstaltungen des Systems aufgeführt werden, wo ein hoher Kommissar Dir erklärt, wie böse der Inhalt ist. Zeige ich Dir gleich bei Wikipedia." Pascal, der nicht wußte, ob er Kevins Geschichte für eine Verschwörungstheorie halten sollte, starrte ungeduldig auf den Monitor, wo sich das Internet aufzubauen begann. „Hier." Kevin trat einen Schritt zurück und deutete mit der Hand auf das Display: „Da kannst Du's sehen." Pascal las den Text, der im Netzlexikon unter dem entsprechenden Stichwort auftauchte. Was er zu sehen bekam, erstaunte ihn wenig. „Als Vorbehaltsfilme werden diejenigen Filme bezeichnet, deren Aufführung in Deutschland wegen ihrer kriegsverherrlichenden, rassistischen, antisemitischen oder volksverhetzenden Inhalte der NS-Propaganda bis auf den heutigen Tag der Freiwilligen Selbstkontrolle der Filmwirtschaft unterliegt. So dürfen diese Filme nur in geschlossenen Bildungsveranstaltungen mit sachkundiger Einführung aufgeführt werden."

„Hab ich doch gleich gewußt, NS-Propaganda."

Für Kevin war das kein Gegenargument. „Lies doch erst mal, was sie darunter definieren. Das ist doch der Trick. NS-Propaganda kann doch jeder sagen, oder ist es auch NS-Propaganda, wenn Du zu Hause mit Messer und Gabel ißt?"

„Ja, ja, das hatten wir schon: Weil Hitler mit Messer und Gabel gegessen hat, ist ein Fascho, wer es auch tut."

„Genau!"

Pascal lachte auf. „Kann es sein, daß Du ein wenig übertreibst?"

„Jetzt guck' doch mal hin, was da steht!" Kevin war in seinem Element. „Da siehst Du, was man nicht sehen darf." Die Liste, die auf dem Bildschirm erschien, umfaßte mehr als vierzig Titel, die für jeden Film einen oder mehrere Ausschlußgründe enthielt, weswegen er ohne Begleitinformation niemandem zugänglich war. Bei einigen wenigen sah sich Pascal bestätigt. Deren Verbot konnte er nachvollziehen. Beispielsweise ging es um die Förderung der Ideologie des Nationalsozialismus oder um Antisemitismus. Bei anderen jedoch konnte Pascal nicht glauben, auf ernstgemeinte Worte zu treffen. „Kriegsverherrlichend" war noch grenzwertig. Bei „antipolnisch" oder „antisowjetisch" mußte man sich wundern. Daß auch „Durchhaltefilm", „Glorifizierung des Deutschen" und „falsche Wertevermittlung bezüglich Vaterlandsliebe" zu den Vorbehaltskriterien gehörten, fand Pascal lächerlich. Den Höhepunkt aber bildete ein Begriff, der nur als absurd zu bezeichnen war und sich geradezu kryptisch ausnahm: „Verfälschte Wertevermittlung bezüglich allgemeiner Lebensnormen."

„Das kann doch nicht wahr sein, das kann es doch nicht geben", murmelte er in den Bart.

„Na, also, sag' ich's doch", frohlockte Kevin. „Und das ist noch nicht alles."

„Noch nicht alles?"

„Nein. Noch nicht alles. Wenn Du wüßtest, was sich hinter den hohen Demokratievokabeln versteckt, würde Dir die Spucke im Mund vertrocknen. Nimm zum Beispiel ‚Heimkehr'." Pascal erfuhr, daß der gleichnamige Film deshalb als ‚antipolnisch' galt, weil er die Geschichte einer Familie schilderte, die die Knute der ersten polnischen Vertreibung, nach dem Ersten Weltkrieg aus dem Korridor, ertragen mußte. Mit Wehmut dachte Pascal an den Großvater. Nachdenklich hörte er Kevin zu, der sich über die ‚Gesinnungspolizei' in Rage redete, die nicht davor halt machte, den Leuten vorzuschreiben, welchen

Film- und Fernsehgeschmack sie zu haben hatten. „Darauf trinken wir jetzt einen.“ Kevin ließ befriedigt einen weiteren Kronkorken springen.

Pascal war nicht restlos überzeugt, wobei sein Widerwille eher einem Gefühl entsprang. Faktisch konnte er Kevin nicht widersprechen. Insbesondere der Begriff „verfälschte Wertevermittlung bezüglich allgemeiner Lebensnormen“ ließ ihn nicht los. Wenn er die Maßstäbe des Sozialkundeunterrichts anlegte, konnte es derlei in der Bundesrepublik Deutschland nicht geben. Er hörte die Stimme von Dr. Kirchner, der sich in dem Nebenfach stark engagierte, förmlich im Ohr. Das Kennzeichen der Demokratie im Gegensatz zu totalitären Staaten wie dem Dritten Reich – die DDR wurde als Negativbeispiel selten herangezogen – sei es, daß es keine allgemeinen Vorgaben bezüglich Denk- und Lebensgewohnheiten gebe. In einer toleranten, weltoffenen Gesellschaft gelte die Gleichberechtigung unterschiedlichster Lebensentwürfe. Dr. Kirchner betonte bei solchen Gelegenheiten die Ernsthaftigkeit, mit der das Heilig-Geist sich dem Erziehungsauftrag der Vermittlung interkultureller Kompetenz verpflichtet sah. Pascal würde ihn demnächst fragen, wie das Thema der Vorbehaltsfilme mit der Weltoffenheit der individualistischen Lebensauffassung in Einklang zu bringen sei. Die Erfahrung mit dem Beumelburg-Buch noch gut in Erinnerung, war er gespannt, wie der Stufenleiter einen Erklärungsnotstand verhindern würde. Für heute hatte er allerdings genug. Kevin hingegen kam immer mehr in Fahrt: „Ich könnte Dir viel erzählen. Jugendschutz zum Beispiel oder...“

„Laß gut sein“, unterbrach Pascal. „Mir ist das jetzt zuviel. Können wir nicht einfach irgendwas Spannendes sehen, ohne weltanschaulichen Hintergedanken, egal in welche Richtung?“ Für seinen Geschmack lagen die genannten Titel doch zu sehr am Thema ‚Reichsparteitag‘, wobei er sich eine geheime Neugier nicht hätte absprechen können, wenn er ehrlich zu sich selbst gewesen wäre... Doch er beschloß, anständig zu bleiben.

Kevin war ein bißchen verschnupft. Zu gerne hätte er Pascal mehr von seinem Vorsprung an Lebenserfahrung vorgeführt. Er gab sich Mühe, seine Enttäuschung zu überspielen. „Kein Problem. Mafia oder Nutten?“

„Mafia.“

„Ok, hoffentlich kannst Du was ab.“

„Wie meinst Du das?“

Kevin hielt ihm die Hülle hin. „Ist ein Film aus England. Geht bißchen härter zur Sache." „Glasgow smile" lautete der Titel.

„Hört sich doch ganz gut an, laß knacken." Pascal wußte zwar nicht, ob er einen solchen Film gut fände, aber das war sekundär. Hauptsache, er mußte mit Kevin keine NS-Debatte führen. Möglicherweise bewegte sein neuer Freund sich doch in einem Fahrwasser, vor dem man sich in Acht nehmen mußte. Andererseits war er total in Ordnung, und Pascal war nicht geneigt, über einen Menschen wegen dessen politischen Überzeugungen den Stab zu brechen, zumal er deutlich den Eindruck hatte, daß Kevin wirklich nur Spaß daran hatte, Spießer zu erschrecken, und dazu – soviel stimmte – war der Name „Adolf Hitler" ein probates Mittel.

Der Film lenkte schnell ab. Es ging um einen Bandenkrieg, die Vorherrschaft im Drogen- und Rauschgiftmilieu, das Übliche. So dachte Pascal. Er dachte es, bis der Film eine zunächst kaum spürbare, dann deutlicher werdende Wendung zu nehmen begann, die die Frontbildung verschob: Aus dem Kampf der Banditen gegen die Ordnungsmacht wurde ein solcher gegen einen der ihren, der das Unrecht seiner Tat einsah und den Wiedereintritt in ein gesetzliches Leben versuchte. Damit war sein Schicksal besiegelt. Fortan galt er als Verräter, verfolgt von denen, die es sich im Dunkel ihrer Seele behaglich eingerichtet hatten. In einem schäbigen Hinterhof, zwischen stinkenden Mülltonnen, kam es zum Showdown. Drei Mann klammerten den Aussteiger fest, so daß sich der vierte ohne Hast, stattdessen mit Gründlichkeit, seiner Arbeit als Henkersknecht widmen konnte. Zum Auftakt wurde das „Wurstspiel" gespielt. Dabei ging es darum, die Finger des zu Schindenden mit einem Hammer in eine weiche Masse zu verwandeln. Mit einer Reihe unvorstellbar schnell ausgeführter und heftiger Schläge drosch der Peiniger auf die einzelnen Gliedmaßen der Hand, die auf ein Vierkantholz gedrückt wurde. Die Filmregie unterband die Schmerzensschreie, indem die Spießgesellen der armen Seele die Kiefer gegeneinander drückten, so daß ihnen lediglich ein fauchendes Stöhnen entweichen konnte. Nach diesem Vorspiel kam man zum Eigentlichen. Ein scharfes Messer blitzte in die düstere Atmosphäre des Hofes. Der Mafiaboß, der sich große Stücke auf seine Brutalität hielt, drehte es langsam und gefühlvoll vor der Nase des Opfers, das mit aufgerissenen Augen der Bewegung folgte. Dann führte er die Spitze in das rechte Nasenloch ein. Betont langsam schob er bis zur Nasenwurzel nach. Pascal wendete sich mit Grausen ab und hielt sich die Augen zu. Als die erwarteten Schreie ausblieben, wagte er es, sie wieder halb zu öffnen und vorsichtig auf den Bildschirm zu schielen. Der Hauptmann hatte das Messer zurückgezogen. Doch in die beim Zuschauer mühsam aufkommende Erleichterung setzte er jäh die nächsten Kontrapunkte: Einmal links, einmal rechts fuhr die Klinge in die Ansätze der Mundwinkel, wenige Zentimeter nur, denn den Rest, so sah es die grausame Spielregel des organisierten Verbrechens vor, hatte das Objekt selbst zu besorgen. Der Boß trat zurück und ließ einem vierschrötigen Berufsmörder, dessen Erscheinung die abstrakte Erfindung angeborener Menschenrechte eindrucksvoll in Frage stellte, den Platz. Nachdem die anderen den Kiefer des Opfers losgelassen hatten, trat der Mann zurück, holte aus, und setzte dem Gefolterten mit der ganzen Wucht seiner 150 kg einen Schwinger in die Weichteile des Magens, der Nieren, der Leber. Einmal, zweimal konnte der Mann unter Aufbietung seiner äußersten Anstrengung den Schrei des Schicksals unterbinden, dann gab es kein Halten mehr. Ein Mark und Bein durchdringendes, seltsam hohes Brüllen erfüllte die Nacht. Es war die schreckliche Begleitmusik zu dem letzten unerbittlichen Höhepunkt der Prozedur, der darin bestand, daß beide Wangen durch die starke Bewegung der Gesichtsmuskeln infolge des Schreies von den Mundwinkeln zu den Ohren aufrissen. Dabei schrie der Entstellte unentwegt. Das Ende war gekommen, ein letzter Stoß schlug den Mann zu Boden. Der Boß wischte sich den Mund ab. Mit orgiastischer Freude sah er auf das wimmernde Etwas herab: „Wäre ich ein Lügner, würde ich sagen, Dein Lachen wird Dir von jetzt ab vergehen. Aber ich bin kein Lügner, denn Dein Lachen wird Dir niemals mehr vergehen.“ Von nun an würden zwei häßliche Narben ein Zeichen der Behandlung und Warnung für etwaige Nachahmer abgeben. Der Film, der die Durchsetzungsfähigkeit staatlichen Rechts nicht vorsah, da dieses sich nicht getraute, dem Verbrechen in einer Sprache, die es verstand, Paroli zu bieten, war zu Ende.

Pascal sprang aufgewühlt von seinem Platz auf. Er bedauerte, sich gegen die Vorbehaltsfilme ausgesprochen zu haben. Kevin, dem das nicht entging, tat nichts, um seine Schadenfreude zu verbergen: „Tja, hätten wir uns mal für ‚Triumph des Willens‘ entschieden, dann hättest Du gesehen, wie gesittet es seinerzeit in Deutschland zuging.“ Augenzwinkernd boxte er dem Freund in die Seite. „Nichts für ungut, Kamerad, Du bist in Ordnung, abgesehen davon, daß Du ein Weichei bist.“ Pascal grinste ebenfalls: „Leck’ mich doch am Arsch.“

Sie tranken ein letztes Bier, bevor sie sich nachtfertig machten. „Ich hatte Dir ja gesagt, daß ich Dir nur die Decke auf der Erde anbieten kann“, sagte Kevin entschuldigend. „Kein Thema“ erwiderte Pascal und rollte sich ein. Seine Position war alles andere als bequem. Er wälzte sich von einer Seite auf die andere, aber kaum, daß er länger als drei Minuten gelegen hatte, schmerzte ihn die Seite, auf der er dann lag, das Bein, die Rippen, die Hüfte. Auch auf dem Rücken war es ihm zu hart. Kevin, der von der Unruhe angesteckt wurde, wälzte sich seinerseits hin und her. Vielleicht dachte er noch über das eine oder andere nach. Schließlich sprang er auf. „So geht das nicht, Du schläfst jetzt im Bett weiter.“ Pascal stützte sich auf die Ellenbogen. „Ich will Dir nicht Dein Bett wegnehmen.“

„Egal jetzt“, ich bin ein hartes Lager gewohnt, als Nazi muß man doch regelmäßig Kampfübungen machen.“ Beide kicherten.

„Macht’s Dir wirklich nichts aus?“

„Nein, nun Komm’ schon, ich will schlafen.“

Pascal berührte das Angebot unangenehm, dennoch nahm er es dankbar an, denn er hatte mittlerweile unangenehme Rückenschmerzen. Allein, beim Einschlafen half die weiche Matratze nicht, denn Kevin konnte nicht verbergen, daß der harte Boden auch für ihn kein himmlisches Schlafvergnügen war. Das peinliche Gefühl, seinem Freund das Bett geklaut zu haben, tat ein Übriges, so daß sich Pascal nach wenigen Minuten erneut aufrichtete. „Das ist doch Scheiße.“ Kevin richtete sich ebenfalls auf. „Ja, nun, ist so, siehst Du eine Alternative? Fürs Interconti fehlt mir das Kleingeld.“

Pascal prüfte die Breite des Bettes. Es war zwar keine Spielwiese, mußte aber für beide reichen, zwei Decken waren ohnehin vorhanden.

„Hier wäre doch Platz für uns beide.“

„Das hättest Du wohl gerne. Willst wohl kuscheln, nee, laß mal.“

Wieder kicherten sie. Als Pascal dennoch zu aufgedreht blieb, um einzuschlafen, wurde es ihm zu bunt. Um nach Hause zurück zu fahren, war es zu spät, die Bahnen fuhren nicht mehr. Er stand auf. „Es ist Dein Bett, wenn einer nicht schlafen kann, dann muß ich es sein.“ Kevin war auch aufgestanden.

Ihm war alles egal geworden. „Dann rutsch' halt rein", schob er Pascal zurück auf die Couch. „Und wehe, Du schnarchst." Pascal rutschte zur Wand. Kevin legte sich auf die offene Seite. Kaum, daß er die Decke ans Kinn gezogen hatte, zeigte sein langsamer, tiefer Atem, daß Kevin keine Liegeprobleme mehr haben würde. Die Couch war, wie Pascal feststellen mußte, doch recht eng, an sich zu klein für zwei Personen. Er spürte weich den Körper des Anderen, so dicht lagen sie, auch den heißen Atem fühlte er an seinem Nacken. Ihm ging eine Menge durch den Kopf. Lange lag er wach. Spät, erst als die Erschöpfung ihn übermannte, fiel er in einen schweren, unruhigen Schlaf.

Pascal schlug die Augen auf. Stechende Kopfschmerzen pochten durch seinen Schädel. Weiter südlich pochte etwas anderes. Wenn ein junger Mann aus dem Schlaf erwacht, sind nicht immer alle Glieder entspannt. Kommt der Druck von der Blase, wird er beständig stärker, schmerzhaft und droht sich, wenn man sich nicht bald zur Toilette zwingt, in einem peinlichen Unglück Befreiung zu verschaffen. Pascal hatte den Punkt erreicht, da es gefährlich wurde. Vorsichtig, um den noch immer in tiefstem Schlummer wiegenden Kevin nicht zu wekken, schlug er die Decke zurück und kletterte über ihn aus dem Bett. Er mußte sich an der Tischkante festhalten, um nicht zu stürzen. Unbeholfen stolperte er ins Badezimmer. Es war höchste Zeit; kaum hatte er die Hose abgestreift, konnte er dem Druck nicht mehr standhalten. Lange stand er dort, irritiert, welches Fassungsvermögen die männliche Blase erreichen kann. Langsam und erleichtert wankte er zum Bett zurück. Er würde es genießen, ohne Druck noch eine halbe Stunde gemütlich unter dem warmen Deckchen zu liegen. Zuvor wollte er noch ein Glas Wasser trinken. Da fuhr ihm ein schrilles Geräusch in die Glieder. Die Klingel um sechs Uhr morgens! – Es klingelte Sturm, Pascal stand noch wie in Trance. Für einen Moment glaubte er zu träumen. Aber die Klingel wollte nicht aufhören. Immer wieder das schrille Läuten. Nun hörte er auch Klopfen und Stimmen rufen. „Aufmachen, Polizei!" Er wußte nicht, was er tun sollte, Kevin schlief unbeeindruckt wie ein Ratz. Er sah durch den Spion. Unwirklich klein drängten Leute auf dem Hausflur. Ohne zu überlegen drückte Pascal die Klinke herunter. Im selben Moment wurde die Tür von außen so heftig aufgestoßen, daß er sich mit einem schnellen Sprung nach hinten retten mußte, um nicht von ihr getroffen zu werden. Vor ihm stand ein naßforscher Typ von etwa 35 Jahren; kräftiger Körper, blondiertes Haar, kleiner Sticker im linken Ohr, kariertes Wollhemd zu einer beigefarbenen Cordhose, Turnschuhe: „Polizeihauptkommissar Schreiber, wir führen eine Hausdurchsuchung durch." Mit diesen Worten packte er Pascal an der Schulter, um ihn auf die Seite zu schieben. Der aber wich reflexartig rückwärts aus, kam im Rahmen der Wohnzimmertür zum Stehen und stützte sich seitlich mit beiden Händen darin ab, um nicht nach hinten zu stürzen. „Machen Sie den Weg frei, Sie behindern mich", rief der Sheriff und griff abermals an die Schulter von Pascal. Er spürte einen starken Druck und preßte sich instinktiv mit aller Gewalt in den Türrahmen. „Das ist eine Widerstandshandlung!" brüllte der Sheriff und faßte Pascal mit einem schnellen Kampfgriff an die Genitalien. Der Schüler stöhnte auf. Vor Schmerz ging er in die Knie. Ehe er sich versah, war er auf den Bauch herumgeworfen, hatte ein Knie auf dem Rücken und eine Hand im Nacken, die ihn zu Boden drückte. In dieser unkomfortablen Lage hörte er die Stimme des Naßforschen. Breitbeinig hatte er sich vor ihm aufgebaut. „Es liegt an Dir, ob wir das große Besteck brauchen. Wenn Du keinen Ärger machst, machen wir Dir auch keinen. Also, was ist? Willst Du uns Ärger machen?"

Pascal versuchte, den Kopf zu schütteln, so gut es seine Position zuließ. Er hatte überhaupt noch nicht begriffen, was sich um ihn herum abspielte.

„Ich warne Dich!"

„Du kannst ihn loslassen, Theo."

Mühsam rappelte sich Pascal wieder auf. Mit dem Naßforschen hatten sich zwei weitere Personen Zutritt zu Kevins Wohnung verschafft. Eine von ihnen, Theo, offensichtlich ein zweiter Polizeibeamter, war in dem Moment Herr über Pascals Freiheit, die er ihm auf das Kommando des Sheriffs zurückgab. Pascal rieb sich die schmerzenden Hände. An den Gelenken hatten sich dicke rote Striemen abgezeichnet. Nur mit der leichten Unterhose bekleidet, kam er sich vor den Kampfbullen noch nackter vor, als er ohnehin war.

Zwischenzeitlich war Kevin von dem Lärm und Krawall in seiner Wohnung aufgewacht. Halb aufgerichtet schaute er zur Tür. „Was ist denn los?" Müde rieb er sich die Augen.

„Oh, was haben wir denn hier?!" triumphierte der Naßforsche, dem nicht verborgen blieb, daß ein einziges enges Bett zwei halbnackten Halbwüchsigen als Unterschlupf gedient hatte. „Zwei Süße! Daß das in Euren Kreisen auch in Mode kommt! Wer von Euch ist Kevin Schultz?"

„Das bin ich“, schnaufte Kevin.

„Dann läßt Du uns jetzt allein!“ drehte er sich zurück zu Pascal. „Hopp, zieh Dich an und verschwinde!“

„Wer sind Sie, und was machen Sie in meiner Wohnung?“ Kevin hatte sich aufgesetzt.

„Schreiber, Hauptkommissar, das ist mein Kollege Vorbaum und das“, damit zeigte er auf den dritten Eindringling, der sich bislang mit auffälliger Unauffälligkeit im Hintergrund gehalten hatte, „ist Herr Schmitz vom Ordnungsamt; er ist als neutraler Zeuge hier, und jetzt sag’ Deiner Stute, sie soll verschwinden, wir haben einen Durchsuchungsbefehl.“ Er hielt Kevin ein Schriftstück mit dem Siegel des Amtsgerichts Köln unter die Nase. Doch wo Herr Schreiber geglaubt haben mochte, sein forscher Gewaltauftritt würde Eindruck schinden, war er bei Kevin an den Falschen geraten. Der Kfz-Mechaniker hatte in seinem bisherigen Aktivistenleben nicht nur Flugblätter verteilt. Er stand auf, nahm aus einer Wasserflasche einen kräftigen Schluck, so daß er kernig rülpsen konnte, goß noch einmal nach und stellte die Flasche mit Gelassenheit auf den Tisch zurück. „Meine Stute ist nicht meine Stute, sondern mein bester Freund. Ich bestehe darauf, daß er als mein Zeuge anwesend bleibt. Im Übrigen erinnere ich mich nicht, daß wir jemals zusammen Schweine gehütet hätten, und deswegen haben Sie mich gefälligst zu Siezen.“

Von so viel Verwegenheit verblüfft, schlug der Polizist einen betont förmlichen Kurs an. „Wie Sie wünschen, der Herr“, und zu Pascal gewandt: „Sie sind also Zeuge. Wie heißen Sie?“

„Pascal – Pascal Ormunait.“

„Anschrift?“

„Eichendorffstraße 4, 50825 Köln.“

„Ausweis?“

„Habe ich nicht dabei.“

„So, so, das ist mal wieder typisch. Das ist eine Ordnungswidrigkeit. Sie sind verpflichtet, Ihren Personalausweis mit sich zu führen. Ich werde Ihre Angaben überprüfen. Aber das ist Ihr geringstes Problem.“ Nach dieser Lüge wandte er sich erneut Kevin zu: „Zeigen Sie mir Ihr Inventar.“

„Sie sehen doch alles. Schauen Sie sich um, ich habe nur das eine Zimmer. Sie können natürlich auch im Lokus schnüffeln.“

Pascal mußte kichern, trotz der Schmerzen, die er an den Händen und im Nacken spürte. Der Naßforsche ließ sich durch die Provokation nicht aus seiner neudefinierten Rolle des strikten Legalitätskurses bringen. Er überhörte die Bemerkung. Unruhig wie ein Jäger auf der Suche nach dem Wild lief er durch den Raum, faßte hier etwas an, berührte dort eine Tasse. Abschätzig musterte er die Reichskriegsflagge. „Notier' Dir alles, Theo, und mach Bilder." Dazu bedurfte es indes nicht des Kommandos; Herr Vorbaum hatte bereits damit begonnen, aus diversen Einstellungen Fotos zu machen; Regal, Küchenzeile. Auch das Bett, in dem bis vor kurzem zwei junge Männer auf engem Raum genächtigt hatten, vergaß er nicht. Währenddessen hatte sich der Naßforsche den Büchern zugewandt. Eins nach dem anderen nahm er aus dem Regal, blätterte ein wenig darin und stellte es wieder zurück. Hier fand er nicht, was er suchte. Als versierter Hausdurchsucher wußte er, was er finden wollte, ging zum Fenster und überlegte einen Moment. „Den Computer nehmen wir mit."

„Wieso das denn?"

„Weil sich der Durchsuchungsbeschluß auf volksverhetzende Schriften bezieht, von denen der Verdacht besteht, daß Sie sie herstellen. Dazu haben Sie ihn doch."

„Ich habe ihn für die Berufsschule und um ins Netz zu gehen."

„Halten Sie den Mund! Videos aus dem Internet zu laden, ist auch strafbar."

Herr Vorbaum war bereits emsig bemüht, die Kabel aus den Buchsen zu ziehen und den PC transportfähig zu machen. Obwohl das der stärkste Eingriff in das Selbstbestimmungsrecht des Betroffenen war, insofern er nicht einer Sache, sondern mit all den geschriebenen Briefen, sonstigen Texten, gespeicherten Bildern und Anschriften der geistigen Identität und damit der Persönlichkeit galt, wurde die in der Luft liegende Spannung damit nicht gemildert, sondern gesteigert. Pascal dachte an die Exemplare von „Mein Kampf". Ihm war klar, daß der Naßforsche das Eigentliche noch nicht gefunden hatte, und ihm war ebenfalls klar, daß das dem Naßforschen klar war. Sein Schnüfflerinstinkt hatte ihn wieder vor das Regal geführt, der Blick schweifte auf und ab und endlich blieb er, wie zu befürchten, an der Kiste haften. „Was ist da drin?"

„Wo meinen Sie?" stammelte Kevin. Erstmals war ihm Unsicherheit anzumerken. „Alter Krempel, Bücher, Landkarten." Er bemühte sich um Gelassenheit, konnte seine Aufregung aber nicht überspielen. „Zeigen Sie mal her.“ Kevin leistete keinen Widerstand. Mit geröteten Wangen zog er die Kiste aus dem unteren Regalfach hervor und schob sie dem Naßforschen wortlos vor die Füße. „Öffnen!“ Kevin gehorchte. Das Spiel war aus. Mit triumphalem Gesichtsausdruck entnahm der Beamte der Kiste, was er dort zu finden gehofft hatte. „Zwei Exemplare, Sie wissen, was das heißt.“ Kevin biß sich auf die Lippen. „Notieren Sie das!“

Herr Vorbaum entnahm seiner Aktentasche ein Formular, das er sodann routiniert ausfüllte. Anschließend übergab er Kevin das Beschlagnahmeprotokoll. Die in die Obhut der Behörde übernommenen Gegenstände waren säuberlich aufgeführt: „Beschlagnahmt gemäß § 98 Strafprozeßordnung: 2 Exemplare Adolf Hitler, Mein Kampf, ein Personalcomputer, Marke Samsung, diverse CDs.“ Pause. „Bitte unterschreiben Sie.“ Kevin unterschrieb und bekam einen Durchschlag. „Das war’s dann, meine Herren.“

Der Naßforsche schnippte mit dem Finger und verließ mit Siegermiene und forschen Schritten, die beiden Bücher in der Hand, als erster die Wohnung. Im Gehen rief er in den Raum zurück: „Sie hören von uns.“ Kollege Vorbaum schleppte, ihm auf den Fersen folgend, den Computer aus der Wohnung. Als letzter verschwand Herr Schmitz vom Ordnungsamt. Als einziger der drei nickte er zur Verabschiedung den beiden jungen Männern zu. Ein „Auf Wiedersehen“ kam jedoch auch ihm, der die ganze Zeit stumm wie ein Fisch geblieben war, nicht über die Lippen. Es schien zum Ritual zu gehören, nicht unverborgen zu lassen, daß man einer verwerflichen Gesinnung mit Abscheu zu begegnen habe. Die gesetzlich vorgeschriebene Neutralität zu befolgen, wäre in solchen Fällen ein falsches Zeichen.

„Scheiße.“ Kevin war bedient.

„Oh, ja!“ Auch Pascal war wenig erfreut.

„Brauchst gar nicht ironisch zu tun. Du hängst mit drin.“

„Ich bin nicht ironisch, ich weiß, daß ich mit drin hänge, meinst Du, ich habe mich gerne von denen so behandeln lassen? Mein Gott, war das peinlich.“

„Peinlich ist leicht untertrieben, Du hast’ ne Widerstandshandlung am Arsch. Die ist strafbar.“

„Was?“ Pascal starrte verständnislos. „Was denn für eine Widerstandshandlung.“

„Mensch, wie naiv bist Du eigentlich? Wenn Du die Bullen bei der Hausdurchsuchung störst, drehen die Dir Widerstand gegen Vollstreckungsbeamte an. Da brauchst Du nur ‚papp' zu sagen?"

„Waaas?" Pascal begriff noch immer nichts. „Der Typ hat mir in die Eier gepackt und Handschellen angelegt. Was war denn da Widerstand?"

„Du wirst' s erleben."

Kevin sprach mehr zu sich selbst, als zu Pascal. Er hatte sich eine Zigarette angezündet und zog überhastet daran. Nach vier Zügen zerdrückte er sie im Aschenbecher.

„Was willst Du damit sagen, meinst Du etwa, ich bekomme 'ne Anzeige?" insistierte Pascal.

„Das wird wohl so sein", antwortete Kevin lakonisch. „Aber Du kannst beruhigt sein, das sind Peanuts, mich haben sie richtig am Arsch, 86a."

„Ach so, Peanuts nur. Beruhigt mich kolossal. Sag' mal, Kevin, was redest Du da für eine Scheiße?"

Kevin setzte einen Kaffee auf. „Leck' mich doch am Arsch."

„Was blaffst Du *mich* denn so an." Pascal verstand nicht, weshalb Kevin ihm gegenüber derart unfreundlich war. Außerdem störte ihn die rüde Ausdrucksweise des Freundes.

„*Du* blaffst die ganze Zeit. Und peilst nicht, was hier abgeht. Glaubst Du, das ist ein Scherz?"

„Nee, bestimmt nicht."

Um einen solchen auszuschließen, mußte Pascal nur an sein schmerzendes Ei denken. Er hatte allerdings noch nicht realisiert, daß er als Objekt polizeilicher Willkürmaßnahmen derjenige sein sollte, der eine Anzeige bekam. In diese Richtung deutete jedoch auch die Bemerkung des Naßforschen von dem geringen Problem, das angeblich in dem fehlenden Ausweis bestand. Dann mußte es ein größeres Problem geben. „Die können mich doch nicht wie ihren Sandsack behandeln und mich dann anzeigen, das gibt's doch gar nicht."

„Wie gesagt, du wirst' s erleben, was die alles können. So was können die mit Vergnügen."

Eine Weile sprach keiner der beiden ein Wort. Pascal, immer noch lediglich mit der Unterhose bekleidet, begann sich anzuziehen. Als der Kaffee fertig war, schob ihm Kevin eine Tasse zu. „Milch und Zucker sind im Schrank."

Pascal sagte nichts. Er dachte nach. „Was hast Du bei Dir gesagt – 86a? Das hast Du ausschließlich Deiner Hitlerscheiße zu verdanken."

„Meine Hitlerscheiße? Kapierst Du eigentlich irgendetwas? In diesem Scheißsystem gibt's verbotene Bücher, offiziell natürlich nicht, nein, wir sind ja eine Demokratie, da darf jeder machen, was er will, abgesehen von dem, was nicht erlaubt ist. Und jeder darf die Filme sehen, abgesehen von denen, die unter Vorbehalt stehen. Und jeder darf sagen, was er will, wenn er nicht das politische Klima vergiftet. Merkst Du nicht, wie krank das ist?"

Pascal wurde etwas kleinlauter, blieb aber skeptisch. „Hm, und was soll ich darunter verstehen? Lesen falscher Bücher? Du willst mir nicht erzählen, daß das strafbar ist..."

„Nicht lesen – vorrätig halten zur Verbreitung. Wenn Du mehr als ein Exemplar hast, legen sie es Dir so aus, als hättest Du sie nur, um sie zu verbreiten, also an andere weiterzugeben, und auf diese Weise Propaganda zu machen. Aber lesen, da sind sie großzügig, lesen darfst Du alles, auch alles haben, aber weder verbreiten noch beschaffen. Sag' mir mal bitte, wie das gehen soll?"

Pascal hatte Mühe, die innere Widersprüchlichkeit der Gesetze in ihrem vollen Ausmaß auf die Schnelle zu reflektieren. „Aber zwei brauchst Du trotzdem nicht, und wenn Du so klug bist, dann weißt Du, was Dir blüht."

„Du kannst mich mal", brach es erneut aus Kevin heraus. Pascal rührte am wunden Punkt. In seiner Naivität traf er den Kern der Sache, und Kevin ertrug es nicht, das vorgeführt zu bekommen. „Wir sind in meiner Wohnung – hier kann ich lesen, was ich will, ich kann haben, was ich will, und hier kann ich machen, was ich will, und wenn es Dir nicht paßt, dann kannst Du gehen."

„Ja, Kevin, kannst Du, aber mich mußt Du nicht mit reinziehen. Wegen Deiner Scheiße hänge ich jetzt mit drin."

„So ist das Spiel. Wenn Du zu feige bist, kann ich's nicht ändern. Und außerdem, wer ist denn hier der Oberschlaue? Habe ich mal etwas davon gehört, daß Du ein paar Kanaken Autoeinbrüche anhängen wolltest, die sie nicht begangen hatten? Und alles besser wußtest?"

Pascal fand den Vergleich vollkommen verfehlt. Wie leichtfertig Kevin abtat, daß er möglicherweise größte Probleme bekommen würde, nur weil er in seiner Neunmalklugheit, die ähnlich naßforsch war wie die des Sherifs, geglaubt hatte, alles im Griff zu haben! Außerdem ärgerte ihn, eigene Fehler aufgezeigt zu bekommen, die mindestens ebenso vermeidbar waren wie die

Büchersammlung in Kevins Wohnung. Aber trotzdem: Er gefährdete nur sich selbst, während Kevin, der offensichtlich genau wußte, was er tat, ihn mit nach unten zog – und das war eine Gemeinheit! Wenigstens hätte er darauf hinweisen können – nein müssen –, wie heiß seine Ware war. Das Schlimmste aber war, wie wenig Kevin die Folgen für Pascal zu interessieren schienen. Pascal begann vor Wut zu kochen. Er sann danach, ihm einen Denkzettel zu verpassen, anders würde er ihn nicht aus seiner Sichtweise aufrütteln können; und wenn es nicht half, hätte er sich jedenfalls dafür gerächt, daß ihn Kevin in diese Situation gebracht hatte.

„Weißt Du was? Du versuchst, in einer Liga zu spielen, in die Du nicht gehörst. Markierst den großen Revolutionär. Aber dafür reicht es nicht, sich ein paar böse Bücher in den Schrank zu stellen, um sich einreden zu können, was für ein großartiger Bürgerschreck man ist. Dazu braucht es etwas Grips. Beschränk' Dich lieber darauf, an Deinen Autos rumzuwerkeln. *Das* ist Dein Niveau. Dann bringst Du auch andere nicht in Gefahr!"

Das saß.

Kevin nahm einen sonderbaren Gesichtsaudruck an. Langsam kam er auf Pascal zu, so daß der befürchtete, Prügel zu beziehen, einen Schritt zurückwich und die Hand zum Schutz vor das Gesicht heben wollte. Doch Kevin ging an ihm vorbei zur Wohnungstür, öffnete sie und machte eine Kopfbewegung zum Hausflur: „Raus!"

* * *

Als Pascal an der U-Bahn stand, fühlte er sich trotz der Ereignisse, die auf ihn eingeschlagen hatten, nicht aufgewühlt, sondern innerlich leer. Unschlüssig über das, was er tun sollte, lief er über den Bahnsteig. Zur Schule zu fahren, hatte er keine Lust. In seinem Zustand näherte er sich, was selten vorkam, der Stimmung, der Unlust nachzugeben. Er würde sich heute selbst befreien und eine Entschuldigung schreiben – wozu war er volljährig? Der Versuch, sich einzureden, daß er ohnehin das meiste verpassen würde, war sinnlos, da er es zur dritten Stunde noch schaffen würde, auf jeden Fall aber zum Mathematikkurs. Daran teilzunehmen, wäre wichtig gewesen. Stattdessen ließ er sich treiben, stieg am Neumarkt aus und lief ziellos durch das usselige Wetter, das dem Kalender nach Winter sein sollte. Doch auch der verschwindet im Westen der Republik zur Konturlosigkeit. Als er bei Merzenich in der Schildergasse einen Kaffee trinken wollte, klingelte sein Handy. Obwohl er die Nummer nicht kannte, beschlich ihn sofort ein ungutes Gefühl. Er drückte weg und schaltete das Handy aus. Er ahnte dunkel, daß die Nummer ihn nicht in Ruhe lassen würde, bevor sie ihn erreicht hätte. Ihm schwante drohendes Unheil. Nun merkte er auch, wie angeschlagen er von dem Gelage am Vorabend war. Durch den Kaffee kam der Kater richtig zum Durchbruch. Dumpf pochte er in seinem Schädel. Pascal biß sich auf die Zunge. Was für eine Verkettung der Umstände! Aber wer wußte, wozu sie diente, vielleicht war es besser, mit Kevin nichts mehr zu tun zu haben, der Kontakt zu ihm konnte böse enden, wenn es nicht schon soweit war. Andererseits verfluchte er sich für seine Rohheit. Er hatte ihm unrecht getan, und das Bewußtsein dessen verstärkte das schlechte Gefühl, das durch den unheimlichen Anruf ausgelöst worden war. Pascal irrte durch die Straßen, bis er zum U-Bahnhof Appellhofplatz kam. In seiner Gedankenlosigkeit landete er auf dem Bahnsteig der Linien 3 und 4. Obwohl besser gewesen wäre, die 5 zu nehmen, entschied er, an Ort und Stelle zu bleiben. Ihm war inzwischen alles egal. Erschöpft ließ er sich auf eine Bank fallen und sah dem Treiben der Passanten zu. Eine Bahn nach der anderen ließ er an sich vorüberziehen. Wie viele der Kölner U-Bahnhöfe hatte dieser keinen Mittel- sondern zwei Seitenbahnsteige. Erstmals fiel ihm auf, daß auf sämtlichen Betonpfeilern, die sich in der Mitte zwischen den Gleisen befanden, Köpfe aufgemalt waren. In allen möglichen bunten Farben schillerten ebensolche Gestalten. Er sah blaue Haare und orange Baretts, grüne Krawatten, einen Mann mit handtellergroßen Ohrringen und eine Türkenmutter mit Kopftuch, abgeklärte Punkerfrisuren und weltoffene Schnauzbärte. Wenn der Auftrag an die Zeichner darin bestanden hatte, das Selbstverständnis einer Stadt als zwanglose, multikulturelle und diskriminierungsfreie Toleranzzone darzustellen, dann hatten sie ihn erfüllt. Die Mienen spiegelten das Spektrum von verhaltener Fröhlichkeit bis hin zu skeptischer Progressivität, als ob sie mahnten, daß die Errungenschaften der Zivilgesellschaft stets gefährdet seien. Auch Prominenz war an den Beton gesetzt. Pascal erkannte Willy Millowitsch und Alfred Biolek, gut möglich, daß unter den schrägen Vögeln noch ein Sänger der Bläck Föös oder einer anderen Kultband in die Welt lächelte. Ein Staatsmann fand sich nicht unter den Gesichtern, auch kein Polizist, kein Priester oder Kardinal, erst recht kein General oder Feldherr. Die einzige Uniform, die er erblickte, war die eines

KVB-Schaffners. Sie stellte anscheinend die höchste Form der Ordnung dar, die der Kölner gelten lassen konnte. Nicht einmal für Konrad Adenauer reichte es, obwohl man ihn, wenn man schon keinen deutschen Kanzler durch sein Konterfei ehren wollte, als Bürgermeister der Domstadt hätte würdigen können. Aber dafür besaß dieser Mann wohl zuviel Format.

Endlich riß sich Pascal aus seinen Tagträumen. Mit der nächsten Bahn fuhr er bis Ehrenfeld. Im Treppenhaus der Eichendorffstraße schaltete er das Handy ein. Wie befürchtet, zeigte das Display mehrere Anrufe in Abwesenheit an. Die böse Nummer war selbstverständlich auch dabei, gleich zweimal. Außerdem hatte Kai angerufen, von ihm hatte er auch eine SMS bekommen: „Du Schwänzer, wo treibst Du Dich rum? Kirchner tobt. Das gibt einen Einlauf."

Pascal überlegte kurz. Dann tippte er: „Hatte heute Ärger mit den Bullen." Bei dem Gedanken, daß Kai neugierig werden würde, empfand er fast ein bißchen Stolz. Kaum, daß die Botschaft versandt war, kam der Doppelpiepser, der die Antwort signalisierte: „Haha, Du Pfosten? Was schreibst Du? Wenn *einer* garantiert nie was mit den Bullen haben wird, ist das Pascal, der Preuße."

„Kann das nicht erklären, wäre zu lang, laß uns heute Abend ein Bier trinken."

„Ok, halb neun. Päffgen."

„Ok."

Noch während Pascal die SMS geschrieben hatte, hatte er auf dem Festnetztelefon gesehen, daß die Nummer des Grauens ihn auch dort heimgesucht hatte. Um ihre Nachstellung zu ignorieren, schaltete er den PC ein und rief seine E-Mails ab. Das meiste war Spam. Allmählich begann die Spannung in ein bohrendes Gefühl, das sich angstfüllend durch den ganzen Körper fraß, umzuschlagen. Pascal kam sich vor wie jemand, der sich nicht traut, vom Zehnmeterbrett zu springen, und es mit jeder Sekunde, die er länger wartet, verschlimmert. Es gab kein Entweichen mehr. Pascal griff zum Hörer.

„Polizeiwache Ehrenfeld."

„Guten Tag, Ormunait mein Name."

„Guten Tag, Herr Ormunait, gut daß Sie endlich anrufen. Wir hätten eine Rückfrage zu Ihrer Anzeige. Wann können Sie bei uns vorbeikommen?"

„Ich kann sofort kommen, die Schule fällt heute aus."

* * *

„Das war ein ziemlich dilettantischer Versuch.“ Derselbe Beamte, der die Anzeige aufgenommen hatte, blätterte mit gerunzelter Stirn in einer Akte. „Ich habe Ihnen die Geschichte ohnehin keinen Augenblick geglaubt, und jetzt ist erwiesen, daß sie mich belogen haben.“

„Aber...“

„Kein Aber, die von Ihnen zu Unrecht beschuldigten Herren haben ein lupenreines Alibi. Zu der Zeit, da Sie sie angeblich bei einem Einbruch gesehen haben, saßen sie in einem Polizeibus in Kalk – nach einer Schlägerei.“

Pascal sah betreten zu Boden. Er hatte keinen Zweifel darüber gehabt, was ihn erwarten würde; im Gegenteil, genau deshalb war er gekommen. Aber die Erleichterung, die er sich davon erhofft hatte, wollte sich nicht einstellen. Statt dessen traten, wie die Umrisse eines Gebirges, von dessen Ausmaßen man zwar wußte, die einem aber erst wirklich deutlich werden, wenn man nach langer Wanderung aus dem Wald tritt und an dessen Fuße steht, die drohenden Konsequenzen in sein Bewußtsein. Dazu mochte beitragen, daß ein Geständnis seinen Sinn verliert, wenn dem Gegenüber sein Inhalt vorher bekannt ist. Es verliert das Moment der Freiwilligkeit. Damit nimmt es dem Geständigen das Gefühl der Wiedergutmachung und dem Hörenden die Genugtuung, ins Vertrauen gezogen worden zu sein. Daher schuldet er dann auch nicht die Gegenleistung der wohlwollenden Aufnahme. Erst recht gilt das, wenn es zum Geständnis gar nicht erst kommt, weil es durch das Wissen des anderen im Keim erstickt wird.

„Sie haben eine falsche Verdächtigung begangen. Das ist eine Straftat.“

Die schneidende Stimme des Kommissars, die nichts an jovialem Verständnis, ganz zu schweigen von Mitgefühl für Pascals Motivlage enthielt, unterstrich die Mißstimmung, die in eine düstere Bedrohung überging. Pascal schluckte. „Aber, die das betrifft, sind doch...“ versuchte er das Unabwendbare abzuwenden, womit er die weitere Verschlimmerung der Lage bewirkte. Der Beamte schaute zornig auf: „Das betrifft unsere Ermittlungen. Und die Justiz im Ganzen.“ Offensichtlich sah der Polizist sich selbst und die von ihm repräsentierte Struktur als das eigentliche Opfer an. Pascal hatte den Staatsapparat für die irrationalen Planspiele seines Rachebedürfnisses einsetzen wollen, und solchermaßen fremdbestimmt zu werden, traf diesen, anders als die ungezählten Fällen, in denen eine Aufklärung nicht möglich war oder durch Verständnisjustiz konterkariert wurde, in den Grundfesten seines Selbstverständnisses, zumal der offene Mißbrauch die Strukturen sichtbar machte. Deshalb gab es gegenüber Pascal weder Nachlässigkeit noch Milde: „Unterschreiben Sie hier bitte." Der Beamte hatte ein Protokoll ausgedruckt, das er Pascal in vierfacher Kopie, davon eine zum Mitnehmen, überreichte.

„Und was passiert jetzt?"

„Wir geben den Vorgang an die Staatsanwaltschaft ab. Von dort erhalten Sie weitere Nachricht. Oder vom Gericht."

„Werde ich bestraft?"

„Das kann ich Ihnen nicht sagen. Wie sieht denn Ihre Weste aus?"

„Was?"

„Sind Sie schon mal mit dem Gesetz in Konflikt gekommen?"

„Nein!" fauchte Pascal verärgert. Allein die Frage beleidigte ihn. „Natürlich nicht!"

„So natürlich ist das wohl nicht. Sie sehen ja jetzt, wie schnell das gehen kann", antwortete der Kommissar ironisch. Pascal fühlte sich verhöhnt. Er wollte protestieren, biß sich jedoch auf die Lippen, da sich ihm die Hausdurchsuchung vom Vormittag in Erinnerung brachte. Er hoffte, daß sie keine weiteren Konsequenzen haben würde, und wußte gleichzeitig, daß diese Hoffnung vergeblich war. Vom Kommissar kam nicht die kleinste Hilfestellung. Er hatte im Gegenteil eine weitere Hiobsbotschaft parat: „Kann übrigens sein, daß da noch mehr nachkommt."

„Noch mehr?"

„Ja, noch mehr. Ein falsche Verdächtigung ist gleichzeitig eine üble Nachrede zu Lasten derer, die Sie unrechtmäßig beschuldigt haben, und in diesem Fall ist es sogar eine Verleumdung, weil feststeht, daß Sie bewußt die Unwahrheit gesagt haben."

„Aha", sagte Pascal. „Sie wollen also sagen, daß ich den guten Ruf dieser ehrbaren Kanaken beschädigt habe."

„Das ist nicht lustig." Der Kommissar blickte giftig. „An Ihrer Stelle würde ich keine geschmacklosen Scherze betreiben. Suchen Sie sich lieber einen guten Anwalt. Die ‚Kanaken' sind keine Kanaken, sondern ausländische Mitbürger, und die haben einen – und zwar den teuersten von ganz Köln. Er hat sich schon zur Akteneinsicht gemeldet. Der bringt Sie von Ihrem hohen Roß schon runter. Der dreht Sie durch die Mangel, bis Sie nicht mehr wissen, ob Sie Mann sind oder Frau. Und passen Sie auf Ihre Wortwahl auf. Das Wort ‚Kanaken' ist menschenverachtend und als Volksverhetzung strafbar!“

* * *

Eine innere Unruhe hinderte Pascal, sofort nach Hause zu gehen. Stattdessen trieb er lustlos durch die Venloer Straße. Als er den Kaffee in der Bäckerei halb ausgetrunken hatte, merkte er, daß er gar keinen Durst auf Kaffee gehabt hatte. Er ließ ihn stehen. Das bunte Volk erschien ihm fremder als sonst. Von den Laternenmasten grüßte ein älterer Herr wie ein Staatsmann ins Volk. Vielleicht ein Minister, Pascal kannte ihn nicht. Da fiel ihm auf, daß der Plakattext in einer fremden Sprache verfaßt war, wahrscheinlich Türkisch. Ein Staatsmann konnte es demnach doch nicht sein. Vermutlich lächelte ein Autoverkäufer oder ein Teppichhändler auf seine Kundschaft herab. Ähnliches hatte Pascal verschiedentlich gesehen, einen Dönerverkäufer in Schürze oder einen Kickboxer – worauf Türken eben standen. Womöglich besser, daß er die Sprüche nicht übersetzen konnte, wer wußte, welch Ungemach sie verhießen...

In die Eichendorffstraße zurückgekehrt, warf sich Pascal aufs Bett. Er rekapitulierte seine Erlebnisse der letzten Zeit. Je mehr er die Dinge ordnete und analysierte, desto absurder kam ihm alles vor. Er war zum Kriminellen geworden, und – anders als die türkischen Schläger – war er unvorsichtig und naiv genug gewesen, die Staatsmacht selbst herauszufordern. Nicht nur einmal – zweimal. Innerhalb von zehn Tagen. Er lachte laut los. Am Abend, wenn er Kai treffen würde, mußte das begossen werden.

Denn einmal nur im Jahr ist Karneval

Als Pascal sich vollkommen betrunken am Treppengeländer in die vierte Etage des Hauses Eichendorffstraße hinaufzog, bewunderte er seine Abgeklärtheit. Kai langweilte mit seinen Sprüchen, die alle aus dem Buche Kalau stammten, genauso wie Dennis mit seinem zur Schau gestellten Stylisch. Die kamen sich alle so obercool vor. Noch mehr galt das für Kevin, diesen Stümper. Der betrachtete sich als ausgebufften Revolutionär und war doch nichts anderes als ein kleiner Vorstadtrevoluzzer, feucht und grün hinter den Ohren. Er, Pascal, hatte seine Lektion gelernt. Ihn konnte keiner. Kanaken, Tod, Polizei und eine nervige Mutter. Wer so etwas auf einmal aushalten konnte, war fit fürs Leben. „Ihr könnt mich alle mal", brüllte er lallend durch das Treppenhaus. „Leckt mich doch alle am Arsch." Als er die dritte Etage passierte, sprang eine Tür auf. Die alte Frau Wallerscheidt, eine ewige Jungfer, stand auf dem Flur. „Machen Sie doch nicht so einen Krach, Herr Ormunait! Wissen Sie, wie spät es ist? Die Leute schlafen!"

„Aber Ssssie doch offensichtlich nicht. Ich weiiiß, wie schschpääät es ist, halb drei!" Pascal grinste die Frau aus glasigen Augen an, während er Mühe hatte, sich am Geländer festzuklammern. Dann begann er zu lachen, laut und anhaltend zu lachen, daß ihm der Bauch wehtat. Frau Wallerscheidt schüttelte in einer Mischung aus Ärger und Belustigung den Kopf. Letzteres trieb ihr Pascal mit einer Frage aus dem Kopf. „Sind Sie eigentlich frigide?"

„Herr Ormunait, wie können Sie?" schrie die Dame pikiert. „Wenn Ihr Herr Großvater das erleben müßte."

„Mein Großvater wußte, wie's ging, gnädige Frau, und wenn Sie mal einsam sind, wissen Sie ja, wo Sie mich finden."

„Das ist doch die Höhe!" Frau Wallerscheidt knallte die Tür zu.

„Seien Sie nicht so laut, die Leute wollen schlafen." Oben angekommen, ließ er das Treppenhaus abschließend die ultimative Beendigung seiner Spießigkeit wissen: „Leckt mich doch alle am Arsch, einer nach dem anderen, aber der Reihe nach anstellen!"

Die ausgelassene Stimmung währte nicht lange. Mit dem Kater kam das schlechte Gewissen, und mit dem schlechten Gewissen kamen die Probleme zurück. Die peinliche Aktion im Treppenhaus würde er alleine geraderücken können. Er wußte, daß Frau Wallerscheidt ihn im Grunde mochte, was nicht zuletzt darauf beruhte, daß sie ihn, wie sie ihn des Öfteren auffällig-unauffällig hatte wissen lassen, attraktiv und charmant fand. Wenn er seine Schüchternheit betonend, ihr einen Blumenstrauß überreichen würde, käme ihr Verhältnis wieder ins Lot. Anders sah es mit den möglichen Strafverfahren aus. Je mehr sich Pascal diesbezüglich einzureden versuchte, daß alles eine folgenlose Lappalie sein würde, desto sicherer wurde er, daß an dieser Front Unheil drohte. Er wußte nicht, mit wem er darüber sprechen könnte. Von Dennis war Unverständnis zu erwarten, vom Stiefvater ein böses Gesicht, von der Mutter Entsetzen und von Kai ein flotter Spruch. Pascal verübelte sich, daß er von Kai in dieser Situation nichts erhoffte, denn immerhin hatte dieser nicht nur beim Tod des Großvaters aufmunternde Worte gespendet. Auch der Hinweis, direkt zur Staatsanwaltschaft zu gehen, um den Einstellungsbescheid zu enträtseln, verdankte sich seiner Bauernschläue. Trotzdem hinderte Pascal eine innere Stimme, sich in seiner jetzigen Lage Kai zu öffnen. Er führte sich resignierend vor Augen, daß er niemanden hatte, niemanden *mehr* hatte, der genau fühlte, wie er, der nicht nur einen klugen Ratschlag geben konnte, sondern zu einhundert Prozent an seiner Seite stünde, der sein Problem nicht nur verstand, sondern es zu seinem eigenen erhob – einen Freund, mit dem er zu einhundert Prozent durch dick und dünn gehen könnte. So beschloß er, zunächst die Widerstandsgeschichte für sich zu behalten, vielleicht konnte er sie ja doch aussitzen. Immerhin kam jetzt Karneval, da würde sich bei der Kölner Polizei nicht viel tun. Zwar hatten die tollen Tage offiziell noch nicht begonnen, aber das tat nicht viel zur Sache. In Köln beginnt der Karneval spätestens einen Tag nach Neujahr. Bevor die letzten vertrockneten Tannenbäume aus dem Hause sind, kommen die Verkleidungen und Uniformen aus dem Schrank. Mit Beginn des Jahres verwandelt sich die Stadt in ein Heerlager uniformierter Fröhlichkeitskompanien, die mit ihren Blaskapellen, Perücken und Röcken, wie sie zur Zeit Friedrichs des Großen modern waren, allabendlich durch die Straßen ziehen, bei den Prunksitzungen, Bällen und Banketten Einkehr halten und auf Kommando Lustigkeit verbreiten. Pascal hatte vom Großvater die Abneigung gegen den organisierten Frohsinn übernommen, mußte jedoch anerkennen, daß nicht nur die kalendarische Anordnung den Kölner zu Suff und Tanz treibt, vielmehr erschien es ihm so, daß mit dem Altweibertag ein zeitlicher Käfig geöffnet wurde, der den rheinischen Narren erlaubte, zu sich selbst zu kommen. In zwei Tagen ging der Tanz los. Diesmal würde auch er richtig auf die Pauke hauen. Anschließend konnte man weiter sehen. In der Zeit, die er bis dahin hatte, erschien es ihm angebracht, das zu tun, was er das letzte Mal vor den Weihnachtsferien in gebotenem Maße getan hatte: für das Abitur zu lernen. Die Zeit schritt voran.

Altweiber lag diese Saison ungewöhnlich früh, ausgerechnet am 30. Januar. In der Zeitung war diskutiert worden, ob es statthaft sei, am Tag von Hitlers Machtergreifung Karneval zu feiern. Aber die Debatte blieb akademischer Natur. Nicht einmal der Holocaust hat in der Feiermetropole gegen den Karneval eine Chance. Im Heilig-Geist fand die traditionelle Oberstufenparty statt. Das Treiben bekam eine süffisante Pointe durch den Israelbesuch, der just am bösesten aller Tage eingetroffen war. Seit 1999 schon pflegte das Gymnasium den Austausch mit der „Open Democratic School“ in Tel Aviv zur besseren Auseinandersetzung mit der deutschen Geschichte. Doch pünktlich zum Event, hatte Pascal schlechte Laune. Das kurze Zwischenhoch vom Abend des Kaisergeburtstags war in eine depressive Stimmung ähnlich der zwischen Weihnachten und Sylvester umgeschlagen. Unverkleidet betrat er die Schul-Aula. Kai, der in einem Clownskostüm angetreten war, beschäftigte sich mit einer wohlgeformten Blondine aus der zehnten Klasse. Dennis versuchte eifrig, seinen Charme auf die Referendarin aus dem Deutsch-Kurs anzuwenden. Zu seinem Beutezug hatte er sich stilecht als Pirat aufgemacht. Er zeigte wenig Interesse an einer Unterhaltung mit den anderen. Kai warf wenigstens hin und wieder einen dummen Spruch in die Runde. Die Zehntklässlerin war selbst für einen Spezialisten wie ihn etwas Besonderes. „Mann, hat die Hupen“, raunte er Pascal zu, als sie einmal zur Toilette ging. „Toll“, gab Pascal unterkühlt zurück.

„Mensch, Du Pfosten, wenn Du schmollen willst, dann fahr’ doch ins Sauerland!“ Statt einer Antwort blickte Pascal nur grimmig. Als die Blonde zurückkam, störte sich Kai nicht weiter daran. Pascal begann, ein paar Runden durch die Aula zu drehen, sprach hier ein Wort, sagte dort ein Hallo und steigerte kontinuierlich seinen Pegel. Er wußte, daß er in letzter Zeit zuviel trank. Aber an Karneval durfte er das. Nur einmal im Jahr ist Karneval; anschließend würde alles anders werden. Dann würde er sich wieder am Riemen reißen. Es war bereits nach Mitternacht – Dennis war längst mit der Referendarin verschwunden –, als Kai plötzlich allein vor Pascal stand. „Wo ist denn dein Busenmonster?“ fragte er schadenfroh.

„Die ist gegangen, muß vor zwölf Uhr zu Hause sein, aber die Telefonnummer habe ich mir gesichert.“

„Wie alt ist die denn, daß sie so früh gehen muß?“

Kai setzte eine Genießermiene auf: „Noch keine sechzehn, ganz frisches Huhn. Die entjungfere ich, bevor sie Geburtstag hat. Oder am Geburtstag.“ Er schnalzte mit der Zunge. Pascal lachte: „Als Geschenk gibt’s ein Stößchen von Kai.“ Kai lachte auch und rief dann mit gestellter Fistelstimme: „Ein Stößchen ins Möschen – hohohohoh!“ Beide bogen sich. „Komm, wir gehen in die Klapsmühle, da rennen auch noch läufige Mäuse rum.“ Diese Vorstellung ließ Kai schnell über den aufgeschobenen Vollzug mit der Fünfzehnjährigen hinwegkommen. Pascal, dessen Stimmung mit dem Alkohol gestiegen war, ließ sich nicht lange bitten; nach Hause zu fahren, hatte er erst recht keine Lust.

Die Klapsmühle liegt, wie viele andere angesagte Kölner Locations, am Hohenzollernring. Die Stimmung stand auf dem Siedepunkt, als die beiden Primaner Schlange und Garderobe hinter sich gelassen hatten. Der Laden platzte, wie nicht anders zu erwarten, nahezu aus den Nähten. Unter dem Publikum war für jeden etwas dabei. Dieser Tiegel schmolz die Unterschiede des Alters, des Berufstandes oder des Charakters ein. Es gab nur eine Disziplin, nämlich diejenige, jede Contenance fallen zu lassen. Uhrzeit und Biergenuß taten das Ihrige. Nicht weit von sich entfernt, jedoch wegen der Menschenmenge unerreichbar, erkannte Pascal – er glaubte es kaum – den Staatsanwalt Zeisig. Seine dürftige Verkleidung bestand aus einer einzigen Matrosenmütze auf dem Kopf, die ihn, anstatt ihn zum Karnevalisten werden zu lassen, in einen verfehlten Clown verwandelte und seine Deplaziertheit unterstrich, eine Narrenkappe im wahrsten Sinne des Wortes. In seinem Gefolge bewegten sich etwa zehn Personen, die sich, wie an der Mimik abzulesen war, untereinander kannten. Bei einem dieser Leute hatte Pascal das Gefühl eines Déjà-vu, konnte es aber nicht zuordnen. Er und Kai blieben wegen des fast undurchdringlichen Gedränges an der vorderen Theke stehen. Die Atmosphäre wogte laut, stickig und alkoholgeschwängert. Aus den Boxen dröhnte in unmäßiger Lautstärke Karnevalsmusik. „Ich hab’ drei Haare auf der Brust, ich bin ein Bär, Bär, Bär“, „Es ist noch Suppe da“, „Köln ist der geilste Arsch der Welt“. Während Kai eine übernächtigte Mittvierzigerin bequatschte, die den Anschein erweckte, als hätte sie bereits bis Aschermittwoch durchgefeiert, mußte Pascal seine Blicke fortwährend auf Staatsanwalt Zeisig und seine Gruppe richten. Plötzlich wurde ihm bewußt, daß er den anderen Herrn im Gericht gesehen hatte, genauer gesagt, war er ihm auf der dem gemeinen Publikum entzogenen Querverbindung zwischen Gericht und Staatsanwaltschaft entgegengekommen. Vis-à-vis zu Pascal schwelgte die Justizkompanie im Feierkrieg. Der zweite Staatsanwalt wippte mächtig angeschlagen auf der Stelle, womit er graduell, aber nicht grundsätzlich aus seinem Gefolge hervorstach. Es bestanden kaum Zweifel, daß sie pünktlich um 11.11 Uhr die Akten gegen das Kölschglas getauscht hatten. „Die Karawane zieht weiter, der Sultan hat Durst“ (hätt Duusch), „Da simmer dabei, datt is prihima, viva Coloniaaa“. Die Lieder animierten zum Mitsingen, sofern man das Gebrüll, das sie auslösten, als Gesang bezeichnen wollte. Auch das Integrationslied für die türkischen Freunde durfte nicht fehlen: „Ich hab’ ’ne Zwiebel auf dem Kopf, ich bin ein Döner.“ Wäre es nicht so brechend voll gewesen, hätte sich Pascal versucht gesehen, Herrn Zeisig aufzufordern mitzubrüllen, da der Text wie die Faust auf’s Auge zu seinem Matrosenhut paßte.

In diesem Moment verstummten die Lautsprecher abrupt, und es marschierte mit Pauken und Fanfaren, Fahnen und Standarten eine Abteilung Heiterkeitssoldaten in den Tempel des Frohsinns ein. An den Orden und Abzeichen, Schulterklappen und Schnüren gemessen, handelte es sich um eine Gardetruppe. Es dauerte nicht lange, bis der Eindruck durch die Ansage einer tiefen, rauchigen Stimme bestätigt wurde: „Mer begrüße alle zusamme de Köllsche Funkenartillerie rut-wiss!“ Die Menge kreischte frenetisch wie die Teenies bei einem Konzert von Tokyo Hotel. Kai schlug Pascal hart auf die Schulter.

„Aua.“

„So war das auch beim Einzug des Führers.“

Pascal schaute Kai fassungslos an. „Das aus Deinem Munde“, murmelte er. Unterdessen hatte der Kompaniechef Mikrophon und Wort ergriffen. Der Oberjeck beglückwünschte die Anwesenden dazu, Kölner zu sein, und nicht etwa Düsseldorfer Pinkel. Bei diesem „must“ jubelte die Feiergemeinde besonders erfreut auf (während man sich vermutlich zum gleichen Zeitpunkt 42 Stromkilometer rheinabwärts an dem Liedchen „Da schwimmt ein Kölner am Schloßturm vorbei“ erfreute), lobte ihre weltweit einzigartige Feierprofession („mer sin su jet von stolz uff Üsch, un Ihr könnt stolz uff Üsch sin), beschwor die Tradition des Kölner Karnevals und warnte die Masse davor, heute und in den nächsten fünf Tagen nüchtern zu werden. „Alaaf!“ Die Menge huldigte.

Anschließend wurde ein zünftiger Marsch geblasen, bevor die Lautsprecherboxen wieder das Partykommando übernahmen. „Komm, laß mer fiere und jubiliere..."

Die Fröhlichkeitsartilleristen hatten für heute Dienstschluß und sickerten nach und nach unter die Jecken. Einer von ihnen schob sich an Pascal vorbei. Er war der typische Berufskarnevalist, ein fettleibiger Mann zwischen 50 und 60 Jahren mit ergrautem Haar, dichtem Schnurrbart, breitem, wulstigem Gesicht und roter Biernase. Das weiße Lederkoppel wurde vom Bauch, den es in die Uniformjacke pressen sollte, nach unten gedrückt. Sein glasiger Gesichtsausdruck verriet, daß er seit 11.11 Uhr parat stand. Der Mann breitete seine wuchtigen Arme aus und bestellte zehn Kölsch. „Alaaf!" Die meisten Umstehenden erwiderten das Kommando, nicht jedoch Pascal und Kai. Während letzterer sich die Mittvierzigerin schön trank und sie überschwenglich auf 35 schätzte, lenkte Pascal durch seine Art, das Treiben versonnen zu beobachten, die Aufmerksamkeit des Dicken, der es nicht durchgehen lassen konnte, wenn jemand nicht ausgelassen genug war, auf sich. „Wat hammer denn hier für ne Miesepitter, Du bist ja noch nüchtern, Komm' trink' eene mit!" Er drückte ihm eins der zehn Biere in die Hand. Der Angesprochene überlegte einen Moment und beschloß, dem Mann mit Ironie zu begegnen, wohl wissend, daß die meisten Menschen damit nicht umgehen können, schon gar nicht, wenn sie sich für unwiderstehlich halten. Er warf sich in die Brust und streckte dem Dikken seine Hand hin: „Gestatten? Ormunait, Pascal, Primaner am Heilig-Geist Gymnasium Köln, stammend aus Königsberg in Preußen."

„Preußen, wat ist dat dann, biste beklopp?"

„Preußen verdanken Sie Ihre Uniform, Herr Korporal. Die tragen Sie aber nicht sehr adrett. Außerdem könnten Sie mal Haltung annehmen, soweit das bei Ihrer Wampe möglich ist."

Der Dicke, der seinem ganzen Habitus nach nicht zu den Menschen gehörte, die auf den Mund gefallen sind, riß selbigen auf, brachte jedoch kein Wort heraus. So etwas Unverfrorenes war ihm selten widerfahren.

Pascal setzte nach: „Bei Friedrich dem Großen hätten Sie es noch nicht einmal zum Stiefelputzer gebracht, Sie Karikatur!"

Der Mann schüttelte ungläubig den Kopf. Mehr verwundert als böse rief er aus. „Dat is enn Arschloch, 'n richtijes Arschloch!"

Als Kai auf den Disput aufmerksam wurde, ließ er kurz von der Mittvierzigerin ab. „Gibt's Probleme?"

„Nein", entgegnete Pascal, „die sind beseitigt." So war es in der Tat, der Dicke hatte seinen Weg durch die Menge, unter der sich eine Vielzahl von Bekannten befand, fortgesetzt und berichtete von dem jungen Arschloch. Man würde nicht erraten, was ihm passiert wäre, doch das gebe es wirklich, einen richtigen Tünnes! Der Mann war offensichtlich stolz darauf, daß er derjenige war, der erfahren hatte, was für freche Spaßbremsen es gab. So hatte er den vielen Anekdoten, aus denen sein Leben bestand, eine besonders krasse hinzugefügt, die er ausgiebig an den Stammtischen seiner zwölf Karnevalsvereine präsentieren könnte. Sie würde der Steigerung seiner Stellung in der Hierarchie nicht abträglich sein.

Pascal hatte endgültig genug. „Wie lange willst Du noch bleiben?" fragte er in einem Tonfall, der seinen Willen deutlich machte, unverzüglich das Feld zu räumen. Kai beugte sich, nachdem er sich vergewissert hatte, daß sein Flirt gerade mit einem Kellner sprach, vor und flüsterte: „Kelle, kelle, kelle, ich muß heute unbedingt noch ein Rohr verlegen. Sieht auch ganz gut aus. Wenn Du gehen willst, brauchst Du auf mich keine Rücksicht zu nehmen."

Das paßte also, Kai wollte ihn loswerden. „Ok, ich hau' dann ab, gehst Du morgen in die Schule?"

„Weiß noch nicht, vielleicht zu Mathe."

„Oh ja, da müßte ich auch hin – sehen wir uns dann?"

Die beiden klatschten sich mit der rechten Hand ab, und Pascal wandte sich zum Gehen. In dem Augenblick drehte sich Kais neue Freundin mit zwei Schnäpsen in der Hand zu ihm um. „Oh", lallte sie, „Du hast mir gar nicht gesagt, daß Du diesen feschen jungen Mann kennst!"

„Der muß jetzt leider gehen."

„Datt ist aber schade."

„Finde ich auch", sagte Pascal, „ich wünsche Ihnen noch einen angenehmen Abend, gnädige Frau."

„Oh und so galant!"

Pascal blinzelte den beiden zu. „Viel Spaß noch." Kai grinste zuversichtlich.

* * *

Der U-Bahnhof Friesenplatz lag nur einen Katzensprung entfernt. Pascal stand dort nicht alleine. An solch einem Altweibertag war die halbe Stadt bis weit in die Nacht auf den Beinen. Auf dem Bahnsteig wartete eine Menge abgefeierter Karnevalisten auf eine der Sonderbahnen, die zwar durchgehend, aber nicht so oft wie die regulären Züge fuhren. Es herrschte die Stimmung der geschlagenen Schlacht. Die Leute waren immer noch bierselig, jedoch angeschlagen und müde, einige sangen, aber es war ein Abgesang. Kaum daß Pascal den Bahnsteig erreicht hatte, merkte er einen starken Druck in der Blase. Er hätte unbedingt noch in der Klapsmühle zur Toilette gehen müssen, allerdings war ihm seine Not in der bierschwangeren Schwüle der Kneipe noch nicht aufgefallen. Zurückzugehen hatte er keine Lust, also würde er anhalten bis Ehrenfeld. Außerdem sollte die nächste Bahn laut Anzeigetafel „in zwei Minuten" kommen. Es befürchtete, sie zu verpassen und in der langen Fahrplanlücke auf die übernächste warten zu müssen. Doch die zwei Minuten weiteten sich aus. Nach fünf Minuten hatte sich die Anzeige noch immer nicht verkürzt. Pascal schwankte. Sollte er doch gehen? Hin- und hergerissen zwischen Harndrang und Anschlußängsten konnte er sich nicht entscheiden. Endlich fuhr die Bahn ein, die Wartenden quetschten sich in die Waggons. Für Pascal blieb erwartungsgemäß nur ein Stehplatz, auf dem er wie der Hering in der Büchse zwischen Alkoholausdünstungen und verschmierter Schminke klemmte. Es verging Zeit, bis die letzten hereingepreßt waren und der Zug anfahren konnte. Pascal bekam Angst, die Hose als Urinal mißbrauchen zu müssen. Die Enge bestärkte den Druck. Zum Glück ging es auf den Folgestationen schneller, weil nur Fahrgäste aussteigen wollten. Endlich kam Ehrenfeld. Pascal marschierte so schnell wie möglich, ohne zu rennen zum vorderen Ausgang, andernfalls hätte es ein Unglück gegeben. Er beeilte sich, die Treppe hinaufzukommen und den Tunnel zur S-Bahn zu erreichen. Zwar führte der Weg in die Eichendorffstraße nicht durch diesen Tunnel, jedoch gelangte man durch ihn zu einem Brachgelände, das von Sträuchern und Büschen umgeben war. Bäume säumten einen lausigen, ungemütlichen, schlecht ausgeleuchteten Platz. Der Bereich wirkte wenig einladend, geradezu unheimlich. Außerdem lungerten dort häufig halbseidene Gestalten herum. Es war nicht ungefährlich, durch dieses abgelegene Gelände zu laufen. Aber daran verschwendete Pascal keinen Gedanken – nur endlich hinkommen! Es gab keine andere Gelegenheit; sich an eine

Hauswand oder in einen Eingang zu stellen, wäre ihm peinlich gewesen, auch mitten in der Nacht. Bestimmte Dinge macht man nicht.

Zum Glück war er mittlerweile allein. Die meisten der anderen Fahrgäste hatten den anderen Ausgang des U-Bahnhofs genommen; die wenigen, die mit ihm hochgekommen waren, hatten den Weg zur Straße eingeschlagen. Zwei oder drei waren vom Tunnel zum S-Bahnsteig aufgestiegen. In letzter Sekunde brachte Pascal die Hose herunter und öffnete das Ventil. Leise und erleichtert stöhnte er auf. Er schloß die Augen, während er laufen ließ. Dieses Gefühl war befreiender als ein Orgasmus.

„Ey, Bruder!" Pascal hörte von hinten, aus der Richtung des uneinsehbaren Brachgeländes, einen Ruf, der offensichtlich ihm galt. Daß um diese Zeit noch jemand hier war! „Ey Bruder, der Busch hat genug getrunken. Komm' her, Bruder!"

Pascal hätte sich fast über die Finger gepinkelt. Er beeilte sich, zum Ende zu kommen, verstaute sein bestes Teil hastig in der Hose und schloß den Reisverschluß. Als er sich umdrehte, blickte er in das grinsende dunkle Gesicht eines vielleicht Achtzehnjährigen. Blond war er nicht zu nennen, und auch sonst nicht von mitteleuropäischer Erscheinung. Pascal erschrak, daß der Typ so dicht hinter ihm stand.

„Mann, Bruder, hast ausgepißt? Was machst Du, Alter?"

„Ich, äh, ich will nach Hause", stammelte Pascal.

„Komm, Bruder, Gib' mal Zigarette!"

„Ich rauche nicht."

„Korrekt, Bruder. Besser. Dann Gib' mal bißchen Geld, komm, bißchen nur, bist doch korrekter Typ."

Inzwischen waren zwei weitere Gesellen aus dem Dunkel herangekommen. Sie unterschieden sich von Pascals „Bruder" nicht sonderlich. Vielleicht waren sie tatsächlich Brüder oder Vettern ersten, zweiten oder sonstigen Grades. Weiter hinten erkannte Pascal nun, da sich seine Augen an das Dunkel gewöhnt hatten, noch zwei Gestalten, die auf dem Geländer einer Bank saßen und sich eine Zigarette hin und her reichten. Einer der Neuankömmlinge griff dieses Thema sogleich auf: „Alter, hast mal Zigarette?"

„Bruder, der raucht nicht", sagte der erste, riß Pascal an der Schulter und schubste ihn Richtung Bank. „Der will mir kein Geld geben."

Die beiden anderen brauchten sich nicht bitten zu lassen, mit anzupacken und Pascal vom Tunneleingang auf den Platz Richtung Bank zu schieben und zu drängen. Pascal ließ es geschehen, er begriff kaum, was hier abging, zumal der Alkohol seine Gedanken und Bewegungen lähmte.

„Wieso kein Geld?“ sagte der zweite, „bist doch Bruder?“

„Komm, bißchen, nur zwei Euro, hast doch bestimmt Geld da!“

Pascal war von der Schnelligkeit, mit der er in eine vollkommen unerwartete Situation geraten war, so überrascht, daß er nicht in der Lage war, angemessen zu reagieren. So beantworte er die an ihn gerichtete Frage: „Ich weiß nicht, ob ich noch viel dabei habe.“

„Werden wir sehen, Bruder, komm', zeig' mal Tasche.“

„Hast Du Handy?“

„Komm, rauch' mal Zigarette, Bruder, das tut gut.“

Alle riefen durcheinander. Sie begannen, an ihm herumzufummeln, seine Jacke und Hose abzutasten. Pascal konnte es kaum fassen, die wollten ihn abziehen. Auf einmal hatte einer der fünf sein Handy in der Hand. „Schönes Handy, Bruder, schenkst mir das?“

„Äh, was, nein, das brauche ich noch.“

„Komm', sei Bruder, komm'!“

Ein Handstrich, der noch kein Schlag, aber längst keine Streicheleinheit mehr war, eher eine Art Kopfnuß auf der Wange, ging durch sein Gesicht. „Komm', Alter, schenk' mir das!“

„Die Nummern, die Daten...“ stotterte Pascal.

„Schick' ich Dir zu, Alter.“

Damit verschwand das Mobiltelefon in der Jacke des vielleicht Achtzehnjährigen. Fast gleichzeitig hatte ein anderer Pascals Portemonnaie ausfindig gemacht und schickte sich an, darin herumzuschnüffeln. Reflexartig versuchte Pascal, danach zu greifen. „Laßt das, es reicht!“ Dabei fiel das Portemonnaie zu Boden, und die Münzen breiteten sich aus. „Ey, Bruder, das hebst Du auf, los, heb' das auf!“ Pascal spürte einen Tritt in die Kniekehlen, einen in den After und stürzte zu Boden. Er bekam weitere Tritte und Knüffe, aber keine wirklich ernsten. Noch schien nicht entschieden, ob er „nur“ ausgeraubt würde, denn um nichts weniger handelte es sich, oder ob Schlimmeres bevorstand. Noch war es ein böses Spiel, das kurz vor dem Umschlag stand. Er kniete auf der schmutzigen Erde und suchte die Münzen zusammen.

„Vergiß nix, Bruder!“

Pascal richtete sich wieder auf. Bevor er das Portemonnaie in die Tasche stecken konnte, hatte es schon einer seiner Gegner in der Hand. Er war so fingerflink, daß Pascal kaum gucken konnte. Ungeübt konnte dieser Mensch nicht sein. Er durchwühlte alle Fächer. Neben dem Bargeld interessierte ihn Pascals Personalausweis. „Pascal heißt Du, Bruder?“

„Ja, Pascal.“ Pascal reagierte in ungewolltem Automatismus wie in einem Verhör.

„Neunzehn bist Du, Bruder!“ Der Ausweis wanderte von Hand zu Hand. Indem Pascal vor ihnen als Person entblättert wurde, konnten sie ihn ausforschen, die Wohnanschrift lesen, sich über seinen Namen lustig machen und mit all dem ihre Herrschaft über ihn festigen, und das nicht nur für den Moment.

„Gib' mal, gib' mal, gib' mal!“ rief plötzlich einer in einem neuen, aufgeregten Ton, während er unruhig von einem Bein auf's andere sprang. Pascal war es bisher, da alle gleichzeitig auf ihn eindrangen, unmöglich gewesen, einen klaren Gedanken zu fassen oder sich einen der Rowdys näher anzuschauen, geschweige denn sich auf einen zu konzentrieren. Nun aber, da einer eine Entdeckung gemacht zu haben glaubte, hörte das Durcheinander für kurze Zeit auf. Beide hatten im selben Moment ein analoges Aha-Erlebnis: Der Typ erkannte Pascal und Pascal erkannte sein Erkanntwerden. Pascals Puls schlug wild. Bruchteile von Sekunden später packte ihn der Typ an der Gurgel. „Bastard!“ Ein Kopfstoß unterstrich die Feststellung. Pascal taumelte zurück. Er spürte einen heftigen, stechenden Schmerz. Er stöhnte auf. Aus der Nase lief das Blut und fiel in dichten, schweren Tropfen zu Boden.

„Die Sau hat den Erdjan und seine Jungs angezeigt! – Bastard, Bastard!“

Nun gab es kein Halten mehr. Die Schläge hagelten von allen Seiten auf ihn ein. Mit voller Wucht trafen sie zunächst das Gesicht – indem Pascal versuchte, die Hände schützend davor zu halten, sah er nichts mehr. Dafür spürte er umso mehr. Sie traten ihn in die Rippen, die Nieren, die Leber, Pascal ging erneut zu Boden und stöhnte weiter, schreien konnte er nicht. Von überall kamen die Tritte. Es gab kein Entrinnen. Plötzlich durchzuckte ihn ein besonderer Schmerz. Dumpf und schwer hatte ihn so etwas wie ein Schlag in den Rücken getroffen, Doch es war kein Schlag, es war ein Sprung. Einer der Schläger hatte Anlauf genommen, um mit angezogenen Beinen auf Pascals Rücken zu springen wie auf ein Minitrampolin. Während der gesamten Tortur schrien und brüllten die brutalen Peiniger unentwegt: „Bastard, deutscher Bastard, Hurensohn!“ Sie steigerten sich immer weiter in ihren Blutrausch.

* * *

Irgendwann wurde Pascal am Jackenkragen so weit in die Höhe gezogen, daß er vor ihnen knieen mußte. Während ihn drei von allen Seiten festhielten, hatte sich ein vierter von hinten in seine Haare gekrallt und verdrehte sie; Teamwork. Der fünfte stand hinter der Gruppe und filmte die Szenerie professionell mit dem Handy. Er geiferte vor Freude und brannte darauf, zum Showdown zu kommen, denn der Höhepunkt war noch nicht erreicht. Trotz seiner geschwollenen Augen und seines blutverschmierten Gesichts konnte Pascal erkennen, was ihm jetzt bevorstand. Dagegen war alles bisherige nur ein Vorspiel gewesen. Vor seinem Gesicht blinkte in dem Licht der fahlen Laterne vom Tunneleingang die etwa zwanzig Zentimeter lange Klinge eines Messers. Pascal befiel Todesangst. Sie entsprach nicht etwa dem zwanzigfach gesteigerten Gefühl der Furcht vor einem bevorstehenden Zahnarztbesuch, sondern eher einem großen Erstaunen, einem gleichzeitigen sicheren Wissen und Nichtglaubenkönnen vor dem vollkommen Fremdartigen. Das kann jetzt nicht sein, dachte – nein, fühlte – Pascal; das können die nicht machen. Er empfand das ihm Zugedachte als so surreal, daß er nahe daran war zu lachen. Die Stimme des vor Ihm stehenden Südländers ließ den Eindruck verschwinden. Die Situation war sehr real. „So, Du Bastard, jetzt bist Du dran!“

Nie zuvor hatte Pascal einen Ausdruck derartigen Hasses und derartiger Feindschaft gesehen. „Kennst Du den Film ‚Glasgow smile’?“ Pascal wurde flau. Alles, nur das nicht! Die Gruppe merkte, daß Pascal wußte, worum es ging. Sie lachten schmutzig. „Du weißt Bescheid – na, freu’ Dich, wirst nie mehr traurig gucken!“ sagte der mit dem Feindesgesicht betont langsam und genußvoll, „Jetzt schneiden wir Dir Deine Lügenzunge raus, Du dreckiger deutscher Bastard“. Damit begannen zwei mit dem Versuch, Pascals Kiefer auseinander zu drücken. Gleichzeitig krallte sich der Hintere immer fester in seine Haare und zog den Kopf nach hinten, um ihn in Schneideposition zu bringen.

„Denn einmal nur im Jahr ist Karneval!“ Pascal stand kurz davor, die Sinne zu verlieren. Auf dem Bahnsteig des U-Bahnhofes Köln-Ehrenfeld, wo dieses Lied just in diesem Moment erklang, weil sich die nächste Bahn entlud, hatte man keine Ahnung von dem Drama, das sich wenige Meter entfernt abspielte. Doch man hatte das gleiche Bedürfnis und die gleiche Ortskenntnis. So schob sich eine Gruppe lustiger Musikanten grölend die Treppe hinauf. Schon erscholl es undeutlich und fern durch den Tunnel: „Ich hab’ ’ne Zwiebel auf dem Kopf, ich bin ein Döner!“

Die Brutalos zerrten an Pascals Kiefer. Er stöhnte. Mit den Energiereserven des Todeskampfes preßte er sein Gebiß zusammen. Die Betrunkenen wankten durch den Tunnel. „Es ist noch Suppe da.“ Zwei Hände gruben sich wie die Dornenkrone in Pascals Haare. Die Betrunkenen drängten. „Oh, wie ist datt schön, överall nur Kölsche Töön.“ Lauter und jetzt deutlich werdendes Gebrüll im Tunnel ließ keinen Zweifel mehr. Der brutale Schläger sah die Decke, die das Dunkel und die Abgelegenheit des Ortes über sein blutiges Handwerk legten, schwinden. Ein letzter Schlag, ein letztes „Hurensohn!“ und feige, wie sie ihre Schandtat verrichtet hatten, feige wie ihr ganzes Wesen, rannten sie davon ins Dunkel, aus dem sie kamen und dem sie angehörten. In diesem Moment erst bemerkten die drei Betrunkenen, daß sie nicht allein waren. Als sie zu Pascal, der sich stöhnend am Boden wand, hinüberliefen, begriffen sie sofort: „Schnell einen Krankenwagen!“

Auf dem Abstellgleis

Als Pascal erwachte, wußte er nicht, wo er war. Umso deutlicher spürte er seine Schmerzen. Sein Körper war ein einziger Schmerz. Am schlimmsten hämmerte es im unteren Brustbereich, wo er die Rippen vermutete. Im Rücken stach und brannte es. Pascal konnte es kaum aushalten; er wagte nicht, die verletzten Stellen zu berühren. Bewegen konnte er sich ohnehin nicht. Auch konnte er vor Schwellungen und Blutergüssen im Gesicht kaum sehen. Auf der Nase spürte er einen Gips. In beiden Armen steckten Schläuche, die mit dicken Kanülen in die Adern geführt waren. Soweit er feststellen konnte, war er allein im Zimmer. Die private Krankenversicherung des Stiefvaters garantierte die Abwesenheit schnaufender Elefanten, schnarchender Bauchmenschen oder ähnlicher Zimmergenossen, die bis spät in die Nacht lesen oder fernsehen wollten. Langsam, sehr verschwommen, rief er sich die Zusammenhänge ins Bewußtsein. Stück für Stück kam die Erinnerung. Vier oder fünf finstere Gestalten hatten auf ihn eingeschlagen. Anlaß, sofern sie einen gebraucht hatten, war wohl eine Zigarette gewesen oder Geld. Während Pascal noch grübelte, betrat eine Krankenschwester das Zimmer. „Oh, Herr Ormunait, wunderbar, Sie sind ja wach. Dann kann Sie der Arzt begutachten."

Pascal blickte sie nur an und nickte. Instinktiv versuchte er, sich aufzurichten, doch dabei fuhr es ihm wie tausend Messerstiche durch den Körper.

„Oh bitte, bleiben Sie liegen, Sie dürfen sich nicht bewegen. Erst muß der Arzt Sie sehen." Sie war nahe ans Bett getreten und legte zur Betonung ihrer Worte die Hand auf Pascals Arm. „Nicht bewegen, der Doktor kommt gleich."

Gleich ist relativ. Der Arzt hatte zur Pünktlichkeit ein ähnliches Verhältnis wie die Deutsche Bahn. Fünfzehn Minuten verstrichen, bald waren es zwanzig, als die Tür erneut aufsprang und ein braungebrannter, hochgewachsener Mann von etwa fünfunddreißig bis vierzig Jahren strammen Schritts in den Raum marschierte. In der Hand hielt er ein Klemmbrett mit einigen Formularen. Auch ohne daß es die Jahreszeit nahegelegt hätte, erkannte Pascal die braune, sportive Gesichtsfarbe. Dezente Schminke vertuschte ansetzende Alterungserscheinungen und erhielt den Teint gewünscht „mediterran". Passend dazu hatte der Mediziner die an den Schläfen deutlich silbrigen, vormals schwarzen Haare leicht gegelt. Sie rundete die von mangelndem Selbstbewußtsein nicht angekränkelte Ausstrahlung des Mannes ab. Mit einem letzten eleganten Schritt stand er an Pascals Bett. Zwei Krankenschwestern, darunter diejenige, die Pascal bereits kannte, hielten ehrfurchtsvollen Abstand. Der Mann in Weiß schlug den zu erwartenden Ton an. „Na, Herr Ormunait, wo tut's uns denn weh?"

„Guten Tag", hauchte Pascal hustend. Die vermutlich lange Zeit, die er nicht gesprochen hatte, hatte den Stimmbändern nicht gut getan.

„Wo bin ich denn hier?"

„Im Elisabeth-Krankenhaus."

Pascal zuckte zusammen. Elisabeth-Krankenhaus, ausgerechnet diese Schicksalshölle!

Der Arzt wollte keine Zeit verlieren. „So, dann wollen wir mal. Spüren Sie das?" Bei den Worten kniff er Pascal kräftig in den Zeh. Dieser schrie auf. „Aua!"

„Sehr gut, das hatte ich erwartet! Sonst Schmerzen?"

„Überall", rief Pascal mit weit aufgerissenen Augen. Nicht, daß der Arzt auf die Idee käme, seine Empfindungsfähigkeit vollständig auszutesten! Zum Glück hatte es mit dem Kniff in den Fuß sein Bewenden. „Was weh tut, ist nicht abgestorben", sagte der Mediziner. Dann machte er eine kurze Pause und fuhr mit einer Nachdenklichkeit, die man ihm nicht zugetraut hätte, fort: „Und vor allem nicht gelähmt." Pascal schoß das Blut in die Adern. Obwohl er soeben gehört hatte, daß dieser Kelch an ihm vorbeigegangen war, ließ ihn allein die Möglichkeit, die offensichtlich im Raume gestanden hatte, erschaudern. Wie in Trance hörte er den Halbgott weitersprechen. „Nach der OP sind wir in aller Vorsicht davon ausgegangen, daß diesbezüglich alles in Ordnung ist, aber sicher sein kann man nie. Sie haben verdammtes Glück gehabt. Eine ganz leichte Rückenmarksquetschung, ganz leicht. Das waren Millimeter. Glauben Sie, Sie werden noch dazu kommen, Ihre Schmerzen zu lieben. Überhaupt sind Sie einigermaßen davongekommen. Drei Rippen gebrochen, was gut ist, denn dadurch sinkt die Gefahr, daß sich eine einzelne in den Lungenflügel bohrt, Nase gebrochen, leichte Orbiterbodenfraktur. Der Kiefer ist angebrochen, aber erstaunlicherweise nicht verschoben. Wie Sie das hingekriegt haben, ist mir ein Rätsel. Gute Nehmerqualitäten. Na, ja drei Implantate brauchen Sie wohl. Ansonsten jede Menge Prellungen, Schwellungen, das Übliche. Alles in allem sind Ihre Verletzungen aber nicht schwerwiegend. Es besteht Hoffnung, daß Sie keine bleibenden Schäden davontragen. Morgen geht's dann zum Zahnarzt. Ein bißchen Verlust ist immer, in Ihrem Fall zwei Schneidezähne, aber bei der Tracht Prügel, die Sie bezogen haben, ist das ein Luxusproblem. Noch Fragen?"

Pascal war bedient. Fragen fielen ihm, bis auf eine, keine ein: „Wie lange bin ich denn schon hier?"

„Vier Tage. Wir mußten Sie zur Sicherheit ins künstliche Koma versetzen. Heute haben wir die Schmerzmittel reduziert, um festzustellen, was Sie noch spüren können. Wir geben jetzt wieder etwas mehr nach. Die Schwester kümmert sich. Das wäre für heute alles. Wir sehen uns morgen. Heute ist übrigens Rosenmontag. Alaaf!"

Der Halbgott freute sich über seinen Sarkasmus, drehte auf dem Absatz um, und draußen war er. Eine der Schwestern verschwand mit ihm. Die andere stellte die Fusionsflaschen nach und machte dann ebenfalls Anstalten zu gehen. „Einen Moment noch", rief Pascal, „bekomme ich nichts zu essen?"

„Heute noch nicht, junger Mann. Ab Morgen. Heute müssen Sie noch mit den Infusionen Vorlieb nehmen. Aber trinken können Sie, sollten Sie sogar, viel trinken."

„Und meine Eltern, wissen die Bescheid?" Pascal fiel mehr und mehr ein, das zu klären war. „Seien Sie beruhigt, wir regeln alles. Sie sind nicht der erste Kranke bei uns. Das Wichtigste ist, daß wir jetzt wissen, wie es mit Ihnen steht. Sie brauchen vor allem Ruhe." Die Schwester verließ das Zimmer. Pascal war wieder allein. Erstmals sah er sich die Räumlichkeit näher an. An der gegenüberliegenden Wand hing in zwei Metern Höhe ein Fernseher. Die dazugehörige Fernbedienung lag auf dem Tischchen neben ihm. Auch ein „Express" – der Kölner legt Wert auf sein eigenes Boulevardblatt – und eine „Frau aktuell" durften nicht fehlen. Vor allem anderen aber gehörte, wie Pascal schnell begriff, Langeweile zum Dauergast in den keimfreien Hallen. Es war gerade einmal halb elf. Bis zur Nachtruhe stand noch viel Zeit bevor.

* * *

An diesem ersten Tag durfte Pascal das Bett noch nicht verlassen. Es wäre auch nicht möglich gewesen. Dementsprechend quälte er sich durch die tote Zeit, tat, was er sich unter anderen Umständen stets verkniffen hätte, zappte durch die Sender und ließ sich vom Fernseher berieseln. Bei den Rosenmontagszügen blieb er stehen. Teilnahmslos sah Pascal der wogenden Menge zu, deren Alkoholpegel bereits zu der frühen Stunde feiertauglich war. Masken kreischten mit Maskengesichtern um die Wette. Gierig reckten sie sich nach den rollenden Festungen der Karawane und forderten brüllend Bonbons ein. Mit Sicherheit vermutete Pascal Kai in der Menge, wie immer auf der Suche nach aufnahmebereiten Lippen. Pascal schaltete weiter. Einer Partymeute beim Feiern zuzusehen, erzeugt Verlustgefühle, selbst in einem Zustand, der verbietet mitzumischen.

Der Tag verlief in Zeitlupe. Das einzige, was Pascal in seiner Ödnis ablenken konnte, waren seine Schmerzen. Es hämmerte, brannte und stach überall in ihm, wenn auch aufgrund der wieder angesetzten Schmerzmittel nicht mehr so stark, wie bei der Untersuchung durch den Halbgott. Die Schwelle war genau im richtigen Maße herabgesetzt, um die Langeweile bewußt zu erleben. Warten, warten und nochmals warten – doch worauf? Er wußte nicht, wann oder ob seine Eltern kommen würden, konnte das auch nicht beeinflussen. Es wurde nicht später. Die stehende Zeit errichtete Mauern, die undurchdringlich schienen. Dessen ungeachtet klopfte es inmitten der Unendlichkeit des Tages. Bevor Pascal „Herein" rufen konnte, öffnete sich die Tür. Vor ihm stand – seine Mutter. Sie ging nicht, sie stürmte auf das Bett zu, in dem sie ihren Sohn als Häuflein Elend vorfand. „Pascal, mein Junge, was machst Du für Sachen!" Unter Tränen streichelte sie mit beiden Händen seinen Kopf. „Pascal, mein kleiner Pascal, wer hat Dir das angetan? Warum, warum haben sie Dich so zugerichtet?"

„Weiß nicht", hauchte der Sohn. „Hallo, Mama."

Die Antwort auf die erste Frage der Mutter verschwieg er wohlweislich. Die zweite hatte Pascal sich bisher sonderbarerweise selbst nicht gestellt. Jetzt, da er darüber nachdachte, schieden die üblichen Motive aus: Einen Streit im eigentlichen Sinne hatte es nicht gegeben. Rache kam gleichfalls nicht in Betracht, denn das Erkennen geschah erst im Laufe der Attacke. Pascal war sich außerdem sicher, daß die Sache auch ohne dieses keinen anderen Verlauf genommen hätte. Es gab lediglich eine willkommene Rechtfertigung für die Brutalokids ab, für die allemal schwerwiegend genug war, daß Pascal keine Zigaretten besessen hatte. Es hätte auch ausgereicht, daß er ihnen die Luft zum Atmen wegnahm, die sie für sich reserviert hatten. Als Verteidiger der Opfer einer Falschaussage konnten sich die Schläger noch dazu auf das scheinheilige Podest der verletzten Ehre stellen. Natürlich war nichts von dem zu beweisen, aber für Pascal stand fest, daß pure Lust an der Gewalt die Triebkraft gewesen war, ihn halbtot zu schlagen. Doch dahinter stand mehr. Gewalt ist die ursprünglichste Form der Herrschaft. Mit Schlägen wird Unterwerfung erzwungen, und erzwungene Unterwerfung dient der Eroberung. Gezielt in der Form, strategisch eingesetzt als allgemeine Methode, zufällig in der Person des Opfers – Hauptsache es traf einen Deutschen. Pascal war nur das Symbol. Längst ging es um Anderes. Pascal behielt die mehr einem Bauchgefühl als einer systematischen Analyse entsprungenen Gedanken für sich, denn er befürchtete, daß die Mutter sie nicht nachvollziehen konnte und als vorgeschoben für einen Anlaß, den er selbst gegeben hätte, ansehen würde. Daß er nicht Opfer einer Prügelei, sondern eines Krieges war, würde sie nicht begreifen. Solche Dimensionen lagen außerhalb ihrer Vorstellungskraft. Aber genauso war es. Es handelt sich im Übrigen um ein in allen Epochen der Geschichte angewandtes Mittel. Gerade für die Mutter sollte das keine erstaunliche Erkenntnis sein, war für sie doch Vertreibung mit den entsprechenden Begleiterscheinungen aufgrund ihres familiären Hintergrundes kein Fremdwort, wenngleich sie selbst sie nicht mehr persönlich erlebt hatte. Was sich dabei an Schauerlichkeiten abgespielt hatte, war in den Gesprächen mit Opa nicht unerwähnt geblieben. Dennoch war Maria Ormunait-Middelhoff der Gedanke fremd, daß heute ein ähnlicher Vorgang mitten in Deutschland beginnen könnte. Angehörigen ihrer Generation war nicht zu vermitteln, worum es auf den Straßen unserer Städte geht; zu sehr lebten sie im Glauben an ihre trügerische Friedensidylle. Was Pascal vorerst nur schemenhaft streifte, würde er vielleicht später ordnen. Vorerst wollte er der Mutter keinen Kummer bereiten oder gar unhöflich wirken. Sie merkte zum Glück nichts von seinen Grübeleien.

Fragen stellte sie, hunderte Fragen. Wieder und wieder befühlte, streichelte sie ihn und überzeugte sich davon, daß, wie lädiert auch immer, noch jedes Glied am Körper saß. Von zu Hause gab es wenig zu berichten. Tante Uschi hatte sich nach den Möbeln in der Eichendorffstraße erkundigt und zum wiederholten Male ihre Hilfe für den Fall angeboten, daß Pascal keine Verwendung mehr dafür hätte. Als sich der Besuch dem Ende zuneigte, kam die Mutter auf ein ernstes Thema zu sprechen: „Du mußt hier lernen." Recht hatte sie. Trotzdem war Pascal über die Botschaft nicht erfreut. Er wollte Zuspruch erfahren, Aufmunterung, keine Pflichtbelehrungen.

* * *

Am nächsten Tag ließ sie einen „Stadtanzeiger" mit den Berichten vom Rosenmontag zurück. Groß aufgemacht strahlten ihm von der Titelseite die Karnevalsjünger entgegen. Allein in Köln hatten die Sanitäter über achtzig Schwerstbetrunkene aus dem Verkehr ziehen müssen, die jüngsten waren elf; zwei Vierzehnjährige, die beim Komasaufen verloren hatten, lagen mit Alkoholvergiftungen im Krankenhaus. Pascal blätterte wahllos durch die Seiten. Plötzlich hielt er inne. In einer kleinen Rubrik am Ende der letzten Seite fand er eine Notiz:

„Am Rande des Karnevals kam es auch in diesem Jahr verschiedentlich zu körperlichen Auseinandersetzungen. Ein Neunzehnjähriger mußte nach einem Streit unter Jugendlichen im Krankenhaus behandelt werden. Alles in allem verliefen die drei tollen Tage aber verhältnismäßig ruhig, die böse Ausnahme: ein ausländerfeindlicher Anschlag (mehr auf Seite 5)."

So hastig, daß er beinahe die Zeitung zerrissen hätte, suchte er die angegebene Stelle. Er mußte wissen, was sie über ihn schrieben. Was er dann zu lesen bekam, konnte er kam glauben: In riesigen Lettern wurde der letzte Satz der Kurzmeldung wiederholt:

„Ausländerfeindlicher Anschlag beim Karneval: Köln. Am Rande der ausgelassenen Feiern des diesjährigen Karnevals kam es am Rheinufer nahe der Altstadt zu einem besonders häßlichen ausländerfeindlichen Übergriff. Zwei angetrunkene Deutsche pöbelten in übelster Form zwei türkischstämmige Frauen an. Sie skandierten ausländerfeindliche und volksverhetzende Parolen. Nach Angaben der Polizei, die sofort mit einem massiven Aufgebot einschritt, hatten die Neonazis wiederholt gerufen: ‚Deutsche Feier ohne Schleier, Schleierfotzen sind zum Kotzen.' Anschließend hatten die Rechtsextremisten versucht, einer der muslimischen Frauen das Kopftuch zu entreißen. Daran konnten sie durch das beherzte Eingreifen der Sicherheitskräfte, die von engagierten Bürgern herbeigerufen worden waren, gehindert werden. Die beiden Kriminellen wurden festgenommen und in Polizeigewahrsam verbracht. Sie mußten die Nacht im Gefängnis verbleiben. Inzwischen wurde Anklage wegen Beleidigung und Volksverhetzung (§130 StGB) erhoben. Den Tätern droht eine Freiheitsstrafe von bis zu fünf Jahren (Siehe Kommentarseite).“

Neben dem Bericht waren großformatig zwei Personen im Ganzkörperschleier abgebildet. Lediglich an den Augen ließ er Sehschlitze frei. So eine Verhüllung hatte Pascal noch nie gesehen; zum Karneval immerhin paßten die beiden Gestalten. Hätte er nicht den Bericht gelesen, hätte er diese Vermummung für ein einigermaßen originelles Kostüm gehalten. Unter dem Bild hieß es in kleinen Buchstaben: „Opfer ausländerfeindlicher Exzesse: Fatima C. und Aysche Ö.“

Pascal dachte bei sich: Sollen die doch froh sein, daß denen mal jemand Luft verschaffen wollte, und schlug den angegebenen Kommentar auf: „Der Anschlag von Köln – Wehret den Anfängen“, lautete die Überschrift. „Es wird in dem neuesten Fall eines ausländerfeindlichen Übergriffs an Stimmen nicht fehlen, die versuchen zu verschleiern und zu beschwichtigen. Der Vorfall sei zwar scheußlich, doch solle man ihn nicht überbewerten. Die Täter seien betrunken gewesen, dann passiere so etwas, zumal im Karneval. Wer so oder ähnlich redet oder auch nur denkt, vergiftet das politische Klima, und schlimmer: Er bereitet den fruchtbaren Boden für die Aussaat von Haß und Gewalt. Am Ende brennen Menschen, wie in Solingen. Gerade wir in Deutschland müssen auf der Hut sein. Nie wieder darf es so weit kommen, daß Menschen wegen ihrer Hautfarbe, ihrer Abstammung, ihres Geschlechts, ihrer Religion oder ihrer sexuellen Identität diskriminiert und verfolgt werden. Deshalb muß jedem kleinsten Anflug von Rassismus und Ausländerhetze im Ansatz wirksam entgegengetreten werden; insbesondere in einer Stadt, deren Toleranz und Weltoffenheit gerade jetzt durch die unsäglichen braunen Haßparolen einer sogenannten Bürgerbewegung herausgefordert wird. Was diese geistigen Brandstifter am Schreibtisch ausbrüten, wird von deren Radaubrüdern im Geiste auf der Straße umgesetzt. Erfreulich war deshalb festzustellen, daß Zivilcourage bei uns nicht nur ein Schlagwort ist. Kölner lassen keinen allein. Das haben die mutigen Anzeigenerstatter eindrucksvoll bewiesen. Um die Neonazis werden sich die Gerichte zu kümmern haben. Volksverhetzung gehört zu den abscheulichsten Delikten, die wir kennen. Es bleibt zu hoffen, daß die Justiz nicht, wie sonst allzu oft, auf dem rechten Auge blind ist, sondern mit der ganzen Härte des Gesetzes den Tätern zeigt, wo bei uns für ihr menschenverachtendes Weltbild Platz ist: im Gefängnis! Agnes Pfennigtal-Weyer." Der Name der Kommentatorin ließ auf eine Frau schließen, ihr Bild gab das nicht eindeutig zu erkennen.

Pascal standen die Nackenhaare zu Berge. So ein Drecksblatt! Er konnte sich nicht vorstellen, daß die Redakteure an ihr eigenes Geschreibsel glaubten. Wenn er Satiren geschrieben hätte, hätte er sich nicht getraut, einen derartigen Text aufzusetzen, weil er ihm zu dick aufgetragen erschienen wäre. Eine harmlose Rüpelei wurde zum Anschlag aufgebauscht, und daß er fast totgeschlagen worden war wie ein Hund, war eine Rangelei unter Jugendlichen. Demgegenüber konnte er sich gut vorstellen, daß die Hoffnung des Mannweibes – Kai hätte sie „frustriert" gefunden – hinsichtlich der Bestrafung der beiden Pöbler in Erfüllung gehen würde. Was er diesbezüglich mit Kevin erlebt hatte, war noch frisch in Pascals Erinnerung. Kevin! Beim Gedanken an dessen Namen fühlte Pascal einen Stich in der Brust, der nicht von seinen gebrochenen Rippen herrührte. Längst hatte das schlechte Gewissen wegen seiner Übermaßreaktion die Wut auf den Freund ersetzt. Wie leichtfertig hatte er eine Beziehung zertrampelt. Er befürchtete, das nie mehr gut machen zu können. Pascal seufzte. Der ganze Körper tat weh. Scheißspiel!

* * *

Am übernächsten Tag konnte er endlich aufstehen. Nur raus aus dem Bett! Nach zwei bewußt erlebten Liegetagen kam ihm die Möglichkeit, sich wieder bewegen und herumlaufen zu können, so aufregend und abwechslungsreich vor wie ein Abenteuerurlaub. Freilich verflüchtigte sich dieser Eindruck in kurzer Zeit. Auch die Gänge des Krankenhauses sind Krankenhaus. Außerdem zeigte der zaghafteste Versuch, seinen Körper wieder in Funktion zu setzen, wie lädiert er wirklich war. Die Rippenschmerzen waren beim Gehen fast nicht zu ertragen, Pascal mußte die Zähne zusammenpressen, um nicht fortlaufend zu stöhnen. Er ging nicht, er schlurfte. Zudem tat ihm der Nacken weh, wenn er den Kopf gerade halten wollte, was sein mußte, damit er nicht versteifte. Es war eine Tortur. Kopfschmerzen und Schwindel rundeten seinen Zustand ab. „Nehmen Sie doch den Rollator“, sagte die Schwester. Pascal sträubte sich zunächst dagegen. Er wollte nicht als Tattergreis gelten. Allein es nützte nichts, am zweiten Tag schob er die Gehhilfe vor sich her.

Die Mutter kam jeden Tag, der Stiefvater hingegen wurde von der Arbeit und den gerade zu dieser Zeit häufigen Geschäftsreisen abgehalten. Mutter bemühte sich, Stefan Middelhoffs Abwesenheit nicht schlimm zu finden – Hauptsache, ihr Sohn sei nicht allein. Pascal konnte damit leben. Dennoch fühlte er sich zurückgesetzt, aber das war für ihn keine Kränkung mehr, sondern lediglich eine Tatsache. Am Ende der ersten Woche – Pascal saß gerade an dem kleinen Tischchen und grübelte über einer Schachaufgabe aus der Zeitung – erschien ein Überraschungsbesuch. Pascal erriet bereits am Klopfen, wer gleich vor ihm stehen würde. Kai enttäuschte ihn nicht. „Mensch Alter, was machst Du für Sachen! Läßt Dich von Kanaken vermöbeln, Du Opfer.“

Pascal verzog das Gesicht. In der Schule war er, wie er hörte, das Hauptgespräch. Kai würde am nächsten Tag Einzelheiten aus erster Hand berichten. Er konnte seine Neugier kaum verbergen. Ein derartiges Ereignis hat hohen Sensationscharakter, solange es einen anderen trifft. Wie der Mutter mußte Pascal Kai alles haarklein erzählen, kein Detail durfte er weglassen.

„Ich habe übrigens was für Dich!“ Kai setzte eine geheimnisvolle Miene auf. Mit bewußt langsamen Bewegungen zog er ein Geschenk aus seinem Rucksack, das unschwer als Buch zu identifizieren war. „Hier, Du Leseratte, damit es Dir nicht zu langweilig wird.“ Pascal lachte und zeigte auf den Stapel auf der anderen Seite des Bettes. Kai lachte ebenfalls. „Ist bestimmt so schwerfälliger Kram – ich habe Dir etwas leichtere Kost mitgebracht, kannst ja hier auch nicht ständig Klöße essen, die Dir wie Beton im Magen liegen.“ Damit warf er einen Krimi auf den Nachttisch. Sie quatschten noch ein paar Minuten. Dann brach Kai auf. „Ich pack’s dann mal.“

* * *

Die Tage verstrichen. Untersuchungen, Wechseln der Verbände, Essen, Waschen bestimmten den Krankenhausalltag. Die Schmerzen ließen nur äußerst langsam nach. Jeder Schritt kostete eine Überwindung. Die Fixierung auf den Körper und seine Wiederherstellung, verbunden mit der organisierten Eintönigkeit, ließ jede andere Tätigkeit zu Beiwerk verkommen und erzeugte zunehmend geistige Ermattung. Die Kreuzworträtsel und Bücher konnten daran nichts ändern, sie dienten lediglich als Ablenkung von der Ödnis seines Zwangsaufenthaltes. Mentale Erfrischung brachten sie so wenig hervor wie der Schulstoff, über den ihn Kai via E-Mails auf dem Laufenden hielt, einen Lerneffekt erzeugte. Pascal konnte sich nicht konzentrieren, er war nicht aufnahmefähig. Am Ende eines Kapitels wußte er nicht mehr, was am Anfang gestanden hatte. Zur Bearbeitung der Übungsaufgaben konnte er sich ohnehin nur rudimentär durchringen. Er mußte aufpassen, in der entscheidenden Phase vor dem Abitur nicht abzusacken. Zwar waren die Grundlagen in den vorangegangenen beiden Jahren der Oberstufe gelegt – oder auch nicht. Deshalb, so mochte man folgern, konnte weder ein hektischer Lernaktionismus etwas retten noch ein verhältnismäßig kurzzeitiger Ausfall substantiellen Schaden anrichten. Aber es gelang Pascal nicht, sich mit solchen Tricks zu beruhigen, denn der Impuls starb gefährlich ab. Er fühlte deutlich, daß ihm auf den letzten hundert Metern vor dem Ziel die Puste ausging. Die Situation glich der des Clubs, der noch immer gut dafür war, in den letzten vier Spieltagen den Abstiegskampf zu vergeigen, oder war wie bei Opas Schalkern, die es regelmäßig schafften, vor den Bayern zunächst weiche Knie zu bekommen und dann in eben diese zu gehen. In dieser Horrorsaison platzten allerdings nicht nur die letzten vier Tage – von Anfang an schwamm der Club unter der Wasseroberfläche. Pascal seufzte und nahm den „Kicker" zur Hand. Am 11. Februar riß ihn eine Nachricht aus seiner Lethargie. Beim Zappen durch die Fernsehprogramme erwischte er die letzte Sequenz eines Beitrags: gerade genug, um mitzubekommen, daß der türkische Ministerpräsident in Köln bei einer Massenveranstaltung zu seinen Landsleuten gesprochen hatte. Sofort fielen Pascal die Großplakate ein, die er vor Karneval in der ganzen Stadt gesehen hatte. Als offizieller Staatsbesuch galt der Auftritt des Türken nicht, soviel hatte er verstanden. Da der Netzanschluß im Krankenhaus genau an diesem Tag wegen Wartungsarbeiten abgeschaltete war, mußte er notgedrungen die Zeitungen des folgenden Montags abwarten: Neugierig nahm er nach dem Frühstück die Blätter zur Hand. Allein die Tatsache des Besuches war, bei Licht betrachtet, sensationell. Ein türkischer Ministerpräsident sprach vor und zu 16.000 Landsleuten, wie es unverblümt hieß. Er kam nicht als Gast eines fremden Staates, sondern als Führer einer Volksgruppe; in der Sprache der Ökonomie hätte man vom Konzernchef sprechen können, der eine auswärtige Niederlassung besucht. Was das heißen mochte, konnte kaum zweifelhaft sein. „Assimilation ist ein Verbrechen", klang es selbstbewußt aus dem Munde des modernen Sultans. Die Botschaft war eindeutig. Pascal wurde mulmig zumute, zumal er annahm, daß die Zeitung nur die Spitze des Eisberges sichtbar machte. Doch die unverhohlenen Empfehlungen wurden von der duldenden Akzeptanz der Verantwortlichen des Gastlandes übertrumpft. Dem Auftritt in gebührender Sprache zu begegnen, fiel offensichtlich niemandem der Verantwortlichen in Berlin oder Düsseldorf ein, und keine Demonstration aufgebrachter Bürger bezeugte Behauptungswillen. Der Sultan konnte befriedigt in sein Stammland zurückkehren.

* * *

Eines Tages, als sich sein Zwangsaufenthalt bereits dem Ende entgegen neigte, kam die Mutter mit besorgterer Miene als sonst an das Krankenlager ihres Sohnes. „Bei uns ist ein Brief der Polizei für Dich angekommen. Was kann das sein?" Pascal durchfuhr es wie der Blitz: die falsche Verdächtigung, die Widerstandshandlung bei Kevins Hausdurchsuchung! Er hatte gehofft, diese Peinlichkeiten geheimhalten zu können, das war jetzt gefährdet. Warum hatten die Idioten nach Müngersdorf geschrieben? Mit aller Gewalt versuchte Pascal seine sofort aufgetretene Nervosität zu überspielen. „Na, das wird wohl um den Überfall auf mich gehen. Dazu muß ich doch aussagen."

„Aber machen die so etwas denn schriftlich?"

„Das muß ja nicht sein. Vielleicht ist es der Termin zu Vernehmung. Das muß doch formal gesichert sein, dafür können sie doch nicht nur anrufen." Pascal bewunderte sich für seine geschraubte, pseudobürokratische Sprechweise. Den Zweck erreichte er damit, die Angespanntheit der Mutter ließ nach. „Hast ja völlig recht, mein Spatz, daran habe ich nicht gedacht. Ich hatte befürchtet, es wäre etwas Schlimmes..."

„Ach Quatsch, was sollte denn Schlimmes sein?"

* * *

Der langersehnte Tag kam. Pascals Entlassung warf ihn unmittelbar in die bevorstehende Klausurenphase. Das drängte sich, kaum daß er die Tore des unheilvollen Ortes hinter sich gelassen hatte, mit Gewalt in sein Bewußtsein. Da Mutters Auto in der Werkstatt stand, hatte sie ihm das Taxi spendiert. Mit schweren Gedanken trat Pascal die Fahrt an. Als er vor dem Anwesen im Mohnweg ausstieg, durchfuhr ihn ein Schauer der Geborgenheit. Die größte Gefahr seines Lebens war überstanden, wenngleich ihn Schmerzen und bevorstehende Arzt-, Zahnarzt- und Reha-Termine in der nächsten Zeit beständig daran erinnern würden, wie nah er dem Abgrund gewesen war und wie schnell es passieren konnte, in die Zone des Todes zu geraten. Immer noch schleppte er sich wie ein Tattergreis voran, mühsam, langsam und schwerfällig. Mit freudiger Erwartung läutete er Sturm. Wenige Sekunden später lag er sich mit der Muter in den Armen. „Komm' rein, das Essen steht auf dem Tisch!"

Es gab Pascals Leib- und Magengericht: Königsberger Klopse mit Kartoffelbrei und roter Beete. Obwohl das Essen im Krankenhaus kein Fraß gewesen war – die Zeiten der Fertiggerichte in Kleinstportionen mit dem Plastikgeschmack der Teller, auf denen sie zum Fassen gereicht wurden, waren gewesen, zumindest, wenn man über die Konditionen der privaten Krankenversicherung eines Bayer-Managers verfügen konnte –, schmeckte es zu Hause dreimal so gut. Futtern wie bei Muttern ist nicht zu ersetzen. Im selben Maße, wie sich Pascal den Bauch vollstopfte, bis es wehtat, genoß es Maria, dem Filius dabei zuzuschauen. Kein Frustrationsgerede emanzipierter Frauenzeitschriften kann darüber hinwegtäuschen, wie glücklich es eine Mutter stimmt, das Wohlergehen des eigenen Nachwuchses mitzuerleben. Das gilt selbst dann, vielleicht gerade dann, wenn neues Ungemach auf dem Sprung steht, das soeben überstandene noch um eine Nummer zu überbieten. Als die Schüssel leer war, Messer und Gabel auf dem Teller lagen, legte die Mutter ihre rechte Hand auf Pascals Arm. Der Sohn kaute noch auf dem letzten Königsberger Kloß herum. „Pascal, da ist etwas. Der Brief von der Polizei. Es ging nicht um den Überfall. Du hast Dich strafbar gemacht!" Die letzten Worte waren voll tiefer Enttäuschung, verbunden mit der Erkenntnis, sich mit einer Tatsache abfinden zu müssen, die so unglaublich schien, daß sie eigentlich nicht wahr sein konnte. Auch spielte Angst vor dunkler Ungemach, die dem eigenen Kinde drohte, mit. Pascal erschrak so sehr, daß er sich schmerzhaft verschluckte. Er stöhnte auf. Es schnitt und stach im ganzen Oberkörper. Die Aufwallung vertrieb jeden Ansatz einer Illusion, den sich Pascal über den Fortschritt seiner Genesung versucht hatte aufzubauen. Rippen, Nacken, Kopf lösten Alarm aus. Unbemerkt war der Stiefvater an den Mittagstisch getreten. „Guten Tag, Pascal." Mehr sagte er nicht. Einen geöffneten Briefumschlag legte er nebst dem dazugehörigen Schreiben wortlos auf den Tisch. Pascal sah die ihm inzwischen sattsam bekannte Aufmachung mit dem nordrhein-westfälischen Landeswappen im Polizeistern. „Was habt Ihr in meiner Post zu schnüffeln?" Vorwurfsvoll schlug er mit der Hand auf den Tisch, daß die Gläser klirrten.

„Das ist nicht die Frage, die sich stellt", entgegnete der Stiefvater kühl. „Wichtiger wäre, daß Du uns erklärst, was ‚U Punkt A Punkt' bedeutet!"

„Was?" Verblüffung trat an die Stelle der Wut. „Was meinst Du damit? ‚Unter anderem', würde ich sagen."

„Gut kombiniert, und was ist ‚unter anderem'?" Middelhoff, der weiterhin davon absah, sich zu setzen, schob Pascal das Papier zu. Der Junge nahm es verständnislos in die Hand: „Sehr geehrter Herr Ormunait, in der o.g. Strafsache ist Ihre Vernehmung als Beschuldigter erforderlich." Diesen Text konnte er unter einer Betreffzeile lesen, in der es hieß: „Ermittlungsverfahren wegen falscher Verdächtigung u.a." Der angesetzte Termin war verstrichen. Pascals Wut begann, wieder zu steigen. Es war unglaublich, wie er bloßgestellt wurde. „Widerstand heißt das", sagte er dann in dem gleichen kalten Ton, den der Mann seiner Mutter gebraucht hatte. Dann legte er triumphierend nach: „Widerstand gegen die Staatsgewalt."

„Oh nein!" Die Mutter schlug die Hände vor dem Gesicht zusammen. „Was tust Du uns an?"

„Ich tu' Euch überhaupt nichts an, und es geht Euch auch nichts an." Pascal sprang auf. „Wäre nett, wenn mir jemand helfen könnte, die Tasche nach oben zu bringen, aber tut Euch keinen Zwang an, ich kann auch Kai anrufen, der hilft mir und macht mir keine Vorhaltungen." Während er, die Schmerzen ignorierend, die Treppe hinaufkeuchte, hörte er die Worte des Stiefvaters: „Der Junge wird mir immer fremder. Der driftet ab. Der endet noch als Extremist!"

„Ihr könnt mich mal!" rief Pascal restlos bedient seinen neuen Empörungsspruch aus. Dies also war der Empfang bei seiner Familie bzw. bei dem, was davon übrig geblieben war. Wie recht Opa doch mit allem gehabt hatte! Er war nur zu gutmütig gewesen, um seine Tochter daran zu hindern, sich einem solchen Ekelpaket an den Hals zu schmeißen.

So einfach lagen die Dinge indes nicht, insbesondere für Pascal nicht. Ihm schwante, daß etwas im Gange war, das er ohne Hilfe nicht bewältigen konnte. Kais Sprüche konnten genauso wenig helfen wie aufgesetzte Kaltschnäuzigkeit. Sein Problem war weder eine Schlägerei, die er am Ende überstehen, noch eine Fünf in der Klausur, die er durch eine Zwei ausgleichen konnte. Hier stand mehr auf dem Spiel. Es drängte sich auf, einen Verteidiger zu beauftragen, und diese Erkenntnis warf Pascal wieder auf den Stiefvater zurück. Sie ließ ihn kleinlaut werden. Verschüchtert klopfte er schließlich an die Tür des Arbeitszimmers von Stefan Middelhoff. „Ich bin da in etwas reingeraten."

„Schon klar", antwortete der Stiefvater deutlich versöhnlicher. Auch für ihn war es nicht leicht. Seine Stellung im Konzern würde durch ein vorbestraftes Familienmitglied nicht gestärkt werden. Doch vor allem zeichneten sich drohende Bruchlinien zu seiner Frau unheilvoll im Raume ab. Denn bei aller Kümmernis würde bei Maria am Ende immer die Sorge um ihren einzigen Sohn, die stets die Frage auslöste, ob sie ihm genügend Zuwendung gäbe, die Oberhand gewinnen. Sie konnte nicht ohne Rückwirkung auf das Verhältnis zu Stefan Middelhoff bleiben. „Wir können den Jungen nicht hängenlassen", lautete das zum einen liebe-, zum anderen vorwurfsvolle Bindeglied, bei dessen Zerbrechen die Beziehung auf dem Spiele stand.

„Ich habe Kontakt mit einem Rechtsanwalt aufgenommen. Ich kenne ihn vom Studium. Nächste Woche kann er Dir einen Termin anbieten."

„Danke", sagte Pascal leise.

* * *

Bis dahin kehrte der Schulalltag mit der Unerbittlichkeit des Prüfungsstresses in Pascals Leben zurück. Am ersten Februar, während er im Krankenhaus lag, hatte das zweite Halbjahr der Stufe 13 und damit der letzte Abschnitt seiner schulischen Laufbahn begonnen. Vor den Abiturprüfungen wurden in jedem Prüfungsfach sowie in jeder Fremdsprache nur noch eine Klausur geschrieben. Vor Mathematik hatte er am meisten Angst, die sich in der Art einer selbsterfüllenden Prophezeiung bestätigte. Leider stellte sie keine Ausnahme dar. Auch Deutsch und sogar Geschichte liefen schlecht, wobei der Aussetzer in seinem Lieblingsfach eher sein Ehrgefühl als seinen Ehrgeiz kränkte. Die allgemeine Stimmung trug ebenfalls wenig zur Erheiterung bei. Die Kursteilnehmer befanden sich im Lernendspurt, die Lehrer wirkten teilnahmslos, weil sie sich dessen bewußt und daher noch weniger als unter normalen Umständen in der Lage waren, ihren Schülern Begeisterung für Lernstoff zu vermitteln, so sie nicht ohnehin resigniert hatten und sich darauf beschränkten, das Pensum abzuspulen. Abgesehen davon konnte Pascal sich des Eindrucks nicht erwehren, daß er seit seiner Rückkehr ein wenig gemieden oder beäugt wurde. Manch seltsamer Spruch drang an sein Ohr, auf den er sich keinen Reim machen konnte. „Du bist ja in interessante Kreise geraten“, hörte er beispielsweise. Zu denen, die sich ungewohnt reserviert gaben, gehörte Dr. Kirchner: „So so, Ihre Einstellung geht wohl über das historische Interesse hinaus.“ Die Anspielungen kamen nicht so oft, daß Pascal sich völlig ausgegrenzt gefühlt hätte, genügten aber, um ein Unbehagen zu erzeugen, das verhinderte, daß er in die Normalität zurückfand. Man fühlt, wenn getuschelt wird.

Auch etwas anderes hatte sich geändert: Pascal konnte nicht mehr angstfrei über die Straße gehen. Wenn er das Haus verließ, blickte er sich vorsichtig um, ob ihm in der Nähe jemand auflauere. Allerorten sah er zwielichtige südländische Jugendliche, die ihn scheinbar anpöbeln wollten. In der Straßenbahn benutzte er keinen Sitz mehr, sondern blieb in der Nähe der Türen stehen, um, wenn nötig, den Wagen sofort verlassen zu können. Um Dönerläden machte er einen Bogen. Als er eines Tages mit der U-Bahn aus der Stadt kam, erkannte er von weitem am Ende des Bahnsteigs eine vierköpfige Gruppe solcher Jugendlicher. Auf der Stelle machte er kehrt und nahm den anderen Ausgang. Vorsichtig prüfte er nach allen Seiten, daß er ihnen nicht doch in die Arme laufen würde. Um ganz sicher zu gehen, schlüpfte er in eine SB-Bäckerei, um Zeit zu schinden, in der die Jungen verschwinden konnten. Doch löste der Umweg sein Problem nicht. Er hatte sich gerade den Kaffee gezogen, als er von hinten heiseres, kehliges Lachen und großspurige Töne hörte. Heiß und kalt lief es ihm den Rücken herunter. Er brauchte sich nicht umzudrehen, um zu wissen, wer den kleinen Laden betreten hatte. So unauffällig wie möglich stellte er den Becher auf einen Tisch und versuchte, durch eine spiegelnde Scheibe die Situation zu klären. Das Ergebnis war unerfreulich. Unschlüssig standen die vier Typen vor der Auslage, kein Anzeichen sprach dafür, daß sie bald das Geschäft verlassen würden. Pascal nahm allen Mut zusammen, drehte sich blitzschnell um und setzte, soweit er das schon wieder konnte, zu einem Sprint an. Dabei stieß er einen der Südländer ungeschickt zur Seite. „Paß auf, Du Spast", hörte er noch, als er panikartig über die Venloer Straße die Flucht ergriff. Ohne darauf zu achten, wo er war, bog er in die nächste Straße ein, dann wieder in die nächste und noch einmal, bis er annähernd sicher war, daß er die vermuteten Verfolger abgeschüttelt hatte. Keuchend hielt er sich an einem Fahrradständer fest. Der schnelle Lauf hatte ihm nicht gutgetan, mehrere Verletzungen schienen, wenn nicht aufgebrochen, so gefährlich gereizt. Die Rippen brannten wie Feuer. Die Hände in den Bauch gepreßt, schleppte er sich nach Hause. Die Angst sollte noch monatelang sein ständiger Begleiter bleiben. Nach zehn Uhr nahm er seitdem für jeden Weg ein Taxi.

Im Briefkasten fand Pascal bald den Brief vor, den er lange erwartet hatte. Doch Erleichterung wollte sich nicht einstellen. Stattdessen belastete ihn die wieder aufflammende Erinnerung an die Gewaltorgie, der er zum Opfer gefallen war. Am liebsten hätte er sich gar nicht mehr mit der Sache befaßt. Mit gemischten Gefühlen begab er sich daher zur Polizeiwache am Ehrenfelder Bahnhof. Unwirkliche Befürchtungen tauchten vor seinem inneren Auge auf, die er nur mit großer Mühe verdrängen konnte. So wurde er die Vorstellung nicht los, jederzeit könne ihm einer der Gewalttäter oder ein Mitglied seines weitverzweigten Anhanges über den Weg laufen und ihn daran zu hindern versuchen, zur Wache zu gelangen. Ängstlich versicherte er sich mehrfach, nicht beobachtet oder verfolgt zu werden. Auch wenn er sich mit dem Verstand klar machte, wie abwegig seine Gedanken waren, erzeugten sie ein schlechtes Gefühl. Angespannt stand er schließlich in dem Warteraum vor der Sicherheitsscheibe. „Ja?" schallte es ihm von dort entgegen. „Ich komme, um eine Aussage zu machen."

„Haben Sie Ihre Ladung dabei?"

Pascal zeigte das Dokument. Wenig später saß er im Vernehmungszimmer vor einem Schreibtisch. Längere Zeit saß er dort allein. Der Vernehmungsbeamte mußte zunächst eine andere Angelegenheit zu Ende bringen. Ob darin eine Taktik lag? Er war überzeugt, daß diesmal auf Herz und Nieren geprüft würde, ob man seiner Aussage glauben könne. Als der Kommissar schließlich ins Zimmer kam, fühlte sich Pascal, obwohl objektiv nichts dafür sprach, von oben bis unten gemustert. „So, Herr Ormunait, dann wollen wir mal. Sie haben ja inzwischen Routine, was eine Aussage bei der Polizei betrifft." Eine solche Anspielung hatte Pascal kommen sehen. „Dann wollen wir mal..."

Der Beamte rief den Vernehmungsvordruck auf und begann, nach den Schilderungen des Jungen den Sachverhalt aufzunehmen. Da er akribisch mitschrieb, mußte Pascal zwischen den einzelnen Sätzen lange Pause machen. Dem Gedankenfluß war das nicht förderlich. Dennoch kamen sie zum Schluß.

„Jetzt kommt das Wichtigste. Wir müssen die Täter identifizieren. Lichtbildvorlage. Das Procedere kennen Sie bereits."

Pascal kannte es. „Also, der hier hat mich auf die Zigarette angesprochen. Den erkenne ich wieder."

„Sicher?"

„Ja."

Der Kommissar registrierte die Angabe auf dem Vernehmungsblatt.

„Hat er Sie auch geschlagen?"

„Ich glaube ja."

„Glauben ist nicht Wissen."

„Nein, ich weiß."

„Wie verstehe ich das? Sie wissen, daß Sie es nicht wissen?"

„So wie ich mich erinnere, haben alle, die dabei waren, auf mich eingeschlagen und mich getreten."

„Alle? Auch der, der Sie gefilmt hat?"

„Hm..." Pascal überlegte. „Ich kann es wirklich nicht mit Gewißheit sagen. Es ging alles so schnell."

Es entpuppte sich als schwierig, den Überfall, den Pascal als Gesamtvorgang erlebt und in Erinnerung behalten hatte, in Einzelheiten aufzulösen, die gerichtlich verwertbar waren bzw. bewiesen werden konnten. Am Ende des Liedes hatte Pascal drei Tatbeteiligte erkannt. Es handelte sich um den „Bruder", der ihn um eine Zigarette angeschnorrt hatte, um den, der ihm mit dem Messer das Gesicht zerschneiden wollte, sowie um den Typen mit dem Handy, den Jüngsten der Bande. Je mehr sich Pascal anstrengte, desto deutlicher wurde die Erinnerung dennoch bezüglich einiger Details. Er sah das Kindergesicht des Filmemachers geradezu vor sich. Daß er tatsächlich erst sechzehn war, überraschte ihn trotzdem. Vielleicht ließ sich sein Verstand davon täuschen, daß südländische Jugendliche meistens älter wirken als sie sind, zumal sie Wert auf ihre Männlichkeit und deren Erkennbarkeit legen. Vielleicht sträubte sich aber auch sein Inneres dagegen, einem halben Kind eine solche Verdorbenheit zuzutrauen, wie sie sich in der Tat, der er zum Opfer gefallen war, zeigte. Trotz aller Erfahrung, ungeachtet aller Erkenntnisse über die Brutalität und standardisierte Gewaltbereitschaft jener Kreise, blieb Pascal fremd, wie jemand dazu kommen konnte, geradezu aus Spaß andere Menschen krankenhausreif zu schlagen, aus dem Nichts heraus. Teilnahmslos ließ Pascal die zähe Vernehmung an sich vorübergleiten. Ausgebrannt starrte er in den Feierabendverkehr, der sich über den Gürtel quälte. Die Mühlsteine hatten gerade erst begonnen, sich an seinen Hals zu legen.

In diese Zeit fiel es, daß das Schicksal des Nürnberger Clubs besiegelt wurde. Nach der beängstigend schwachen Hinrunde war der Trainer fällig. Hans Meyer, der den FCN noch im Mai des Vorjahres zum historischen Pokalsieg, dem ersten Titel seit der Meisterschaft vor neununddreißig Jahren, geführt hatte, führte nun ein ungeschicktes Regiment. Sein übertriebenes Bestreben, bei einem der seltenen Siege eine vermeintlich unangebrachte Euphorie zu unterdrücken, bewirkte eine noch weitaus weniger angebrachte Dauerkrisenstimmung. Er redete die Mannschaft herunter und sich um Kopf und Kragen. Soweit, so schlecht, die Mechanismen in der Bundesliga sind hart, aber vorhersehbar. Die Suche nach einem Ersatz ließ sich nicht umgehen. Pascals Favorit wäre Lothar Matthäus gewesen. Der Rekordnationalspieler brannte darauf, sich in der Bundesliga zu beweisen und hätte, was noch wichtiger war, das Zeug gehabt, einen Uli-Hoeneß-Effekt zu bewirken. Der Mannschaft mußte man nicht das Spielen beibringen, sondern das Siegen, und den Gegnern den Respekt. Die Lösung der Vereinsführung war eine denkbar schlechte: Thomas von Heesen, ein Bläßling, der Sachkompetenz, aber keine Brutalität ausstrahlte. Der 21. Februar wurde zum Fanal. Im UEFA-Cup überraschend weit gekommen, stand das Rückspiel gegen Benfica Lissabon an; ein 0:1 aus dem Hinspiel galt es aufzuholen. Der Club spielte traumhaft. Nach 65 Minuten war der Rückstand überglichen, selbst Angelos Charisteas, ansonsten sicherer Chancentod, hatte getroffen. Der Nackenschlag kam eine Minute vor

Schluß. Das Anschlußtor bedeutete das Aus, das 2:2 in der Nachspielzeit war bloße Formsache. Pascal saß versteinert vor dem Fernseher. Das Ausscheiden aus dem internationalen Wettbewerb war sekundär. Entscheidend war die psychologische Wirkung. Dieses Spiel hätte Euphorie auslösen könne, stattdessen läutete es die Todesglocken ein.

* * *

In unaufgeräumter Stimmung suchte Pascal in der folgenden Woche den vom Stiefvater bestimmten Rechtsanwalt in dessen Büro am Hohenzollernring auf. Die Anschrift klang aufbauend, doch um ein Büro im Sinne dessen, was Pascal sich darunter vorstellte, handelte es sich nicht. Vielmehr stand er – wie konnte es bei der Anschrift anders sein? – am Eingang eines Gebäudes, dessen Erscheinungsbild und Charakter sich nahtlos in seine Umgebung aus Versicherungen, Banken, Konzernverwaltungen als Herberge eines Wirtschaftsunternehmens einfügte. „Shepfield, Silberstein, Wednesday, Rechtsanwälte, Wirtschaftsprüfer, Steuerberater" prangte auf einem eleganten Türschild aus Plexiglas. Das Foyer des Hauses entsprach dem ersten Eindruck. Marmor und Edelstahl kündeten den Reichtum, der im Inneren verwaltet und gemehrt wurde. An einer großzügigen Theke mußte er sich anmelden. Im Prinzip ähnelte der Einlaß dem des Amts- und Landgerichts, nur daß hier alles eleganter und vornehmer war. Die Stimmen des Empfangspersonals wirkten distanziert, aber höflich, ihre Uniformen saßen korrekt. Erst nachdem seine Legitimität überprüft war, durfte Pascal den Weg in das Innere der „heiligen Hallen" fortsetzen. In einem ebenfalls mit Marmor ausgekleideten Fahrstuhl fuhr er in den vierten Stock. Dort fand er eine weitere Empfangstheke nur für „Shepfield, Silberstein" vor. Sie war Teil eines überaus großzügigen, mit teurem silbergrauem Teppich ausgekleideten Foyers. An den blitzendweißen Rauhfasertapeten hingen Bilder mit abstrakter Kunst, sämtlich aus grauen oder blauen Farbtönen, die den edeldezenten Charakter der Umgebung unterstrichen. An diesen Ort verirrte sich kein Rechtssuchender, keine Frage nach Gerechtigkeit, hier verkehrte das Management des Kapitals, das neben seinen betriebswirtschaftlichen auch einen juristischen Arm benötigte, um seine Schlagkraft vollständig zu entfalten. Die Dame der Einlaßmacht, es handelte sich um die Hauptsekretärin der Assozietät, lugte, wenn sie auf ihrem Sessel saß, kaum über den Rand hinaus. Erst als sie aufstand, wich der Eindruck der Skurrilität einer strengen Korrektheit. „Sind Sie die Strafsache?“ In dem kühlen Habitus der Frau, in deren Haar keine Sträne wagte, den genau drapierten Platz zu verlassen, lag kein Funke der rauhen Herzlichkeit der Pförtnerin bei der Staatsanwaltschaft. Wahrscheinlich würde sich der blonde Eisblock den Vergleich verbeten haben. Pascal nickte.

„Einen Moment.“ Der Eisblock griff zum Telefon. „Weber hier, die Strafsache ist da. – in Ordnung.“ Kurz aufblickend sagte sie zu Pascal: „Nehmen Sie bitte einen Moment Platz.“

Pascal sah sich auf eine Gruppe schwarzer Ledersessel verwiesen, die sich um einen Glastisch ordneten. Die Zeitschriften, die auf ihm bereitlagen, hießen „Financial Times Deutschland“, „Manager Magazin“, „Capital“, „Euro“, „Wirtschaftswoche“ oder „Handelsblatt.“ Einzig lebensnahes Blatt war die FAZ. Daneben erklärten eine Hand voll Flyer das Selbstverständnis der Kanzlei Shepfield Silberstein Wednesday als einer „international aufgestellten law firm“, die sich den Anforderungen eines globalisierten Rechtsmarktes gewachsen zeige. Maskenhaftes Lächeln der drei Firmenbosse, Partner genannt, glänzte von der ersten Seite der in Hochglanzpapier erstrahlenden Broschüre. Welten trennten diesen Businesstempel von den justizbehördlichen Niederungen des Amtsgerichts. Wurden hier die Rennpferde ins Spiel des großen Geldes geschickt, mußten dort die Ackergäule ihr mühevolles Geschäft der Konflikte des Lebens verrichten. Doch beide fraßen den Hafer derselben Paragraphen. Pascal zog die Bodenständigkeit der Ackergäule vor, trotz aller Unzulänglichkeiten. Er ärgerte sich darüber, daß sich Frau Weber, die in seinen Augen nichts als eine bessere Tippse war, keine Mühe gab, ihm zu verbergen, daß die Gefälligkeit, die der Anwalt seinem Stiefvater schuldete, einen unstandesgemäßen Störfall im Betriebsablauf ihrer Fabrik darstellte, in der sie die Ehre hatte, als Türsteherin zu wirken. Um eine Provokation war er nicht verlegen. Betont gelangweilt fledderte er durch die Journale und fragte vorwurfsvoll: „Den ‚Kikker’ haben Sie nicht oder den ‚Playboy’?“

„Wie bitte?“ Frau Weber schaute echauffiert auf. „Tzzz.“

„Herr Ormunait?“ Ein hochgewachsener Herr im Alter des Stiefvaters, mit wohlfrisierten braunen Haaren, dunkelgrauem Anzug, feinem Hemd, italienischen Lederschuhen, stand an der Theke. Zweifellos trug der Mann das Doppelte des Monatsgehaltes, das Kevin in seinem Handwerk erschwitzte, auf dem Körper. „Dr. Matthias Laudan mein Name. Ihr Vater hat mich gebeten, mich Ihrer Sache anzunehmen. Kommen Sie bitte."

„Habe ich doch einen Namen", dachte Pascal und begrüßte den Anzugträger, der ihn bat, ihm zu seinem Büro zu folgen. Unterwegs begegneten ihnen einige Kollegen des Anwaltes. In den Gesichtern dieser „Associates", wie sie von Herrn Dr. Laudan genannt wurden, spiegelte sich das Grau oder Anthrazit ihrer uniformen Anzüge. Ihre Bewegungen wirkten einstudiert, ihre Mimik schemenhaft. Wenn man den Ausdruck vollkommener Ausdruckslosigkeit kreieren wollte, fand man ihn hier. Alle eilten mit schnellen Schritten durch die Gänge, nickten Pascal und seinem Einweiser mit einer geschulten Freundlichkeit, die sich nicht gestattete, die Sympathiegrenze zu erreichen, zu und verschwanden wie die Ameisen in ihren Bürozellen.

Das Innenleben der Wirkungsstätte von Pascals Zwangsverteidiger setzte fort, was im Eingangsbereich begonnen hatte: spartanische Eleganz vor einer großen Fensterfront mit Blick auf den Hohenzollernring. Bücherregale mit Glasböden bildeten neben dem Schreibtisch, der gleichfalls aus einer Glasplatte bestand, den wesentlichen Teil der Einrichtung. Von dem Deckenfluter über eine Tischlampe aus Stahlrohr bis zum 19 Zoll LED-Flachbildschirm entsprach sie modernsten Maßstäben. Bevor Dr. Laudan mit der Besprechung beginnen konnte, sprang die soeben geschlossene Tür wieder auf. Ein Mann mit schütterem grauem Haar, den Pascal von der ersten Seite der Fabrikbroschüre wiedererkannte, beugte sich in das Arbeitszimmer. „Vergessen Sie die Telco mit den Amerikanern nicht."

„Nein, wir brauchen nicht lange, keine Sorge. Ich komme gleich." Herr Dr. Laudan saß inzwischen in seinem schweren Sessel hinter dem Schreibtisch, lässig das eine Bein über das andere geschlagen. Die Strafsache Pascal würde ihn nicht lange aufhalten. „Wir müssen immer auf einer Höhe mit London, New York und Shanghai sein. Im internationalen Geschäft zählt Flexibilität. Aber was sage ich Ihnen, kommen wir zu uns: Ihr Vater hat mir nur Andeutungen gemacht. Sie scheinen ja ein ganz schöner Strolch zu sein. ‚Widerstand', kleiner Revoluzzer, was? Naja, wir haben alle mal gekifft." Dr. Laudan hielt Pascal ein Zigarettenetui aus gebürstetem Edelmetall hin.

„Danke, ich rauche nicht."

„So?“ Herr Dr. Laudan zeigte sich überrascht, aber um eine Wendung zu seinen Gunsten nicht verlegen: „Ist auch besser so, hält die Haut jung. Also, nun lassen Sie uns zur Sache kommen. Ihr Vater hat mich grob ins Bild gesetzt. Heute können wir allerdings nur die ersten Formalitäten erledigen. Füllen Sie mir bitte diese Vollmacht aus, damit ich die Ermittlungsakte anfordern kann. Anschließend sehen wir weiter. Mehr können wir erst einmal nicht machen.“

Er schob Pascal einen Vordruck über den Schreibtisch. Der Junge zögerte. Dr. Laudan bemerkte einen Anflug von Unsicherheit. „Sie können beruhigt sein. Ich bin zwar in erster Linie Steuerrechtler, aber die Kenntnis der Strafprozeßordnung dürfen Sie mir schon zutrauen, die gilt bei uns nicht anders. Und wie mit kleinen Staatsanwälten umzugehen ist, wissen wir hier auch. Das gehört zu den Anfängerübungen.“ Er tippte auf die Vollmacht. „Ich möchte nicht unhöflich sein, aber wir wollen bitte zum Abschluß kommen. Sie gehen kein finanzielles Risiko ein, Ihr Vater trägt die Kosten, falls überhaupt welche anfallen.“

Die aufkommende sanfte Hektik steigerte Pascals Unbehagen. Er verspürte wenig Lust, sich Herrn Dr. Laudan anzuvertrauen. Andererseits war seine Unterschrift das einzige Mittel, die Vorstellung zu beenden und den Weg zurück in die Freiheit zu finden.

Die Tinte auf dem Vordruck war noch nicht trocken, als sich der Fabrikdirektor wieder in Erinnerung brachte. „Jetzt wird es aber Zeit, Herr Laudan.“ Ungeduldig tippte der Grauhaarige auf die Armbanduhr.

„Wir sind schon fertig!“ Dann drehte er sich noch einmal zu Pascal: „Wenn Sie Fragen haben, scheuen Sie sich nicht, jederzeit anzurufen. Ansonsten melden wir uns, wenn die Akten gekommen sind. Herr Kurbjuweit bringt Sie zur Tür. Auf Wiedersehen.“ Schon stand er draußen.

Draußen stand auch Pascal, auf dem Gang in Empfang genommen von einem Rechtsreferendar, der mit seinen etwa 25 Jahren schon gelernt hatte, international und globalisiert auszusehen. Mit distanzierter Höflichkeit geleitete er Pascal an der Weberschen Hexe vorbei zum Aufzug. „Bis zum nächsten Mal.“ Wenig später stand Pascal vor der Tür. Er atmete auf.

* * *

Sein Gefühl hatte nicht getrogen. Die Klausuren waren daneben gesetzt. Mathe fünf, Englisch fünf, Geschichte nur drei minus. Nicht nur der Schnitt war nach unten gerutscht, das Abitur selbst konnte danebengehen. Denn zum Bestehen reichte nicht nur ein positiver Durchschnitt der Beurteilungsfächer der letzten beiden Oberstufenjahre, auch die Prüfung selbst mußte über dem Strich liegen. Die Wahrscheinlichkeit nahm zu, daß Pascal ein böses Los ereilen würde. Die erlittenen Verletzungen machten es nicht besser. Mehrfach mußte er zu Nachuntersuchungen oder -behandlungen. Nach zwei Wochen traten Komplikationen an einer Rippe auf, die einen nochmaligen Krankenhausaufenthalt zur Beobachtung für drei Tage erzwangen. Die Befürchtungen entpuppten sich zum Glück als unbegründet, jedoch hatte er wieder Zeit verloren. Besonders schwierig gestaltete sich die Zahnproblematik. Eines der Implantate entzündete sich und mußte wieder ausgetauscht werden. Die Arzttermine lagen meistens vormittags, so daß Pascal den Unterricht ausfallen lassen mußte. Die Zeiten, in denen er sich darüber gefreut hatte, gehörten der Vergangenheit an. Aktuell befiel ihn die Angst, den Stoff zu verpassen und das Abitur nicht zu schaffen. Kai präsentierte einen gutgemeinten Einfall: „Laß Dich doch zurückstufen."

„Meinst Du, das geht?"

„Warum soll es nicht gehen?"

„Weil ich mir nicht vorstellen kann, daß man so mir nichts dir nichts die Stufe wechseln kann, nur weil einem der Schnitt nicht paßt, da könnte doch jeder kommen."

„In Ausnahmefällen geht es bestimmt, frag' doch mal den Alten." Mit dem Alten war der Direktor, Herr Dr. Messerschmidt, gemeint, ein Philologe vom alten Schlag, der Latein und Geschichte unterrichtete. Allein durch die Fächerkombination stellte er den lebenden Gegensatz zur aufgeklärten Modernität dar, die das Heilig-Geist gerne demonstrierte. Pascal erschien Kais Vorschlag zunächst abwegig, doch je länger er darüber nachdachte, desto mehr Gefallen fand er daran. Die Mutter war dagegen. Einen rationalen Grund nannte sie nicht, vielmehr beunruhigte sie die Vorstellung, daß etwas aus dem Lot geriete, etwas einen unvorhergesehenen Verlauf nahm, was für sie gleichbedeutend mit unsicherem Verlauf war. Der Stiefvater sah es pragmatisch. Wichtig sei, was am Ende herauskäme, und das sei der Notenschnitt.

Am letzten Tag vor den Osterferien sprach Pascal beim Alten vor. Für ihn stand die Entscheidung keineswegs fest. Im Gegenteil: Unschlüssiger als je zuvor, machte er sich auf den Weg durch die Schulflure. Eigentlich ging es ihm darum, Rat und Zuspruch zu bekommen. Denn er wurde den Eindruck nach wie vor nicht los, daß sich die Lehrer ihm gegenüber, seitdem er aus dem Krankenhaus entlassen worden war, irgendwie anders verhielten. Er hätte sein Gefühl an keinem konkreten Ereignis festmachen können; eine Art atmosphärischer Störung, unterschwellig nur, aber deshalb umso mulmiger: ein kleines Tuscheln hier, auch unter den Schülern, ein unhöfliches Verweigern eines ‚Guten Morgen' da. Für Kai hörte Pascal die Flöhe husten: Anscheinend hätte er doch einen kleinen Dachschaden davon getragen, als er zusammengeschlagen wurde. Tuschelei sei im Übrigen etwas Gutes. Vor allem, wenn es von den Weibern käme – dies sei ein sicheres Anzeichen, daß sie geil seien; das gelte auch für die Lehrerinnen, die träumten alle davon, von knackfrischen Oberstufenschülern zwischen den Oberschenkeln befingert zu werden. Aber Pascal hatte keinen Dachschaden. Die Schwierigkeiten waren handfest und unübersehbar, er würde sie ausräumen. Je näher er dem Arbeitszimmer des Alten kam, desto fester wurde sein Entschluß, alles so zu belassen, wie es war, und um sein Abitur zu kämpfen. Man konnte Unannehmlichkeiten nicht entgehen, indem man die Flucht ergriff. Besser Durchfallen als Kneifen. Das hätte Großvater genauso gesehen. Wer kämpft, kann verlieren; wer nicht kämpft, hat schon verloren. Mit dem guten Gefühl, im Einklang mit Opa zu sein, klopfte Pascal an die Tür.

„Herein!"

Zu seiner Überraschung traf er nicht nur auf einen gut vorbereiteten Direktor, sondern auch auf zwei „Assistenten": Dr. Kirchner sowie die Stufenleiterin, Frau Wirthmann-Heesch, saßen mit am runden Tisch des Besprechungszimmers.

„Guten Tag, Herr Ormunait. Bitte nehmen Sie Platz." Die betonte Freundlichkeit des Direktors ließ nichts Gutes erwarten, zumal sie von den eisigen Gesichtern der beiden Kollegen kontrastiert wurde. „Wir können die Formalien schnell erledigen. Ihre Stufenleitung ist einverstanden. Mit der Bezirksregierung habe ich auch schon gesprochen. Von deren Seite sind keine Widerstände zu erwarten. Bitte unterschreiben Sie hier."

Pascal blickte, mehr als irritiert, sich vor vollendete Tatsachen gestellt zu sehen, auf den Direktor. „Was meinen Sie denn?“

„Ihr Rückversetzungsgesuch wird positiv beschieden.“

Pascal hatte Mühe, sich zu fassen. „Das wollten wir doch heute erst einmal durchsprechen. Ich bin noch nicht sicher.“

Der Direktor nahm eine behördliche Haltung an. „Sehen Sie mal, Herr Ormunait, wir verstehen vollkommen, daß der Schritt für Sie kein ganz leichter ist. Deshalb haben wir in alle Richtungen gedacht, und glauben Sie bitte, wir haben unser Vorgehen nicht nur oberflächlich abgehakt. So ist es für alle Beteiligten das Beste.“

Was konnte das zu bedeuten haben, wenn der Alte von „allen Richtungen“ sprach, in die „gedacht“ worden war? Als hätte er die Frage gehört, bevor Pascal sie stellen konnte, erklärte der Schulleiter: „Es war zu erwägen, ob Sie uns überhaupt verlassen, aber das hätte unnötig Staub aufgewirbelt. Das ist vom Tisch. Sie können bei uns bleiben, es sei denn natürlich, Sie bestehen darauf, Ihre schulische Laufbahn an einem anderen Gymnasium fortzusetzen. Aufs Schillergymnasium könnten Sie zum Beispiel problemlos wechseln. Bei den dortigen Kollegen habe ich vorgefühlt, aber um mich zu wiederholen, unsererseits ist diese Lösung vom Tisch.“

Pascal war wie vor den Kopf geschlagen. Der Direktor hatte ihm soeben nichts anderes mitgeteilt, als daß er allen Ernstes erwogen hatte, ihn abzuschieben. Er konnte sich nicht den geringsten Reim auf das Gehörte machen. Herr Dr. Kirchner unternahm es, für Aufklärung zu sorgen. „Sie haben Kontakt in die rechte Szene.“

„Was?“ Pascal starrte seinen Geschichtslehrer ungläubig an.

„Wissen Sie eigentlich, wo Sie hier sind?“ legte Kirchner nach. Nichts war von der auf Fairneß gebügelten sachlichen Gegnerschaft innerhalb des Kurses geblieben. „Wir haben seit fünf Jahren eine sehr fruchtbringende und ebenso sensible Partnerschaft mit einer Schule in Israel, wir sind an ein Netzwerk gegen Rechtsextremismus angeschlossen, zu unseren höchsten Erziehungszielen gehört die Vermittlung interkultureller Kompetenz.“ All das war bekannt, jedoch wußte Pascal nicht, was es mit der Frage seiner eventuellen Rückversetzung zu tun haben sollte. Er war doch hier, um zu erörtern, wie man mit seinem durch den Krankenhausaufenthalt und die Folgen des Angriffs bedingten Lernausfall umgehen sollte.

„Sind Sie ein Ausländerfeind?" schaltete sich nunmehr Frau Wirthmann-Heesch ins Gespräch ein, das auf diese Weise zum Kreuzverhör erweitert wurde.

„Ich bin kein Ausländerfeind, ich wäre auch gern nach Israel gefahren, ich habe keinen Kontakt in die rechte Szene, und ich glaube auch nicht, daß es Sie etwas anginge, wenn es anders wäre."

Pascal versuchte, seine Fassung zurückzugewinnen. Doch der Direktor hielt ein wohlgefülltes Arsenal argumentativer Munition bereit: „Was Sie glauben, Herr Ormunait, sei Ihnen unbenommen, aber das ist, mit Verlaub, in diesem Fall von geringerem Belang. Wir müssen uns an die Fakten halten. Kennen Sie einen Kevin Schultz?"

Dieses Stichwort traf Pascal vollkommen unvorbereitet. Frau Wirthmann-Heesch schien darauf indes wie auf ein Sturmsignal gewartet zu haben, denn wie auf Kommando legte sie wortlos ein Flugblatt auf den Tisch. „Das hat die Antifa-AG erarbeitet." Stolz lag in ihrer Stimme.

Pascal nahm das Papier zur Hand. Auf der Vorderseite war ein Haus abgebildet. Pascal kannte es. In der letzten Zeit hatte er es öfter aufgesucht, in der allerletzten jedoch nicht mehr, leider. Ein Pfeil wies auf das Klingelschild, das in vergrößerter Form auf einem zweiten Bild hervorgehoben wurde: Kevin Schultz. „Hier wohnt ein Neonazi!" lautete die reißerische Überschrift. Die Rückseite bestand aus einer nahezu vollständigen Datensammlung, die kaum eine Information über Kevin nicht enthielt. Dort stand alles, was das Antifa-Herz begehrt: Lebenslauf, Telefonnummer, E-Mail-Anschrift, derzeitige und ehemalige Sportvereine und natürlich in genüßlicher und epischer Breite dessen Verurteilungen. Das Pamphlet schloß, was Pascal als besonders perfide empfand, mit einer genauen Beschreibung des Audi 200 einschließlich des Kfz-Kennzeichens, bekrönt von folgendem Text: „Kevin ist nicht nur Ausländerhasser, Lügenhetzer, Naziabschaum, Charakterkrüppel, sondern auch Autofreak. Er freut sich über jeden Besuch und besonders über jede zündende Idee, die seinen Audi 200 verschönert. Auch für schlagende Argumente hat er immer ein offenes Ohr. Am liebsten hat er es, wenn viele Freunde kommen. Auf Leute! Antifaschismus heißt Widerstand! Macht dem kleinen Pisser und seiner Nachbarschaft klar, daß er nicht geduldet ist."

Pascal war entsetzt über diesen glatten und in seinen Augen strafbaren Aufruf zur Gewalt. Die Stufenleiterin hatte eine andere Perspektive: „Dieser Schultz ist ein ganz Schlimmer, ein ganz Fanatischer." Frau Wirthmann-Heesch platzte vor nicht nur gespielter Empörung.

„Und das Flugblatt finden Sie gut?"

„Ich finde gut, daß unsere Schüler Zivilcourage zeigen", erwiderte die Lehrerin spitz.

Bevor die politische Auseinandersetzung zu entgleiten drohte, schritt der Direktor ein: „Bitte, meine Damen und Herren, lassen wir doch die Mätzchen." Er räusperte sich. „Herr Ormunait, wir wissen Bescheid. Wir wissen, daß Sie eine falsche Verdächtigung begangen haben. Gut, Sie sind noch nicht verurteilt, aber der Sachverhalt als solcher liegt klar zu Tage, das bestreiten Sie doch nicht."

„Nein", antwortete Pascal kleinlaut. Er wunderte sich nicht einmal, daß das Verfahren gegen ihn durchgesickert war; Kölner Verhältnisse, man kennt sich, und der Karneval begünstigt nicht nur den Austausch von Körperflüssigkeiten, sondern auch den von Informationen. Die ganze Schule wußte, wie tief der Direktor im Vereinswesen der Stadt verwurzelt war. Auch beim FC war er eine Nummer. Dort saß er im erweiterten Vorstand. Mehrfach in der Saison konnte er für die Schüler Freikarten organisieren.

„Sehen Sie", fuhr er fort. Er hatte zu alter Jovialität zurückgefunden. „Und mit Widerstand gegen die Staatsgewalt ist auch etwas im Busch, oder?" Pascal schwieg verkniffen. „Sie brauchen sich dazu nicht zu äußern. Jedenfalls sind Sie in ein Geflecht von – nun, wie drücke ich mich aus? – in ein Geflecht von Fragwürdigkeiten geraten. Es gibt Gerede. Ich sehe das nicht so emotional wie manche Kollegen. Selbstverständlich können Sie in Ihrer Freizeit machen, was Sie wollen."

„Ach", fiel Pascal Herrn Messerschmidt ironisch ins Wort. „Sagen Sie bloß, ich darf mir sogar meine Freunde selber suchen?"

„Unbelehrbar", rief die Empörte. Herr Dr. Kirchner schüttelte den Kopf. Der Direktor ließ sich nichts anmerken. „Der Punkt, um den es geht, ist, um es zu wiederholen, das entstehende Gerede. Ich werfe Ihnen nicht einmal Absicht vor. Wir wissen ja, ich möchte Ihnen nicht zu nahe treten – aber daß Ihnen eine gewisse Naivität zu eigen ist, können Sie nicht bestreiten. Wir haben Unruhe an der Schule, Gerüchte. Besorgte Eltern rufen an. Stellen Sie sich vor, ein Vater fragte, ob es bei uns ein ‚Nazinest' gäbe, ist das nicht ungeheuerlich?" Der Direktor lachte auf. „Da kommt Ihr Unfall gerade recht. Sehen Sie es so: Wir nehmen Sie ein wenig aus der Schußlinie. Damit ist allen gedient. Ich sagte schon, wir hatten weitergehende Schritte durchdacht, aber die hätten erst recht zu Nachfragen Anlaß gegeben. So ist es das Beste. Sie sind gesundheitlich derzeit nicht in der Lage, am Unterricht teilzunehmen. Das begreifen alle, und im August, wenn das neue Schuljahr beginnt, redet sowieso niemand mehr über die Sache. Es ist nur im Moment, da alles frisch ist, sehr heikel. Wenn wir uns so entscheiden, wie ich Ihnen dargelegt habe, können Sie ein Jahr später in aller Ruhe Ihr Abitur machen, und uns kann niemand mangelnde Sensibilität im Kampf gegen den Rechtsextremismus nachsagen." Der Direktor zeigte sich sehr befriedigt über sein hohes Maß an Bauernschläue.

„So." Herr Dr. Messerschmidt – er klang mit einem Mal streng und drängend – klopfte mit harten Fingern auf Pascals Rückstufungsantrag. „Den unterschreiben Sie spätestens bis Montag. Sie können ihn im Sekretariat abgeben. Wir können Sie nicht zwingen, das ist klar, aber wir ziehen das durch, so oder so. Bis Montag will ich die Angelegenheit vom Tisch haben. Noch Fragen?"

Keiner sagte ein Wort. „Dann danke ich Ihnen." Damit begleitete er Pascal vor die Tür. Einen Abschiedsgruß sprach niemand.

* * *

Auf dem Flur versuchte Pascal sich zu sammeln. Erst allmählich und unvollständig begriff er den Vorgang. Mitleid für seinen Opfergang hatte er nicht verlangt, Unterstützung wäre angemessen gewesen, aber daß er ohne jedes Verschulden zum Buhmann gemacht würde, hatte er wahrlich nicht erwartet. Was für ein Hammer! Vergeblich versuchte er Kai anzurufen, dessen Handy abgestellt war. Per SMS versandte er eine Rückrufbitte. Er brauchte einen Kaffee. Dafür mußte er zum Automaten ein Stockwerk höher gehen. Zitternd nahm er den Pappbecher mit der heißen Flüssigkeit aus dem Gerät. Dabei verschüttete er vor Aufregung die Hälfte. Den Rest trank er in einem Zug. Eine im Wortsinne verbrannte Zunge war die Folge. Auf dem Weg zum Ausgang kam er wohl oder übel noch einmal an dem Zimmer des Direktors vorbei. Als er es noch keine zwei Meter passiert hatte, hörte er, wie sich die Tür öffnete und jemand den Gang betrat. „Herr Ormunait!“ Die Stimme des Direktors klang versöhnlich. Pascal drehte sich um. Der Schulleiter winkte ihn zu sich heran, und als er sich vergewissert hatte, daß niemand die beiden sehen konnte, legte er mit aufgesetzter Kameradschaftlichkeit einen Arm auf Pascals Schulter. „Ich weiß, wie unangenehm die Angelegenheit ist. Ich fühle mich selbst nicht wohl dabei, aber ich kann auch nicht immer so, wie ich will. Wir müssen sehen, daß wir uns nicht angreifbar machen. Daran hängt sehr viel. Die Fördergelder für den Israelaustausch und so weiter und so fort. Ich muß nicht ins Detail gehen.“ Er sah sich noch einmal vorsichtig in alle Richtungen um. „Wer die Scharfmacher waren, können Sie sich vorstellen, bei Frau Wirthmann-Heesch hätten Sie kein Bein mehr auf die Erde bekommen, und Herr Dr. Kirchner sieht es nicht viel anders. Der Weg, den wir gefunden haben, ist auch für Sie der beste, das werden Sie bald einsehen. Aber das bleibt unter uns.“ Noch einmal drehte sich Herr Messerschmidt um, hielt seinen Mund ganz Dicht an Pascals Ohr und flüsterte: „Ich ticke doch ähnlich wie Sie ... die ganzen Ausländer hier ... das weiß doch jeder, daß das Maß überschritten ist. Beim nächsten Mal wähle ich die Bürgerbewegung.“

„Soso“, sagte Pascal und befreite sich unsanft aus der Umklammerung. „Sie ticken also wie ich. Sind also auch Clubfan. Ich dachte, Sie schwören auf den FC?“ Der Direktor wollte humorvoll tun, doch es gelang ihm nur ein künstliches Lachen. „Und die Bürgerbewegung wähle ich auch nicht, die ist mir zu unglaubwürdig und zu reißerisch.“ Damit ließ er den Direktor mit offenem Mund stehen.

* * *

Zu Hause sinnierte er, ob er mehr hätte erreichen können, wenn er sich von Kevin distanziert hätte. In Kreisen der aufgeklärten Inquisition kommt solches immer gut an, sofern es nicht als lediglich notwendiger, aber keinesfalls hinreichender Auftakt zum Widerruf angesehen wird. Doch ungeachtet vom Ertrag würde er so etwas niemals tun. Einmal hatte er ihn verraten. Ein zweites Mal würde es nicht geben. Auch wenn er sich eine Aussöhnung nicht zutraute, zu sehr glaubte er den Kameraden verletzt zu haben, zu sehr belastete ihn sein Ungeschick, aber hinter seinem Rücken schlecht über ihn zu reden oder Schlimmeres, brauchte keiner von ihm zu erwarten.

Das Handy klingelte: „Und?“ fragte Kai, „wie ist es gelaufen?“

„Beschissen. Die haben mich aufs Abstellgleis geschoben!“

„Oh“, sagte Kai, „nicht gut.“

„Nein, gar nicht gut.“

Pascal erläuterte, was sich zugetragen hatte. Eine Pause trat ein. „Mußt das Beste draus machen, mehr geht nicht“, ergriff Kai schließlich das Wort.

„Stimmt, mehr geht nicht, werd’s versuchen.“

Am Wochenende grübelte Pascal über seine Entscheidung. Noch hatte er nicht unterschrieben. Zunächst war der Wille, das Abgeforderte genau deshalb nicht zu tun, weil es abgefordert wurde, vorherrschend. Die Mutter war ihrerseits umgeschwenkt, weil für sie nicht falsch sein konnte, was der Direktor nahelegte. Schließlich ergab sich Pascal seinem Schicksal. Eine nicht unerhebliche Rolle spielte die erhoffte Ruhe an der Heimatfront. Am Montag reichte er das Gesuch sein.

* * *

Ein Gang blieb noch zu gehen: Am Nachmittag stand der zweite Termin bei Rechtsanwalt Laudan an. Die Ermittlungsakten der Staatsanwaltschaft waren gekommen. Man kann an der Art, wie eine Person spricht, die Haltung, die sie gegenüber dem Gesprächspartner einnimmt, sofort ablesen. Das gilt auch, ja in höherem Grade, für Telefongespräche. Die Stimmlage, die Auftaktworte, das Maß der Förmlichkeit, die Länge der Sätze bringen die entscheidende Aussage auf den Punkt, bevor sie beim Namen genannt wird. Wenn beispielsweise ein Date abgesagt wird, erkennt es das abzuschiebende Objekt im Bruchteil jener Sekunde, in dem das „Hallo“ des wortbrüchigen Parts durch den Hörer schallt. Ein solches „Hallo“, in Gestalt eines „Guten Tag, Herr Ormunait“, gesprochen vom Eisblock der „International law firm Shepfild, Silberstein, Wednesday“, hatte Pascal die entmutigende Botschaft verkündet. „Herr Dr. Laudan möchte Sie in der Strafsache sprechen.“ Einzelheiten würde er ihm selbst mitteilen. An Unheilsprophezeihungen sind die vielsagenden Vorenthaltungen das bedrückendste. Denn sie lösen ungehemmte Phantasien dessen aus, was an

Schlimmem und noch Schlimmerem bevorstehen könnte. Sie stellen das bei rationalem Nachdenken realistischerweise zu Erwartende bei weitem in den Schatten. Doch in solchen Fällen nützt kein rationales Denken. Ist die Seele erst einmal in negative Schwingungen versetzt, kann sie nur der Eintritt des bösen Ereignisses selbst erlösen, wie aus einem Bann.

Getrieben von derlei Vorahnungen erreichte Pascal über den Marmorfahrstuhl die Anwaltsfabrik, in deren Personal Pascal alles erblicken konnte, nur nicht das, was er, verfassungsmäßig verankert, vorzufinden hoffte: rechtlichen Beistand. Der Eisblock, dessen Temperatur gegenüber dem letzten Mal noch um einige Grad abgekühlt war, winkte ihn gleich durch. „Herr Dr. Laudan wartet schon auf Sie.“ Der Abfertigungseifer verschaffte Pascal ein wenig Erleichterung. Wenn es schon aufs Schafott gehen sollte, dann lieber sofort.

Pascals Ahnung hatte nicht getrogen. Die Haltung eben noch wahrend, darauf bedacht, sich keine Verfehlung im Ton durchgehen zu lassen, erwartete ihn der Unternehmensberater. Die Hände vor sich gefaltet, forderte er Pascal mit einer Kopfbewegung auf, sich an den Besucherplatz des großen Schreibtisches zu setzen: „Bitte!“

„Danke.“ Auf der Arbeitsfläche lagen akkurat nebeneinander in einem roten Pappdeckel die Originalakte der Staatsanwaltschaft Köln sowie eine vollständige Kopie. „Für Sie.“ Mit den Fingerspitzen der ausgestreckten rechten Hand schob er die Ablichtungen, so als wollte er sie möglichst nicht berühren, einige Millimeter in Richtung Pascal, der das Zeichen verstand und sie eigenhändig an sich nahm. „Sie haben Kontakte zur rechten Szene.“

Diese Behauptung hatte Pascal vor kurzem schon einmal vernommen. Wie ihm mittlerweile klar geworden war, verstand man dies nicht als Beschreibung eines geistigen Standortes, sondern als ein charakterliches Verdikt. „Das stimmt nicht“, gab er reflexartig zurück. Kaum, daß die Worte über seine Lippen gekommen waren, ärgerte er sich, nicht ein trotziges „Na und?“ hingeworfen zu haben. Zwar hatte der gesprochene Satz die Wahrheit für sich. Pascal hatte keinen Kontakt zu einer Szene, welcher Art auch immer. Er hatte sich einige Male mit einem Freund getroffen, den er von früher kannte, und war dabei zwischen die Mühlen der Justiz geraten, fatalerweise zur gleichen Zeit, als er sich zu einer Dummheit hatte hinreißen lassen, die das Strafgesetzbuch als falsche Verdächtigung benennt. Das war alles. Aber nur der nicht gesprochene

Satz wäre geeignet gewesen, Herrn Dr. Laudan seine berufliche Verpflichtung zur Mandantenloyalität nachdrücklich in Erinnerung zu rufen. Doch solche kaltschnäuzige Renitenz konnte Pascal in seiner Lage nicht aufbringen. Er war das Objekt, dem ein Date gekündigt wurde und das eher zur Resignation denn zum Aufbäumen neigte.

Die kalte Stimme des juristischen Fabrikarbeiters riß ihn in die Gegenwart. „Ich kann für Sie nicht weiterarbeiten. Wenn bekannt würde, daß wir für jemanden mandatiert sind, der die Hausdurchsuchung bei einem Rechtsradikalen verhindern wollte, hätte das für uns verheerende Konsequenzen. Wir arbeiten in einem globalisierten Markt. Da ist kein Platz für Nationalismen. Interkulturelle Kompetenz ist eines unserer wesentlichen Markenzeichen. Nicht auszudenken, wenn auch nur der Anschein entstehen könnte, daß wir mit solchen Gestrigkeiten Berührungspunkte haben."

Eine peinliche Stille durchflutete den Raum. Pascal blätterte durch seine Kopien. „Die dürfen Sie mitnehmen" beeilte sich ihm Dr. Laudan deutlich zu machen, daß er ihn loswerden wollte. „Außerdem bin ich kein Strafverteidiger im engeren Sinne. Ich bin Steuerrechtler. Wir haben zwar am Rande auch mit dem Hauptstrafrecht zu tun, aber letztlich sind beides vollkommen verschiedene Rechtsgebiete. Sie brauchen einen echten Verteidiger."

„Hm, hatten Sie nicht letztes Mal...?" Weiter kam Pascal nicht, der Fabrikjurist unterbrach ihn barsch: „Ich will nicht völlig ausschließen, etwas unterschätzt zu haben. Es tut mir leid, wenn ich falsche Vorstellungen bei Ihnen geweckt haben sollte. Ich kann für Sie nicht auftreten, sorry, es geht nicht. Wenn Sie keine Fragen mehr haben, können wir zum Abschluß kommen. Um den Formalien Genüge zu tun, bitte ich Sie noch um eine Unterschrift." Damit überreichte er Pascal eine Erklärung, mit der er die Mandatskündigung zu bestätigen hatte. „Vielen Dank. Das geben Sie bitte Ihrem Vater". Er klopfte auf einen verschlossenen Umschlag, den Pascal bislang nicht beachtet hatte. Dr. Laudan stand bereits an der Tür. „Sie finden hinaus. Auf Wiedersehen."

„Lieber nicht!"

* * *

Auf den Schock brauchte Pascal einen Schnaps. Bis zum Feynsinn war es nicht weit. Dort würde er auch die Akte studieren können. Um draußen zu sitzen, war es um die Jahreszeit noch zu kalt. Also nahm Pascal im Inneren des Bistros Platz. Er wählte einen Tisch am Fenster, so daß er das Treiben auf dem Rathenauplatz beobachten konnte. Nach zwei Schnäpsen zum Aufwärmen begann er, sich in die Strafakte zu vertiefen. Wie er lesen konnte, waren die beiden Tatvorwürfe wegen der falschen Verdächtigung und des angeblichen Widerstandes gegen Vollstreckungsbeamte zu einem sogenannten verbundenen Verfahren zusammengefaßt worden. Nur der kleinere Teil des Konvoluts befaßte sich mit den Vorfällen, um die es eigentlich ging. Der große Rest bestand aus Ladungen, Anhörungsbögen, Erfassungen, Anschreiben, Beschlüssen. Unter ihnen war der gegen Kevin gerichtete Durchsuchungsbeschluß des Amtsgerichts Köln. Pascal staunte nicht schlecht. Als Grundlage entpuppte sich eine Bestellung, die Kevin bei einem CD-Versand in den USA aufgegeben hatte. Die bestellte Ware sei indiziert und enthielte auf dem Cover Kennzeichen verfassungswidriger Organisationen; ihre Einfuhr sei strafbar. Die Hausdurchsuchung habe mithin zum Auffinden tatbestandsmäßigen Materials gedient. Die Folgeseite zeigte eine großformatige Abbildung des verbotenen Kennzeichens. „Odalrune“ lautete die Bildunterschrift. Es kam Pascal bekannt vor, er wußte jedoch nicht, woher. Als zufällig ein Streifenwagen der Polizei seine Runde fuhr, fiel Pascal ein, wo er das Kennzeichen schon einmal gesehen hatte: Bei seiner Musterung hatte einer der Soldaten genau das gleiche Symbol als Dienstgradkennung auf der Schulterklappe geführt. Seiner Erinnerung nach handelte es sich um einen Hauptfeldwebel. „Seltsam“, murmelte er. Allmählich mußte er sich eingestehen, daß Kevin so Unrecht doch nicht gehabt hatte, als er ihm von den Absurditäten der Zeichen- und Denkverbote im freiesten aller Staaten erzählt hatte. Umso mehr schmerzte Pascal der Bruch mit dem Freund, den ausschließlich er selbst – so sah er es jetzt – zu verantworten hatte.

Pascal schlug die nächste Seite auf. Es wurde spannend, er kam zu der Stelle, an der stand, was er lesen wollte: den Durchsuchungsbericht. Den Anfang machte ein Satz Fotos, den die Beamten von Kevins Wohnung aufgenommen hatten, denen wiederum eine einleitende Beschreibung vorangestellt war. „Die Wohnung des Beschuldigten ist eine klassische Einraumwohnung. Von einer kleinen Diele zweigt ein Badezimmer ab. Geradeaus kommt man in den

Hauptraum. Er dient sämtlichen Wohnzwecken, einschließlich Kochen, Essen und Schlafen, und macht einen insgesamt unordentlichen Eindruck. Überall liegen Flaschen herum, dazwischen finden sich einzelne leere Chipstüten und Kleidungsstücke. In der Spüle türmt sich schmutziges Geschirr. An Mobiliar sind ein Kleiderschrank, eine Schlafcouch, ein dazugehöriger niedriger Couchtisch, ein großes Regal sowie ein Schreibtisch, der hauptsächlich zur Unterbringung der Computeranlage genutzt wird, vorhanden. Die Schlafcouch war beim Eintreffen des Unterzeichners ersichtlich von zwei jungen Männern gemeinschaftlich genutzt worden, von dem Beschuldigten Schultz, sowie dem gesondert Verfolgten Pascal Ormunait, der nur mit der Unterhose bekleidet angetroffen wurde."

Pascal fühlte, wie er rot anlief, und sah sich nach allen Seiten um, um sich zu vergewissern, daß niemand anderes den Text mitlesen würde, obwohl er wußte, daß diese Befürchtung unbegründet war. Durch die Niederschrift kam er sich noch einmal nackt ausgezogen vor, nackter als er es bei der Durchsuchung tatsächlich gewesen war. Obwohl er nur eine Akte vor sich hatte, die im Höchstfall von zehn Personen eingesehen wurde, und zwar von solchen, die gesetzlich bzw. berufsrechtlich zur Verschwiegenheit verpflichtet waren, sah er sich vor aller Öffentlichkeit an den Pranger gestellt. Auch empfand er eine tiefe Ungerechtigkeit gegen Kevin, den man mit den bewertenden Äußerungen über den Zustand der Wohnung regelrecht bloßgestellt hatte. Er konnte keinen Sinn darin erblicken, da die Lebensumstände eines Neunzehnjährigen kaum Gegenstand staatsanwaltschaftlicher Ermittlungen, geschweige denn einer Straftat sein konnten. Auch mit wem er im Bett lag, hatte die Schnüffler nicht zu interessieren, und deshalb gehörten solche Informationen in keine Gerichtsakte. Wut kam in ihm auf. Den einzigen Zweck solcher Angaben sah er darin, die Betroffenen abzuwerten, um eine Vorverurteilung herbeizuführen. Dabei kam es in der Sache auf die Begleitumstände nicht an, wichtig war allein, was in dem Vermerk über den Zusammenstoß mit dem Sheriff, aus dem man ihm eine strafrechtlich relevante Widerstandshandlung drehen wollte, geschrieben stand. Er bestellte ein Pils und zwang sich zur Konzentration auf den entsprechenden Text:

„Am Morgen des 18. Januar 2008 führten der Unterzeichner gemeinsam mit dem POK Vorbaum und dem Amtsinspektor Schmitz von der Stadt Köln,

Amt für öffentliche Ordnung, als neutralem Zeugen aufgrund des Beschlusses Amtsgericht Köln 36 Qs 312 Js/08 eine Durchsuchung der Wohnräume des Kevin Schultz, Kapitelstraße 8, 51103 Köln, durch. Im Hausflur trafen wir den Pascal Ormunait, Eichendorffstraße 4, 50825 Köln. Außer einer Unterhose war er unbekleidet. Als Unterzeichner mit den anderen Genannten versuchten, die Wohnung zu betreten, versperrte der Ormunait den Beamten den Weg. Auf mehrfache Aufforderung des Unterzeichners, die Durchsuchungshandlung nicht zu behindern, reagierte der Ormunait negativ. Stattdessen klemmte er sich provokativ in den Rahmen der Tür, die vom Eingangsflur zum Hauptraum der Wohnung des Schultz führt. Erneute Aufforderungen, die Tür freizugeben, lehnte er ab. Unterzeichner und POK mußten deshalb leichten unmittelbaren Zwang gegen den Ormunait anwenden und ihm kurzfristig Handfesseln anlegen. Diese Maßnahme konnte nach weniger als einer Minute beendet werden. Ormunait leistete danach keinen Widerstand mehr. Die Durchsuchung konnte wie vorgesehen fortgesetzt werden. Sie führte zum Auffinden folgender Beweismittel...“

Pascal war außer sich. Er zitterte beinahe vor Erregung und innerem Aufruhr. Nichts von dem, was in der Akte stand, stimmte! Dieser Hilfssheriff hatte den Ablauf vollkommen verzerrt und verdreht dargestellt. Damit konnte er unmöglich durchkommen. Das Protokoll war die zweite falsche Verdächtigung, mit der Pascal innerhalb kurzer Zeit in Berührung kam, diesmal zu seinen Lasten. Das durfte er auf keinen Fall stehen lassen. Verächtlich klappte er die Akte zu und warf sie auf den Tisch. „Na toll“, dachte er, „und der saubere Herr Anwalt, der mir helfen soll, hat nichts Besseres zu tun, als meine Freunde zu beschmutzen.“ Hätte er sich nur nicht mit Kevin überworfen! Der verlorene Freund hatte die Hausdurchsuchung bewundernswert souverän durchgestanden, er würde auch jetzt Rat wissen. Pascal mußte sich mit ihm aussöhnen, schämte sich jedoch, das in einem Augenblick zu wünschen, da er dessen Hilfe brauchte. Er hob den verschlossenen Umschlag auf, der während der Lektüre der Akte zu Boden gefallen war. Neugierig wendete er ihn hin und her. Vermutlich enthielt er die Rechnung. Wenn Dr. Luxus und sein Stiefvater sich auch hundertmal kannten, konnte Pascal sich nicht vorstellen, daß der Anwalt seine kostbare Zeit für Gottes Lohn zur Verfügung stellte. Die Rennpferde sind ein teures Vergnügen. Vorsichtig, so daß er es unbeschädigt wieder verschließen konnte, öffnete Pascal das Couvert. Er hatte richtig geraten. Eine Kostennote auf Büttenpapier kam zum Vorschein: „Für anwaltliche Dienste in der Strafsache Pascal Ormunait, StA Köln 30 Js 4125/08, erlaube ich mir in Rechnung zu stellen: 2 angefangene Beratungsstunden, Stundensatz € 450,-, somit € 900,- zuzüglich gesetzlicher Mehrwertsteuer, 19%, in der Summe somit € 1071,-. Um Begleichung auf eine der unten benannten Bankverbindungen innerhalb von zehn Tagen wird gebeten."

Pascal schluckte. Über 1000 Euro für einen kurzen Brief an die Staatsanwaltschaft und 50 Fotokopien waren eine Menge Holz. Was würde passieren, wenn der Stiefvater nicht bezahlte? Dem Anwalt traute er zu, daß er Stefan Middelhoff gegen ihn aufhetzen würde. Dann hatte Pascal schlechte Karten, denn er hatte die Vollmacht unterschrieben und war somit Vertragspartner dieses Scharlatans. Alles war vollständig verfahren.

Die Akustik des Todes

Nun hatte Pascal Zeit. Doch das war kein Vorteil. Ihm war das Ziel abhanden gekommen, auf das er sein gesamtes bisheriges Leben hingearbeitet hatte. Schließlich war er, vom Kindergarten abgesehen, nie etwas anderes als Schüler gewesen. Seine Existenz bestand darin, zu lernen und Erfolge bei Prüfungen zu erzielen, Klausuren zu bestehen, gute Zeugnisse zu bekommen und versetzt zu werden. Den krönenden und für seinen weiteren Weg zwingend erforderlichen Abschluß hatten ihm fünf Scheißkerle geraubt. Mit der schulischen Herabsetzung gingen die andauernden körperlichen Beschwerden eine Symbiose der Niedergeschlagenheit ein. Sein Leben war kaputt. Er fühlte sich leer und nutzlos. Daran änderte der beginnende Frühling wenig. Sonst hatte er ihn herbeigesehnt, um nach dem Ende der Matschperiode – einen richtigen Winter kannte das Rheinland nicht – endlich wieder auf der Terrasse des Feynsinns oder im Biergarten gegenüber in seinen Büchern schmökern oder beim Kaffeetrinken seinen Gedanken nachhängen zu können. In diesem Jahr hatte er dazu keine Lust.

Eines Tages machte er sich dennoch auf den Weg zum Rathenauplatz, da ihm zu Hause die Decke auf den Kopf fiel. In düsterer Stimmung, die von dem sonnigen Aprilmorgen nicht aufgehellt wurde, erreichte er das Bistro. Zu der frühen Stunde herrschte kaum Betrieb, so daß er sich nach draußen setzen konnte. Es war einer der ersten wirklich schönen Tage. Dennoch schmeckte Pascal der Kaffee nicht. Auch konnte er sich nicht auf eine sinnvolle Lektüre konzentrieren. Um aus seiner Situation das Beste zu machen, hatte er sich vorgenommen, einige literarische Defizite aufzuarbeiten. Recht wahllos hatte er in der Bibliothek unter den Philosophen gesucht, deren Namen ihm gleichzeitig klangvoll und unnahbar erschienen. Er begegnete ihnen mit geheimnisvoller Ehrfurcht. Die Probelektüre hatte jedoch einen Kulturschock ausgelöst. Bei Kant und Hegel verstand er nichts. Bei Fichte hatte er sich durch den Titel täuschen lassen: Die Reden an die deutsche Nation waren weniger die Kampfschrift aus den Befreiungskriegen, die er erwartete hatte, sondern ein hochphilosophisches Buch, das sich kaum weniger schwierig ausnahm als diejenigen der anderen Idealisten. Blieb Nietzsche, „Also sprach Zarathustra". Das Buch schien auch für normale Menschen lesbar zu sein, zumal es in begeisternder

Sprache geschrieben war. Doch im Feynsinn blieben die Bücher zugeklappt, ihm fehlte die richtige Einstellung für geistig Wertvolles. Für den „Stadtanzeiger" reichte sie. Nicht nur vom kleinen Format her gehörte er in die publizistische Provinz. Mit Gewinn konnte ihn nur lesen, wer sich für den Köllschen Klüngel interessierte. Der oberflächliche Politikteil sparte heiße Eisen entweder aus oder verformte sie zu Propaganda. Im Fall des zu befürchtenden Moscheebaus versank die Berichterstattung in aufgequollenen Tiraden nach Manier des „Stürmers".

Pascal legte das dünne Blatt beiseite und machte sich daran zu zahlen. Er fingerte sein Geld aus der Tasche; dabei fiel ein Stück Papier zu Boden. Er hob es auf, um es näher zu untersuchen. „Astrid" schoß es ihm durch den Kopf. Die hilfsbereite Medizinstudentin, die sich die Nummernschilder der Ehrenfelder Autogang gemerkt hatte, hatte er vollkommen vergessen. Ohne die Bedienung abzuwarten, legte er die Münzen auf den Tisch und sprang auf. In ihm begann es zu arbeiten. Gerne hätte er sie angerufen, doch nach mehr als einem halben Jahr konnte das unangemessen sein. Er hatte Angst, den schalen Eindruck eines Resteverwerters hervorzurufen, der, aus welchem Notstand auch immer, die Datei seiner näheren und weiteren Bekanntschaften abarbeitete. Ein bißchen kam er sich selbst so vor. Das Handy in der Hand, lief er kreuz und quer über den Rathenauplatz. Ohnehin war fraglich, ob er Astrid um diese Zeit erreichen würde, wahrscheinlich saß sie in der Vorlesung. Andererseits konnte sie auch Pause haben. Für Kai wären derlei selbstauferlegte Seelenqualen eine Satire gewesen. Seine Bedenken wurden Pascal peinlich und bewirkten endlich den Entschluß. Aufgeregt wählte er die Nummer.

„Hallo." Die Stimme am anderen Ende der Leitung ließ Pascal das Herz noch höher schlagen, als es bis jetzt schon schlug; die Erregung verschlug ihm zunächst die Sprache.

„Hallo, wer ist denn da?" fragte die Stimme nach kurzer Zeit nach.

„Astrid?" stieß Pascal mühevoll hervor, „Astrid, bist Du es?"

„Ja, wer ist denn da?"

„Hier ist Pascal. Pascal Ormunait, der Typ von dem Unfall, kurz vor Weihnachten in Ehrenfeld."

„Unfall – Ehrenfeld? Ich glaube, Sie sind falsch verbunden."

„Nein, nein", rief Pascal voller Angst, daß seine Mission scheitern würde, ehe sie begonnen hatte. „Du, äh, Sie haben sich damals die Kennzeichen von dem Auto gemerkt, da saßen drei Jungs drin, die, äh einer von denen hat einen alten Mann zusammengeschlagen, das war mein Opa, Sie haben mir dann Ihre Anschrift gegeben."

Der Groschen schien gefallen. „Ach ja, richtig! Mensch, Pascal, daß Du Dich doch noch meldest! Hatte kaum noch mit Dir gerechnet."

„Dann ist es Dir nicht unangenehm?"

„Ach iwo, wieso sollte es? Was ist denn aus der Sache geworden?"

Die Frage berührte Pascal unangenehm. Er sprach einen Moment nicht weiter. „Hallo, bist Du noch da?" hörte er durch den Lautsprecher. „Ja, ich bin noch da." Dann begann er zu erzählen, was sich seit dem unheilvollen Tag ereignet hatte. Astrid schien beeindruckt. Es entspann sich ein angeregtes Gespräch, in dessen Verlauf Pascal zusehends unverkrampfter wurde. Die Themen wechselten, Pascal erzählte von der Schule, Astrid von der Uni. Endlich kam er auf sein eigentliches Anliegen zu sprechen. „Ich würde mich gerne einmal mit Dir treffen."

„Warum nicht? Gerne!" Die Antwort ließ sein Herz hüpfen. Sie verabredeten sich für den folgenden Samstag, acht Uhr abends im Feynsinn. „Waoh", entfuhr es ihm, nachdem er die Ende-Taste gedrückt hatte. Sein Ohr rauschte heiß. „Daß so etwas klappen kann", dachte er und rieb sich die Hände. Er hatte ein richtiges Date, kein eindimensionales und damit einmaliges Treffen, um lediglich, wie Kai sagen würde, „ein Rohr zu verlegen".

Zu Hause bemerkte er erst wirklich seine gestiegene Stimmung, die einen Zug ins Euphorische besaß. Es war doch nicht aller Tage Abend. Er rief seine E-Mails ab und chattete ein wenig durchs Netz. Er hatte in diversen „Communities" die eine oder andere virtuelle Bekanntschaft vernachlässigt. Aufgekratzt reaktivierte er sie und verbreitete gute Laune. Im Gegensatz zu anderen Tagen wirkte sie befruchtend, alles ging auf einmal leicht von der Hand. Zum Schluß rief er, eher unbeabsichtigt und zufällig, Einträge zum Begriff „Tirpitz" auf. Das Buch hatte er mittlerweile ausgelesen. Es hatte sein Interesse für das gleichnamige Schlachtschiff geweckt, obwohl er ansonsten kein Militärfan war. Ein Eintrag ließ ihn aufmerken. Der Verfasser des Buches, General a.D. Franz Uhle-Wettler, würde in Kürze einen Vortrag in Bonn halten. Bis in die Nachbarstadt war es kein weiter Weg, und es konnte nicht schaden, einmal herauszukommen. Etwas seltsam mutete der Veranstalter an. Es handelte sich um eine Burschenschaft; schon der Name war geeignet, Tiefgründiges zu vermuten: „Alte Breslauer Burschenschaft der Raczeks zu Bonn.“ Deren Netzseite präsentierte eine Studentenverbindung, die ursprünglich in der Hauptstadt Schlesiens beheimatet und nach dem Krieg in Bonn ansässig geworden war. Den Großvater hätte das bestimmt interessiert; seltsam genug war, daß er diesen Verein nicht gekannt hatte, jedenfalls hatte er Pascal gegenüber nicht davon gesprochen. Er schrieb eine Mail, in der er anfragte, ob er als Schüler auch an der Veranstaltung teilnehmen könne, er habe einen Vertriebenenhintergrund, interessiere sich für geschichtliche Fragen und hätte auch das Buch des Referenten gelesen. Gerne würde er den Verfasser persönlich kennenlernen. Pascal schaltete den PC ab. Er warf sich auf sein Bett, verschränkte die Arme hinter dem Kopf und blickte versonnen zur Decke. „Wer weiß, wozu das alles gut ist?“

Der Samstag kam. Pascal bereitete sich für den Abend vor. Er ertappte sich dabei, auf seine Kleidung Wert zu legen. Die Anprobe fiel ihm einigermaßen auf die Nerven. So mußte es Dennis gehen. Doch wahrscheinlich ging es dem Masterstyler der Klamotte gerade nicht so. Pascal vermutete, daß sich bei dem ehemaligen Klassenkameraden das Erscheinungsbewußtsein bis zur Verselbständigung der Auswahlzeremonien verinnerlicht hatte, daß ihm das angesagteste Hemd, die hipste Hose gewissermaßen von allein an den Leib flogen. Für Pascal war die Herstellung der Pose noch neu und deshalb mit Anstrengung verbunden. Endlich saß er in der 5 und fieberte dem Abend entgegen. Er hatte sich für eine weiße Jeans entschieden, dazu ein hellblaues Hemd mit feinen weißen Streifen. Außerdem nahm er einen modischen Pullover mit, den er am Ort des Geschehens über die Schulter legen konnte. Es konnte nicht schaden, Lässigkeit mit Eleganz zu verbinden. Ständig versuchte er im Seitenfenster der Bahn an seinem eben erkennbaren Spiegelbild abzulesen, ob die Frisur noch saß, der Pullover nicht wie eine steife Zugabe wirkte. Am Friesenplatz, wo er umsteigen mußte, wimmelte es um diese Zeit bereits von Leuten, die dem Hauptabend des Wochenendes entgegentrieben. Dunklere Haut dominierte bereits das Straßenbild am Ring, aber das Adrenalin verhinderte, daß er sie als Bedrohung wahrnahm. Er konnte nicht schnell genug vorankommen. Für 20.00 Uhr hatte er im Feynsinn einen Außentisch reserviert. Eine halbe Stunde zu früh traf er ein. Der Tisch war, wie zu erwarten, noch besetzt. Daher entschied er sich, die Überbrückungszeit im Biergarten totzuschlagen. Der warme Frühlingsabend hatte auf die Kölner eine Wirkung wie das glänzende Metall auf die Elstern. Aus allen Winkeln gekommen, bevölkerten sie den Rathenauplatz. Das Wetter schlug unvermittelt auf die Uniformierung des Menschenvolkes durch. Als hätten sie voller Ungeduld ein heimliches Kommando abgewartet, war nun Sommer befohlen. In den auf einen Schlag dominierenden schlabberigen Kniehosen, den über die Hose hängenden T-Shirts oder offenen Hemden, konnte der Kölner zeigen, wie locker, flockig, luftig er war. Damit stand er nicht allein. Der Düsseldorfer, der Hamburger, der Berliner, der Traunsteiner, der Buntrepublikaner überhaupt ließ gerne den „deutschen Muff" hinter sich, entsagte jedem Hauch von Strenge und gab sich dem hin, was er für südländische Leichtigkeit, französische Lebensfreude und westliche Gelassenheit hielt. Besonders die Beinfreiheit glänzte mit jenem modischen Schuhersatz, der sich Flip-Flop nennt. Erst damit kam die Lässigkeit vollends zu sich selbst, wirkte die betont haltungslose Haltung authentisch. Den Tribut in Gestalt einer unbequemen und vor allem ungeschützten Fortbewegung nahm er dabei gern in Kauf. Was zählt schon straßenangemessenes, praktisches Schuhwerk, wenn es gilt, in der Kleidergemeinschaft der Offenheit aufzugehen. Pascal überkam beim Anblick solchen Outfits regelmäßig ein ungesundes Kribbeln, insbesondere wenn er dessen Träger in der U-Bahn sah. Hatte er ohnehin Schwierigkeiten, sich vorzustellen, wie man mit diesen auf eine dünne Sohle beschränkten Latschen durch das Gewühl der städtischen Straßen kommen konnte, ohne sich die Zehen blutig zu stoßen, konnte er deren Anblick auf den Abgängen zu den unterirdischen Bahnhöfen oder Durchgängen kaum ertragen. Beständig sah er die aus den Schlaufen herausragenden Zehen irgendwo hängenbleiben, sich in einer Rolltreppe einquetschen, von einem scharfkantigen Gegenstand aufgerissen oder die Nägel in einer Tür eingeklemmt und blutig aufgerollt werden. Die bloße Vorstellung löste in Pascal das Gefühl aus, ein geifernder Folterknecht machte sich wie in Ivo Andric's Roman „Die Brücke über die Drijna" mit glühender Zange daran, ihm den großen Nagel auszureißen. „Ssssss." Hörbar zischte er mit den Zähnen und zwang sich, an etwas anderes zu denken.

Sein Blick fiel auf eine komplett schwarzgewandete Gestalt, die an ihm vorüberhuschte. Die Gesichtsblässe wurde durch weißliche Schminke verstärkt, an den Fingern beider Hände prangten klunkerhafte Ringe, die durch Gegenstücke in Ohren und Nase ergänzt wurden. Die Nägel waren schwarz lackiert. Das Haar der androgynen Erscheinung, die sich bei genauem Hinsehen als junger Mann entpuppte, war zu einem sogenannten Undercut frisiert. Dabei wird das Haar bis kurz über die Ohren komplett rasiert, während dem verbleibenden Rest in seinem Wachstum freier Lauf gelassen wird. Meistens, so auch im Falle des Typen, der soeben, von einigen spöttischen Blicken verfolgt, an Pascal vorbeigerauscht war, wird er zum Pferdeschwanz gebunden und reicht bis weit über den Rücken. In der Umgebung liefen des öfteren solche geheimnisvollen Gestalten, von denen Pascal sich auf eine merkwürdige Weise gleichermaßen angezogen wie abgeschreckt fühlte, herum. Zwei Zentren der Kölner Gothic-Szene lagen in der Nähe: die Diskothek Lalic sowie der Darkstore Cologne. Noch nie hatte Pascal eines der beiden betreten. Interesse hätte er gehabt, jedoch hielt ihn eine innere Schranke zurück, die er zwar nicht als Abneigung, wohl aber als Respekt bezeichnet hätte. Vor allem die Disko schien einer Anderswelt zuzugehören, in die einzutauchen, sich Pascal bei aller möglichen Faszination nicht getraute.

„Hallo Pascal!“ Ein freundliches Lächeln riß ihn aus seinen Unterweltdämmereien.

„Hallo Astrid, schön daß Du da bist!“ Pascal sprang so ungestüm von seinem Stuhl auf, daß er ihn beinahe umgerissen hätte. „Wie geht es Dir?“

„Gut.“ Die junge Studentin reichte ihm die Hand. Pascal legte ihr seine Linke leicht auf die Schulter und zeigte mit der Rechten auf das Bistro gegenüber. „Komm, gehen wir ’rüber, ich habe einen Platz reserviert.“ Astrid nickte, obgleich sie ein wenig unschlüssig zu sein schien. Pascal war aufgeregt, auf keinen Fall durfte er etwas falsch machen. Nach wenigen Metern standen sie vor dem reservierten Tisch, den eine nette Kellnerin im Begriff war, von den Tassen, Gläsern und Kuchenresten der Vorgänger zu säubern. Oberflächlich wischte sie soeben die letzten Krümel herunter, was mehr einer Geste entsprach als einer Säuberung. „Darf ich Euch schon was zu trinken bringen?“

„Mir bitte ein großes Kölsch – und Dir?“ Astrid zögerte.

„Du kannst gerne noch ein bißchen aussuchen“, sagte die Kellnerin.

„Nein, nicht nötig, einen kleinen Kaffee bitte.“

„Gerne.“ Die Kellnerin verschwand im Inneren des Ladens.

„Ja, wie geht es Dir, Astrid? Ich freue mich riesig, daß es geklappt hat mit uns!“

„Gut geht's mir."

„Freut mich!" Astrid saß merkwürdig steif mit durchgedrücktem Kreuz auf ihrem Stuhl und machte keine Anstalten, den zwar leichten, aber dennoch etwas zu winterlichen Mantel auszuziehen. Pascal bemühte sich, darin die gleiche Unsicherheit festzustellen, von der er ergriffen war und die er angestrengt zu beherrschen versuchte. Das Gespräch wollte nicht richtig in Fahrt kommen. Pascal dachte sich nichts dabei; man mußte sich erst aneinander gewöhnen, schließlich hatten sie sich bisher nur einmal gesehen, und das in einer Ausnahmesituation, in der Pascal alles andere als Datingstimmung umgetrieben hatte. Er versuchte es mit Leerformeln: „Willst du nicht ablegen?"

„Ach nein, es ist nicht so warm, wie es den Anschein hat."

Pascal trat auf der Stelle. Zum Glück stand die Kellnerin nach sehr kurzer Zeit wieder vor ihnen. Im Eiltempo hatte sie die Bestellungen klargemacht. Unauffällig blinzelte sie Pascal zu. Die Unterstützung tat ihm gut. Hastig trank er einen großen Schluck Bier. „Ja, dann erzähl' doch mal was", versuchte er es aufs Neue. Astrid nippte an ihrem Kaffee.

„Der ist bestimmt ganz schön heiß."

„Ach, es geht eigentlich."

Pascal begann unruhig zu werden. Mit wenigen weiteren Schlucken trank er das Glas fast vollständig leer. Astrid rührte ein Stück Zucker in die Tasse und sah konzentriert hinein. Ohne zu Pascal aufzuschauen, sagte sie dann: „Du, es geht nicht."

Pascal verstand nicht. „Was geht nicht?"

„Mit uns. Es geht nicht." Die Stimme der jungen Frau war sehr leise geworden.

„Was meinst Du denn überhaupt?" fragte Pascal mit gespielter Lockerheit, „daß wir hier Kaffee trinken, wieso soll das denn nicht gehen, es geht doch." Ohne Widerspruch abzuwarten, rief er der Kellnerin über mehrere Tische hin zu: „Hallo, noch ein großes Kölsch bitte!"

„Ich habe einen Freund."

„Ach?" Die Frage kam so verblüfft wie reflexartig. Sie diente nicht dazu, Klärung herbeizuführen, das war nicht mehr notwendig. Ein einziger Satz, ja ein einziges Wort kann genügen, um mühevoll aufgebaute Illusionen im Bruchteil einer Sekunde wie eine Seifenblase zerplatzen zu lassen. Gleichzeitig warf er ein erhellendes Licht auf das gesamte steife Benehmen, das Pascal bis jetzt hatte ausblenden wollen. Wer Augen hat, hätte von Beginn an gesehen. Pascal nickte bitter. Er fühlte sich wie ein Eisblock, der an den Stuhl, auf dem er saß, festgefroren war. Für ihn war das Treffen gelaufen, doch nun, da der Bann gebrochen war, fing Astrid zu erzählen an: „Weißt Du, wir sind erst seit vier Monaten zusammen, kennengelernt haben wir uns auf einer Sylvesterparty..." Pascal wollte nichts mehr hören, dennoch nahm er es hin. Er war viel zu paralysiert, um Widerstand zu leisten. „Ein Typ aus dem Examenssemester; ich habe Dir ja damals erzählt, ich studiere Medizin. Na, und Du weißt, wie das ist, am Anfang spürst Du den Himmel auf Erden, und irgendwann lernst Du an Deinem Partner Eigenschaften kennen, die Du ihm gar nicht zutraust, und fragst Dich, ist das der Mensch, den ich liebe? Der Knackpunkt kam bei uns überraschend schnell, meistens dauert es ja Monate oder sogar Jahre, bei uns gab's jedenfalls ganz schnell den riesen Crash. Ich wollte nie mehr was von Stefan wissen, der hatte wohl auch Parallelgeschichten."

Pascal begann sauer zu werden. So also sollte der Hase laufen, als Lover kam er mal wieder nicht in Frage, dafür als Entgegennehmer verworrener Lebensgeschichten, die sich am Ende immer zum Guten der anderen entwickeln. Aber in diese Rolle würde er sich nicht abschieben lassen. Allein der sehnsuchtsvolle Gesichtsausdruck, mit dem sie den Namen „Stefan" aussprach, brachte ihn auf die Palme. Diese dumme Nuß! Schon wollte er sagen, „als seelische Mülldeponie kannst Du Dir jemand anderen suchen", als Astrid überraschend zum Ende kam. „Ach, was soll ich Dir Geschichten erzählen. Ich will Dich ja nicht als seelische Müllhalde mißbrauchen. Na, jedenfalls wollen wir es noch einmal versuchen, Stefan und ich. Neulich, als ich mich mit Dir verabredet habe, war ich noch nicht so weit, ich hatte Stefan schon abgeschrieben. Aber..." Hier zögerte sie ein wenig. Dann senkte sie die Stimme wieder. „Aber, weißt Du, man kann doch nicht gleich alles wegwerfen, und das nach so kurzer Zeit. Für mich ist Treue sehr wichtig, und ich glaube, Stefan hat das jetzt auch begriffen."

Die beiden schwiegen sich an. Das Geschrei und der Lärm vom Rathenauplatz sowie das Gezwitscher der Gespräche der Kaffeegäste drangen wie durch ein akustisches Milchglas an Pascals Ohr. „Klar, verstehe", quetschte er hervor und nickte. „Verstehe." Sein verkrampfter Versuch, gelassen zu erscheinen, ließ ihn fast satirisch wirken, doch Astrid sah darüber hinweg. Vielleicht empfand sie ehrliches Mitleid. „Du nimmst mir das doch nicht übel?“

„Nein, natürlich nicht“, sagte Pascal verkniffen. „Wie könnte ich!“

„Das ist lieb von Dir.“ Astrid war offensichtlich froh, die Sache kurz und schmerzlos, ohne Szene oder Aufregung über die Bühne gebracht zu haben. Sie legte zwei Zweieurostücke auf den Tisch, um sicherzugehen, daß Pascal keine Zuzahlung leisten mußte, und stand auf: „O.k., ich gehe dann.“

„Na dann – schönen Abend.“

„Dir auch und alles Gute.“ Astrids Abschiedsworte wirkten wie eine lange nachhallende Ohrfeige. Pascal blickte ihr benommen nach, wie sie sich im Getriebe des Rathenauplatzes verlor. Währenddessen hatte die Kellnerin unbemerkt das zweite große Kölsch vor Pascal abgestellt. Sie stand noch neben dem Tisch und schaute ihn mitleidig an. Mit dem Kopf deutete sie in Richtung der Entschwebten, während die Augen fragten: „War nix? Schade – schien doch gut zu passen?“

„Scheißspiel“, sagte Pascal nur und goß das Glas in einem Zug in sich hinein. Wieder ein Griff ins Klo! Er hätte Lust gehabt, es der Kellnerin, durch deren Mitleidstour er sich erst recht zum Deppen erniedrigt fühlte, ins Gesicht zu kippen. Mit leeren Augen blieb er noch eine Weile sitzen. Die Gläser leerten sich. Die Kellnerin sorgte wortlos für regelmäßigen Nachschub. Er ließ es geschehen.

* * *

„Mein Herr, ist der Platz an seinem Tische frei?“ Pascal sah überrascht auf und erschrak. Vor ihm stand ein Gruftie gerade jener Art, wie er eine Stunde zuvor einen am Biergarten gesehen hatte. Dieser hier, schätzungsweise Mitte bis Ende zwanzig, war jedoch kräftiger, männlicher und wirkte nicht so unnahbar. Dennoch war sein Auftreten gewöhnungsbedürftig genug. Die langen schwarzen Haare fielen über den halben Rücken. Wie der andere hatte er Ringe an Ohren und Händen, dazu zierte je ein Piercing Nase und rechte Augenbraue. Seine Bekleidung bestand, was Hose und einen Mantel, der fast bis zur Erde reichte, betraf, aus schwarzem Leder. Auch der einzige Stoff, den er am Leibe trug, ein T-Shirt, war schwarz. Auf ihm prangte in der Art eines Coca-Cola-Schriftzuges der sittenfeste Spruch „Fuck America – Join the Revolution“.

Mit dem Ansatz einer Handbewegung bot Pascal der schwarzen Gestalt den freien Stuhl neben sich an. Ihn leitete dabei weniger die Lust nach ihrer Gesellschaft als die Befürchtung, anderenfalls als unhöflich zu gelten.

„Habt besten Dank." Der Schwarze schlug die Hand vor die Brust, verbeugte sich leicht und nahm neben Pascal Platz. Kaum daß er saß, holte er aus den Tiefen seines Mantels ein metallenes Etui von einer Vornehmheit, die Pascal dem Typen nicht zugetraut hätte. Es war ausgesprochen fein gearbeitet und sogar mit einem leichten Goldüberzug versehen. Der Schwarze klappte es auf; eine Reihe Zigarillos kam zum Vorschein. „Bediene er sich."

„Danke, ich rauche nicht."

„Ich auch nicht", behauptete der Schwarze mit wichtigem Gesicht, „ich pflege Rauchkultur." Damit entzündete er den Zigarillo an der Kerze, die auf dem Tisch stand und führte ihn elegant zum Mund. Pascal mußte sich wehren, ein belustigtes Lächeln zu unterdrücken, denn er war noch nicht gewillt, Ärger und Frust aufzugeben. Er wollte weiterhin Wut empfinden, Wut über Janine, die Schuld an allem trug, über den heuchlerischen Schuldirektor, über die Unfähigkeit des neuen Clubtrainers, der den Fahrstuhl unvermeidlich auf „abwärts" programmiert hatte, und über das elende Prinzip Treue, das, wenn es überhaupt auftrat, nur dazu diente, ihm einen Strich durch die Lebensrechnung zu machen. Aber die Aura der wunderlichen, doch nicht unangenehmen Gestalt, erschwerte es Pascal, die schlechte Stimmung zu konservieren. „Gräme er sich nicht, sein wallendes blondes Haar möchte leuchten in den Farben des Frühlings, sein schönes Gesicht begehrt zu lächeln und sich nicht zu verzerren." Pascal überkam ein Anflug von Rührung. Der unvermittelte Zuspruch, der in gekonnter und unaufgesetzter Weise die Dreistigkeitsschwelle mied, erfaßte ihn wie eine warme Welle. Offensichtlich hatte er es mit einem edlen Menschen zu tun. „Er wird ein anderes Weib finden, glaube er mir, er ist noch sehr jung, die Zeit wird einen holden Engel an seine Seite führen." Pascal wunderte sich nicht, daß der Schwarze den Kern seines Elends erfaßt hatte. Er konnte sein Lachen nicht länger zurückhalten. Er prustete geradezu los, die weinerliche Stimmung verschwand wie ein Gewitterregen und machte einer kurzen Phase der Peinlichkeit Platz. Wieso nur mußte er immer alles so schwer nehmen? „Du bist ein netter Mensch", sagte er. „Er habe Dank. Aber daß Du

Dich einer – wie drücke ich es aus? – einer normalen Sprache *befleißigest*, wirst Du nicht behaupten wollen?!“

„Normale Sprache ist verhunzte Sprache – kann es einen Ehrgeiz geben, sich ihrer, wie er sagte, zu befleißigen?“

Pascal lachte erneut auf. „Nein.“ Er nuckelte an seinem Bierglas, während der Goth kunstvolle Kringel in die Luft steigen ließ. „Du hast wohl gesteigertes Interesse daran, daß die Sprache nicht verhunzt?“ Der Goth stieß einen weiteren, kreisrunden Kringel aus und erläuterte, jetzt auch von sich selbst in der dritten Person sprechend: „Er ist Student der Germanistik und Philosophie.“

„Aha.“

„Und er?“

„Ich bin noch Schüler“, antwortete Pascal, wobei sich seine Stimmung wieder verdüsterte, „aber im Moment stehe ich auf dem Wartegleis.“

„Hm.“ Der Student fragte trotz dieser sybillinischen Auskunft nicht nach, da er ein Gespür dafür zu haben schien, daß sich Pascal nicht näher erklären wollte. „Ich muß jetzt leider gehen“, sagte er und stand unvermittelt auf. Obwohl er seinen Jammer überwunden hatte, war er noch nicht bereit für Neues. Er wollte jetzt alleine sein, sich durch die Straßen des belgischen Viertels treiben lassen und seinen Gedanken nachhängen. Dann legte er Geld auf den Tisch, das die Rechnung und noch eine Kleinigkeit darüber hinaus abdeckte. Der Goth stand gleichfalls auf und reichte ihm die Hand. „Gehab' er sich wohl. Wenn er mag, finde er mich im Lalic, ab der mitternächtlichen Stunde.“

„O.k. Mal sehen.“

* * *

Pascal ging an diesem Abend nicht ins Lalic. Seitdem er zusammengeschlagen worden war, hatte er Angst, im Dunkel allein durch die Stadt zu gehen bzw. zu fahren. Außerdem stand ihm der Sinn nicht nach Gesellschaft. Das war ihm bei dem Gespräch mit dem Studenten klargeworden. Wahrscheinlich wäre es deshalb ohnehin mit Astrid nichts geworden. Die Grübeleien nahm er mit nach Hause, wo er für diesen Tag seine letzte schöpferische Kraft ans Internet abtrat. Von der Bonner Burschenschaft war eine Antwortmail bezüglich des Vortrags über Admiral Tirpitz gekommen. Den Termin hatte er vollkommen vergessen.

„Sehr geehrter Herr Ormunait, wir bedanken uns für Ihr Interesse an unserem Bund und Ihre Anfrage zu dem Burschenschaftlichen Abend mit Herrn General a.D. Dr. Franz Uhle-Wettler. Selbstverständlich dürfen Sie daran teilnehmen. Wir würden uns sehr freuen, Sie am kommenden Mittwoch als unseren Gast begrüßen zu dürfen." Der Dateianhang enthielt ein Ankündigungsflugblatt nebst Wegbeschreibung. Befriedigt druckte Pascal die Einladung aus. Zur Abwechslung erhielt er endlich einmal eine gute Nachricht. Er freute sich darauf, durch die Veranstaltung auf andere Gedanken zu kommen, vielleicht neue Impulse zu erhalten und ein paar nette Leute kennenzulernen. Auf halbem Weg zu einer versöhnlicheren Stimmung schaltete er den Computer ab und machte sich nachtfertig. Die Tirpitz-Biographie nahm er mit ins Bett. Es konnte nicht schaden, sich einige Inhalte ins Gedächtnis zurückzurufen, um nicht planlos zu dem Vortrag zu erscheinen. Vorbereitung intensiviert jedes Erlebnis. Auch diesen Grundsatz hatte er vom Großvater übernommen und mehrfach anhand eigener Erfahrung bestätigt gefunden – leider zu selten. Es ist nicht das *Fehlen* guter Vorsätze, das einem das Leben erschwert ... Über dem Buch schlief er ein.

* * *

Der Mittwoch kam. Gegen 18.30 Uhr stand Pascal erwartungsfroh am Hauptbahnhof, das Buch unter dem Arm, das er bei der Gelegenheit signieren lassen wollte. Er hatte den Zug, IC 2213, so gewählt, daß er bereits um 19.12 Uhr in Bonn ankommen würde. Dadurch würde er genügend Zeit haben, um in aller Ruhe vom Bahnhof zum Haus der Burschenschaft zu schlendern, was nach Lage der Dinge ein gemütlicher Spaziergang von maximal 20 Minuten sein würde, dort ein Bier zu trinken, vielleicht eine Kleinigkeit zu essen und sich mit den Leuten zu unterhalten. Gegebenenfalls ließe sich sogar Kontakt mit dem Referenten herstellen. Es herrschte Kaiserwetter. Die Sonne schien in den schönsten Spätnachmittagsfarben, ohne die für das Rheinland typische atlantische Schwüle zu erzeugen. Dazu paßte der nahezu wolkenlose, azurblaue Himmel. Selten gab es solche Bilderbuchtage. Alles war wunderbar. Lange war Pascal nicht so entspannt gewesen. Er betrachtete die Hallenkonstruktion des Bahnhofes. Opa hatte in jedem – wirklich in jedem Punkte – recht. Das Dach aus Stahl und Eisen wölbte sich elegant und majestätisch über alle Bahnsteige, abgesehen vom letzten, zum Breslauer Patz gelegenen, der Mitte der Achtziger Jahre für die S-Bahn angebaut worden war. Sogar er hatte eine Überdachung erhalten, die sich der des Kernbereichs aus der Gründerzeit annäherte. Wohlweislich hatte man sie, wenigstens sie, nach dem Krieg rekonstruiert. So sah Bauästhetik und nicht auf die Regenabwehrfunktion reduzierte Statik aus. Sie konnten es also, wenn sie es nur wollten, genau wie bei der Erweiterung der Hohenzollernbrücke. Dazu mußte natürlich der Wille zur Schönheit denjenigen zur Erbärmlichkeit verdrängen...

Der Zug fuhr ein. Pascal stieg weit vorne ein, in den zweiten Waggon, der unmittelbar vor dem Speisewagen lief, da er den Abend mit einem ruhigen Bier einleiten wollte. Er sicherte sich zunächst einen Fensterplatz. Schnell merkte er, wie müde er war. Der schlechte Schlaf der letzten Woche forderte seinen Tribut. Die mit überhöhter Erwartungshaltung begonnene und damit zwangsläufig gescheiterte Hauruck-Aktion mit Astrid war zudem nicht spurlos an ihm vorübergegangen. Er beschloß deshalb, den Bier- und Speisewagenplan fallen zu lassen, der ohnehin auf einer Schnapsidee beruhte, da er Bonn erreicht haben würde, bevor der Gerstensaft gezapft war. Wenn überhaupt, hätte es für eine Druckbetankung gereicht, und darauf hatte er keine Lust. Die wenigen, knapp zwanzig Minuten bis in das mittelrheinische Städtchen, das den Verlust der angemaßten Hauptstadtfunktion so betrauerte, würde er, preußische Disziplin vorausgesetzt, ohne Alkohol überstehen.

Die Lok nahm Fahrt auf, durchrauschte die Kölner Südstadt. Pascal öffnete die Augen wieder und versuchte zu erkennen, wo er war. Eine Zeile erstaunlich schöner Altbauten säumte linkerhand die Bahnlinie. Im goldroten Schein der niedergehenden Sonne strahlten sie eine besondere Atmosphäre aus, die freilich von der grauenhaft architekturkriminellen Silhouette des Amts- und Landgerichts auf der rechten Seite kontrastiert wurde. Dessen Getriebe hatte Pascal mittlerweile kennenlernen müssen. Die Stadt zog vorbei. Pascal döste vor sich hin, während der Zug langsam, aber kontinuierlich schneller wurde. Plötzlich erscholl ein durchdringender Pfiff der Lokomotive, der sich jedoch seltsamerweise nicht schrill, sondern eher entsetzt anhörte, sofern man Lokomotiven unterstellen konnte, daß sie in der Lage wären, Entsetzen zu äußern. Natürlich war solche Personalisierung Unsinn, dennoch fand Pascal, daß sie nicht besser hätte getroffen werden können. Seine spontane Eingebung mochte an dem Entsetzen liegen, das ihn selbst befallen hatte, als nur Bruchteile von

Sekunden später die Bremsung erfolgte. Es war eine sogenannte Schnellbremsung, keine Vollbremsung, niemand flog aus den Sitzen. Das nahm dem Vorfall die Dramatik. Dementsprechend konnte Pascal bei keinem der Fahrgäste eine erstaunte oder gar erschreckte Reaktion erkennen. Daß eine Eisenbahnfahrt nicht ohne Unregelmäßigkeit verläuft, ist seit der Privatisierung der Normalfall; vorbei die Zeiten, da eine Verspätung von mehr als 120 Sekunden eine bahnamtliche Untersuchung nach sich zog! Die eiserne Zuverlässigkeit aus der Epoche der Königlich-Preußischen Eisenbahnverwaltung KPEV ist längst zur Legende verkommen. Daher beunruhigte Pascal der Zwischenfall nicht. Wahrscheinlich lag irgendwelches Zeug auf den Gleisen, und ehe der Gedanke gedacht war, hörte er es gegen den Waggonboden schlagen: Klocklock, klocklock. Das Geräusch, welches durch den Waggon drang, war eine Kombination aus Schlagen, Klappern und Rumpeln. Im wahrsten Sinne des Wortes war es zu vernehmen, nicht nur zu hören. Es fraß sich durch Waggonboden und Wände, vibrierte durch Sessel und Gang. Was mochte den zerschleifenden Kontakt zu den stählernen scharfkantigen Rädern des tonnenschweren Intercitys gefunden haben, ein Einkaufswagen vielleicht oder ein Fahrrad? Möglicherweise hatte Pascal auch das Bersten eines gerissenen Radreifens miterlebt. Das wäre kein Novum gewesen, Jahre zuvor hatte ein solcher Defekt das größte Eisenbahnunglück der deutschen Nachkriegsgeschichte ausgelöst, als ICE 888 Wilhelm Konrad Röntgen nahe Eschede 101 Passagiere an einem Betonpfeiler in den Tod schickte. Wie zerknickte, ineinandergeschobene und aufgeplatzte Strohhalme lagen die Waggonreste seinerzeit in den Vorgärten. Auf einen gleichartigen Schaden schienen auch die Mehrfachgeräusche zu deuten – klocklock, klocklock. Bei einem Einkaufswagen oder Fahrrad oder einer Stange hätte es nur einen Schlag geben können, ein Radreifen hingegen mußte ein Dauergeräusch erzeugen. Eventuell zerfetzte der Zug aber auch abgerissene Kabeltrommeln, die skrupellose Strauchdiebe auf den Gleisen zurückgelassen hatten. Es war kein Geheimnis, daß inzwischen selbst derartige Gegenstände gestohlen werden, das Otterngezücht hat vor nichts mehr Hemmungen.

Endlich kam der Zug zum Stillstand. Gespenstische Ruhe trat ein. Pascal schaute aus dem Fenster. Sie konnten nicht weit hinter Köln sein, wenngleich die Bahn im freien Feld stand, eine Art Gartensiedlung auf der rechten Seite, links die rohen Wohnklötze von Meschenich. Das Abendlicht brannte intensiver denn zuvor und erzeugte eine linde Stimmung, die in geradezu schmerzhaftem Gegensatz zu der Beklemmung, die sich unterschwellig zu verbreiten begann, stand. Was geschehen war, wußte man nicht. Die wenigen Fahrgäste flüsterten, so sie überhaupt sprachen. Pascal schwante Böses. Doch Erlösung wollte sich zunächst nicht einstellen. Unruhig rutschte er auf seinem Platz hin und her. Die Zeit zerrann. Wie viele Minuten der außerplanmäßige Halt bereits dauerte, wußte er nicht zu sagen. Endlich sprang er auf. Unschlüssig wandte er sich Richtung Speisewagen. In diesem Moment kam die Durchsage, die seine Ahnung bestätigte: „Wegen eines Personenschadens kann unser Zug auf unbestimmte Zeit nicht weiterfahren."

„Personenschaden" lautete die euphemistische Umschreibung des Eigentlichen, und das hieß Unfall, Selbstmord, Tod – ja Tod, nichts anderes als Tod. Als Pascal sich über diese Zusammenhänge klar zu werden begann, zuckte er nicht zusammen, erschrak nicht. Stattdessen überkam ihn, gleich wie bei seinem Martyrium in der dunkelsten Ecke von Ehrenfeld, ein großes Erstaunen. „So also", dachte er, „hört es sich an, so fühlt es sich an." Ja, er hatte es deutlich gespürt, als überfahre man starke Äste oder einen Sack voller Holzscheite. Im allerersten Moment, als der Pfiff des Entsetzens die Luft durchschnitt, hatte Pascal, wie er nun reflektierte, bereits spontan an einen Selbstmörder gedacht, den Gedanken jedoch verworfen, weil er sich dabei einen großen Knall oder ein lautes Klatschen vorgestellt hätte, aber nicht so ein knackendes Gerumpel, klocklock, klocklock.

Die anfängliche Stille im Wagen begann sich in einem undeutlichen, lauter werdenden Gemurmel zu verlieren. Der Bann des Außergewöhnlichen war schnell gebrochen. Pascal hielt es nicht an seinem Platz. Ein innerer Zwang trieb ihn Richtung Zugende. Dort angekommen, suchte er mit den Augen angestrengt die freie Strecke ab, doch nichts war zu erkennen. Pascal machte kehrt. Er beschloß, zum Speisewagen zurückzugehen und sich jetzt doch das Bier zu holen; schließlich hatte er nun Zeit. Auf dem Weg durch die Gänge bekam er Fetzen von Gesprächen, die die Passagiere führten, mit. „Irgendwo muß sich jemand auf die Gleise gelegt haben", hörte er beispielsweise. Darüber konnte er sich ein makabres Schmunzeln nicht verkneifen. Er wußte es besser. Das „Irgendwo", das die Ahnungslosen wahrscheinlich im Bonner Hauptbahnhof oder an der Loreley oder wer weiß wo verorten wollten, war der Unterboden seines Waggons gewesen. Er schauderte. Bruchteile von Sekunden hatten genügt, um das menschliche Wesen, das es, freiwillig oder unfreiwillig, vor den IC 2213 getrieben hatte, auf dem unglückseligen Schienenweg vom ersten bis zum letzten Waggon ins Nichts aufzulösen.

Pascal hatte den Speisewagen erreicht. Außerhalb des Zuges erschien in Gestalt von Polizei, Feuerwehr und Krankenwagen die letzte Gewißheit. An der Theke des Bistros hatte sich eine Schlange gebildet. Geduldig wartete er, bis er an die Reihe kam. Dann bestellte er ein Weizen. „Das erste Getränk geht auf Kosten des Hauses, für die Unannehmlichkeiten.“ Pascal ließ es sich gefallen. An einem Einzeltisch fand er einen freien Platz. Ihm gegenüber saß ein freundlich wirkender Geschäftsmann, Anfang vierzig, der einen aufgeklappten Laptop vor sich stehen hatte. „Bitte setzen Sie sich.“ Der Herr hatte wie Pascal ein Weizen vor sich stehen; beide prosteten sich zu. Unvermittelt setzte sein Gegenüber zu einem Gespräch an: „Auf der Strecke ist es schlimm. Ich pendele jeden Tag zwischen Bonn und Düsseldorf. Seit Anfang des Jahres ist das mein vierter Selbstmörder.“

An den anderen Tischen behandelte man das gleiche Thema, wenn auch in anderen Variationen. In den Ärger über die Verspätung mischte sich allgemeine Mißachtung desjenigen, dem man sie zu verdanken hatte. Die Vorwürfe reichten von lebensuntauglicher Feigheit bis zur Niedertracht, die persönliche Lebensunfähigkeit auf dem Rücken des Lokführers auszutragen. Handys wurden gezückt, um Freunden und Angehörigen die Verspätung anzukündigen. Heute würde es sich nicht lohnen, am Bahnsteig zu warten.

Pascal sinnierte. Halb zu sich selbst, halb zu dem Geschäftsmann gewandt, murmelte er: „Komisch, daß man nicht vom Zug weggeschleudert wird.“

„Das können Sie vergessen“, antwortete der Herr mit einer auf Erfahrung gründenden Selbstgewißheit. „Der Sog ist so stark, der zieht einen sofort nach unten. Da können Sie nichts machen. Vielleicht, in absoluten Ausnahmefällen, passiert das bei einem ICE 3 – wissen Sie, die neuen ICE, die so stark angeschrägt sind, da vielleicht, aber auch nur vielleicht. Nicht einmal bei den alten, bei den ICE 1, und bei einem lokbespannten Zug, wie diesem hier, erst recht nicht.“

Hier sprach der Fachmann. Pascal führte sich vor Augen, daß der Sog und der Impuls eines so schweren technischen Systems, wie es eine 80-Tonnen-Lokomotive mit zwölf Waggons ist, den Menschen sofort unter den Zug drükken und den Körper tanzen lassen, wie die Schraubenschlüssel der Bremser in den amerikanischen Western, wenn sie blinde Passagiere bekämpfen. Er tanzt unter dem Waggonboden den letzten Tanz und erzeugt das Geräusch zermalmender und zerbrechender Knochen. Ja, Knochen hatte Pascal brechen hören – Knochen, keine Äste, keine Stangen, keine Kabeltrommeln. Menschliche Knochen, die auseinanderreißen und bald nur noch als klebriger Klumpenrest zu erkennen sind. Klocklock, klocklock – die Akustik des Todes. Unwillkürlich mußte Pascal ausgerechnet an die Hände des Unglücklichen denken, die Hände, die sich womöglich in letzter Aufwallung des Lebenswillens nach oben zum Boden des Zuges strecken würden, verzweifelte Abwehrbewegung in einem schrecklichen Ritt. Sie würden bei dem ausweglosen Versuch, das Haupt zu schützen zerfleischt, zerbrochen, vernichtet, bevor das hilflose Objekt der Handlung das Hirn erbrach. Schauderhaft. Brechende Hände waren für Pascal das Schlimmste an dem Drama, dessen unfreiwilliger Zeuge er geworden war. Er wurde durch die Vorstellung, dem Tode so nahe gekommen zu sein wie nie zuvor in seinem Leben, seltsam ergriffen. Wo mochte die Seele dieses geschundenen Körpers jetzt sein, eines Körpers, dessen Hand vielleicht in dem Moment, da er, Pascal, in Köln die Tür des Wagens öffnete, zitternd noch den letzten Kaffee gehalten hatte? Hätte er getan, was er tat, wenn er gewußt, ja geahnt hätte, wie er auf den Schienen tanzen muß? Pascal nahm einen großen Schluck. Die Zeit wollte nicht vergehen, der unheimliche Halt nicht enden. Draußen liefen, mit Taschenlampen bewaffnet, Polizisten und Bahnmitarbeiter über den Bahndamm. „Die müssen jeden Zentimeter des Zuges auf Leichenreste untersuchen“, ließ sich der Geschäftsmann vernehmen. „Man glaubt es nicht, was so ein Unfall für Folgen nach sich zieht, da sind Haftungsfragen zu klären, Schadenersatz, das ist ein Rattenschwanz!“

Am Nachbartisch herrschte gute Stimmung. Die Fahrgäste hatten lange über das Freibier hinaus getrunken. Selten herrscht für die nörgelnde Ehefrau oder die Kinder oder wen auch immer so wenig Erklärungsbedarf für die Verspätung wie in einem derartigen Notfall. Das wollte genutzt sein. „Das letzte Auto ist ein Kombi!“ Die Gesellschaft bog sich im Angesicht des Kalauers.

* * *

Mit zweieinhalb Stunden Verspätung traf Pascal in Bonn ein. Den Vortrag konnte er vergessen. Er begab sich schnurstracks zu Gleis 1, wo die Züge in die Gegenrichtung abfuhren. „Nach Köln wollen Sie? Das kann dauern, der ganze Plan ist aus dem Takt, wir hatten einen Personenschaden." Ei, wer hätte das gedacht! „Vielleicht schauen Sie mal auf dem Bahnhofsvorplatz, dort verkehrt ein Busersatz. Pascal ließ es sich gefallen, der Abend war ohnehin gelaufen. Immer noch hatte er nicht richtig verarbeitet, was die Akustik des Todes an sein Ohr getragen hatte. Klocklock. Klocklock.

Der Prozeß

Drei Tage nach der Pleite von Bonn stand die nächste, in diesem Fall vorherzusehende, an. Der letzte Spieltag der Saison enthielt für den FCN nurmehr theoretische Möglichkeiten, dem Abstieg zu entrinnen. Der Club mußte bei einer gleichzeitigen Niederlage von Bielefeld gewinnen. Keins von beiden trat ein. Das Nürnberger Schicksal wurde ausgerechnet gegen Schalke besiegelt, aber die Kraftlosigkeit des Auftritts zeigte, daß bereits Geschlagene das Spielfeld betraten. Am 17. Mai, um 17.17 Uhr hatten die Franken es geschafft, als erste Mannschaft der deutschen Fußballgeschichte sowohl als Meister als auch als Pokalsieger eines Vorjahres abzusteigen. Es war zum Erbrechen.

Planlos fuhr Pascal den Computer hoch. Seit seiner Entlassung aus dem Krankenhaus fand er kaum noch die Konzentration, etwas zu lesen. Vielmehr surfte er hauptsächlich im Internet. Er klickte sich von einer Seite zur anderen, ohne etwas Bestimmtes zu suchen. Aus Neugier gab er seinen Namen bei Google ein, obwohl er nie damit gerechnet hätte, einen Eintrag über sich zu finden. Umso erstaunter war er, als er auf Anhieb einen Treffer erzielte. – Und was für einen: Er führte ihn zu Youtube. Der Titel ließ ihm das Blut in den Adern gefrieren. „Pascal Ormunait – blutgeiles Opfer." Intuitiv drückte er die Rückgängigtaste. Doch die Neugier war stärker als die Angst. Er wiederholte den Suchvorgang. Erneut blitzte ihm das Startbild des Videos entgegen. Pascal gab sich einen Ruck und drückte auf Start. Zunächst erkannte er nicht viel. Der Trailer begann mit einem harten Türken-Hipp-Hopp, dazu waren vage, eher angedeutete Bewegungen, wie aus einer Kampfsportschule, zu sehen. Dann stoppte die Musik abrupt. Pascal blickte in ein Gesicht – in sein Gesicht. Er sah sich am Boden knien und Tritte und Schläge auf sich einprasseln. Jeder Schlag war auch akustisch wahrnehmbar, wobei Pascal nicht hätte sagen können, ob er Originalgeräusche hörte, oder ob die Bilder nachträglich unterlegt worden waren. Jedenfalls fuhren sie ihm durch Mark und Bein. Daß keine Musik mehr spielte, verlieh dem Drama eine gespenstisch gesteigerte Authentizität. Pascal konnte sich kaum halten. Zu allem Überfluß erschienen schlagwortartige Untertitel. „Treffer", „Knochenknacker", „gleich bricht was". Als es endlich vorüber war, rann ihm der Schweiß über die Stirn. Die Zeitleiste zeigte 1 Minute, 49 Sekunden an, doch die reale Zeit wurde von der gefühlten weit übertroffen.

Damit nicht genug, entdeckte Pascal eine Kommentarspalte. Ohnmächtig vor Wut und Scham begann er, die Einträge abzurollen. „Geile Abreibung für den deutschen Hurensohn“ gehörte zu den harmloseren Sprüchen. Über „Geil, voll in die Fresse“ oder „Ihr habt den Scheißkopf der Kartoffel nicht voll getroffen“ steigerte sich der Haß bis zu „Warum habt Ihr die Bitch nicht abgestochen?“ Wie ein gehetztes Huhn rannte Pascal im Zimmer auf und ab. Ihm war die Mode nicht unbekannt geblieben, aus reiner Gewaltlust Leute nicht nur zusammenzuschlagen, bis kaum noch etwas von ihnen übrigblieb, sondern darüber hinaus die Schlachtszene mit dem Handy zu filmen, um auf diese Art die Erniedrigung bis zum Äußersten zu treiben. Doch hatte er sich nie ernsthaft mit derartigen Vorgängen befaßt – viel zu fremd war ihm die Rohheit, die sich in solchen Exzessen niederschlug. Umso heftiger überkam ihn der Ekel, als er sich selbst zum Objekt der öffentlichen Zurschaustellung gemacht sah. Selten hatte er sich so hilflos gefühlt. Der Film – jedem, der wollte, weltweit zugänglich – verschlimmerte den eigentlichen Überfall nicht nur, er erhob ihn zur Unentrinnbarkeit, vergleichbar mit einem Tinnitus, der nie aufhört. Ungläubig, so als wollte er sich einreden, einem Irrtum aufgesessen zu sein, schaltete Pascal auf Wiederholung. Aber es war kein Irrtum, es war bittere Realität. Pascal wurde öffentlich geschlachtet.

* * *

Außer sich rief er Kai an. Voller Ungeduld wartete er darauf, daß am anderen Ende der Leitung abgenommen wurde. Das Unwirsche in der Stimme des Freundes überhörend, wetterte er los: „Kai, stell’ Dir vor, ich bin im Internet!“

„Na, das ist ja ein Ding, da bin ich jeden Tag!“

„So hab’ ich das nicht gemeint, Scherzkeks, da ist ein Film über mich drin!“

„Du, Pascal, ich bin nicht allein.“

„Hast Du nicht gehört, was ich gesagt habe? Die haben ein Video über mich ins Netz gestellt!“

„Du, es ist jetzt wirklich schlecht... Schatzi, halt mal bitte die Klappe!“

Pascal hätte sich denken können, wobei er Kai antreffen würde. Dennoch ließ er nicht locker. „Du hast mich nicht richtig verstanden. Die zeigen mich, wie sie mich zusammenschlagen.“ Eine kurze Pause folgte. „Kai, bist Du noch dran?“

„Moment mal kurz.“ Pascal hörte, wie im Hintergrund gesprochen wurde. Kai schien zu versuchen, einer Frau beizubringen, warum er für kurze Zeit der Freundschaftspflicht Priorität vor dem Freundinnenvergnügen einräumen mußte.

„Jetzt noch mal in aller Ruhe: Redest Du von dem Überfall auf Dich?“

„Wovon denn sonst? Ich kann Dir den Link schicken.“

„Mensch Pascal, muß das denn gerade jetzt sein?“

„Bitte!“

„Also gut, von mir aus.“

Pascal hätte die Aufforderung nicht gebraucht, die E-Mail mit der Fundstelle bei Youtube war schon unterwegs. „Hast Du's endlich“, fragte er drängend.

„Keine Panik, alter Mann ist kein D-Zug, muß noch den PC hochfahren.“ Pascal war nicht der einzige, der drängelte. „Schatzi, mach' den Kopp zu, ich muß was klären unter Männern.“ Daß Kai sich in seiner Situation für ihn Zeit nahm, tat Pascal gut. Endlich sagte der Freund: „So, ich hab's.“ Auch Pascal hatte noch einmal zur Startposition zurückgesetzt. In Konferenzschaltung ließen beide den Film ablaufen. Für die folgenden knapp zwei Minuten herrschte Stille. Hin und wieder ließ Kai ein „alter Schwede“ oder „Das ist echt kraß“ vernehmen.

„Und, was sagst Du?“ rief Pascal in den Hörer, „Kai, sag' selbst, ist das nicht der Oberhammer, was soll ich denn jetzt machen?“

„Abspeichern“, kam es lakonisch zurück.

„Waaas? Spinnst Du! Ich verewige doch kein Denkmal meiner Schande.“

„Bleib' mal locker, Alter, der Film ist Beweismaterial. Sieh zu, daß du ihn schnellstmöglich sicherst und zur Polizei bringst, oder kennen die ihn?“

Pascal stutzte. Wieder einmal traf Kais praktische Klugheit in die richtige Kerbe. Gesagt hatte der Kommissar nichts von einem etwaigen Video, das über die Tat gedreht worden wäre. Aus Pascals beredtem Schweigen entnahm Kai Zustimmung. „Na siehst Du! Tu', was ich Dir sage und entschuldige mich jetzt bitte. Hier vertrocknet langsam was...“

„Ok“, Pascal sah die Not des Freundes ein. „Viel Spaß noch und danke.“

„Den werd' ich haben, halt die Ohren steif.“

Ein Klicken in der Leitung beendete das Gespräch. Pascal ließ den Film ein weiteres Mal ablaufen. Nun, da er konkrete Maßnahmen treffen konnte, die ihm vielleicht helfen würden, den Tätern das Handwerk zu legen, schwand seine Erregung ein wenig. Nur stand er plötzlich vor einem neuen Problem, da er feststellen mußte, daß die Filme von Youtube nicht ohne weiteres heruntergeladen werden konnten. Er gehörte nicht zum Kreis der Eingeweihten, sein Interesse für technischen Spezialkram hielt sich in Grenzen. Es half nichts, er mußte noch einmal bei Kai anrufen, so ungern er ihn auch bei seiner Lieblingsbeschäftigung stören würde. Der Freund reagierte entsprechend ungehalten. Was Pascal denn noch wolle? Er müsse zunächst ein Downloadprogramm installieren, damit ginge es. Er solle sich nicht anstellen wie ein kleines Kind. Pascal – froh, gehört zu haben, daß die Speicherung prinzipiell möglich war – begann, die einschlägigen Seiten zu durchsuchen. Schließlich fand er, was Kai gesagt hatte. Er lud sich ein Programm herunter und brannte das Video auf eine CD sowie auf eine weitere als Sicherheitskopie. Erleichtert öffnete er sich ein Köpi. Man durfte sich nicht so leicht ins Bockshorn jagen lassen.

* * *

Schon am nächsten Tag sprach er auf dem Ehrenfelder Revier vor. Inzwischen fühlte er sich hier beinahe wie zu Hause. Da er keinen Termin hatte, mußte er fürchten, an der Pforte abgewimmelt zu werden. Jedoch bestand er so lange darauf, persönlich mit dem Ermittlungsbeamten zu sprechen, bis er vorgelassen wurde. Der Kommissar schien sichtlich genervt. „Hatten wir nicht alles durchgesprochen? Oder haben Sie etwas vergessen?“ Der vorwurfsvolle Unterton schien als eigentliche Frage zum Ausdruck bringen zu wollen: Haben Sie sich noch etwas ausgedacht? Wie ein Damoklesschwert schwebte die unberechtigte Anzeige über Pascal.

„Nein, ich habe Beweismaterial gesichert.“

„Schön, daß Sie unsere Arbeit übernehmen.“

Was als Spitze gegen Pascal gedacht war, beinhaltete statt einer belustigenden eine bittere Ironie: Denn in der Tat wäre es die Arbeit der Polizei gewesen, im Netz nach möglichen Hinweisen dieser Art zu suchen. Ohne sich in seiner Routinehaltung beirren zu lassen, nahm der Polizeibeamte die CD entgegen.

„Vielen Dank, Herr Ormunait.“ Pascal wollte noch etwas sagen, wußte aber nicht, was es noch zu sagen gegeben hätte.

„Sonst noch was?“

„Nein.“

„Dann ist ja alles in Ordnung.“

„Alles in Ordnung.“

„Auf Wiedersehen, Herr Ormunait.“

„Auf Wiedersehen.“

Ernüchtert verließ Pascal den Polizeibunker, der in seinem ästhetischen Anspruch dem des Gerichts wenig nachstand. Die Ansätze einer Euphorie, die ihm das Telefonat mit Kai vermittelt hatte, waren verklungen.

* * *

Die tote Zeit kroch an Pascals Leben vorbei, das er weniger denn je mit Sinn zu füllen wußte, als eines Tages das Telefon klingelte. Am Ton ahnte Pascal, daß ein offizieller Anruf in der Leitung hing. Wenn Kai angerufen hätte, hätte der Apparat anders vibriert. Sein siebter Sinn ließ ihn nicht im Stich. Eine heisere, verkrampfte Stimme kratzte am anderen Ende in der Leitung: „Von Felony, Vorsitzende am Jugendschöffengericht, 12. Abteilung. Spreche ich mit Herrn Pascal Ormunait?“

„Ja, hier Ormunait“, antwortete Pascal.

„Gut, ich verhandele die Strafsache gegen Üxgül. Für den 28. Juli möchte ich terminieren. Können sie an dem Tag?“

Pascal mußte einen Augenblick überlegen. Was hatte er mit einer Strafsache Üxgül zu tun? „Entschuldigen Sie bitte, sind Sie sicher, daß Sie bei mir richtig sind?“

„Wenn Sie Herr Ormunait sind, bin ich richtig. Ich muß Sie als Zeugen vernehmen.“

„Sie meinen, als Opfer?“ Der Groschen begann zu fallen.

„Prozessual sind Sie Zeuge. Also können Sie?“

„Ja, ja, ich kann immer, selbstverständlich.“

„Das ist gut. Ich bin froh, daß wir dieses Verfahren so schnell durchführen können.“

„Schnell? Der Überfall war doch schon im Januar.“

„Sie haben vielleicht Vorstellungen!“ Unverständnis für die naiven Ansichten des juristischen Normalbürgers drang an Pascals Ohr. „Ein *halbes* Jahr ist nichts. Normalerweise dauert es in einer solchen Sache mindestens *ein* Jahr, bis es zur Verhandlung kommt, eher anderthalb, so überlastet, wie wir sind. Sie haben Glück, daß eine Haftsache geplatzt ist. Dadurch sind einige Freiräume entstanden, und wenn wir die vernünftig nutzen, können wir unseren Terminplan noch halbwegs retten. Deshalb rufe ich an. Es ist wichtig, daß Sie mir definitiv zusagen, ich muß Gewißheit haben, daß es dabei bleibt, wenn ich den Termin einmal festlege.“

„Ja, von meiner Seite bleibt es dabei.“

„Gut, dann halte ich das so fest: 28. Juli 2008, 9:00 Uhr. Die schriftliche Ladung kommt. Bitte seien Sie pünktlich.“

„In Ordnung.“

„Auf Wiederhören, Herr Ormunait.“

„Auf Wiederhören und vielen Dank!“

Ende des Gesprächs. Verwundert rieb sich Pascal die Augen. Über das Eigentliche hatte die Dame kein Wort verloren. Wahrscheinlich hätte sie auch nicht darüber sprechen können. Trotzdem ärgerte er sich. Dunkel ahnte er, einmal mehr zur Nummer im Justizgetriebe herabzusinken. War er für den sauberen Anwalt seines Vaters die Strafsache, so diente er der Vorsitzenden der 12. Abteilung des Jugendschöffengerichts Köln als Baustein im Terminplan, der nicht zusammenbrechen durfte. Auf der anderen Seite hoffte er, daß die Ungewißheit ein Ende nehmen würde. Nun würde er endlich Gelegenheit bekommen, aus dem Status des passiven Schweigens herauszutreten und vor Aller Augen deutlich zu machen, wie ihm mitgespielt worden war.

Vor den Eltern hielt er die Entwicklung zunächst geheim. Er wollte sich weder Belehrungen über seine Unvorsichtigkeit noch Ratschläge anhören, wie er am sinnvollsten vor Gericht aufzutreten habe. Außerdem behagte ihm der Gedanke nicht, seine Mutter könnte als Zuschauerin den Prozeß verfolgen. Sie würde allein bei der Vorankündigung vor Sorgen nicht mehr ruhig schlafen können. Nein, durch diese Sache mußte er allein. Auch Kai brauchte nichts zu erfahren. Dann könnte er es gleich an eine Litfaßsäule schreiben. Die anderen würden sich nur den Mund zerreißen. In der Schule hatte man ihn oft genug wissen lassen, daß er im Grunde an allem selbst schuld wäre; sei es aus Leichtsinn, sei es als ausgleichende Gerechtigkeit für seine Selbstjustiz. Pascal blätterte im Kalender. Der 28. Juli war ein Montag. Showdown nach dem Wochenende.

* * *

Pascal brauchte das Wochenende nicht zur mentalen Vorbereitung. Seitdem er auf dem Abstellgleis stand, hatte er jeden Tag Zeit zur mentalen Vorbereitung irgendwelcher Dinge. Als es schließlich heran nahte, überkam ihn doch Unruhe. Die Wochentage konnte er mit umtriebigem Aktionismus ausfüllen; die Samstage, die früher von der Fußballbundesliga geprägt waren, bildeten ein ernsthaftes Problem. Seit dem Club-Abstieg konnte er das Wort „Bundesliga" nicht mehr ertragen. Immer, wenn er an einer Kneipe mit Premiere vorbeilief, kochte der Frust in ihm hoch. Was interessierten ihn Borussia Mönchengladbach oder der „Effzeh"? Bayern konnte man nur zum Teufel wünschen. Die Sonntage eigneten sich ohnehin nur zum Zeit-Totschlagen. Also schnappte er sich ein Buch und machte sich zur Wiese am Gürtel nah dem Fernsehturm auf. Mit seiner Planung stand er nicht allein. Ungezählte Gruppen und Grüppchen bevölkerten das Areal. Auf den Decken lagen halbnackte Gestalten im Sonnenbad, während andere regelrechte Urlaubsdomizile errichtet hatten. Liegestühle, Klappsitze, Gartentische gaben das Interieur der kleinen oder größeren Partygesellschaften. In den Bierkästen standen bereits etliche leere Flaschen, doch an Nachschub fehlte es nicht. Unschwer war zu erahnen, was von den mitgeschleppten Utensilien ein paar Stunden später als Unrat die Wiese verzieren würde. Für musikalische Dauerberieselung war ebenfalls gesorgt. Es schien unmöglich, aus dem Bereich der hämmernden Bässe eines überdimensionalen Lautsprechers zu entkommen, ohne in der Schallzone eines noch aufdringlicheren zu landen. „Musik wird als störend oft empfunden, weil sie mit Geräusch verbunden." Wilhelm Busch ließ grüßen. Umso positiver überrascht entdeckte er ein Fleckchen Erde, von dem aus er die Geräuschkulisse zwar als dumpfen und immer noch deutlich hörbaren Hintergrundpegel ertragen mußte, aber die einzelnen Sequenzen wenigstens nicht mehr die Ohren betäubten. Weil er auf diese Weise nicht so stark abgelenkt wurde, konnte er sich der

Lektüre widmen. Sie paßte zur Umgebung. Seitdem er aus dem Krankenhaus entlassen worden war, hatte er selten Lust, sich auf anspruchsvolle Texte zu konzentrieren. Um nicht vollkommen auf Goldenes-Blatt-Niveau abzusinken, nahm er sich neuerdings leicht lesbare Belletristik vor, wobei er sorgsam alles, was mit Thema Nummer eins zu tun hatte, mied. Die langen Schatten der Vergangenheit, die jener Tote wirft, dessen Generale, Hunde und Eintöpfe hierzulande als literarisches Ereignis gelten, übersprang er um mehr als hundert Jahre, um bei Königin Luise von Preußen zu landen. Von ihrer Biographie erhoffte er sich gleichermaßen Unterhaltung wie geschichtliches Wissen, ohne allzu große Denkarbeit verrichten zu müssen.

Aber nicht einmal dazu hatte er Lust. Er nippte an seiner Bierbüchse und beobachtete Land und Leute. Abseits der Wiese an der Kanalstraße stand einsam und verlassen der Kölner Funkturm. Sein vom Großvater geschärfter Sinn empfand ihn als Fremdkörper. Nicht nur der Standort wirkte verfehlt. Isoliert ragte Colonius in die Höhe, ohne eine Beziehung zum Umfeld aufzubauen, das selbst aus Brachland bestand. Die Kapsel hing ohne ästhetischen Mehrwert übergangslos am Mast, wie die Last eines Kranes. Verlorenheit kann baulichen Ausdruck finden.

Pascal ließ die Blicke über die Wiese kreisen. Aus dem Gewirr der Stimmen stach die eines jungen Mädchens hervor. Mit den Augen suchte er die Grüppchen und ihre Lagerplätze ab. Wie in einem Stadtplanquadrat bestrich er immer wieder dieselben Bereiche, ohne die Herkunft des wohlvertrauten jauchzenden Geschreis ausfindig zu machen. Schließlich sah er sie, es bestand kein Zweifel: Janine! In der Begleitung dreier Südländer tollte seine Exfreundin nicht weit von ihm albern und ausgelassen auf der Wiese herum. Ihr Vergnügen stellte sie in geradezu frivoler Weise zur Schau. Pascal schwoll der Zorneskamm. Er hoffte, daß sie ihn nicht sehen würde. Zwar schien sie viel zu abgelenkt, doch die Verwirklichung des Unwahrscheinlichen droht immer dann, wenn es unerwünscht ist. Manches Mal hatte er überlegt, den Kontakt mit ihr wieder herzustellen. Oberflächlich wie sie war, mochte der Versuch nicht einmal aussichtslos sein. Außerdem konnte er sich mittlerweile vorstellen, seine Ansprüche ihr gegenüber zu relativieren. Inzwischen hätte er ihr angesichts ihrer körperlichen Qualitäten großzügig ihre anderweitigen Begrenztheiten nachgesehen. Er verspürte wenig Lust, zu leben wie ein Mönch – dabei lebte er, was weit schlimmer war, wie ein Mönch leben *soll.* Trotzdem stand sein Entschluß in dem Moment, da er durch ihre Gegenwart leibhaftig an sie und ihre gemeinsame Zeit erinnert wurde, fest – felsenfest. Sein Stolz überwog seine Begierden. Nichts haßte er mehr, als einer Person das Gefühl zu geben, ihr nachzulaufen oder sie zu begehren. Er würde nicht von seinem hohen Roß heruntersteigen und den ersten Schritt machen. Lieber stolz und einsam als unterwürfig und in Gesellschaft. Wenn sie käme, wäre er zu einem Gespräch bereit und womöglich zu einigem, vielleicht zu vielem anderen. *Er* würde nicht kommen, auf keinen Fall, niemals.

Aufgewühlt packte er seine Sachen. Beim Gehen achtete er darauf, unentdeckt zu bleiben. Das Kapitel war geschlossen. Wichtig war allein, den nächsten Tag durchzustehen. Danach konnte er ein neues Leben beginnen, Pascal reloaded, gewissermaßen.

* * *

Der Tag der Tage kam. Er begann am Abend vorher, als Pascal nicht einschlafen konnte. Von einer Seite wälzte er sich auf die andere. Natürlich steigerte er seine Erregung damit nur. Gegen fünf Uhr am Morgen gab er seinen Widerstand gegen die innere Unruhe auf. Daraufhin schlief er für kurze Zeit ein. Wilde Träume schüttelten ihn, als er um halb sieben vom Wecker unsanft ins Leben zurückgerufen wurde. Die Zeit reichte gerade, um bis neun Uhr im Gericht zu sein. Von den Kämpfen der Nacht zerschlagener als beim Zubettgehen, quälte er sich ins Bad. Anschließend versuchte er mühselig, einen Happen zu essen, doch es gelang ihm nicht. Hatte er schon an normalen Tagen morgens wenig Hunger, so bekam er am Morgen des Gerichtstages keinen Bissen herunter. Todmüde schleppte er sich zur Haltestelle. Hoffentlich würde er nicht schon vorher auf die Schlägerbande treffen. Als die Bahn kam, war ihm so speiübel, daß er befürchtete, sich übergeben zu müssen. Die Sorge erwies sich als unbegründet. Wie er überrascht feststellte, besserte sich sein Zustand, je näher er dem Gericht kam. Als er an der Weißhausstraße ausstieg, fühlte er sich zwar aufgedreht, aber nicht mehr ängstlich. So mußte es den Schafen gehen, die zur Schlachtbank geführt wurden.

Im Gericht empfing ihn das bekannte Procedere aus Schleuse und legeren Justizwachtmeistern. Auf der Treppe in den zweiten Stock begann das Herz wieder höher zu schlagen. Bald würde er unvermeidlich auf seine Gegner treffen, vielleicht erwarteten sie ihn schon. Sie erwarteten ihn nicht, denn Pascal war zu früh gekommen, da er auf keinen Fall zu spät hatte kommen wollen. Die Verhandlung war in den Saal 213 anberaumt, auf der linken Seite des Ganges. Er würde also nicht an der Stelle Rede und Antwort stehen müssen, an der man Kevin zur Strecke gebracht hatte. Zu der frühen Uhrzeit herrschte im Gericht ein munteres Kommen und Gehen. Anwälte mit Roben unter dem Arm hasteten durch die Gänge, um pünktlich zu ihren Terminen zu erscheinen. Diejenigen, die wie Amtspersonen aussahen, hatten es weniger eilig. In einigen Metern Entfernung fiel Pascal eine zierliche Frau auf, mit der er automatisch etwas verband, obwohl er gleichzeitig sicher war, sie noch nie gesehen zu haben. Intuitiv wußte er, daß sie eine wohlvertraute Funktion einnehmen würde. Ihre Haltung zu Saal 213 verriet, daß sie das gleiche Ziel hatte wie Pascal. Unbemerkt hatten sich zwei andere Gestalten in der Nähe eingefunden. Wahrscheinlich handelte es sich um Verteidiger oder Zeugen. Die Arena begann sich zu füllen. Plötzlich hörte Pascal vom Aufgang her laute Stimmen, die von mehreren Personen herrührten. Drei Bengel, gekleidet wie brave Jugendliche, bewegten sich auf den Wartebereich vor Saal 213 zu. Die Parteien erkannten sich im gleichen Moment wechselseitig. Die rauhen Stimmen verstummten sofort. Erstmals nahm Pascal seine Gegenspieler aus kurzer Entfernung wahr, Aug in Aug. Einen identifizierte er auf Anhieb, beim Zweiten war er sich nicht zu hundert Prozent sicher. Beim Dritten hatte er zwar das Gefühl eines Wiederkennens, aber eines zweifelhaften, mit Unsicherheit behafteten. Stand dort derjenige, der ihn nach einer Zigarette gefragt hatte? Diesem Augenblick der direkten Konfrontation hatte Pascal mit Angst entgegengesehen. Überraschenderweise entwickelte sich in dem Moment X die befürchtete offene Feindseligkeit nicht. Möglicherweise hielt die Atmosphäre des Ortes, dem bei aller Unpersönlichkeit ein Ansatz wenn nicht obrigkeitlichen Eingreifens, so wenigstens behördlichen Wirkens anhaftete, die Gewaltbereitschaft im Zaum, möglicherweise wurde sie von der Verstellungskraft der routinierten Kriminalität gebremst. Hinzu kam, daß die Anwälte ihre jeweiligen Mandanten zu sich gerufen hatten, um letzte Einzelheiten des bevorstehenden Prozesses zu erörtern.

Zu den beiden, die Pascal schon gesehen hatte, hatte sich unbemerkt ein Dritter gesellt, der ihn auffallend an Herrn Dr. Laudan erinnerte. Ein schmieriger Lacktyp in anthrazitfarbenem Anzug redete wild gestikulierend auf denjenigen der Angeklagten ein, den Pascal sicher identifizieren konnte. Von Zeit zu Zeit warf er einen hektischen Mißtrauensblick zu Pascal hinüber – ein sicheres Zeichen, daß das Opfer der Tat, die zu verhandeln war, einen zentralen Platz in der Abwehrstrategie einnehmen würde. Das verhieß nichts Gutes.

Pascal sah auf die Uhr. Wenn das Gericht pünktlich anfangen wollte, hatte es noch genau eine Minute Zeit. Jedoch deutete nichts darauf hin, daß es dieses Limit einhalten würde. Der Zeiger lief unbeeindruckt weiter. Es wurde drei nach neun, es wurde fünf nach neun. Pascal überprüfte den Terminplan. Da seine Verhandlung die erste am Tag war, und, soviel er wußte, generell nichts vor neun Uhr angesetzt wurde, konnte die Verzögerung nicht durch andere Termine, die sich in die Länge gezogen hätten, verursacht sein. Zehn nach neun. Von einem Bein trat er aufs andere. Auch einer der Verteidiger wurde nervös. Endlich kam vom anderen Ende des Ganges eine Person auf die Wartenden zu, deren Blick anzudeuten schien, daß sie zum Geschehen gehörte. In der einen Hand ein Aktenhaufen und eine zusammengeknüllte Robe, in der anderen ein großes Schlüsselbund, von sehr gedrungener Statur, knapp höher als breit, mutete die Frau wie ein menschlicher Frosch an. Mit verlegenem Lächeln begrüßte sie die Anwesenden. „Ich laß' Sie schon mal rein, die Vorsitzende kommt gleich." Damit öffnete sie die Tür zum Richtplatz. Die professionell Beteiligten, der Frosch, die Rechtsanwälte sowie der Staatsanwalt, den Pascal nur am Rande wahrgenommen hatte, da er sich bisher auffällig im Hintergrund hielt, wußten sofort, wohin sie gehörten. Auch die Angeklagten hatten keine Mühe, ihren Platz zu finden. Pascal indes stand verloren in der Mitte des Saales, der weitaus größer als derjenige war, den er von Kevins Verhandlung kannte. Folglich waren die Abstände zwischen den Beteiligten größer, lag der Zeugenstuhl weit entfernt von den Bänken des Gerichts, der Anklage, der Vereidigung und auch der Zuschauer: Einsamkeit in Gestalt räumlicher Anordnung.

Der Frosch machte sich inzwischen an einem Computer zu schaffen. Plötzlich sprang die Tür in der rückwärtigen Wand des Saales auf, und Frau von Felony hielt mit ihrem Gefolge Einzug. Es bestand aus den beiden Schöffen, unter ihnen ein an die Beschaulichkeit bürgerlichen Lebens gewöhnter älterer

Mann, der, wie zu vermuten stand, im Zivilberuf seine Rentenbezüge genießen konnte. Was an Haarkranz stehengeblieben war, lag mit Pomade zurückgekämmt eng an der mit Altersflecken übersäten Kopfhaut. Ergänzt wurde er von einer harmlos wirkenden Hausfrau, der man nicht recht zutrauen wollte, ihr Schöffenamt mit Kreativität auszufüllen. Vielmehr kam sie in naiver Gläubigkeit an die gute Sache einer staatsbürgerlichen Pflicht nach. Frau von Felony wartete keine Sekunde, um mit der Verhandlung zu beginnen. Während die Verteidiger sich noch ordneten, Akten zurecht legten und ihre Strafgesetzbuch-Kommentare auf die Pulte stellten, fing sie bereits an, dem Frosch die ersten Sätze zu diktieren. Die Uhr zeigte 9.15 Uhr. „Es kommt zum Aufruf die Sache gegen Üxgül und andere." Dann ging sie die Namen der Angeklagten und ihrer Verteidiger durch. Sodann stellte sie Pascals Identität fest: „Sie sind Herr Ormunait?"

„Ja." Freifrau Jutta von Felony, so die vollständige Personalie, die Pascal aus dem Internet recherchiert hatte, bot das Bild einer nervösen Hektik. Aus ihren hochgesteckten blonden Haaren fiel ab und an eine Strähne ins Gesicht. Die Stimme klang eindringlich und hart. Nahezu die ganze Zeit, auch während sie sprach, hielt sie den Oberkörper leicht nach vorn gebeugt. Den linken Arm hatte sie auf den Ellenbogen gestellt, so daß sie mit der Hand ihr Kinn abstützen konnte. In der Rechten hielt sie unentwegt einen Stift, mit dem sie hin und wieder auf ihre Akte klopfte. Ihre ganze Haltung hatte etwas Verkrampftes.

Dazu, daß zwei Menschen einander nicht mögen, bedarf es nicht immer eines Konfliktes oder großer Worte. Die Vorsitzende und Pascal verband von Beginn an eine herzliche Abneigung. Ihr zackiges Gehabe wirkte weniger souverän denn herrisch. Eine seltsame Assoziation verstärkte seine Aversion. Als Jugendlicher hatte Pascal eine feste Zahnspange tragen müssen. Alle vier Wochen mußte sie eine Stufe strammer gestellt werden. Zufälligerweise hatten sämtliche Zahnarzthelferinnen der Praxis u-vokalische Namen: Ursula, Susanne und eben Jutta. Mit wenig Verständnis hatten sie auf Pascals Übersensibilität, die sich unter anderem in häufigen Nachfragen zu den Behandlungsmethoden niederschlug, reagiert. Im kieferorthopädischen Massenbetrieb war er damit nicht gut angekommen. Resolute Abfertigung war gefragt. Die Mädchen hatten diese Anforderung damals in jeder Hinsicht beherrscht. Auch hatten sie sich darüber mokiert, daß Pascal statt vom Kieferorthopäden vom „Klammerarzt“ gesprochen hatte. War es anfangs eine unbewußte Nachlässigkeit gewesen, setzte er das Unwort im Laufe der Zeit als strategischen Kampfbegriff ein, um seinem Ärger über die rüde Behandlung Luft zu verschaffen. Seitdem verband er alle Frauen, die einen Namen mit „u“ trugen, mit Ruppigkeit anstatt mit Wohlwollen oder gar Zartgefühl. Auf die Freifrau paßte sein Klischee wie die Faust aufs Auge. Hinzu kam, daß Pascal ihr das Recht absprach, diesen Titel überhaupt zu führen. Der Adel ist in Deutschland seit 1919 abgeschafft. Der Großvater hatte es ihm mehrfach erklärt. Das „von“ gilt seitdem als bloßer Namenszusatz. Konsequenterweise hätte man auch dessen Verwendung verbieten und am besten die ganze Sippschaft enteignen müssen. Das nicht getan zu haben, war für den Großvater eines der Anzeichen, daß die Weimarer Republik an sich selbst gescheitert war. Jedenfalls waren Pascal sämtliche „vons“ unsympathisch.

„Gut, die anderen Zeugen sind für später geladen. Ich belehre Sie nun über Ihre Pflichten: Sie haben vor Gericht die Wahrheit zu sagen.“

„Hören Sie gut zu!“ erscholl es von der Verteidigerbank. Der Schmierige gab einen ersten Warnschuß ab. Er signalisierte Pascal, was ihm bevorstand. „Sie dürfen nichts weglassen und nichts hinzufügen“, fuhr die Freifrau fort. „Sagen Sie nur das, woran Sie sich wirklich erinnern. Wenn Sie die Unwahrheit sagen, wäre das eine Falschaussage und als solche strafbar, im Falle Ihrer Vereidigung als Meineid. Meineid ist ein Verbrechen und mit einer Mindeststrafe von einem Jahr bedroht. Haben Sie das verstanden?“

„Ja.“

„Hoffentlich!“ bellte es von der Verteidigerbank herüber. Die Freifrau blickte ihn mahnend an. „Dann muß ich Sie bitten, noch einmal draußen zu warten, bis wir Sie aufrufen.“

Draußen stand er, während man im Innenraum zu wesentlichen Dingen kam. Vom Aufgang kam ein Mann über den Flur gelaufen. Mit einer Art offen getragener Schimanski-Jacke über kariertem Hemd und dickem Bauch, buschigem Schnurrbart und ohrlangen Haaren stellte er den Prototypen des mit sich und der Welt zufriedenen Kölners dar. Pascal vermutete, einen jener karnevalistischen Jecken vor sich zu haben, dessen Harndrang seine Rettung herbeigeführt hatte. Wahrscheinlich war er als Zeuge geladen. Der Mann nickte ihm andeutungsweise zu, weiter ging die Kontaktaufnahme nicht. Die Geste reichte nicht aus, um Pascal den Hauch von Unterstützung zu signalisieren, den er so dringend hätte gebrauchen können. Gerne hätte er ihn angesprochen, gefragt, wie er die Situation empfunden habe. Außerdem fühlte er sich verpflichtet, wenigstens eine kleine Dankesadresse abzugeben. Er mochte nicht zu Ende denken, was passiert wäre, wäre jener nicht gewesen. Doch Pascal spürte Distanz. Der Mann saß breitbeinig auf einer Bank und konzentrierte sich auf den Sportteil des Express. Als guter Kölner hatte er geholfen und würde seine Aussage machen, jedoch keinen Gedanken an eine falsche Nähe zu dem Geschädigten – oder gar an eine Verbrüderung mit ihm – verschwenden. Schon bald wurde Pascal ungeduldig. Welche Geheimverhandlungen mochten im Saal stattfinden? Welche Richtung würde die Anklageschrift vorgeben? Inwieweit würde der Staat wagen, den abgebrühten Jünglingen ihre Rechtsbrüche vorzuhalten? Je nachdem, was bereits im Vorverfahren an Unrecht ausgefiltert wurde, konnte die Kapitulation vor dem Verbrechen abgeschlossen sein, bevor der Prozeß dagegen begann. Pascal würde bis zum Urteil orientierungslos bleiben. Das dicke Ende kommt zum Schluß.

„Der Zeuge Ormunait bitte in Saal 213 eintreten.“ Jetzt wurde es ernst. Das Gefecht, in das er zog, mußte er für den Großvater bestehen. Er durfte sich nicht unterkriegen lassen, das war er ihm schuldig. Doch war das Ziel nicht schon dadurch verfehlt, daß keiner der Urheber aller Verwicklungen, keiner jener Rennpiloten, zu den Angeklagten gehörte? Mit um Sicherheit bemühten Schritten erreichte er den Zeugensessel in der einsamen Mitte des Gerichtssaales. Alle Blicke waren auf ihn gerichtet; aus denen der Angeklagten schlug ihm Haß entgegen, aus denen des Schmierigen Geringschätzung. Die Freifrau kam umgehend zur Sache. „Sie heißen?“

„Pascal Ormunait.“

„Beruf?“

Die belanglose Frage stürzte Pascal gleich zu Beginn in Verlegenheit. „Das ist, äh, nicht so einfach.“ Damit löste er leises Gelächter aus. „Dann strengen Sie Ihre Gehirnzellen mal gut an.“ Der Schmierige hatte seinen Spaß.

„Sie sind doch Schüler, entnehme ich der Akte?“

„Im Moment nicht. Ich setze bis zum neuen Schuljahr aus.“

„Aha. Dann sind Sie trotzdem Schüler, wenn Sie im August weitermachen.“ Die Gräfin hörte sich nicht so an, als könne sie sich einen Reim auf die unvermutete Antwort des Zeugen machen, aber ihre Sache war es nicht, sich dadurch in der Abarbeitung der Formalien beeinträchtigen zu lassen.

„Wie alt sind Sie?“

„Neunzehn.“

„Mit den Angeklagten nicht verwandt oder verschwägert, nehme ich an.“

„Das nehmen Sie richtig an.“

Die Freifrau blickte unangenehm berührt auf: „Hören Sie mal – damit eines gleich klar ist: Es ist hier nicht der Ort für Späße, haben Sie mich verstanden?“ Pascal biß sich auf die Zunge. Er beeilte sich, ein „Natürlich, Entschuldigung!“ nachzuschieben.

„Gut. Noch Fragen zur Person? Nein? Dann schildern Sie bitte den Sachverhalt. Wie hat sich das Geschehen aus Ihrer Sicht zugetragen?“

Pascal begann zu erzählen. Angefangen von dem Motiv, das ihn an das Ende des dunklen Tunnels getrieben hatte, über die zunächst harmlos erscheinende, doch den Keim der Bedrohung schon enthaltende Aufforderung, eine Zigarette herauszugeben, über die schnell frecher und gefährlicher werdende Pöbelei bis zum völligen Umkippen der Situation, die in ungezählten Tritten und Schlägen lebensgefährlich eskalierte und nur durch den glücklichen Zufall endete, daß eine Gruppe Karnevalisten vom gleichen Bedürfnis an den gleichen Ort wie er getrieben wurde. Die Richterin ließ ihn zunächst ohne Unterbrechung zum Ende kommen. Es war schnell erreicht. Pascal wunderte sich, daß eine Situation, die in dem Moment, da er sie durchleiden mußte, nicht enden wollte und eine schiere Flut von Eindrücken, gar von Sinnesüberflutungen in ihm hervorgerufen hatte, in der mündlichen Nacherzählung zu wenigen Minuten zusammenschmolz. Die Dramatik der Abläufe konnten seine Worte nicht annähernd wiedergeben.

Die Freifrau begann eine Reihe von Einzelfragen zu stellen. „Erkennen Sie jemanden auf der Anklagebank wieder?“

Pascal musterte die dunklen Gestalten von der ersten bis zur letzten und zurück. Während die Jungschläger mit geübter Kunst ihre Unschuldsmiene demonstrierten, versuchte der Schmierige Pascal mit herausforderndem Blick zu verunsichern. „Na, komm, mach’ schon Deine Falschaussage, oder zeig’ Deine Erinnerungslücke“, schien er ihm zurufen zu wollen. Die anderen Anwälte verhielten sich teilnahmslos.

„Also, der war dabei“, zeigte Pascal auf den ersten, gerade jenen, der den engagierten Rechtsanwalt zur Unterstützung hatte. „Und der rechte“.

„Der mittlere nicht?“

Pascal überlegte ungewöhnlich lange. Der Mittlere konnte der „Bruder“ mit der Zigarette sein, den er bei der Polizei noch zu erkennen geglaubt hatte, doch hier in natura schwand die Eindeutigkeit. War es ein Anderer? Oder doch der gleiche? Je länger er ihn fixierte, desto unsicherer wurde er. Die Dunkelheit, die Schnelligkeit, die Angst hatten im wesentlichen Schablonen gezeichnet. „Nein, ich glaube nicht“, flüsterte er schließlich.

„Aber die anderen schon?“

„Ja, die schon.“

„Und was heißt ‚dabei'? Haben Sie gesehen, wer Sie geschlagen hat?“, vertiefte die Freifrau ihr Anliegen.

„Nicht genau. Das ging alles so schnell.“

„Verständlich. Es macht Ihnen niemand einen Vorwurf, wenn Sie sich nicht mehr erinnern können. In dem Fall sagen Sie, daß Sie sich nicht erinnern können, bevor Sie etwas sagen, was nicht stimmt.“ Der Hinweis klang nicht so, als wäre der Freifrau diese Option unangenehm. Noch weniger lag in ihr eine mitfühlende Hilfestellung.

Pascal zeigte auf den ersten. „Der hat mich auf jeden Fall geschlagen oder getreten. Die Fäuste flogen ja von überall. Und der hatte das Messer.“

“So? Was hat er damit gemacht?”

“Habe ich doch schon gesagt, der wollte mich umbringen.”

“Das ist eine Schlußfolgerung. Ich würde gerne wissen, was er konkret getan hat.”

„Mir vor's Gesicht gehalten, der wollte mir ins Gesicht schneiden.“

„Wollte?“

„Oder die Zunge...“

„Aber eingesetzt hat er es letztlich nicht?“

„Nein, aber ich hatte Angst, er bringt mich um.“

Die Freifrau nickte und schrieb.

„Und der dritte hat mich gefilmt, mit dem Handy.“

„Da sind Sie sicher?“

„Ich glaube ja.“

„Dann sind Sie nicht sicher. Glauben heißt nicht wissen!“ Diesen Vorhalt kannte Pascal schon. Er wußte darauf keine Antwort.

„Ziemlich sicher. Ich habe dem Herrn mit dem Handy ins Gesicht gesehen, und er hat mich angegrinst."

Als „Herr" bezeichnet zu werden, war vermutlich ein Vergnügen, das dem so Angesprochenen nicht allzu oft widerfuhr, doch er zeigte keine Regung. Pascal warf sich innerlich sogleich die Demutshaltung vor, die er unwillkürlich eingenommen hatte. So weit hatte ihn die Angst getrieben, bloß kein falsches Wort zu sagen. Dennoch hatte ihm die erhöhte Konzentration das erwähnte Detail in die Erinnerung zurückgebracht. Je mehr er sich vertiefte, desto mehr fiel ihm ein. Die Vorsitzende gab sich wenig beeindruckt. Stattdessen wies sie ihn zurecht. „Ziemlich", wiederholte sie ihn. „Ziemlich ist nicht gerade ein präziser Ausdruck. Bei der Polizei haben Sie das nicht so ausgesagt. Ich halte Ihnen Ihre damalige Aussage vor." Zu den Organen der Rechtspflege gewandt, ergänzte sie: „Blatt 27 der Akte." Ein Rascheln setzte ein; die Verteidiger schlugen die angegebene Quelle nach, während der Staatsanwalt weiter hinter seinem Pult thronte, als beschränke sich seine Aufgabe darauf, zuzuhören oder schlicht anwesend zu sein. Pascal wußte nicht, daß er nur über eine Handakte verfügte, die zwar den Kern des Anklagevorwurfs und die Anklageschrift enthielt, nicht aber die einzelnen Bestandteile, wie sie dem Gericht und den Verteidigern vorlagen. Nachdem die anderen die benannte Seite aufgeschlagen hatten, las die Freifrau aus dem Vernehmungsprotokoll der Polizei vor. „Und?"

Pascal zuckte mit den Schultern. Ihm fiel nichts ein.

„Naja." Die Freifrau mochte die erhofften Widersprüche aufgespürt haben. „Anderes Thema. Haben Sie noch Schmerzen?"

„Eigentlich nicht."

„Und uneigentlich?"

„Ab und zu. Manchmal tun mir noch die Rippen weh. Und ich habe öfter Kopfschmerzen als früher."

„Sind Sie noch in ärztlicher Behandlung?"

„Nein."

„Bleibende Schäden haben Sie auch nicht?"

Pascal verneinte wiederum. Die Freifrau nickte. Der Prozeß schien planmäßig zu verlaufen.

„Was haben Sie denn geantwortet, als der eine Angeklagte Sie um eine Zigarette gebeten hat?"

Pascal glaubte nicht recht zu hören. Um eine Zigarette gebeten! So konnte man es auch ausdrücken. Er rang sich ein hilfloses „Das weiß ich nicht mehr genau, ich hatte ja keine dabei, ich rauche nicht“ ab. So seltsam er diesen Ausdruck empfand, so wenig konnte er beurteilen, ob er ein zulässiger Euphemismus war, oder ob die Richterin damit bereits eine Grenze überschritt, die ihr womöglich durch gesetzliche Vorschriften gezogen war. Kein Nebenklägeranwalt stand ihm bei, der eingeschritten wäre, der Neutralität angemahnt hätte. Dem Schmierigen ging sie indes noch nicht weit genug: „Ich glaube nicht, daß Sie die Wahrheit sagen“, rief er wutschnaubend in den Saal. „Das liegt doch auf der Hand!“

„Bitte, Herr Verteidiger! Unterbrechen Sie mich nicht.“ Mit bösem Blick herrschte ihn die Freifrau an. Sie ließ ihren Stift fallen und überkreuzte die Arme auf dem Tisch. Der so Gescholtene zuckte überrascht zurück, ob dieser Verweigerung seines Flankenschutzes. „Wenn Sie nachher das Wort erhalten, können Sie fragen, so viel Sie wollen. Jetzt lassen Sie mich bitte ausreden“, setzte sie nach. Niemanden im Saal konnte verwundern, daß Freifrau von Felony eine derartige Unterbrechung ihrer Verhandlungsführung mit heftiger Reaktion zurückwies. Die Störung lag jedoch nicht in erster Linie in dem Eingriff in ihre Rolle als Leiterin der Verhandlung. Vielmehr drohte die Regie in Frage gestellt zu werden, zu der es gehörte, die prozessualen Formen der Rechtsstaatlichkeit zu wahren. Insofern war der Zwischenruf des Schmierigen ein unverzeihlicher Verstoß. Doch er sah schnell ein, daß er sich zu weit vorgewagt hatte. „Entschuldigung“, sagte er kleinlaut, „Sie haben völlig Recht.“

Damit war das Einvernehmen wieder hergestellt. Die Freifrau setzte ihre Vernehmung fort. „Gut, dann wären wir fast soweit. In ärztlicher Behandlung sind Sie nicht mehr, wie Sie sagten. Haben Sie selbst noch etwas zu ergänzen?“

Pascal zögerte. Sollte er sagen, welche Ängste er ausgestanden hatte? Die bisherige Vernehmung hatte eine Gewaltorgie, die eine Gruppe brutaler Halbstarker zu ihrem wachsenden Vergnügen aufgrund seiner Wehrlosigkeit veranstaltet hatte, in einen rein technischen Ablauf transformiert. Ihn wurmte, daß nicht klar zum Ausdruck kam, wie er im Feuer gestanden hatte. Auf der anderen Seite stand ihm nach nichts weniger der Sinn, als den Triumph der Bande dadurch zu vollenden, daß er vor aller Öffentlichkeit zugab, wie er gelitten hatte. Das hätte den Erfolg erst abgerundet. „Also nichts mehr?“ Die Stimme der Freifrau riß ihn aus seinen Grübeleien.

„Nein.“

Die Freifrau war es zufrieden. „Gut.“ Sie überlegte, ob ihrem Katalog etwas hinzuzufügen wäre. Nach dem Ausbruch kurz zuvor wagte niemand, sie dabei zu stören. Der Schlußstein schien noch nicht gesetzt. „Ach ja“, nahm sie den Faden wieder auf, „einen Punkt haben wir vergessen. Als Sie sich in das Gebüsch hinter dem Fußgängertunnel begeben mußten, um auszutreten, waren Sie da alkoholisiert?“

Die geschraubte Wortwahl für einen Vorgang, der alles andere als vornehm war, brachte einen Hauch unwillkürlicher Komik in die Verhandlung. Sie wurde von den Mitwirkenden, die, soweit männlich, sich an dieser Stelle sehr gut in Pascal versetzen konnten, mit einem Schmunzeln zur Kenntnis genommen. Nur die Gräfin selbst blieb verkniffen. Der Frosch errötete. Die Vorsitzende wiederholte ihre rhetorische Frage. „Darf ich davon ausgehen, daß Sie nicht mehr nüchtern waren?“ Pascal war peinlich berührt. Dieses Detail wollte er weder ausgebreitet wissen, noch sah er, warum das sein mußte. Alle im Saal wußten, in welcher Verfassung Pascal sich in die Büsche geschlagen hatte. Die Richterin hätte ihn ohne weiteres verschonen können. „Sie waren stark angetrunken, nehme ich an“, bohrte sie nach.

„Kann man so sagen.“

Die Vorsitzende nickte. Als sie ihren Blick auffordernd zum Staatsanwalt richtete, wußte Pascal, daß er den ersten Akt überstanden hatte. Erleichtert atmete er durch. „Haben *Sie* Fragen?“ Der Angesprochene verzichtete: „Keine Fragen.“ So schnell konnte es gehen.

„Herr Verteidiger, Sie haben bestimmt Fragen?“

* * *

Der Schmierige drückte den Rücken durch. Der Moment, auf den er seit Beginn der Verhandlung, ja seit Übernahme des Mandats gewartet hatte, war gekommen. Es bedurfte keiner Phantasie, um zu erahnen, was bevorstand: daß die Demontage des Zeugen Pascal Ormunait die Strategie des Anwaltes sein würde, um seinen Mandanten aus der Schußlinie zu befördern. Er schnaubte kurz auf, bevor er ans Werk ging. „Herr Ormunait!“ Mit schneidiger Stimme blies er zum Angriff, um unmittelbar danach eine Kunstpause folgen zu lassen. „Herr Ormunait, sind Sie mit einem der Angeklagten direkt oder indirekt zum ersten Mal strafprozessual konfrontiert?“ Die beabsichtigte Verwirrung war erreicht.

„Wie bitte? Die Frage verstehe ich nicht.“

„Nun, dann helfe ich Ihnen auf die Sprünge. Hatten Sie schon einmal etwas mit den Angeklagten oder einigen ihrer Freunde von ihnen gerichtlich oder polizeilich zu tun?“

„Wie meinen Sie das denn?“

„So wie ich es sage.“ Als Pascal verständnislos mit den Schultern zuckte, wurde der Anwalt deutlicher: „Haben Sie vor kurzem eine falsche Verdächtigung gegen einen ausländischen Mitbürger begangen?“

„Was hat denn das eine mit dem anderen zu tun?“ fragte Pascal erbost zurück. Von der Freifrau kam keine Unterstützung. Auf die Idee, daß die Frage unzulässig sein konnte, kam sie nicht. Dem Staatsanwalt schien es egal zu sein. Pascal selbst konnte nicht wissen, daß eine Beanstandung möglich gewesen wäre. So konnte der Schmierige in Ruhe damit fortfahren, Pascal in ein schlechtes Licht zu setzen. „Als Zeuge haben Sie genau drei Pflichten: die Pflicht, vor Gericht zu erscheinen, die Pflicht, die Fragen des Gerichts, der Staatsanwaltschaft und der Verteidigung zu beantworten, sowie die Pflicht, dabei die Wahrheit zu sagen. Daß Sie Fragen stellen, ist in der Strafprozeßordnung nicht vorgesehen. Haben Sie das verstanden?“ Pascal nickte. „Jawohl, Herr Verteidiger.“

„Werden Sie nicht frech! Beantworten Sie lieber meine Fragen.“

An dieser Stelle schritt die Vorsitzende ein: „Herr Verteidiger, wir können es uns auch einfacher machen. Die Verdächtigung, auf die Sie anspielen, ist bekannt, betrifft aber einen anderen Vorgang. Wenn Sie einen Vorhalt machen, muß er vollständig sein.“ Der Schmierige, obwohl erkennbar verärgert, daß die Vorsitzende ihm die Gelegenheit verdorben hatte, Pascals Zerlegung bis zur Neige auszukosten, fügte sich. Er hatte die kurz zuvor erteilte Lehre nicht vergessen. Der prinzipielle Interessengleichklang mit der Freifrau durfte nicht gefährdet werden. Er verlas die Anzeige, die Pascal wegen der aufgebrochenen Autos erstattet hatte, um dann heuchlerisch zu fragen: „Ihnen war dabei doch klar, daß Sie falsche Angaben gemacht haben?“

Pascal wurde heiß und kalt. Er hatte von Anfang an dunkel den Rollentausch geahnt, aber daß er derjenige werden würde, der sich für eine Straftat verantworten müßte, überkam ihn unerwartet. Jetzt wurde es nicht nur unangenehm, sondern auch gefährlich. Die Freifrau rettete ihn: „Herr Ormunait, diese Frage müssen Sie nicht beantworten. Nach § 55 der Strafprozeßordnung sind Sie berechtigt, die Antwort auf Fragen zu verweigern, wenn Sie sich dadurch in die Gefahr bringen, wegen einer Straftat verfolgt zu werden." Einen Einwand des Schmierigen vorwegnehmend, ergänzte sie: „Das Auskunftsverweigerungsrecht gilt auch, wenn der Zeuge im Ermittlungsverfahren bereits Angaben gemacht hat. Im übrigen, Herr Rechtsanwalt, betrifft Ihr Vorhalt einen anderen Vorgang, ich sagte es schon. Der gehört hier nicht hin." Pascal spürte nur begrenzte Erleichterung, da er mittlerweile zu mißtrauisch geworden war, daß er der Freifrau zugetraut hätte, auf seiner Seite zu stehen. Das Ziel des Schmierigen war ohnehin erreicht, die falsche Verdächtigung ausgebreitet, Pascal diskreditiert. Dementsprechend gab sich der Verteidiger von dem Hinweis auf seinen Winkelzug unbeeindruckt. Er konnte Gelassenheit demonstrieren: „Lassen wir es gut sein. Ich komme dann noch zu einem anderen Punkt – nur zu einem, aber zu einem wichtigen."

Die Freifrau mahnte zur Stringenz: „Bitte nur, was wir noch nicht hatten."

„Selbstverständlich! Herr Ormunait..." Er hob die Stimme wieder an. „Die Vorsitzende hat schon kurz angesprochen, wie Sie die Bitte eines der Beteiligten um eine Zigarette abgeschlagen haben. Diesen Punkt haben wir noch nicht abschließend behandelt. Wissen Sie wirklich nicht mehr, was Sie dabei gesagt haben?"

„Nein, weiß ich nicht, ich hatte keine dabei, das habe ich doch schon gesagt."

„Das haben Sie. Aber ich habe Zweifel, ob es stimmt."

„Herr Verteidiger, kommen Sie zur Sache!"

„Herr Ormunait, ich will Sie direkt fragen: Haben Sie sich ausländerfeindlich geäußert?"

„Wie bitte? Nein, wie komme ich dazu?"

„Das frage ich Sie. Haben Sie etwa gesagt: Dir Scheißkanake gebe ich keine Zigarette? " Die Stimme des Anwalts überschlug sich nahezu.

„Nein", rief Pascal, „das stimmt nicht."

„Sind Sie ein Ausländerfeind?" Offensichtlich hatte der Anwalt das Maximum an Bösem, das es über Pascal zu sagen gab, erreicht. Der schüttelte nur mit dem Kopf. Die Freifrau griff wieder ein: „Können Sie ausschließen, etwas in dieser Art gesagt zu haben, was der Herr Verteidiger angedeutet hat. Die Wortwahl muß nicht übereinstimmen. Vielleicht sinngemäß?"

Ohne es zu bemerken, geriet Pascal in höchste Gefahr: Mit dem Kunstgriff, einem Zeugen abzuverlangen, daß er etwas ausschließen soll, wird gern der Rollentausch vorbereitet, der den Befragten in einem Nachfolgeprozeß wegen einer Falschaussage auf die Anklagebank bringen soll. In ideologisch geprägten oder befrachteten Prozessen ist dies ein beliebtes Mittel, das Recht für die „gute Gesinnung" zu mißbrauchen. Denn etwas auszuschließen, bedeutet den Beweis für ein Nichts zu erbringen. Was physikalisch unmöglich ist, kann logisch nur gelingen, wenn jemand ein Ereignis in seiner Gänze verfolgt, ohne den kleinsten Augenblick in der Aufmerksamkeit nachzulassen. Wer wollte, konnte dem Prozeß um Pascals Schläger einen solchen ideologischen Anstrich verpassen, saß doch mit den drei Mitbürgern der dritten, vierten Generation gleichsam das Scheitern der multikulturellen Gesellschaft auf der Anklagebank. Weil nicht sein kann, was nicht sein darf, bestand Anlaß genug, Pascal die gutmenschliche Rache spüren zu lassen. Doch für dieses Mal ging der Kelch an ihm vorbei. „Ich hielte es nicht für ausgeschlossen, und ich muß ehrlich sagen, in Ihrer Emotionalisierung auch nicht für unverständlich, wenn Sie etwas in der Art geäußert haben sollten. Ich betone *sollten.*"

In Richtung Verteidigerbank legte die Vorsitzende nahe, den Punkt nicht weiter zu vertiefen. „Ich meine, wir können die Frage offenlassen."

„Von mir aus."

„Haben Sie weitere Fragen?"

„Noch eine."

„Bitte."

„Es tut mir leid, daß ich noch einmal auf die Zigarettengeschichte zurückkommen muß, Herr Ormunait. Wurde allgemein in der Gruppe geraucht, von der Person abgesehen, die sie angesprochen hat?"

Pascal meinte sich deutlich zu erinnern, die anderen mit qualmenden Zigaretten gesehen zu haben. Dementsprechend gab er ein „ich glaube schon" von sich. Diesmal nahm der Schmierige die Unsicherheit ohne Beanstandung zur

Kenntnis. Ihm war anzumerken, daß er einen wichtigen Punkt ins Verfahren eingeführt hatte, dessen Bedeutung Pascal zunächst verschlossen blieb.

„Jetzt habe ich noch eine allerletzte Frage: Kennen sie einen Kevin Schultz?“

„Wie bitte?“ Pascal spürte das Unheilvolle der Frage. Sein Adrenalinspiegel erhöhte sich sprunghaft.

„Sie haben mich genau verstanden. Und haben Sie ihn bei einer Widerstandshandlung gegen Polizeibeamte unterstützt?“

„Äh... ja, aber, was...?“ stammlte Pascal vollkommen perplex. Mit vielem hatte er gerechnet, aber nicht damit, auch in dieser Hinsicht entblättert zu werden.

„Danke, Frau Vorsitzende, das war es zunächst von meiner Seite.“ Die Augen des Schmierigen blitzten triumphierend.

„Gut. Dann gebe ich das Fragerecht an die anderen Verteidiger.“

Die beiden Kollegen gaben sich sachlich. Aufgrund ihrer in langen Jahren erarbeiteten Erfahrung hatten sie dem Frontmann die Drecksarbeit und die Pose überlassen können. Sie selbst konnten sich infolgedessen die Aggressivität ersparen. Professionell ist, wer die Waffe der Zurückhaltung einzusetzen weiß. Er wolle nur kurz bestätigt wissen, ob Pascal seinen Mandanten nicht sicher wiedererkennen könne, fragte der erste. Bei aller Mühe konnte Pascal nach wie vor nichts Sicheres hierzu sagen. Dem Anwalt reichte das. Er beließ es dabei. Der letzte in der Reihe verzichtete komplett auf eigene Fragen. Der Schmierige hatte seine Arbeit miterledigt.

Die Vorsitzende nahm das Wort an sich: „Gemäß § 59 der Strafprozeßordnung bleibt der Zeuge unvereidigt. Damit sind Sie entlassen, Herr Ormunait. Hatten Sie Auslagen, Verdienstausfall oder ähnliches?“ Nachdem Pascal verneinte, beendete sie seinen Einsatz: „Sie können dann im Zuschauerbereich Platz nehmen oder gleich nach Hause gehen.“ Pascal setzte sich nach hinten, obwohl er es angesichts der feindseligen Atmosphäre im Grunde vorgezogen hätte, den Richtplatz schnellstmöglich zu verlassen. Doch zum einen hielt ihn seine Neugier. Er wollte unbedingt wissen, welche Strafe die Schläger bekommen würden, und er wollte sich nicht entgehen lassen, mitzuerleben, wie sie verhängt wurde. Zum anderen hielt ihn eine gefühlte Verpflichtung auf dem Posten. Er durfte in dieser Situation nicht kneifen. Für den Großvater war er in den Streit mit den Mitbürgern geraten, für ihn mußte er bis zum Ende durchhalten, auch wenn er durch seine Abwesenheit den sicher zu erwartenden weiteren Pfeilen des Schmierigen ihr Ziel und ihm den Spaß daran genommen hätte. Kaum an seinem neuen Platz angekommen, schoß ihm durch den Kopf, was er vergessen hatte. Zu den „Folgen der Tat“, wie die Gräfin sich ausgedrückt hatte, gehörte zweifelsohne, wenigstens mittelbar, seine Abschiebung aus der Abiturstufe. Sein ganzer Lebensplan war durcheinander geraten. Daran konnte nichts ändern, daß die Schmerzen erträglich geworden waren. Er begann zu hadern. Sollte er sich noch einmal zu Wort melden? Würde er damit zum Störer des vorgegebenen Ablaufs? Oder hätte er ihn um wichtige inhaltliche Angaben ergänzt? Wieder wirkte sich aus, daß Rechtsbeistände nur für die Täter anwesend waren.

Die Richterin ging in ihrem Kopf das Bisherige durch. „Wir hätten noch das Video. Ich frage mich allerdings, ob wir das noch brauchen.“ Dann sprach Sie den Schmierigen direkt an: „Bleibt es dabei, daß Sie sich nicht äußern?“

Der Mann blieb unbeirrt. „Ich sehe nicht, daß die bisherige Beweisaufnahme die Schuld meines Mandanten zweifelsfrei ergeben hätte.“

„Das Maß vielleicht nicht.“ Überrascht sahen alle zum Staatsanwalt, der sich, ohne seine Ruhehaltung zu verändern, erstmals mit einer inhaltlichen Äußerung bemerkbar gemacht hatte.

„Wie darf ich diese Äußerung verstehen?“

„Die Tat liegt auf der Hand, wir reden über das Strafmaß.“

Die Vorsitzende bemühte sich, Ordnung in das Verfahren zurückzubringen: „Bitte nicht alle durcheinander reden. Ich war bei der Frage des Videos. Als Beweismittel ist es benannt. Ich frage daher förmlich: Können wir darauf verzichten?“ Der Anwalt schien Unerfreuliches zu befürchten. „Ich könnte wie die Vorsitzende darauf verzichten.“

Der Staatsanwalt widersprach jedoch: „Machen wir ruhig ein bißchen Kino.“

„Also gut. Wir haben leider nur einen Laptop. Ich muß Sie daher bitten, nach vorn zu kommen.“

Bewegung entstand im Saal. Die Verteidiger, die Angeklagten und der Staatsanwalt verließen ihre Plätze, um sich in einer Art Halbkreis vor dem Pult der Vorsitzenden aufzubauen. Dort bemühte sich der Frosch, den Tischcomputer hochzufahren. „Sie dürfen auch kommen“, rief die Gräfin Pascal zu. Nachdem er bei seiner Vernehmung die gewünscht schlechte Figur gemacht hatte, konnte es sich Frau von Felony offensichtlich leisten, jovial zu werden. Zögernd bewegte sich Pascal auf die Rücken der Gruppe zu. In den Kreis zog ihn nichts. So bemühte er sich, zwischen den Köpfen einen Blickwinkel zu ergattern. Das Video lief noch immer nicht, die Stille im Raum steigerte die Nervosität des Frosches, der mit hochrotem Kopf an der Tastatur fummelte. Endlich funktionierte die Technik. „Na also, geht doch“, sagte die Gräfin spöttisch. „Dann wollen wir uns konzentrieren.“ Der Pascal sattsam bekannte Film lief an. Die anhaltende Stille im Saal, die nur hin und wieder von leichten Geräuschen der Schuhe unterbrochen wurde, wenn einer der Zuschauer von einem Bein aufs andere trat, gab die Kulisse für den Handyspot. Pascal durchlebte von neuem die Szenerie, die zur Unerträglichkeit anzuwachsen drohte.

Der Gesichtsaudruck des Schmierigen verriet Nervosität. Die Beteiligten strebten zu ihren Ausgangsplätzen zurück, die sie mit deutlichem Stühlerükken einnahmen. „Ich weiß nicht, ob Ihnen das geholfen hat“, ließ sich Frau von Felony in die abebbende Unruhe vernehmen. „Wollen Sie weiterhin keine Erklärung abgeben?“ Bevor der Schmierige seine weitere Taktik festlegen konnte, half sie ihm weiter. „Wir können eine kleine Pause einlegen, wenn Sie sich mit ihrem Mandanten besprechen wollen. Ich schätze, die Raucher unter uns haben auch nichts dagegen.“ Allseitiges gelöstes Gemurmel signalisierte Zustimmung. „Die Sitzung ist für eine Viertelstunde unterbrochen.“

Die Anwälte warfen ihre Roben über die Sessellehnen, bevor sie ihren Mandanten auf den Gerichtsflur folgten, während die Freifrau nebst ihren Hilfsrichtern in der hinteren Wand verschwand, von wo sie eingangs gekommen waren. Zurück blieben der Staatsanwalt, die Jugendtante und der Frosch. Der Vertreter der Anklage lief ein Stück an der Fensterreihe entlang. Von dort sah er in die städtische Ferne. Was mochte ihm durch den Kopf gehen? Pascal hatte die Hoffnung verloren, so er sie je gehabt hatte, daß er die geradezu eindringliche Passivität aufgeben würde, um den staatlichen Anspruch auf Befolgung des Rechts gegen dessen Verletzer durchzusetzen. Der Frosch starrte angestrengt auf den Bildschirm des Computers. Wahrscheinlich vervollständigte er das Sitzungsprotokoll. Die Jugendtante hielt die Augen in die Leere des Saales gerichtet. Alle Offiziellen vermieden den Blickkontakt zu Pascal.

Immer mehr hatte er das Gefühl, zum peinlichen Ereignis für die Figuranten zu werden. Er personalisierte die Erwartung an die Justiz, die in der Wiederherstellung des verletzten Rechts bestand. Sie konnte nur durch eine fühlbare Sanktion geschehen, die für die Schläger so schmerzhaft war wie für ihn die Mißhandlung durch sie. Nur ein entsprechender Eingriff in ihr Leben, dem es galt, für angemessene Zeit die Freiheit zu nehmen, wäre ein geeignetes Mittel, für Ausgleich zu sorgen. Jedoch stand genau dieser Eingriff im Widerspruch zur Philosophie des guten Menschen, der bessern will, weil er zum Strafen zu feige ist. Pascal erkannte überscharf den Widerspruch zwischen den entgegengesetzten Versprechungen des Rechts, bzw. den Widerspruch dessen, was das Justizsystem als Recht proklamiert, und dem, was es tatsächlich ist: Nicht aus dogmatischem Wissen, sondern aus der intuitiven Erkenntnis, die aus der unmittelbaren Betroffenheit erwächst. Und er wußte, daß das Unangenehme der Situation allen bewußt war. Denn mit seiner Anwesenheit forderte er die Sichtbarkeit des Widerspruchs heraus. Oder gab es am Ende überhaupt kein Versprechen in Richtung des Opfers? Beide Alternativen verschlossen ihnen die Möglichkeit, ihre Maske zu wahren, ohne Rechenschaft über ihr Gewese abzulegen.

Er stand auf. So gerne er der drückenden Atmosphäre in dem Saal, in dem er unerwünscht war, entkommen wäre, so wenig lustvoll war die Aussicht, in die räumliche Einheit der Gegenspieler zu geraten. Der Zeitablauf befreite ihn von seinen belastenden Gedanken. Als die Sechsergruppe mit dem Ende der Pause wieder in den Saal zurückkehrte, bedeutete der Frosch der Vorsitzenden mit einem diskreten Klopfen an die Wand, daß die Sitzung weitergehen konnte.

„Nun“, sagte die Vorsitzende zum Schmierigen. „Sind Sie zu einem Ergebnis gekommen?“

Der Mann räusperte sich. Mit einer Selbstgewißheit, die seine vorübergehende Unsicherheit schnell vergessen ließ, warf er sich in Rednerpose. „Mein Mandant läßt durch mich folgende Erklärung abgeben. Es trifft zu, daß er am frühen Morgen des 31. Januar 2008 in dem Gelände hinter dem S-Bahnhof Köln-Ehrenfeld in eine Auseinandersetzung mit dem Geschädigten Pascal Ormunait verwickelt wurde. Grund waren ausländerfeindliche Parolen, die sinngemäß: ‚Euch Scheißkanaken gebe ich keine Zigarette' oder ‚Kanaken, verpißt Euch' lauteten. Im Verlauf des sich dann entwickelnden Streits hat mein Mandant den Geschädigten drei oder vier Mal geschlagen. Die Angemessenheit seiner Reaktion kann sicherlich bestritten werden. Im übrigen betont mein Mandant, niemals ernsthaft die Absicht gehabt zu haben, das Messer gegen Herrn Ormunait einzusetzen. Daß dessen Verwendung unterblieb, entsprach voll und ganz seinem Willen."

Pascal glaubte, seinen Ohren nicht zu trauen. Wie sich die Bilder glichen. Der Film aus dem Vorprozeß, den er seinerzeit mit Kevin verfolgt hatte, wiederholte sich, jedoch in gesteigerter Form. Was der Schmierige dem Gericht auftischte, war nicht nur verdreht, es war frei erfunden! Empört rutschte Pascal auf seinem Stuhl hin und her. Konnte das so stehenbleiben? Mußte er nicht spätestens jetzt einschreiten? Doch wie? Sein Part in dem Spiel war beendet.

„Haben die anderen Herren etwas zu sagen?"

Die Freifrau klopfte mit den Augen die Phalanx der Verteidigerbank ab. „Wenn das nicht der Fall ist, stellt sich die Frage, ob wir den Zeugen Schmitz noch brauchen. Meines Erachtens können wir auf ihn verzichten." Den rettenden Engel, mit dem er kurz die Blicke getauscht hatte, während er auf seine Vernehmung wartete, hatte Pascal vollkommen vergessen. Indem die Gräfin ihn dem Vergessen entriß, zerstörte sie sogleich die Hoffnung auf seine Wirkung. Wie konnte sie gerade diesen Mann, der als einzig Außenstehender in der Lage gewesen wäre, der Apparatur lebendig zu verdeutlichen, wie es aussieht, wenn ein Wehrloser zusammengeschlagen und gedemütigt wird, als verzichtbar darstellen? Wenn der Prozeß einen Sinn hatte, dann lag er darin, genau das ins Bewußtsein zu bringen. Die Organe der Rechtspflege sahen es anders. Mit ihrer Zustimmung geschah, was Freifrau von Felony wollte. Nachdem der Frosch ihn zu weit verspäteter Zeit hereingerufen hatte, erklärte sie ihm mit bedauerndem Tonfall, daß er umsonst gewartet hatte: „Es tut mir leid, daß Sie so lange warten mußten, Herr Schmitz, aber wir brauchen Sie nicht mehr. Wir konnten den Vorgang ohne Ihre Mithilfe aufklären. Ich danke Ihnen, daß Sie so lange Geduld hatten. Wenn Sie Auslagen oder Verdienstausfall geltend machen wollen, bekommen Sie von mir ein Formular."

Herr Schmitz nahm es mit rheinischer Gelassenheit. Kosten hätte er nicht gehabt, er habe Urlaub, wünschte allseits einen angenehmen Tag, nickte auch Pascal noch einmal freundlich zu und entschwand so schnell er gekommen war.

„Können wir die Beweisaufnahme damit schließen? Herr Staatsanwalt, die Verteidiger? Gut, dann wären wir soweit. Bevor wir zur Verlesung der Vorstrafen kommen, bitte ich die Vertreterin der Jugendgerichtshilfe um Ihren Bericht.“

Pascal knüpfte an das nun Bevorstehende keine hohen Erwartungen. Allzu deutlich hatte sich der Auftritt der Sozialtante von dem Prozeß, den er mit Kevin verfolgt hatte, eingeprägt. Er wurde nicht enttäuscht, obwohl der Fall insofern einfach gelagert war, als sich das Problem, ob Jugendrecht anzuwenden sei, nicht stellte, da alle Angeklagten zur Tatzeit minderjährig waren. Dennoch nutzte die Dame vom Jugendamt die Gelegenheit, die Wichtigkeit ihrer Aufgabe zu demonstrieren. Den Ansatzpunkt bildete die Frage, ob die Tat, so sie erwiesen werden könne, schädliche Neigungen offenbare. Davon hing ab, welche Maßnahmenart das Gericht ergreifen könne, um die Verirrten auf den Pfad der Tugend zurückzuführen. Die Dame legte sich ins Zeug, um die soziale Desintegration auszumalen, in die die Angeklagten „geraten“ seien. Nicht zu vergessen auch eine Reihe von Versäumnissen „der Gesellschaft“, die sich in Taten „wie dieser“ widerspiegelten. Pascal nahm die Rede mit fatalistischer Gelassenheit auf. Als jedoch das „Jugendtypische“ der Tat in einer für Menschen in dieser schwierigen Entwicklungsphase steckenden Konfliktsituation, die dann „eskaliert“ sei, bestehen sollte, stieß er ein gedämpftes aber unüberhörbares „unglaublich“ aus. Die Jugendtante unterbrach, erschreckt über den ungewöhnlichen Zwischenfall, ihren Bericht. Frau von Felony hob den Kopf. „Wie bitte?“ Pascal lief rot an. „Reden Sie nicht dazwischen! Kommentare von der Zuschauerbank sind nicht statthaft.“ Er verspürte dringende Lust, hinauszugehen und die Tür laut zuzuschlagen. Mit Mühe beherrschte er sich. „Fahren Sie bitte fort.“ Seine Blicke trafen sich mit denen des Staatsanwalts. Daß auch er das Gehörte für Unsinn hielt, war unschwer zu erraten. Seine Miene offenbarte den Zustand eines Mannes, der eine hundertfach wiedergekaute Leier zum hundertersten Male mitanhören mußte. Seine strapazierte Routine sagte ihm indes, an welcher Front der Einsatz aussichtslos war und sich deshalb nicht lohnte. Dies war eine solche Front. Sein resignatives Einverständnis signalisierte die erste Geste der Solidarität, die Pascal bisher ernstnehmen konnte, doch er wagte nicht, daraus Hoffnung zu ziehen. Im Gegenteil: Er befürchtete nun endgültig, daß der Kampf verloren war, weil er von der Seite, die dazu bestimmt war, nicht geführt wurde. Die Ergebnisse zu den schädlichen Neigungen nahm Pascal kaum noch wahr. Der Gradmesser, der entscheiden könnte, ob die Angeklagten zur Rechenschaft gezogen oder Adressaten einer Bitte würden, sich künftig gesitteter zu benehmen, schlug gegen ihn aus. Die Jugendtante blieb in diesem Punkt indifferent. Sie könne nicht mit letzter Gewißheit sagen, ob die Schwelle bereits überschritten sei. Nach der Dogmatik des Wohlwollens war entschieden, welche Konsequenz daraus folgen mußte.

„Gibt es von einer Seite Fragen zu dem Bericht?“ Die Vertreter beider Seiten winkten ab. „Gut, ich komme zur Verlesung der Voreinträge. Der Angeklagte Üxgül hat 12 Eintragungen: Amtsgericht Köln vom 31.10.2005: Diebstahl geringwertiger Gegenstände, 10 Arbeitsstunden, wieder Amtsgericht Köln, 5.5.2006: Beförderungserschleichung in drei Fällen, 10 Arbeitssunden, Amtsgericht Euskirchen, 7.6.2006: gefährliche Körperverletzung unter Einbeziehung der Strafe des Urteils Amtsgerichts Köln vom 5.5. desselben Jahres, eine Woche Freizeitarrest, 1.8.2007: gemeinschaftliche schwere Körperverletzung, eine Woche Dauerarrest, 25.1.2008: versuchter schwerer Raub, vier Wochen Freizeitarrest...“ In dieser Form ging es weiter.

„Ich denke, wir wären dann soweit. Bevor wir zu den Schlußplädoyers kommen, erteile ich den Beteiligten den Hinweis nach § 265 der Strafprozeßordnung, daß beim Angeklagten Yürbüz auch eine Verurteilung wegen Beleidigung in Betracht kommt, und zwar weil er den Mitschnitt über die Tat ins Internet eingestellt hat.“ Der Verteidiger des Betreffenden nickte ergebnisgewiß. Seine Zuversicht ließ Pascal ahnen, daß aus dem Wort „auch“ keine zusätzliche Stütze für die hoffentlich erfolgende Strafe abzuleiten wäre, da es in Wahrheit als „stattdessen“ interpretiert werden mußte.

Der Staatsanwalt erhob sich. Er faßte das Geschehen, das für Pascal den Einbruch des Elementaren in sein behütetes Leben bedeutete, in solch knappe Sätze, daß jeder neutrale Zuhörer es für eine einzige Belanglosigkeit halten konnte. Die Tat sei erwiesen: nach dem Geständnis sowie den glaubhaften Angaben des Geschädigten, die noch dazu durch den Mitschnitt der Tat im Internet bestätigt seien. Nachwirkende Folgen der Tat in Form von weiteren notwendigen Operationen oder körperlichen Einschnitten gebe es zum Glück nicht. Den angeblichen Anteil des Geschädigten an der Eskalation halte er persönlich für eine Schutzbehauptung; das Gericht müsse diesbezüglich sehr genau prüfen, ob es dem Geschädigten eine Mitursächlichkeit anlasten könne. Die Vorstrafenkette belege, daß man es bei dem Angeklagten Üxgül mit keinem Kind von Traurigkeit zu tun habe. Er sei durchaus der Ansicht, ihm schädliche Neigungen bescheinigen zu können. Die Rechtsfolge müsse daher deutlicher sein, als es in sämtlichen Vorstrafen der Fall gewesen sei. Das Gericht solle sich deshalb dazu verstehen, einen Dauerarrest von zwei Monaten auszusprechen und ihn überdies zur Teilnahme an einem Anti-Aggressionstraining zu verpflichten. Beim zweiten Angeklagten habe die Beweisaufnahme die Täterschaft nicht erwiesen, er müsse daher freigesprochen werden, der dritte schließlich habe „wohl" an dem Geschehen im Ganzen „irgendwie" mitgewirkt. Doch ob sein Beitrag über die Aufnahme der Tat mit dem Handy hinausgegangen sei, könne, obwohl wahrscheinlich, „wohl" nicht mit letzter Gewißheit festgestellt werden. Nach dem rechtlichen Hinweis der Vorsitzenden stelle sich aber auch dieser Tatbeitrag als eine Straftat dar, nämlich als Beleidigung. 20 Arbeitsstunden wären zu fordern.

Damit war der Herr Staatsanwalt noch nicht am Ende: Kein Rückzugsgefecht, das nicht mit offensiven Worten verschleiert würde. Er hob den Zeigefinger drohend in Richtung des kleinen zigeunerhaften Bürschleins, dem er soeben den Persilschein erteilt hatte: „Aber glauben Sie nur nicht, daß das ein Kavaliersdelikt ist. Es ist nicht lustig, einen anderen Menschen so zu verhöhnen. Die Justiz wird ein wachsames Auge auf Sie haben. Beim nächsten Mal werden Sie nicht mehr so glimpflich davonkommen."

Pascal wußte nicht, ob er lachen oder weinen sollte. Wer solche Staatsanwälte hat, braucht keine Verteidiger mehr. Von dieser Einsicht ungetrübt, hatte der Schmierige bereits Kampfstellung eingenommen. Es stand nicht zu erwarten, daß er sich damit begnügen würde, die Vorarbeit des Kollegen sachlich zu übernehmen, ohne seinen gebührenden Eigenanteil einzubringen. „Hohes Gericht, Frau Vorsitzende, Herr Kollege Staatsanwalt, meine Herren Verteidiger", setzte er zu seiner Philippika an. „Wir haben es mit einer Konstellation zu tun, wie sie in letzter Zeit leider häufiger an den Tag tritt. Ein Jugendlicher mit Kontakten ins Neonazimilieu trifft stark alkoholisiert auf eine Gruppe ausländischer Mitbürger. Der Alkohol hat ihm die Zunge gelockert. Er selbst hat in der Vernehmung, wenn auch zögernd und nur unter mehrfachen Nachfragen, zugegeben, wie betrunken er war. Im Wein liegt die Wahrheit, weiß der Volksmund.

Der junge Mann, dessen ausländerfeindliche Gesinnung sich in der Vergangenheit mehrfach signifikant bemerkbar gemacht hat, was so weit ging, daß er drei Menschen mit Migrationshintergrund wider besseres Wissen bei der Polizei offiziell einer Straftat bezichtigt hat, die sie nicht begangen haben *konnten*, kann es sich auch jetzt nicht verkneifen, seiner rassistischen Abneigung beredten Ausdruck zu verleihen. Zwar kennen wir den genauen Wortlaut nicht, den der nachmalig Geschädigte verwendete, als er eine kleine Gefälligkeit verweigerte, aber wir dürfen getrost davon ausgehen, daß er nicht so harmlos war, wie er uns glauben machen will. Die Gruppe, die daraufhin berechtigterweise empört ist, erkennt den Rechtsradikalen als denjenigen, der einem der ihren eine willkürliche Anzeige und daraus resultierend ein vollkommen unberechtigtes Ermittlungsverfahren eingebrockt hat. Jetzt passiert, was immer passiert, wenn sich junge Erwachsene provoziert fühlen, die ihren festen Platz im Leben noch nicht gefunden haben, diesen vielmehr glauben, durch ein gewisses Imponiergehabe erst noch erkämpfen zu müssen. Es kommt, begünstigt durch starken Konsum berauschender Mittel, zu einer Kurzschlußreaktion. Wie die aussah, haben wir gehört, ich brauche es nicht zu wiederholen."

So ein Arschloch, dachte Pascal. Gerne hätte er dem Verteidiger dieses Prädikat offen ins Gesicht gerufen. Wenn die Kunst der Winkeladvokatur darin besteht, ein Geschehen in sein Gegenteil zu verdrehen, beherrschte der Schmierige sie perfekt. Doch er war noch nicht am Ende: „Nachdem also das Tatgeschehen soweit aufgeklärt ist, stellt sich die Frage, wie es zu würdigen ist. Zunächst möchte ich mich den sehr ausgewogenen und sachkundigen Ausführungen der Jugendgerichtshilfe vollumfänglich anschließen. Nachdem feststeht, daß vorliegend Jugendrecht zur Anwendung kommt, geht es nur noch um die Festlegung der Rechtsfolgen. An dieser Stelle muß ich der Anklage insofern widersprechen, als ich nicht der Ansicht bin, daß eine gefährliche Körperverletzung angenommen werden kann. Zwar mag das Tatbild im Ganzen dazu verleiten, diese Qualifikation anzunehmen. Doch dürfen wir nicht ohne weiteres aus dem Zusammenwirken verschiedener Einzelfaktoren und Beteiligter die Gemeinsamkeit des Tatentschlusses ableiten. Gerade bei einem spontanen Geschehen, wie wir es hier haben, sind an das planende Einverständnis hohe Anforderungen zu stellen. Ich sehe nicht, daß der entsprechende Nachweis zweifelsfrei gelungen ist, zumal lediglich zwei von angeblich fünf oder sechs Beteiligten – unterstellen wir einmal, das stimmt überhaupt –, die hier anwesend sind, nur Tatbeiträge geleistet haben, die einen inneren Zusammenhang, wie wir ihn brauchen, nicht herstellen..."

Pascal schaltete ab. Er war über den Punkt hinaus, sich aufzuregen. Die Dreistigkeit, mit der der Mann die Dinge zurechtbog und in seine Technokratensprache verfälschte, die alles Echte und Lebendige einer solchen Straftat beseitigte, konnte fast Respekt abnötigen. Die Augen des Jungen suchten in der Ferne den Dom. Er wollte nur noch durchhalten, bis er Gewißheit hatte, daß es tatsächlich und nicht nur im Geplärre des Boulevards vorkam, daß nackte Brutalität vor Gericht gegen den Nullpunkt gerechnet wurde, wie eine mathematische Kurve in der Infinitesimalrechnung. Er hörte nicht genau hin, was der Anwalt am Ende forderte. Etwas von Auflage oder Weisung schwebte durch den Raum. Als Pascal wieder hinsah, saß der Verteidiger bereits wieder in seiner Bank. Sein Gesichtsausdruck verriet, daß er mit sich zufrieden war.

Der Verteidiger des Angeklagten, den Pascal nicht mit Sicherheit als Beteiligten hatte ausmachen können, konnte sich darauf beschränken, eben das festzustellen und dem Staatsanwalt in dessen Antrag auf Freispruch beizupflichten, nicht ohne dankend anzuerkennen, daß er leidenschaftslos und ohne Anflug von Jagdeifer zu dieser sachgerechten Einschätzung gekommen war. Er schaffte es, sein Lob so über die Lippen zu bringen, daß es nicht nach Ironie klang.

Der dritte Anwalt, der sich die ganze Zeit eine höfliche Umgangsform auferlegt hatte, blieb auch in seinem Schlußplädoyer korrekt. Er konnte es sich leisten, da sein Mandant kaum noch etwas zu befürchten hatte, nachdem die Gräfin angedeutet hatte, daß sie seinen Tatbeitrag als Beleidigung durchgehen lassen würde. Doch als er die Einstellung der so erniedrigenden Szenen ins Internet mit den Worten „Das war sicherlich nicht besonders nett" bagatellisierte, fühlte sich Pascal beinahe noch mehr verhöhnt als durch die Verzerrungen des Schmierigen. Ihm kam das Gedicht „Der Bauer nach geendigtem Prozeß" von Matthias Claudius in den Sinn:

„Und wenn er noch so ehrlich ist,
was sie nicht alle sind,
fahr ich doch lieber meinen Mist
in Regen und in Wind"

heißt es dort im Hinblick auf den Advokaten. Und:

„Aus Nichts wird etwas denn bei mir,
bei ihm aus etwas Nichts!“

* * *

„Wir unterbrechen für eine Viertelstunde.“ Die Sechsergruppe drängte auf den Flur. Auch Pascal hielt es diesmal nicht im Raum. Sollte es auf dem Gang zum Konflikt kommen, hätte ihn das kalt gelassen. Er war nicht länger bereit, das erwartete Verhalten seiner Feinde zur Richtschnur seines Handelns zu machen. Überraschenderweise hielten die Jünglinge respektvollen Abstand zu ihrem Tatobjekt. Noch war er anscheinend eine Gefahr: Solange man sich im Gericht aufhielt, mußte Zurückhaltung gewahrt werden. Die Abrechnung dafür, daß Pascal es gewagt hatte, die jungen Herren vor den Kadi zu zerren, konnte warten, bis man sich wieder in einer dunklen Ecke von Ehrenfeld treffen würde.

„Die Beteiligten in der Strafsache Üxgül bitte eintreten“, rief der Frosch über den Lautsprecher zum Showdown.

Rasch kehrte Ruhe ein. Erwartungsvoll harrten Täter, Opfer, Ankläger und Verteidiger im Stehen des Entscheidenden. Die Freifrau hatte eine strenge Miene aufgesetzt. Sie stand ihr gut. „Im Namen des Volkes ergeht folgendes Urteil: Der Angeklagte Üxgül wird wegen gefährlicher Körperverletzung zu zwei Wochen Dauerarrest verurteilt. Der Angeklagte Yürbüz wird wegen Beleidigung verwarnt; der Angeklagte Enver wird auf Kosten der Staatskasse, die auch seine notwendigen Auslagen zu tragen hat, freigesprochen. Gemäß § 74 Jugendgerichtsgesetz wird bei den Verurteilten von der Auferlegung der Kosten abgesehen. Im Übrigen ergeht folgender Auflagenbeschluß: Die verurteilten Angeklagten haben einen Geldbetrag an den Geschädigten in Höhe von je hundert Euro in zehn gleichbleibenden monatlichen Raten in Höhe von zehn Euro zu zahlen. Bitte setzen Sie sich. Zur Begründung möchte ich Folgendes vortragen. Wie schon mehrfach in den Plädoyers dargelegt, steht der Sachverhalt fest, den ich in aller Kürze wie folgt zusammenfasse: Am frühen Morgen des 31. Januar 2008 begab sich der Geschädigte Pascal Ormunait infolge erheblicher Trunkenheit in den Bereich außerhalb der Fußgängerunterführung des S-Bahnhofes Köln-Ehrenfeld, um auszutreten. Dort traf er auf eine Gruppe Jugendlicher mit Migrationshintergrund, zu denen zwei der drei Angeklagten gehörten. Einer von ihnen fragte den Geschädigten nach einer Zigarette. Wie er darauf reagierte, konnte nicht aufgeklärt werden. Es ist nach dem Zweifelssatz davon auszugehen, daß er mit ausländerfeindlichen Sprüchen die Konfrontation suchte. Als er dann außerdem als derjenige erkannt wurde, der gegen einige Freunde der Gruppe vor kurzem eine falsche Verdächtigung begangen hatte, kam es zu einer tätlichen Auseinandersetzung, in deren Verlauf der Geschädigte nicht unerhebliche Schläge und Tritte erhielt, aufgrund derer er sich einem zweiwöchigen Krankenhausaufenthalt unterziehen mußte. Bleibende Schäden trug er nicht davon. Der Angeklagte Yürbüz hat einen Teil des Geschehens mit dem Handy gefilmt und ins Internet eingestellt. Dies ist, wie im Urteilsspruch ausgeführt, strafbar. Bei der Urteilsfindung hatte das Gericht alle für und gegen die Angeklagten sprechenden Gesichtspunkte gegeneinander abzuwägen. Gegen die Angeklagten muß ins Feld geführt werden, daß sie mit recht hoher Intensität vorgegangen sind. Dazu gehört auch die Bedrohung mit dem Messer. Wäre nicht zufällig eine Gruppe Passanten gekommen, hätte sich das Geschehen wahrscheinlich fortgesetzt. Desweiteren sind die zum Teil einschlägigen Vorstrafen zu berücksichtigen. Dem stehen folgende Milderungsgründe gegenüber: Der Angeklagte Üxgül hat seinen Tatbeitrag im wesentlichen gestanden. Auch wenn er sich erst zu einem verhältnismäßig späten Zeitpunkt einließ, hat sich das nach unserer Ansicht positiv auf den Prozeß ausgewirkt. Zu Gunsten beider Angeklagten war ferner nach dem Zweifelsgrundsatz davon auszugehen, daß sie vom Geschädigten zur Tat provoziert wurden. Wir haben das erörtert. Desweiteren standen sie in nicht unerheblichem Maß unter dem Einfluß von Cannabis. Aufgrund dessen ist von einer wesentlichen Enthemmung auszugehen. Dies ist gemäß § 21 StGB ein gesetzlicher Milderungsgrund. Es war sodann noch folgender Gesichtspunkt zu berücksichtigen, der sich aus der höchstrichterlichen Rechtsprechung ergibt: Der Bundesgerichtshof hat in seinem Urteil 2 StR 276/01, nachzulesen im Strafverteidiger 1/2002, S. 20, folgendes entschieden: *Die Kammer durfte aber strafmildernd werten, daß der Angeklagte zur Begehung dieser Tat eine geringere Hemmschwelle zu überwinden hatte. Sowohl der Angeklagte als auch die Nebenklägerin, also die Geschädigte, stammen aus einem anderen Kulturkreis mit auf dem*

Islam basierenden Wertvorstellungen und waren trotz ihres langen Aufenthalts in Deutschland dem traditionellen Rollenverständnis verhaftet, bei dem von der Ehefrau Unterordnung und Gehorsam verlangt wird. So hatte etwa die Nebenklägerin den Angeklagten zu fragen, wenn sie Besuche bei Verwandten oder Bekannten beabsichtigte. Diese Grundsätze sind auf den vorliegenden Fall übertragbar. Die Angeklagten leben in einem Gesellschaftsverständnis, in dem der Ehrbegriff eine außerordentlich hohe Rolle spielt. Daran gemessen, durften sie sich gleich in zweifacher Weise angegriffen fühlen, und zwar einmal durch die vermehrt zur Sprache gekommene falsche Verdächtigung seitens des Geschädigten, auch wenn sie andere Mitglieder ihrer Sozialgruppe betraf, sodann unmittelbar durch dessen ausländerfeindliche Provokationen, die, ich wiederhole mich, zwar nicht bewiesen sind, aber unterstellt werden müssen. Danach hat sich das Gericht dazu verstanden, noch einmal Milde walten zu lassen, auch wenn das Tatbild eine strengere Strafe nahezulegen scheint. Den letzten Ausschlag für diese Entscheidung gab die Tatsache, daß der Geschädigte keine körperlichen Folgeschäden davongetragen hat, was sehr leicht hätte passieren können. Wir hoffen, daß den Tätern eindringlich bewußt geworden ist, welches Gefahrenpotential ihrer Handlung innewohnte. Wir möchten deshalb unser Urteil auch nicht als Freibrief verstanden wissen. Ich sage ganz deutlich in Richtung der Angeklagten: Ihre Tat war kein Kavaliersdelikt. Und genauso deutlich sage ich: Wir wollen Sie in nächster Zeit hier nicht mehr sehen. Es wird Zeit, daß Sie sich bessern. Bei der Kostenentscheidung hat sich das Gericht von dem Gedanken leiten lassen, daß von ihr keine negative Folgewirkung ausgehen soll, die einer zweiten Sanktionswirkung gleichkommt und damit dem Erziehungsprinzip des Jugendrechts zuwiderläuft. Die verurteilten Angeklagten können gegen das Urteil innerhalb einer Woche Berufung oder Revision einlegen. Näheres hierzu können Ihnen Ihre Verteidiger erläutern. Die Verhandlung ist geschlossen!“

Die Veranstaltung löste sich auf; bald fand sich Pascal auf dem Flur wieder. Wie benommen stand er da. Langsam das Gehörte und Gesehene fassend, ließ er der Bande ausreichend Vorsprung, bevor er langsam zum Ausgang schlich. Auf keinen Fall wollte er noch einmal auf die Schläger treffen. Im Foyer wäre es trotzdem fast passiert. Womöglich war ein Stau am Ausgang der Grund oder eine abschließende Besprechung mit den Anwälten. Jedenfalls hätte nicht viel gefehlt, und er wäre mitten hinein in die Dreiergruppe gelaufen, die vor der Infotheke lautstark grölte und gestikulierte. Im Gerichtssaal noch wie die stummen Mäuschen, die kein Wässerchen trüben können, in ihre Bänke gedrückt, hatten sie ohne Umschweife zu ihrem gewohnten Machogehabe zurückgefunden. Ohne jede Hemmung feierten die drei mit aussagekräftiger Wortwahl ihren Sieg. „Ey, die Fotze, was pißt die sich an! Wegen dem Hurensohn. Die Schwuchtel kann froh sein, daß sie noch lebt. Ich schwör's Dir, ich hätt' die kalt gemacht, wenn die mich in Knast gesteckt hätte, mein Bruder, meine Cousins, die hätten die kalt gemacht."

„Da mußt Du mit zehn Mann rüber, damit die richtig weiß, was abgeht."

„Ey, ich schwör's Dir, mit dem Kaktus hätt' ich die poliert, ich hätt' ihr alle Löcher gestopft, wenn die uns verurteilt hätt'."

„Ey, ein Weib als Richter! Die kann die Toilette putzen."

„Die Kartoffeln haben keine Ehre."

Schnell nahm Pascal den seitlichen Ausgang. Draußen ging er bis zur Gebäudeecke, von der er den Haupteingang einsehen konnte. Vorsichtig lugte er hinter der Mauer hervor. Wenn die drei, wie er, zum U-Bahnhof Weißhausstraße wollten, hätten sie sich erneut über den Weg laufen können. Aber glücklicherweise sah Pascal sie in Richtung Innenstadt abziehen. Als er sicher war, daß sie ihn nicht mehr sehen konnten, wandte er sich der anderen Richtung zu. Nur weg von hier und Distanz zwischen sich und die Nutznießer des Rechtsstaates legen. Der Durst brannte in seiner Kehle, Hunger hatte er auch. Einen Moment überlegte er, zurück ins Gerichtsgebäude zu gehen, um in der Cafeteria oder der Kantine sein Frühstück nachzuholen. Außerhalb des Gebäudes fühlte er sich auf eine unheimliche Weise unsicher vor erneuten Übergriffen, im Gericht hatte er kaum Angst gehabt. Andererseits wollte er den Ort, an dem der Bürgerschutz von der Menschenwürde erdrückt wurde, so schnell wie möglich verlassen. Also schlug er den Weg stadtauswärts, in die Luxemburger Straße, ein. Kurz hinter dem Stadtbahnhof ging die Straße in ihre Ursprungsbebauung über, die sie in der Gründerzeit erhalten hatte. Hier standen die Reihen der Häuser dicht geschlossen. Dadurch präsentierte sich dem Betrachter ein völlig anderes Stadtbild, als es sich ihm eben noch im Angesicht der betonierten Errungenschaften moderner Architektur geboten hatte. Pascal bekam eine Ahnung von dem Charakter, der dieser Stadt einmal innegewohnt hatte.

Er fühlte sich mit einem Schlag ein wenig besser, wenngleich das Ergebnis des Strafverfahrens dumpf in ihm fraß, ja sich immer tiefer einzufressen schien. Je länger er Zeit hatte, über das Geschehen nachzudenken, desto mehr wurde das Ungeheuerliche zur bewußt verarbeiteten Realität.

Nachdem er längere Zeit gegangen war, ohne daß er an einer einladend aussehenden Lokalität vorbeigekommen wäre, erreichte er eine Kreuzung. Der Name der Querstraße erschien ihm wie ein Zeichen: „Gottesweg." Auf der gegenüberliegenden Seite zweigte eine weitere Straße, die Siebengebirgsallee, in einem Winkel von 45 Grad von der Hauptstraße ab. Dadurch ergab sich eine spitz zulaufende Straßenecke. Den Straßenwinkel zierte ein schmucker, backsteinroter Altbau. Wie gerufen, fand Pascal an dieser Stelle endlich ein nett wirkendes Bistro, das ihm vom Hörensagen nicht unbekannt war. Dennis hatte hin und wieder vom Eckstein gesprochen. Es ist eines jener Bistros, wo das Ambiente schick und die Kellner muffig sind, was sie vermutlich als Teil ihres Selbstverständnisses betrachten. Trotz der sommerlichen Temperaturen zog es Pascal vor, sich in den Innenraum zu setzen, wo er von außen nicht gesehen werden konnte. Unbewußt schien er hinter den Mauern Schutz zu suchen.

Allein war er nicht. Wie angewurzelt blickte er in das Gesicht des Schmierigen. Offensichtlich konnte er den Schlingfallen noch nicht einmal durch Überschreiten des Gotteswegs entrinnen. Auch der Strafverteidiger war nicht erfreut über das Déjà-vu. Er gab sich keine Mühe, seine Gefühle zu verbregen. „Ach, Sie auch hier", rang er sich einsilbig über die Lippen. „Ich auch hier", giftete Pascal zurück. Den Anwalt schien zu irritieren, daß Pascal sich keinen Platz suchte, sondern direkt vor seinem Tisch, an dem er eine Tomatensuppe löffelte, stehen blieb. Er ließ den Löffel sinken. Düster schaute er auf: „Stimmt etwas nicht?"

„Das fragt der Richtige", entgegnete Pascal. Ihn packte die Angriffslust. Ohne um Erlaubnis zu fragen, ließ er sich am Tisch des Anwalts nieder. Er hatte nichts zu verlieren; wer abgestiegen ist, kann bei Bayern München auftrumpfen. „Sie haben doch nichts dagegen?"

„Nein, nein, tun Sie sich keinen Zwang an." Der Anwalt hatte seine überhebliche Lockerheit wiedergefunden. Sogar zum Ansatz einer einladenden Handbewegung reichte es.

„Warum machen Sie das?"

Eine Antwort wurde zunächst durch den Kellner unterbrochen, der an den Tisch gekommen war, um Pascals Bestellung aufzunehmen. Hastig orderte er ein Wasser, um seinen Faden nicht zu verlieren. „Warum machen sie das?“ wiederholte er die Frage, um die sich für ihn alles drehte.

„Was mache ich?“

„Warum verteidigen Sie solches Pack?“

„Bitte!“ herrschte ihn der Anwalt an. „Mäßigen Sie sich! Sie sprechen von meinen Mandanten!“

„Ihre Mandanten sind Verbrecher, und Sie machen sich mit Ihnen gemein. Wie kann man solche Typen verteidigen?“

Der Anwalt sah Pascal aus verkniffenen Augen an. Nach zwei Löffeln sagte er: „Junger Mann, jetzt halten Sie mal die Luft an. Ich bin Organ der Rechtspflege, und als solches verteidige ich nicht das Verbrechen, sondern das Recht. Sie sind noch reichlich grün hinter den Ohren. Daher bin ich bereit, Ihnen Ihre Klischees nachzusehen. Aber trotzdem sollten Sie wissen, welchen Unsinn Sie reden. Jeder Angeklagte hat das Recht, einen Anwalt zu beauftragen. Die Strafprozeßordnung gewährt darüber hinaus jedem Angeklagten gesicherte prozessuale Abläufe. Diese Errungenschaft des Rechtsstaates kann gar nicht hoch genug eingeschätzt werden, insbesondere vor dem Hintergrund unserer unseligen Vergangenheit, wenn Sie verstehen, was ich meine.“

„Klar verstehe ich das. Jeder hat seine Rechte. Auch Kinderschänder, nicht wahr? Die würden Sie bestimmt auch verteidigen. Und Mörder?“

„Wie ich schon sagte: Ich verteidige nicht irgendwelche Taten, sondern das Recht. Welchen Namen es einem bestimmten Geschehen zuweist, kann ich nicht beeinflussen.“

„Ist klar“, warf Pascal ironisch ein, „und daß ich als Opfer keine Rechte habe, gehört auch zum Spiel.“

„So dürfen Sie das nicht sehen...“

„So muß ich es sehen! Haben Sie mir nicht vor einer Stunde meine Pflichten aufgezählt? Ich bin das Opfer. Wo bleiben meine Rechte? Interessiert Sie in einem Verfahren überhaupt nicht, was es heißt, Opfer zu sein?“

„Herr Ormunait!“ Der Anwalt wurde zunehmend ungehaltener. Pascal hingegen geriet in Fahrt: „Überhaupt Ihr formaler Kram! Es geht doch nicht um, wie sagten Sie, formale Abläufe, sondern um Ergebnisse. Ich wurde brutal zusammengeschlagen. Ich konnte mein Abitur nicht machen, ich habe meine Freunde verloren, mir tut jetzt noch alles weh, und vor Gericht stehe ich als Depp da, als Depp, zu dem Sie mich machen. Außerdem können Sie mir nicht erzählen, daß Sie sich nicht mit den Kriminellen solidarisieren. Sie müssen sich doch mit denen solidarisieren, wenn Sie Erfolg haben wollen!"

„Sagen Sie mal, Herr Ormunait, was wollen Sie überhaupt?"

„Gerechtigkeit, ich will Gerechtigkeit, was sonst!"

„Ohh!" Der Anwalt zog seinen Ausruf, so gut es ging, in die Länge. „Gerechtigkeit! Welch großes Wort! Ich sage Ihnen jetzt etwas: Sie haben zu hohe Ansprüche an die Justiz. Vor Gericht bekommen Sie keine Gerechtigkeit, dort bekommen Sie eine Entscheidung! Eine in definierten Bahnen und damit frei von Willkür entstehende Entscheidung. Wenn Sie Gerechtigkeit suchen, dann gehen Sie am Sonntag in die Kirche."

Pascal schwieg verblüfft vor derart entwaffnender Ehrlichkeit. Damit hatte der Anwalt zurück in die Offensive gefunden. „Ich bin nicht für die bestehenden Gesetze verantwortlich, und ich verbitte mir, daß Sie mir Vorhaltungen darüber machen, wie ich meinen Beruf ausübe. Ich könnte Ihnen ganz andere Geschichten erzählen. Was glauben Sie eigentlich, wovon ich lebe? Denken Sie, mit solchen Peanuts, wie wir sie von Ihnen kennen, mit so einer läppischen Falschaussage, kann ich genug verdienen, um meine Kanzlei zu betreiben, geschweige denn, um meine Familie zu ernähren? Sie haben nicht die geringste Ahnung von der Kostenstruktur einer Kanzlei. Oder glauben sie am Ende, ich bekäme Geschenke vom Staat? Wissen Sie, wie lächerlich gering die Pflichtverteidigergebühren sind? Und wann die bezahlt werden? Nach Monaten, nicht nach Wochen! Haben Sie je darüber nachgedacht? Pah!" Der Verteidiger warf seine Serviette auf den Teller. „Da könnte ich gleich Hartz IV beantragen. Dann hätte ich wenigstens ein gesichertes Auskommen. Nein, nein. Diese Volksgruppen zahlen wenigstens vernünftig. Die haben so viele Brüder, Vettern, Verwandte, da kommt schon einiges herum, wenn die sammeln gehen. Nein, nein, junger Freund, Sie machen es sich zu einfach, viel zu einfach."

Was der Anwalt für eingängig halten mochte, erzeugte bei Pascal neuen Widerwillen. Er hatte richtig gehört: Seine sogenannte falsche Verdächtigung, die vor einer Stunde noch zu einer Staatsaffäre aufgeblasen worden war, verkleinerte derselbe Typ auf einmal zu einer läppischen Falschaussage der Kategorie „Peanuts“. Inzwischen stand der muffige Kellner im Stolze seiner unterkühlten Arroganz wieder vor ihnen. Der Anwalt schickte sich an, das Lokal zu verlassen. Mit gönnerhafter Miene legte er einige Münzen auf den Tisch. „Darf ich Sie einladen?“

Pascal zog die Brauen hoch. „Ich kann mir mein Wasser selbst leisten.“

Der Anwalt zuckte mit den Schultern. „Dann wünsche ich Ihnen noch einen angenehmen Tag.“

Schon stand er an der Tür. Pascal beeilte sich, hinterher zu kommen. „Eine Frage habe ich noch!“ Er hatte Mühe, dem Anwalt, der mit strammen Schritten in die Siebengebirgsallee einbog, zu folgen. „Haben Sie überhaupt keine Berührungsängste, würden Sie wirklich jeden gemeinen Verbrecher vertreten?“

Der Anwalt war an einem gelben Audi TT angelangt. Er warf sein Jackett auf den Rücksitz und machte Anstalten einzusteigen. „Meine Arbeit geht Sie zwar nichts an, aber gewisse Grenzen gibt es natürlich“, antwortete er, während er sich den Gurt anlegte.

„Und zwar?“

„Also bei Neonazis, da hört der Spaß auf. Rechtsradikale dulde ich nicht einmal in meinem Büro. Aber Sie haben diesbezüglich offensichtlich weniger Berührungsängste.“ Mit einem schäbigen Grinsen ließ er den Motor an. Pascal schlug mit der flachen Hand auf das Autodach. Der Anwalt erschrak, zum ersten Mal am Tag schien er innerlich berührt. Pascal schlug noch einmal zu, so fest, daß seine Handfläche brannte. „Der ist bestimmt geleast, bei Ihrer Kostenstruktur.“

„Halten Sie doch den Mund, Sie...!“ Die Autotür schlug zu, mit quietschenden Reifen, wie sie kein Jugendlicher bei einem illegalen Rennen besser hinbekommen hätte, parkte er aus, weg war er. Eine kräftige Hand legte sich auf Pascals Schulter. Der Junge erschrak. „Sie müssen noch zahlen.“ Der Kellner wirkte nicht mehr muffig, nur noch streng und ungehalten.

Baureihe 101

Pascal trieb wie eine lebende Leiche durch die Straßen der alten deutschen Reichsstadt Köln, die die Beziehung zu dem Adler in ihrem Wappen lange verloren hatte. Wie abwesend stieg er in den Golf der Mutter. Die Anlage schaltete er auf volle Lautstärke: Rammstein. Mit dem zweiten Zug trank er eine Flasche Wein aus. Anschließend warf er sie aus dem Fenster, einem Spießer vor die Füße. „Fick Dich!“ rief er, als der Herr erwartungsgemäß verstört zu ihm herüberschaute. Mit aufheulendem Motor und erhobenem Mittelfinger rauschte er an ihm vorbei, Richtung Ring. An der Stelle, an der Opa von dem Türken niedergeschlagen worden war, verdrückte er eine Träne der Wut. Quietschend bog er in die Venloer Straße ein. Mit mehr als siebzig Kilometern scheuchte er die Leute von der Straße. Am Friesenplatz raste er bei dunkelgelb in den Hohenzollernring bis zum Rudolfplatz. Mit einer verbotenen Spitzkehre gelangte er in die Gegenrichtung. Ohne Ziel raste er weiter. Irgendwann würden die Bullen schon auf ihn aufmerksam werden. Dann würde er es denen zeigen. Vor dem Diamonds bremste er scharf, bis er in der zweiten Reihe zum Stehen kam. Die Diskomasken erschienen ihm noch leerer, ihr fahles Grinsen noch künstlicher als sonst. Ein Gedanke blitzte auf: Jetzt Vollgas geben, es konnte keinen Falschen treffen. Menschliche Hüllen zu beseitigen, wäre ein Dienst an der Gesellschaft. Er lachte verächtlich auf. Hinter ihm hupten die nachfolgenden Autos. Insassen gestikulierten wild. Ein Beifahrer spuckte beim Überholen in seine Richtung, verfehlte ihn aber. Pascal zeigte ihm den Finger. „Du Lutscher!“ rief er. Er berauschte sich an der Vorstellung des Blutbades, das er anrichten würde. Von der Justiz hätte er nichts zu befürchten, so betrunken wie er war. Ein gewiefter Anwalt würde seine Liquidation nichtsnutziger Partyhühner in eine fahrlässige Tötung umdeuten; er käme billig davon: Was war schon fahrlässige Tötung gegenüber einem Kapitalverbrechen wie Kevins Volksverhetzung? Und er würde einen sehr gewieften Anwalt bekommen, denn der Stiefvater konnte es sich nicht leisten, einen Mörder in der Familie zu haben.

Er öffnete eine Büchse Wodka Red Bull und beließ es beim „Was wäre, wenn“. Diese Flachköpfe waren es nicht wert, für sie vor Gericht gestellt zu werden, bekäme er dort hundertmal das Täterprivileg. Planlos durchquerte er die ganze Stadt, ohne von einer Polizeistreife bemerkt zu werden. Schweißgebadet erreichte er am frühen Morgen die Eichendorffstraße. Zu allem Überfluß fand er unmittelbar vor der Haustür einen Parkplatz. Krachend fiel die Fahrertür ins Schloß. „Alles Scheiße“, murmelte er. Die Aktion Selbstvernichtung mußte strategisch angelegt werden, aufwallende Hitze und Impulsivität hinderten nur. Ein kühler Kopf war gefragt.

Er schlief bis in den frühen Nachmittag. Als er erwachte, stand der Entschluß kristallklar vor seinen Augen. Im Internet suchte er den Zug heraus, mit dem er einige Wochen zuvor versucht hatte, nach Bonn zu fahren. Verächtlich räusperte er sich. Nicht einmal eine beiläufige Freizeitunternehmung war kein Fehlschlag gewesen. Da die Zeichen des Schicksals so unzweideutig seine Überflüssigkeit in dieser Welt zu erkennen gaben, war er nicht länger bereit, als Wurst in ihr herumzukriechen. Die Welt würde ihn nicht zu einem jämmerlichen Kasper herabwürdigen, niemand würde die Gelegenheit haben, sich an seinem Scheitern zu ergötzen. Keine Janine würde sich über sein Versagen lustig machen, kein Türke ihn verhöhnen. Keine Astrid würde ihm einen Korb geben, und keine Gräfin Hochmut seine Ehre den Hyänen zum Fraß vorwerfen. Kein Dr. Kirchner und keine Frau Wirthmann-Heesch würden ihn mehr mit den selbstgerechten Blicken moralischer Überlegenheit mustern können. Und kein Stiefvater würde ihm mehr über den Mund fahren können. Pascal zuckte zusammen. Keine Mutter würde mehr fragen können: „Pascal, wie war Dein Tag?“ Pascal verdrückte eine Träne. Der Gedanke durfte nicht zu Ende gedacht werden, wollte er seine eherne Haltung nicht sofort wieder in Larmoyanz zerfließen sehen. Opfer sind zu bringen.

Geheime Abschiedsbriefe waren seinem Abgang nicht angemessen. Wenn er die Tür hinter sich zuschlug, sollte die Welt aufhorchen. Er würde Kunde geben von der Erbärmlichkeit des Lebens, an der alle Größe zuschanden werden mußte. Wozu gab es das Internet? Zwei Stunden saß er an seiner Abrechnungsschrift. Der kurze Text bedurfte gründlicher Arbeit. Pascal las ihn wieder und wieder Korrektur. Nicht der kleinste Fehler durfte ihn beflecken, kein Anlaß gegeben werden, ihn lächerlich zu machen. Anhand seiner Stilfibel überprüfte er selbst die Schönheit der Ausdrucksweise.

* * *

„An das ewige Gericht: Ich erhebe Anklage gegen ein System, das keine Selbstachtung hat. Eine Welt ohne Gerechtigkeit ist es nicht wert, in ihr zu leben. Eine Welt mit einer Maske, die Gerechtigkeit vorgaukeln soll, konstruiert nichts als Selbstgerechtigkeit, weil ihre Träger genau wissen, daß sie sich und die anderen belügen. Ihr macht Euer Bühnenstück gefälligst mit Euch selbst ab. Macht wichtige Gesichter bei Euren verlogenen Sprüchen, verneigt Euch vor dem Blödsinn, den Ihr mit dem heiligsten Ernst aussprecht. Ihr seid schuldig des Verrates am Begriff des Rechtes selbst. Euer Urteil ist gesprochen, meinem sehe ich mit Gelassenheit entgegen, denn Ihr seid unzuständig. Mich erwartet der ewige Richter, dem auch Ihr einst gegenübertreten werdet, auch wenn Ihr zu niedrig seid, um ihn zu verachten, weil Eure Vorstellungskraft nicht dazu ausreicht, ihn überhaupt zu denken. Eure Scheinwelt aber verdient nicht einmal, von mir gehaßt zu werden."

* * *

Mit Stolz setzte er eine Weisheit Friedrichs des Großen als Schlußpunkt:

„Denn ein Justizcollegium, das Ungerechtigkeiten ausübt, ist gefährlicher und schlimmer wie eine Diebesbande, vor die kann man sich schützen, aber vor Schelme, die den Mantel der Justiz gebrauchen, um ihre üblen Passiones aufzuführen, vor die kann sich kein Mensch hüten. Die sind ärger wie die größten Spitzbuben, die in der Welt sind, und meritieren eine doppelte Bestrafung."

Er speicherte den Text unter dem Stichwort „Bittere Anklage". Befriedigt köpfte er ein Pils.

Nach den heroischen Gedanken stellte sich die Frage der praktischen Tat. Sich vor den Augen der erschreckten Passanten Aug in Aug mit dem Kaiser auf der Hohenzollernbrücke die Kugel in den Kopf zu jagen, wäre das Angemessene. Doch Pascal besaß keine Waffe. Es würde schwierig, wenn nicht unmöglich, sich eine zu besorgen. Er sah sich im Geiste bei kriminellen Albanern in einer verruchten Kneipe in einem dunklen Winkel Ehrenfelds stehen. Doch wie sollte er den Kontakt herstellen? Das klappte nur im „Tatort". Wenn er schon unter der Schirmherrschaft des Kaisers in aller Öffentlichkeit in die andere Welt übertreten wollte, wäre ein Sprung in den Rhein die geeignete Maßnahme. Dieser Gedanke konnte Pascal jedoch nicht erbauen.

Er sah sich im Zimmer um. Das Chaos konnte er nicht zurücklassen. Er schwankte. Nach einiger Zeit kam er zu dem Schluß, zunächst die Örtlichkeiten zu erkunden. Hatte er oft genug auf der Hohenzollernbrücke gestanden, so doch bisher nie, um zu prüfen, inwieweit sie für den finalen Schritt geeignet war. Wenig später saß er in der 5. Wie leicht er sich fühlte, da er auf dem Weg zu seinem geplanten Schafott war! So mußte es anderen gehen, wenn sie zur Kirmes oder zum Christopher Street Day fuhren. Er wunderte sich, wie befreit er das Leben in dem Augenblick empfinden konnte, da feststand, daß es bald zu Ende sein würde. Verkehrte Welt, die ihm die Existenz zur Qual und das Nichts zur Freiheit werden ließ. Umso mehr sah er sich bestätigt. Das Unwohlsein kehrte zurück, als er von der Brücke in die Tiefe schaute. Wie groß die Entfernung bis zum Wasser erschien, wie reißend der Fluß unter ihm strömte. Wieso floß der Rhein bloß so schnell? Er sollte langsam sein. Zeitungsberichte von mitgerissenen und dann ertrunkenen Menschen erschienen vor seinem inneren Auge. Er schüttelte sich. Nein, ertrinken wollte er nicht. Die Vorstellung, keine Luft zu bekommen, der zum Bersten anwachsende Druck in seinem Kopf, dem er endlich nicht mehr standhalten würde, das angstvolle Aufreißen des Mundes, gefolgt von dem automatischen Einsaugen der Wassermassen, niemals könnte er diesem Vorhaben standhalten. Ein Schiff schoß mit dröhnendem Motor auf ihn zu und verschwand kurz darauf unter der Brücke. Auch der Frachter, der vom Ufer gemächlich gen Nordsee zu gleiten schien, legte stromabwärts ein beängstigendes Tempo an den Tag. Folglich wich Pascals Unbehagen bei der Vorstellung nicht, in dem Augenblick zu springen, da ein solcher Kahn seinen Kampf verkürzen könnte. Vielmehr erschauderte er bei dem Gedanken, von dem massigen Bug unter den Kiel gedrückt zu werden und jede Chance zu verlieren, im letzten Moment wieder aufzutauchen. Es konnte kaum etwas Schlimmeres geben, als von solchen Stahlmassen in die Tiefe gedrückt zu werden, bis ihn die Schiffsschraube zerhechseln würde. Mißmutig starrte Pascal in die Fluten, beobachtete teilnahmslos die Schiffe und die Leute am Uferweg, der etwa zehn Meter unterhalb verlief, während hinter ihm die Züge über die Eisenbahnbrücke rumpelten. Die betonierte Flaniermeile konnte er als Plan B in Betracht ziehen, doch verwarf er ihn, noch ehe er ausgegoren war. Die Höhe war zu gering, zu unsicher der Erfolg. Er mußte mit dem Schlimmsten rechnen, gelähmt aus dem Unternehmen hervorzugehen, womöglich gar vom Halse ab.

Nein, um in den Tod zu springen, bedurfte es eines sehr hohen Gebäudes und eines großen Entschlusses, der sich über die lange und daher deutlich wahrnehmbare Zeit des freien Falls hinwegsetzte. Pascal wurde rot. Er mußte sich eingestehen, für diese Tat schlicht zu feige zu sein. Er sah sich um, weil er befürchtete, die Leute könnten seine Gedanken erahnen. Natürlich war die Befürchtung unbegründet, doch sie war ihm trotzdem peinlich. Unbefriedigt trat er den Rückzug an. Langsam trottete er Richtung Hauptbahnhof. Sollte er gar sein Vorhaben abblasen?

Zu Hause angekommen, warf er sich aufs Bett – unfähig, das Leben wie den Tod zu meistern. So mußte sich Scheiße fühlen, hätte sie ein Gehirn. Zweifel überfielen ihn. Doch die Zweifel galten nur ihm selbst, nicht der Situation. Sie verdüsterten lediglich und stellten nicht in Frage – fragten nicht, ob die Unbill, die Pascal getroffen hatte, sich nicht viel zu gering, ja lächerlich ausnahm, um ihr mit Suizid zu begegnen. Auf diese dialektische Art bestätigten sie wiederum die Tendenz: Wer nicht in der Lage ist, die Marginalität der Bedrückung zu erkennen, wird wieder auf die finale Lösung verworfen. Depression ist eine Einbahnstraße, eine Reuse. Man kann sich in ihr nicht in die richtige Richtung bewegen, man muß das System sprengen. Hatte es nicht auch Kleist in sich gesprengt, weil seine Gedanken zu groß für die Gemeinheit der Welt waren?

Pascal sprengte nicht. Er ließ sich weiter treiben. Zufällig fiel sein Blick auf das Tirpitz-Buch. In dem Moment waren die Zweifel über das „Ob" und das „Wie" wie weggeblasen. Ein kurzer Schritt auf den Bahndamm würde ihn aller Sorgen entheben. Wie der Blitz würde es in ihn fahren, keine spürbare Falldauer vom Hochhaus, kein gurgelndes Ertrinken. Das Zerhechseln käme als Auftakt, nicht zum Abschluß. Er würde es weder spüren noch als Schrecknis bedenken, somit befürchten müssen. Kein Wunder, daß diese Methode hoch im Kurs stand. Ohne zu überlegen, erkor Pascal den IC 2213, der ihm weiland so eindrucksvoll die Akustik des Todes vorgeführt hatte, zum Vollstrecker. Ein Blick ins Netz bestätigte den Zeitplan. Jeden Tag zur selben Zeit verließ der Zug den Kölner Hauptbahnhof. Pascal würde die Regionalbahn eine Stunde früher nehmen. Mit dem Taxi würde er von Brühl bis zum Ort des Geschehens weiterfahren. Am nächsten Tag würde es so weit sein.

* * *

Zeitig am Tag X stand er in ungewöhnlich gehobener Stimmung auf. Nach dem Kaffee begab er sich daran, die Wohnung aufzuräumen. Er wienerte und wischte, was das Zeug hielt; jede Ecke wurde gefegt, der Staub aus den letzten Ritzen gesaugt. Selbst die Fenster, die seitdem er die Wohnung allein bewohnte, noch keinen Putzlappen gesehen hatten, glänzten wie neu. Danach wusch er die gesamte schmutzige Wäsche. Aufgrund seiner Lethargie in den letzten Wochen hatte er kaum noch etwas Sauberes anzuziehen. Er benötigte drei Maschinen. Nach den Reinigungsarbeiten regelte er seine persönlichen Verhältnisse. Mit einer Überweisung von zehn Euro an Kai beglich er seine einzigen Schulden. Lediglich zwei Bücher mußte er noch zur Bücherei zurückbringen. Als alles erledigt war, sank er erschöpft, aber zufrieden auf die Couch. Ein Blick zur Uhr bestätigte, daß er gut im Zeitplan lag: drei Uhr nachmittags, sogar eine Tasse Kaffee konnte er noch trinken. Eine Sache blieb noch zu tun: Er rief die Anklageschrift auf dem PC auf, da ihm Zweifel an dem Wert seines öffentlichen Showdowns gekommen waren. Setzte er sich nicht in Widerspruch zu sich selbst, wenn er zum einen die Geringschätzung der Justizkasper und ihrer ganzen Systemclique betonte, ihnen zum anderen aber durch seine emotionalen Worte eine solche Bedeutung zudachte? Mit diesem Gedanken zerknüllte er den Ausdruck und rief: „Ihr könnt mich alle am Arsch lecken!“ Ihn jammern zu sehen, war das Letzte, was er ihnen gönnte. Nur einen Augenblick verharrte er, dann löschte er den Text und vergewisserte sich, daß keine Sicherheitskopie vorhanden war. Niemand würde sich an seinem Leid laben, niemand! Größe bestand zum einen darin, ohne Klage aus der Welt zu treten. Zum anderen hatten sie es nicht verdient, von ihm, Pascal Ormunait, einen Rechenschaftsbericht entgegenzunehmen. Mit der Erbärmlichkeit zu verkehren, hieße sich mit ihr gemein zu machen. Stattdessen verfaßte er nun doch einen Abschiedsbrief, kurz und prägnant: „Liebe Mama, verzeih’ mir, es ging nicht anders.“ Schließlich notierte er auf einem Extrablatt an Kai: „Ich hatte keinen Bock mehr auf die ganze Scheiße.“

Mit dem Ende der Betriebsamkeit setzte die Aufregung ein. Ein ums andere Mal sah Pascal zur Uhr. Nichts stand mehr zwischen ihm und der finalen Tat. So mußten sich die Delinquenten fühlen, die den Wärter ein letztes Mal erwarteten, der sie zum Schafott führen würde. Den Blick auf die Zellentür gerichtet, die das Unausweichliche symbolisierte. Auch für Pascal gab es kein

Zurück. Er hatte den Zehnmeterturm erklommen, nun mußte er auch springen. Mit keinem Gedanken kam ihm in den Sinn, daß er freiwillig auf dem Sprungbrett stand, daß ein einziger befreiender Willensakt den Rückweg ins Leben bedeuten konnte. Ein unaufhaltsamer Automatismus hatte alle Alternativen ausgeschaltet, als wäre ein Schalter umgelegt worden. Mechanisch zog Pascal die Jacke über. Ein letzter Rundgang durch die Wohnung bestätigte ihm, daß er sauber aus dem Jammertal austreten würde.

Auf dem Bahnhofsvorplatz herrschte emsige Betriebsamkeit. Pascal ließ das Treiben links liegen, um von der Brücke einen letzten Blick auf die Stadt zu werfen und sich vom Kaiser zu verabschieden. Da stand er in seinem Elend und wußte nicht, wie er sich verhalten sollte. Obwohl ihm die Reaktion der Passanten hätte gleichgültig sein können, achtete er beinahe ängstlich darauf, sich nicht lächerlich zu machen. Vornehm geht die Welt zu Grunde. Er verzichtete daher auf eine große Geste, gar auf den militärischen Gruß und nickte dem Standbild nur kurz und verstohlen zu. Damit hatte er alles Irdische hinter sich gelassen. Bis zur endgültigen Abfahrt der Regionalbahn nach Brühl blieb ihm noch eine gute Dreiviertelstunde, Zeit genug für ein letztes Bier. Der Außenbereich des Gaffel am Dom war zu dieser nachmittäglichen Zeit bereits ansehnlich gefüllt. Pascal rückte sich einen Stuhl zurecht. Die Tourifalle magnetisierte einmal mehr die Reisegruppen rüstiger Rentner. Am gegenüberliegenden Tisch schwadronierte ein junggebliebener Siebzigjähriger von diversen lohnenswerten Reisezielen. Seinen wohlgenährten Leib bedeckten ein Polohemd und eine Anglerweste, das schlohweiße Haar zierte ein ebensolches Baseballcap. Soeben erzählte er den anderen Teilnehmern der Tafel vom guten Essen in einem Urlaubsparadies am Mittelmeer. Ein zweiter aus der Gruppe mit grauem Haar und braun-gelber Kappe assistierte ihm. Er wußte von einem Domizil zu berichten, das ein deutlich besseres Preis-Leistungsverhältnis aufwies, zwar sei das Essen nicht ganz so hervorragend, aber dafür sei der Rekordpreis einfach nicht zu schlagen. Die Damen der Runde nickten fachmännisch. Man esse ohnehin nicht so häufig im Hotel, da man viel unterwegs sei, aber die Restaurants in der Gegend seien phantastisch. So ging es in einem fort. Von Hotelanlagen über Strände, von Sehenswürdigkeiten über Reiseleiter und -veranstalter. Zu jedem Stichwort fiel dem Schlohweißen eine Anekdote ein. Dabei vergaß er nicht, sein Bier zu genießen. Inzwischen hatte auch Pascal sein Weizen bekommen. Er wandte seine Blicke von der Combo ab. Der Bahnhofsvorplatz wimmelte mittlerweile von Leuten. Unmittelbar vor ihm bremste jäh ein junger Mann seinen Cityroller und schwang ihn mit einem gekonnten Griff auf die Schulter, wo schon ein kleiner Rucksack lagerte. Nicht viel hätte gefehlt, und er wäre in die Fachleute der Feriendomizile gerauscht. Behende sprang er in seinen olivgrünen Shorts und einem schlabberigen T-Shirt die Treppe zur Domplatte hinauf. Mit seinem desolaten Äußeren stand er nicht allein. Wie häßlich die Menschen doch waren. Hemden hingen über den Hosen, abgelatschte Turnschuhe schlurften über den Platz. Was an der Kleidung fehlte, wurde an den Körpern überkompensiert. Jeder zweite nutzte seine Haut als Plattform für farbenfrohe Botschaften aller Art. Im Fleisch kommt der Ziffernmensch zu sich selbst: Wer bloße Zahl ist, möchte zum Bild werden, das selbst aber wiederum genormt ist. Dementsprechend boomten die Tattoostudios; für Pascal ein weiteres Zeichen des Verfalls: Wo solches Gewerbe wirtschaftlich gesund ist, muß die Gesellschaft seelisch krank sein. Pascal verkniff sich ein Lachen. Die Domplatte brauchte den Vergleich mit dem Kölner Zoo nicht zu scheuen, sei es mit dem Gehege der Pfauen, sei es mit dem der Paviane. Dieses Gelichter verdiente Pascals Gesellschaft nicht. Verächtlich wandte er sich ab. Um 17:38 Uhr würde sein Zug fahren. Er legte das Geld für sein letztes Bier auf den Tisch und begab sich in dem seltsamen Gefühl, alles zum letzten Mal zu sehen, zum Gleis. Vor dem Treppenaufgang hielt er kurz inne. Dann folgte er dem Zwang. Oben angekommen, drohte sein Unterfangen durch die Betriebsabläufe der Deutschen Bahn doch noch vereitelt zu werden. Die entspannte Fahrplandisziplin des Unternehmens hatte er fahrlässigerweise außer Acht gelassen. Zwanzig Minuten. Damit verblieb nur eine knappe Stunde Vorsprung vor dem IC 2213. Berechnete er die langsamere Geschwindigkeit der Regionalbahn mit ein, schmolz sein Vorsprung auf etwa 45 Minuten. Das reichte immer noch aus, um von Brühl an den Ort des Geschehens zu kommen. Vom Adrenalin aufgepumpt, bestieg Pascal die Bahn, als sie endlich einfuhr. Viel zu aufgeregt, um sich einen Sitzplatz zu suchen, blieb er im Eingangsbereich stehen. Ihm schien es Ewigkeiten zu dauern, bis sich die Türen schlossen. Dann ein Ruck, die Bahn rumpelte im Schrittempo aus dem Kölner Hauptbahnhof über das westliche Gleisvorfeld. Langsam schwebten das Saturn-Hochhaus auf der linken und der S-Bahnhof Hansaring auf der rechten Seite vorbei. Zu dieser Rushhour drängten sich dort die Pendler. Könnte er doch einer dieser Fremden sein, egal welcher, es könnte ihm nur besser gehen! Jeder Einzelne von ihnen hatte einen sicheren Stand im Leben, daran konnte kein Zweifel bestehen. Er erahnte das Trainingsgelände von Olympia hinter der Böschung, als sich die Bahn auf der Höhe des alten Betriebswerkes in die Kurve legte. Bevor sie richtig beschleunigen konnte, mußte sie bereits für den nächsten Halt abbremsen. Köln-West. Pascal hätte nur auszusteigen brauchen, um mit der U-Bahn in fünf Minuten zu Hause zu sein. Für den Bruchteil einer Sekunde spielte er mit dem Gedanken. Dann biß er die Zähne zusammen. Er blieb eisern. Der Südbahnhof bildete eine noch stärkere Versuchung. Je näher Pascal seinem Ziel kam, desto mehr sträubte sich sein Inneres gegen die Exekution. Einfach aussteigen und zum Feynsinn hinüberlaufern, dort ein Weizen bestellen und sich für seine Schnapsidee auslachen. Pascal konnte nicht. Seine Verachtung behielt die Oberhand. Die Türen fielen ins Schloß. Die Bahn ruckte erneut an. Allmählich lichteten sich die Häuserreihen. Immer schneller wurde der Zug, am Containerbahnhof Eifeltor vorbei, dann war Köln verschwunden. Als sie ohne Halt durch Kalscheuren rauschten, schlug Pascals Puls derart, daß er meinte, sein Kopf müsse jeden Moment platzen. Gleich würde er die Stelle erkennen, an der es passieren würde. Schon hörte er die Stimme durch den Lautsprecher „nächster Halt Brühl“ ankündigen. Möglicherweise dadurch abgelenkt, stellte er kurz darauf ernüchtert fest, daß der Streckenpunkt des Schicksals vorübergeflogen war, ohne daß er ihn hätte ins Visier nehmen können. Egal, bald würde er ihm sehr nahe kommen, so nah, wie es näher nicht ginge...

* * *

In Brühl schritt er mit finsterer Miene auf das erste Taxi zu. „Zur Meschenischer Straße bitte!“

„Welche Hausnummer?“

„Wie? Egal.“ Pascal ärgerte sich über die überflüssigste aller Fragen. Der Taxifahrer blieb stur. „Ejal hammer nit. Jibbet da überhaupt Wohnhäuser?“

„Fahr’n Sie schon los, ich zeig’ Ihnen die Stelle.“

„Nu wern Se mal nit offensiv, junger Mann. Se könn’ auch mit ’nem Kolleeejn fahrn.“

„Wenn Sie nichts verdienen wollen."

Statt ihn vor die Tür zu setzen, brummte der Fahrer Unverständliches und setzte den Wagen in Bewegung. Während der nächsten Minuten schwiegen sich die beiden an. „Unn jetzt?" fragte der Fahrer, als sie den Punkt erreicht hatten, an dem die Meschenischer Straße, die ein besserer Feldweg war, von der Hauptstraße abzweigte. „Noch ein Stück bitte." Wortlos folgte der Taxifahrer der Anordnung. Er hatte sich offensichtlich vorgenommen, den seltsamen Fahrgast, dessen Ziel mitten in der Pampa lag, nicht weiter zu befragen. „Stopp", rief Pascal, als er die kleine Siedlung erkannte, die er bei seinem Zwangsaufenthalt vom Zug aus gesehen hatte. „Hier, genau hier."

„Elf Euro fuffzisch." Der Mann hielt die Hand auf. Pascal drückte ihm einen Zwanzig-Euro Schein hinein. „Stimmt so. Wenn Sie davon heute Abend Ihr Feierabendbier trinken, denken Sie an mich." Der Mann blickte ihn mit einer Mischung aus Mitleid und Entgeisterung an. „Hör' ma Jung, et is do alles o.k. bei Dir?"

„Klar, alles bestens, machen Sie sich keine Sorgen. Ich hätte nur noch einen kleinen Wunsch."

„Und zwar?"

„Bitte fahren Sie jetzt wieder."

„Da kannste Gift drauf nehmen."

„Gift brauche ich keins." Pascal warf die Tür zu. „Schönen Abend." Der Fahrer blieb einen Augenblick unentschlossen bei laufendem Motor stehen. Pascal zwinkerte ihm zu. Schließlich setzte er den Wagen, da die Stelle zu eng zum Drehen war, langsam zurück. Bei erster Gelegenheit wendete er das Fahrzeug und brauste mit aufheulendem Motor davon. Pascal stand allein. Während das Intermezzo um die Fahrt verblaßte, nahm wieder Kontur an, wozu er hergekommen war. Ein Zug donnerte in der Gegenrichtung vorbei. Jäh peitschte er ihm das Ultimative seines Tuns ins Bewußtsein. Gleichzeitig registrierte er verblüfft, daß seine Depression im Abklingen begriffen war. Der Haß jedoch blühte weiter in ihm, ein Haß, dem er nur mit einer heroischen Tat begegnen konnte. Konnte es ein größeres Zeichen der Verachtung aller Niedertracht geben als jenes, das er setzen würde? Es ist nicht damit getan, sittliche Forderungen aufzustellen. Man muß sie an sich selbst vollstrecken, um ihnen Leben zu geben. Der Weg aus der schlechteren in die bessere Welt führte unweigerlich auf diesen Bahndamm. Pascal kletterte auf die Böschung. Ein Zug nahte aus Köln. Angesichts der Uhrzeit konnte das kaum der IC 2213 sein. Heftig wehte ihm der Fahrtwind ins Gesicht. Pascal stieg noch einmal hinab. Säuberlich legte er sein Handy und den Personalausweis auf einen Stein, um den Sanitätern die Identifikationsarbeit zu erleichtern. Wieder am Schotterbett schaute er auf die Uhr. In drei Minuten würde der IC 2213, gezogen von einer Lokomotive der Baureihe 101, Köln Hbf verlassen. Nach siebeneinhalb Minuten müßte sie ihn erreicht haben. Noch fünf Minuten. Der Puls raste. Noch drei Minuten. Pascal schnappte nach Luft. Noch eine Minute. Pascals Adern schienen zu explodieren. Er betrat den Gleiskörper. Die Minute verstrich. Kein IC 2213, keine Baureihe 101. Pascal atmete tief durch. Wenn die Verspätung ein Zeichen sein sollte, dann konnte dieses nur darin bestehen, die Kraft seines Willens zu prüfen. Er durfte nicht nachlassen. Schon war der Intercity, einst Flaggschiff der Deutschen Bundesbahn, zehn Minuten über die Zeit, Pascals Erregung bis auf den Rest abgeklungen, der sich aus seiner Verärgerung über die Unpünktlichkeit speiste. Soeben wollte er die Schienen wieder verlassen, als er in der Ferne ein metallisch säuselndes Rauschen vernahm. Plötzlich stieg die Angst in ihm auf. Sie hielt sich mit der Entschlossenheit die Waage. Da tauchte sie am Ende der Einsehbarkeit mit typischer Gleisüberhöhung aus der Kurve auf: Das elegante und gleichzeitig kraftvolle Spitzenprodukt der deutschen Eisenbahnindustrie raste auf Pascal zu. Wie gebannt fixierte Pascal die Lichter der Lokomotive, zwei große Augen, die sein junges Leben fressen sollte. Der schrille Pfiff, mit dem sie sich die Zerschmetterung des fragilen Körpers ersparen wollte, ertönte. Tu es mir nicht an, schienen sie rufen zu wollen. Pascal starrte auf die Augen, die Augen starrten auf Pascal. Hekatomben an Gedanken explodierten in seinem Gehirn. Seine Hände würden durch den Fleischwolf des Gleisbettes gedreht werden, wenn er zum letzten, stürzenden Tanz hineingesogen würde. Die Augen bohrten, Pascal schrie. Die Augen, die Hände, Pascal riß die Hände in die Höhe, die Hände, die zerbrechen mußten. Die Augen pfiffen. Pascal starrte. Die Augen hatten keine Chance, sie mußten zermalmen.

Die Stimme des Kardinals

Die Hände hatten keine Chance. Die Augen hatten keine Chance, so wie die Lokomotive, der sie gehörten, keine hatte. Aber Pascal hatte eine. Womöglich hatte er sie bereits darin gesucht und gefunden, daß er den falschen Ort gewählt hatte. Denn die Parallele zu dem Tod, den er passiv erlebt hatte, endete an dem Feldweg, der zur Bahnlinie führte. Pascal hatte entweder nicht oder unbewußt sehr wohl bedacht, daß dort, wo der Zug seinerzeit zum Stehen gekommen war, vielleicht die Reste des Selbstmörders lagen, nicht aber der Zusammenprall hatte stattfinden können. Dies mußte einen Bremsweg vorher geschehen sein. Infolgedessen war der Bremsweg zwischen ihm und dem Punkt, ab dem die Augen aus der Kurve kamen und ihn sehen konnten, länger, länger auch die Fahrtzeit, Sekunden, Bruchteile vielleicht nur, aber entscheidende. Im allerletzten Moment hatte der Wille zum Leben über den zum Tod triumphiert und mit elementarer Gewalt Pascals Beinmuskulatur zum rettenden Sprung befehligt.

* * *

Das Quietschen der Bremsen, das Krachen der Achsen nahm er erst wahr, als der Zug an ihm vorbei sich in die Ferne verloren hatte. Vorbeigegangen auch der Kelch, der bittere, gefüllt bis an den letzten Rand, wie es im Kirchenlied von den guten Mächten heißt. Mit schmerzverzerrtem Gesicht hielt sich Pascal die nicht vollständig genesenen Rippen.

„Was machen Sie denn hier?“

Vor sich sah Pascal eine Polizeiuniform, unmittelbar dahinter eine zweite. Er wußte nicht, wie lange er im Dreck gelegen hatte. Mühsam richtete er sich auf. Bei dem Versuch, sich dafür mit der Hand aufzustützen, durchfuhr ihn ein Stich wie von einem Messer. Er unterdrückte einen Schrei und fiel auf sein Hinterteil zurück. Mit der anderen Hand ergriff er die ausgestreckte Rechte, die ihm der vordere Polizist bereitwillig hinhielt, und zog sich daran hoch. „Sie bluten an der Stirn.“ Pascal fuhr sich vorsichtig übers Gesicht. Erschreckt zuckte er zurück, als er die Suppe ertastete. An einem der Steine hatte er sich den Kopf aufgeschlagen. Aus der aufgerissenen Hose tropfte es ebenfalls. „Hol’ mal den Verbandskasten“, sagte der Polizist zu seinem deutlich jüngeren Kollegen. Der tat, wie ihm befohlen. Wenige Augenblicke später konnte Pascal notdürftig verarztet werden. „Das hält, bis Sie zu Hause sind.“ Pascal ließ es geschehen. Die formale Hilfsbereitschaft stand der Dienstbeflissenheit der Amtswalter indes nicht entgegen. „Wissen Sie, was Sie getan haben?“ Pascal schaute verständnislos. Selbstverständlich wußte er, daß er im Begriff gewesen war, Schluß zu machen. Allmählich dämmerte ihm, daß er darüber hinaus einen Zug zu einer Notbremsung gezwungen hatte. Bevor er darüber weiter nachdenken und enträtseln konnte, ob und woher die beiden Ordnungshüter davon wußten, beantwortete der erste seine eigene Frage: „Das ist ein gefährlicher Eingriff in den Bahn-, Schiffs- und Luftverkehr.“ Pascals Miene verfinsterte sich. Zudem arbeitete sich der Schock allmählich in ihm empor. Im Zeitlupentempo realisierte er das Extreme der Situation, der er um Haaresbreite eine existentielle Wendung gegeben hatte. Der Polizist, der erkannte, daß Pascal ihm nicht richtig folgen konnte, erläuterte seine Worte: „Wer Hindernisse bereitet und dadurch die Sicherheit des Schienenbahnverkehrs beeinträchtigt, begeht einen gefährlichen Eingriff in den Bahnverkehr. Das ist eine Straftat, § 315 StGB, und gilt auch für, naja...“ Das Groteske der Situation ließ ihn verstummen. „Sind Sie sonst unverletzt?“ fragte er, als ob er etwas gut zu machen hätte.

„Ja, ja, kein Problem, alles in Ordnung.“

„Wir müssen Sie trotzdem bitten mitzukommen.“

„Dann sind Sie auch nah am Bahnhof“, ließ sich erstmals der junge Kollege vernehmen.

„Bitte.“ Der ältere deutete mit der Hand zum Einsatzwagen, der, von Pascal bislang unbemerkt, ungefähr an der Stelle stand, an der ihn der Taxifahrer abgesetzt hatte. Im Fahrzeug begannen die Schmerzen den Schockzustand zu durchdringen. Gewissermaßen schrieben sie Pascal die soeben gehörte rechtliche Konsequenz seines Überlebens in die Wahrnehmung. Daß er nicht über mehrere Kilometer Streckenlänge zerhackt und verteilt lag, war also eine Straftat. Wie hätte es auch anders kommen können? Wäre diese ungeheuer typische Konstellation nicht ungeheuer bitter gewesen, hätte Pascal einen Lachanfall bekommen mögen. So schwieg er dem Schicksal entgegen, an das er gekettet zu sein schien. Auch die beiden Polizisten sagten nichts. Der Einsatzführer steuerte den Wagen mit einer Hand, während er auf einem Finger der anderen kaute. Der junge Anwärter spielte auf dem Beifahrersitz an seinem Handy. Sie befuhren exakt die Strecke, die Pascal hergekommen war. In Sichtweite des Bahnhofes hielten sie nahe einem Kiosk am Straßenrand. Der Fahrer schaltete den Motor ab. „Ich brauche jetzt erst mal einen Kaffee, Du auch?“ Der Kollege merkte auf.

„Ich? Nein, ich kann aushalten bis zur Wache.“

„Ach? Sonst kannst Du es doch nie erwarten, Du Kaffeetante.“

„Nein, Willi, vielen Dank, aber ist o.k., laß doch erst die Aussage aufnehmen.“

„Ich bin aber ganz sicher, daß Du einen Kaffee trinken willst“, sagte der erste nun nachdrücklich. Der junge verstand. „Jetzt, wo Du es sagst. Ich habe eigentlich schon die ganze Zeit Durst.“

„Siehst Du.“

„Was machen wir denn dann?“

„Wir gehen uns einen holen.“

„Meinst Du wirklich, Willi?“

„Natürlich, ich bin zur beamtenrechtlichen Fürsorge verpflichtet, und wenn mein Polizeianwärter ohne Kaffee nicht auskommt, muß ich dafür sorgen, daß er ihn bekommt.“

Pascal rutschte auf der hinteren Sitzbank zunehmend unruhiger hin und her. Etwas stimmte nicht an dem Film.

„Was machen wir denn dann mit dem jungen Mann, Willi?“

„Ja, was machen wir mit dem jungen Mann?“ Pascal schaltete noch immer nicht. „Das ist jetzt unwichtig.“

„Richtig, Willi, wichtig ist, daß wir den Kaffee kriegen.“

„Genau, holen wir den Kaffee, den K-a-f-f-e-e!“

Beide stiegen aus und suchten, den hinteren Türen demonstrativ den Rükken zugewandt, mit den Augen die Straße ab. Endlich begriff Pascal. Hektisch riß er die Tür auf. „Danke, vielen Dank, danke!“ Er spurtete los. So schnell ihn seine Beine trugen, rannte er hinüber zum Bahnhof. – „Du, Willi!“ hörte er noch den jungen Polizisten.

„Ja, Tobias?“

„Ich glaube, der ist uns entwischt.“

„Ja, tatsächlich. Ich glaube auch.“

„Darauf brauche ich erst mal einen Kaffee.“

Die letzten Worte konnte Pascal nicht mehr verstehen. Auch das Protokoll würde er nicht zu Gesicht bekommen, in dem unter dem Datum des Tages vermerkt war: „Telefonisch Meldung über Schnellbremsung des IC 2213. Bei Ankunft am Gleiskörper keinen Verdächtigen angetroffen. Möglicher Suizidversuch ungeklärt."

* * *

Die Fahrt glitt an ihm vorüber. Als Köln-Süd angekündigt wurde, ließ die Starre nach. Im Studentenviertel pulsierte das Leben. Pascal begann wahrzunehmen, daß er in die Welt zurückgekehrt war. Doch fühlte er sich in ihr noch nicht angekommen. Schon hielt der Zug im Westbahnhof. Doch anstatt zur U-Bahn trieb ihn eine unbekannte Kraft zu Fuß Richtung Innenstadt, so als müsse er zunächst in einer Art Wallfahrt den Hauptbahnhof als Ausgangspunkt seiner Beinahetodesfahrt erreichen, um den Kreis zu schließen. In einem geistigen Schwebezustand lief er die Venloer Straße hinab, überquerte am Friesenplatz den Hohenzollernring und folgte dann der Magnusstraße, schließlich der Zeughausstraße. Hinter der Nord-Süd-Fahrt bildete sie eine Sichtachse zum Dom. Im feurigen Licht der untergehenden Sonne strahlte dessen ganze Majestät. Wie ein Magnet zog dieses Jahrtausendbauwerk und -bollwerk des Abendlandes die Blicke des Überlebenden an. Automatisch wurde er immer schneller, bis er in ein regelrechtes Marschtempo verfiel. Seine Augen fixierten die Türme, die eine beinahe magische Wirkung auf ihn ausübten. Endlich stand er vor dem Ziel seines Weges. Ein ehrfurchtgebietendes Erstaunen durchdrang ihn beim Anblick des Portals. An die siebzig Bomben hatte er im Krieg schlucken müssen. Doch hatte er sie weggesteckt, als sei er gerade dafür geschaffen worden, sie vor den Wohnhäusern abzufangen. Wer jemals ein Bild von der Kölner Trümmerlandschaft des Jahrs 1945 gesehen hat, aus der der Dom nahezu unversehrt als Menetekel herausragt – sollte er nicht an den Vers aus Psalm 91, den Pascal im Konfirmandenunterricht auswendig gelernt hatte, denken? „Ob tausend fallen zu deiner Seite und zehntausend zu deiner Rechten, so wird es doch dich nicht treffen." Als gefährlich hatte sich allein ein schwerer Treffer in der nördlichen Hauptsäule erwiesen. Umgehend nach dem Angriff, durch den er verursacht worden war, hatten emsige Helfer aus hochwertigen Steinen, die sie, wer weiß woher, organisiert hatten, eine sogenannte Ziegelplombe errichtet, um die Einsturzgefahr zu bannen. Pascal hatte sie als Kind noch gesehen. Inzwischen war das originale Portal samt aller Zierelemente mit Sandstein wiederhergestellt worden. Wie der Großvater immer gesagt hatte: Sie konnten, wenn sie nur wollten. Leider wollten sie nur in Ausnahmefällen.

Erschüttert verharrte Pascal im Angesicht des größten Tempels der Christenheit nördlich der Alpen. Die reinen Maße konnten selbst glaubenslose Geister beeindrucken: Die Türme von 157 Metern zieren das von 1880 bis 1884 höchste Gebäude dieser Erde, das Hauptschiff mißt 144 Meter; die Fenster, unter ihnen das umstrittene Werk Gerhard Richters, bedecken über 10.000 Quadratmeter, die kleinere Orgel pfeift aus 3963 Kehlen in 53 Registern, die große Querhausorgel enthält gar 88 Register, und die schwerste der acht Glocken wiegt allein 24 Tonnen. Ungezählte Bilder und Darstellungen berichten von der Geschichte der Christenheit. In den Abendstunden erhellen über 1000 Leuchten den Innenraum. Kunstwerke und Bauelemente sind bis zu 800 Jahre alt.

Wie viele Generationen sahst Du an Dir vorüberziehen, wie viele Menschen standen staunend an dieser Stelle und ließen sich von Deiner magischen Aura bekehren? Hunderte bauten an Deiner Ewigkeit, seit im Jahre 1280 der große Beschluß gefaßt ward. Tausende zogst Du in Deinen Bann. 1840 von Preußens Kraft und Sendung vollendet, von Friedrich Wilhelm IV. zu neuem Leben erweckt, von Wilhelm I. geweiht, bist Du stolzes Sinnbild Deiner christlichen Nation. So stehst Du als ewiger Fels in dem Meer der Zeit. Deine Größe überstrahlt Schwäche und Verzagtheit, Kleinmut und Häresie, Kapitulanz und lüsterne Gleichgültigkeit. Aus der Höhe blickst du herab auf uns kleine Erdenbürger, die vor Deinem Fundament wimmeln wie Ameisen. Deine Gewölbe lehren Demut und geben dem Suchenden Ruhe und Einkehr, Deine kunstvollen Fenster leuchten in die Herzen der Gläubigen, Deine Gemälde erfreuen die Besucher, und die Klänge Deiner Orgel lassen die Stimme des Herrn bis in das Innerste selbst des kühnsten Menschleins klingen. Deine hohen Glocken rufen die Gläubigen und mahnen die tauben Ohren der Verstockten. Niemals sollen sie Dich schänden, niemals ihre grüne Fahne auf Deinen Zinnen hissen, niemals im Rausch ihrer Siegesfeste zu Deinen Füßen johlen. Sie werden Dich nicht haben, niemals Dich entweihen, bis an den letzten Tag wirst Du dem Schicksal Konstantinopels wehren. Allein dafür lohnte es sich zu leben.

* * *

Andächtig betrat Pascal das Innere. Mit gemessenen Schritten bewegte er sich auf den Chorraum zu, den er am Ende des Langhauses durch eine Art Tor erreichte. Es war merkwürdig ruhig und menschenleer. Die erhabene Stimmung, die das gedämpfte Licht der kunstvoll gestalteten Fenster erzeugte, umfing ihn wie ein Mantel. Vor dem Gerokreuz hielt er inne. Lange blickte er schweigend auf den Erlöser. Plötzlich übermannte ihn die Flut der Ereignisse des Tages, die in einem Kontrast zu der Atmosphäre des heiligen Ortes stand, wie er größer nicht sein konnte. Pascal sank auf die Knie und ließ seinen Tränen freien Lauf. Ohne Zeitgefühl hockte er noch, nachdem ihn die Kraft zum Weinen verlassen hatte. Da fühlte er von hinten eine Hand sanft an seine Schulter greifen. Gleichzeitig vernahm er eine ruhige, aber feste Stimme: „Der Tränen sind genug geflossen. Den Herrn bekümmert, wenn seine Kinder traurig sind. Er will sie fröhlich sehen. Was immer Dir widerfahren ist, er gibt Dir Kraft, es zu ertragen. Geh' nach Hause und nutze Deine Gaben."

Damit endeten die Worte, und die Hand streifte ihn noch einmal sacht. Pascal wagte nicht, sich umzudrehen, um die Person, die zu ihm gesprochen hatte, anzusehen. Stattdessen lauschte er ihren Schritten, die allmählich in den Weiten des Domes verhallten. Eine Tür fiel schwer ins Schloß. Pascal richtete sich auf. Es herrschte Totenstille. Offensichtlich war er mutterseelenallein in dem riesigen Kirchenbau. Zu gern hätte er gewußt, wer ihm soeben Trost zugesprochen hatte, mit den Worten, die ihn in freundlicher Weise gemahnt hatten, das Rechte zu tun. Pascal fühlte sich in gewisser Weise ertappt, zumal die Botschaft auf Großvaters Linie lag, wenngleich er es deutlich militärischer formuliert hätte: „Haltung bewahren", oder auch „Jammern füllt keine Kammern." Beide hatten Recht. Pascal bekam ein schlechtes Gewissen, obwohl er erleichtert zur Kenntnis nahm, daß es keine Zeugen für seine schwachen Momente gab. Langsam wurde ihm mulmig angesichts der Menschenleere um ihn herum. Hoffentlich war er nicht eingeschlossen. Am Hauptportal bestätigte sich diese Befürchtung. Ein Kirchenmitarbeiter kam aufgeregt auf ihn zu. „Was machen Sie denn noch hier? Haben Sie nicht gelesen, daß wir die Kirche wegen Reparaturarbeiten bis morgen schließen müssen. Wie sind Sie überhaupt hier hereingekommen?" Anstatt zu antworten, fragte Pascal. „Hier muß doch noch jemand außer mir gewesen sein, ein Priester."

„Hier ist kein Priester. Heute ist keine Messe. Wenn Sie einen Priester sprechen wollen, kommen Sie morgen Nachmittag wieder. Ab 15:00 Uhr herrscht der normale Betrieb. Dann finden Sie auch Ansprechpartner."

„Es muß jemand im Chor gewesen sein. Hundertprozent."

„Nein, junger Mann, Sie irren sich. Sie waren allein dort hinten. Seien Sie froh, daß ich Ihre Schritte gehört habe, fast hätte ich Sie eingeschlossen."

„Es *war* aber noch jemand anders dort."

„Hören Sie, heute ist mit Sicherheit niemand im Dom. Der einzige der Gemeinde, der überhaupt im Gelände ist, ist der Kardinal, aber den werden Sie kaum zu Gesicht bekommen haben. So, und jetzt muß ich Sie bitten zu gehen."

„Einen Moment noch." Pascal zog sein Portemonnaie aus der Tasche. „Ich muß noch schnell etwas erledigen." Ohne nachzusehen, wieviel Geld die Börse enthielt, leerte er ihren gesamten Inhalt in den Opferkasten des Kölner Dombauvereins. Sein Herz jauchzte dabei vor Freude. „Ich lebe", dachte er, „mein Gott, ich lebe!" Sein Gegenüber hätte niemals ahnen können, wie wenig selbstverständlich diese Feststellung war. Er klopfte ihm auf den Unterarm. „Dies ist ein wunderbarer Ort, und grüßen Sie den Kardinal von mir! Versprechen Sie mir das?"

„Ja, ja!"

„Wirklich? Versprochen?"

„Ja, ich versprech' s, und jetzt raus."

Mit milder Strenge schob ihn der Mann durch das Hauptportal, ins gleißende Abendsonnenlicht. Der Kardinal! Pascal konnte kaum fassen, welch ein Aufgebot der Herr für ihn bereitgestellt hatte. Wie in der Schrift geschrieben, gab er nicht das letzte Schäflein verloren. Pascal hätte vor Freude alle Menschen umarmen können. Der Kardinal. Viel wußte er nicht von ihm, wie sollte er auch. Als Protestanten interessierten ihn die Interna der katholischen Kirche nicht. Doch der Kardinal war nicht nur ein kirchliches Internum. Ein solch hoher Kirchenrepräsentant ist ein Politikum. Dementsprechend berichtete die Presse häufig über ihn, und sie berichtete negativ und gehässig. Das wiederum konnte wenig anderes heißen, als daß das meiste, was er sagte, richtig war. Opa gehörte jedoch, wie sich Pascal erinnerte, auch zu der Phalanx der Kritiker, wenn auch aus entgegengesetzten Gründen. „Seine Worte höre ich wohl, aber es fehlt ihnen das Rückgrat.“ Pascal konnte die Zusammenhänge nicht beurteilen. Sie waren ihm auch gleichgültig. Man mußte die Ehre des katholischen Bischofs mit evangelischen Mitteln retten. Denn nach der lutherischen Lehre – „Gottes Wort und Luthers Lehr’ vergehen nie und nimmermehr“ – kam dem Wort zentrale Bedeutung zu, und welch besseres Wort hätte zu ihm gesprochen werden können? Pascal triumphierte ob seines Scharfsinns. Nein, der Kardinal verdiente Respekt, wenigstens heute; genau wie das allerhöchste Oberhaupt der katholischen Kirche, für den der Großvater nur die spöttische Titulierung „Bischof von Rom“ erübrigen konnte, Respekt verdiente. Pascal dagegen hielt ihn für eine ausgesprochen achtbare Person. Nur schade, daß der Papst katholisch war. Abgesehen davon schätzte er seine Weisheiten. Höchste Zeit, Kai an seinen Erkenntnissen teilhaben zu lassen. Pascal griff in die Jackentasche, um sein Handy hervorzuholen. Doch er griff ins Leere. In der anderen Tasche erzielte er das gleiche Ergebnis. „Scheiße“, entfuhr es ihm. Er wußte, wo das Handy lag. Zusammen mit seinem Personalausweis hatte er es an der Bahnstrecke Köln-Bonn an einem Feldweg nahe Brühl auf die Verlustliste gesetzt. Innerhalb des Bruchteils einer Sekunde beschloß er, daß sie dort verbleiben würden. Die Nummern auf dem Handy hätten längst aktualisiert werden müssen, einige fehlten, dafür hatte sich Ballast, etwa die Nummer von Astrid, angesammelt. Auf den Ausweis konnte er genausogut verzichten, da er sich schon lange über sein sechzehnjähriges Milchgesicht ärgerte, das ihn zierte. Nach dem Wochenende würde er einen neuen beantragen.

* * *

Ungewöhnlich beschwingt stand Pascal im Flur der aufgeräumten Wohnung in der Eichendorffstraße, die er einem Wiedersehen nicht zugedacht hatte. Der Anzeigeknopf auf dem Telefon blinkte. Die Mutter hatte dreimal angerufen, beim letzten Mal eine Ansage hinterlassen. „Hallo Pascal, ich erreiche Dich nicht, auch nicht auf dem Handy. Ist irgendetwas nicht in Ordnung? Bitte melde Dich.“ Er griff zum Hörer. Niemand hob ab. Nach viermal Klingeln meldete sich der Anrufbeantworter. „Hier Pascal, alles in Ordnung. Ruf’ an, wenn es etwas Wichtiges gibt.“

Erwachen

Als er am folgenden Samstagmorgen erwachte, zeigte die Uhr bereits knapp Zwölf. Pascal wußte nicht sicher, wie lange die Handyläden in der Venloer Straße geöffnet hatten. Bis dreizehn Uhr glaubte er mindestens. Daher verblieb genügend Zeit, zunächst etwas anderes zu erledigen. Er legte das gute Briefpapier, das er von Großvater übernommen hatte, in die Kassette seines Drukkers. Dann setzte er ein Schreiben von besonderer Bedeutung auf. Empfänger war niemand anders als der Schulleiter des Heilig-Geist-Gymnasiums höchstselbst. Die Botschaft lautete kurz und unmißverständlich: „Hiermit melde ich mich vom Unterricht in Ihrer Schule ab. Ich verlasse mit sofortiger Wirkung das Heilig-Geist-Gymnasium. Mit der Ihnen gebührenden Hochachtung, Pascal Ormunait."

Bewußt ignorierte er die Weisheit, nach der mit dem Alten nicht gebrochen werden dürfe, bevor das Neue gesichert sei. Er hatte nicht überlebt, um die Krankheit zum Tode fortzuführen. Fröhlich machte er sich auf den Weg zur Einkaufsmeile von Ehrenfeld. Alles an diesem Tag schien leicht von der Hand zu gehen. Im Handygeschäft kam er sofort an die Reihe, der Verkäufer, ein Türke, versuchte nicht, ihm etwas anzudrehen, was er nicht haben wollte. Nach einer halben Stunde saß Pascal gut gelaunt im Straßenkaffee und beobachtete die Leute. Dort erreichte ihn der erste Anruf auf dem neuen Telefon; Rufumleitung aus dem alten Leben. Mit sorgenvoller Stimme hielt ihm die Mutter vor, wie lange er am Vortag nicht zu erreichen gewesen wäre. Ob er nicht endlich einmal wieder in Junkersdorf vorbeischauen wolle, sie wisse gar nicht mehr, wie er aussähe. Das würde sie auch bei einem Besuch nicht mehr erfahren, entgegnete er, da er sich die Haare knallschwarz gefärbt habe, soweit sie nicht der Schere, die einen Irokesenschnitt hinterlassen habe, zum Opfer gefallen seien. Weil er seine Frisur am Abend in einer Diskothek, in die er zum ersten Mal gehe, vorführen wolle, könne er leider auch nicht kommen. „Das ist doch nicht wahr!" Pascal gelang es nicht, die Spannung zu halten. Er prustete laut los. „Das finde ich nicht lustig", reagierte die Mutter beleidigt. „Warum denn nicht? Du bist doch voll drauf reingefallen. Aber im Ernst: Ich gehe heute in diese Disko. Ich bin fest verabredet, kann mich ja morgen bei Euch melden."

„Morgen heißt wohl, vier Uhr nachmittags, wenn Du aus Deinem Sumpf erwacht bist."

„Kann schon sein."

„Pascal, bitte!"

So ging es eine Zeit lang hin und her, bis das Gespräch endete, ohne einen anderen als erzieherischen Charakter angenommen zu haben. Pascal war trotzdem zufrieden. Die Eltern würden von seinem beinahe tödlichen Ausflug nichts erfahren, Argwohn war augenscheinlich nicht zurückgeblieben. Stattdessen fand Pascal Gefallen an der Idee, den Scherz, den er mit seiner Frisur getrieben hatte, in die Tat umzusetzen. Er wollte nicht länger so bieder herumlaufen wie bisher. Doch noch traute er sich nicht, den Gedanken Taten folgen zu lassen. Der zweite Teil seines Arguments, seine angebliche Verabredung, entsprach zumindest einer subjektiven Wahrheit. Pascal hatte fest beschlossen, dem geheimnisvollen Lalic seine Premierenaufwartung zu machen, es sozusagen in bezug auf sein Kommen zu entjungfern. Eine seinem innersten Ich entspringende Gewißheit sagte ihm dabei, daß er den kultigen Goth wiedertreffen würde, und weil er dessen so sicher war, hatte er die Mutter auch nicht belogen, was seine feste Verabredung betraf.

Den ganzen Tag fieberte er dem Abend entgegen. Den Gedanken, Kai mitzunehmen, hatte er schnell verworfen. Der ehemalige Schulfreund hätte dem wahrscheinlich etwas abgewinnen können. Doch in undefinierbarer Weise hielt ihn Pascal nicht für eine angemessene Begleitung. Niemand war die angemessene Begleitung. Das bevorstehende Erlebnis gehörte nur ihm allein. Entsprechend bereitete er sich darauf vor. Sein Kleiderschrank bot nicht viel Extravagantes. Immerhin enthielt er eine schwarze Jeans sowie ein gleichfarbiges Hemd. Pascal lächelte sein Spiegelbild an. Daß es einmal so weit kam, Modenschau in eigener Angelegenheit zu betreiben. Allein, die Euphorie blieb von der „Stino-Befürchtung" überschattet. Würde er mit seinem stinknormalen, ja lächerlich bürgerlichen Outfit die Pforte zur geheimnisvollen Gruft überschreiten dürfen?

* * *

Endlich war es soweit. Pascal stand am Rathenauplatz unweit des Eingangs zur Unterwelt. Aus angemessener Entfernung verfolgte er zunächst die absonderlichen Gestalten, die von der dunklen Tür verschluckt wurden. Nach ein paar Minuten riß er sich zusammen und wagte es. Seine Ehrfurcht erwies sich als überflüssig. Gesichtskontrollen wie im Diamonds gab es nicht, jeder schien willkommen zu sein. Der Türsteher wirkte trotz seiner Glatze und seiner mächtigen – sowie mächtig tätowierten – Arme nicht abstoßend. Er verpaßte Pascal einen Stempel auf die Hand. Dann tauchte er ein in die Gegenwelt der schwarzen Seelen. Über eine Treppe abwärts gelangte er auf eine Art Empore, von der aus er die Tanzfläche und den Thekenbereich links davon beobachten konnte. Seine Augen quollen beinahe von der Vielfalt der Sinneseindrücke über, die sich ihm darbot. Die Palette reichte von rückenlangen Haaren über steif pomadisierte Stachelköpfe, von Irokesenschnitten, wie er ihn der Mutter angekündigt hatte, bis zu Elvis-Tollen, von nietenbestückten Lederkutten über einfache T-Shirts bis zu bodenlangen Ledermänteln. Viel Metall glänzte von Ketten und Ringen, von Fingern und Ohren. Er erschrak, als ein Typ an ihm vorbeizog, dessen Hemd ein umgedrehtes Kreuz zierte. Der so Gemusterte schien den Argwohn zu spüren und reagierte, indem er das Glas hob und Pascal freundlich zuprostete. Pascal lächelte zurück, während er aus dem Staunen nicht herauskam: Selten hatte er eine derartige Ballung ausdrucksstarker Menschen erlebt. Auch die Frauenzimmer geizten nicht mit ihren Reizen, insbesondere wenn sie in hautengen Miedern und hochhackigen Lederstiefeln daherkamen. Sie hätten Kai manches „kelle, kelle, kelle“ entlockt. Über allem lag eine sphärische Musik, die selbst wenn sie aus harten, stampfenden Rhythmen bestand, einen Zug ins Melancholische besaß. Auf der Tanzfläche verschmolz sie mit den wogenden Körpern zur einzigartigen Stimmung einer gotischen Schattenwelt. Pascal gefiel sie auf Anhieb.

Durst kroch in ihm hoch. Er bahnte sich seinen Weg durch die kurz vor Mitternacht bereits gutgefüllte Location bis zur Theke. Mit einem Weizenbier in der Hand begab er sich zu einem der Stehtische. Von dort wollte er die Stimmung weiter auf sich wirken lassen, als ihm unvermittelt eine Hand auf die Schulter schlug: „Er sieht mich erstaunt – hat er sich in die Unterwelt verirrt?“ Pascal brauchte sich nicht umzudrehen, um zu wissen, wer ihn begrüßte. „Mensch, Du hier, das ist ja der Knaller!“

„Und er ist nicht allein.“ Mit einer leichten Verbeugung deutete der elegante Langhaarige, der Pascal am Tag seines Scheiterns bei Astrid versucht hatte aufzumuntern, auf einen jungen Mann neben sich: „Gestatten, Benjamin der Erlauchte, selbst David.“ Dem Erstgenannten erklärte er: „Wir hatten bereits das Vergnügen, ohne unsere Namen einander kundzutun. Der Herr schien ein wenig beklommen seinerzeit."

„Stimmt." Pascal erinnerte sich ohne Vergnügen. Bevor er in seine düstere Vergangenheit zurückfallen konnte, erschollen aus den Boxen besonders ungewohnte Klänge. „Ist ja geil! Hört Ihr das? Geiler Sound!" David zog stilvoll am Mundstück seiner Zigarette, das er wieder mit sich führte. Dann setzte er eine verheißungsvolle Miene auf: „Qntal – Mittelalter."

„Ich muß zappeln", rief Pascal, kommt Ihr mit?" Ohne die Antwort abzuwarten, verschwand er im Gewühl. Seine Bewegungen gingen sogleich in den Schwingungen des Liedes auf, bald war er ein Teil von ihnen. Es endete viel zu schnell für die soeben erwachte Tanzwut. Pascal hoffte auf gleichwertige Fortsetzung. Er wurde nicht enttäuscht. Ein stampfender Rhythmus drang in die Körper und führte die Bewegungen ganz von selbst, man mußte sich ihm nur hingeben. Der Text, der mit dem erkenntnisreichen Vers „Steine sind Steine" begann, veredelte das Stück nicht gerade, doch das störte Pascal nicht. Wann kam es schon auf den Text eines Liedes an? Marschmusik mußte schließlich auch nur aufputschen und keine Verbalästhetik befriedigen. Doch plötzlich wurde Pascal hellhörig: „Erst kommt der Stolz, dann kommt das Land", verkündete die Band. Die Sentenz, die gewagte Assoziationen freisetzte, wiederholte sich mehrfach. Pascal wippte mit dem Körper im Takt. Auf einmal durchlief ihn ein Schauer vom Kopf bis zu den Zehenspitzen. Hörte er richtig? Er hörte richtig, denn auch die nächste Sentenz wurde wiederholt, so oft wiederholt, daß kein Zweifel an der Botschaft bestehen konnte: „Sei stolz, Deutscher, sei stolz." Wieder und wieder – hätte Pascal mitgezählt, wäre er auf acht gekommen. „Sei stolz, Deutscher, sei stolz, sei stolz, Deutscher, sei stolz." Pascal konnte es trotzdem kaum glauben. „Sei stolz, Deutscher, sei stolz." Als endlich auch dieses Stück sein Ende gefunden hatte, stand Pascal kurze Zeit reglos inmitten der Tanzfläche. Dann sprang er auf seine beiden Bekannten zu, die die Szenerie von außen beobachtet hatten. „Hey, er hat sich gut amüsiert." David nickte ihm anerkennend zu. „Er hat Talent."

„Habt Ihr das mitgekriegt?" Pascal überhörte das Lob. „Den Text, habt Ihr den Text verstanden?"

„Mein Herr, wir sind weder taub noch blöd." David setzte eine gewichtige Miene auf, Benjamin grinste. „Gefällt Dir wohl, wie?"

„Ja, gefällt mir, und ich staune!“

„And One, uraltes Lied“, sagte David.

„Etwas nationalistisch vielleicht“, warf Benjamin ein, „aber cooler Sound.“

„Oh, Mann, du nervst“, protestierte David, „überall sieht er Gefahren am Werke.“ Zu Pascal gewandt, erläuterte er: „Der Gute ist ein wenig despektierlich. Ohne Bedenkenträgerei wäre er nicht er selbst.“

„Haha“, warf Benjamin dazwischen, doch David fuhr ungerührt fort: „Das hat der so an sich, er kann sich nie vorbehaltlos an einer Sache erfreuen, sonst wäre er unzufrieden. Deshalb ist er auch bei den Grünen.“ Wenn der Graf normal sprach, wirkte er ungewöhnlich.

„David, bitte, nicht schon wieder eine Politdiskussion, die hatten wir gestern!“

„Nationalistisch stimmt außerdem nicht, Du weißt, daß Steve Naghavi Perser ist.“

Pascal irritierte ein wenig die Debatte, die er unwillkürlich losgetreten hatte. „Wer ist Steve Naghavi?“ fragte er.

„Der Sänger. Ist Perser. Ich glaube kaum, daß er deutschen Nationalismus schüren will. Eher deutsche Normalität.“

Pascal pfiff durch die Zähne. „Ach so, na hoffentlich wird er nicht bestraft!“ David legte seine Stirn in Falten: „Sag’ mal, habe ich es hier mit zwei Psychopathen zu tun?“ Auch Benjamin blickte erheitert irritiert: „Bestraft?“ fragte er.

„Bestraft“, konstatierte Pascal. „Ein Freund von mir wurde bestraft, weil er den Spruch ‚Alles für Deutschland’ verteilt hat auf einem Flugblatt.“

Benjamin und David sahen sich verständnislos an. Mit der leichten Arroganz des Älteren gegenüber einem Jüngling, den er für recht grün hinter den Ohren hält, wies der Philosophiestudent den Schüler zurecht: „Mit seiner Verpeilung ist er leider an den Falschen geraten. Denn der Herr ist Rechtsreferendar.“

Benjamin grinste. Pascal reagierte mit der Überheblichkeit des Wissenden: „Dann weiß der Herr nicht, was abgeht. Ich war selbst dabei, als er verurteilt wurde. Hier in Köln am Amtsgericht.“

„Glaubst Du das?“ Der Referendar wippte mit dem Kopf. „Kann ich mir kaum vorstellen. Vielleicht hat er etwas verwechselt.“

„Nein“, protestierte Pascal, wobei seine Zornesader anschwoll. „Ich verwechsele nichts. Bestimmt nicht!“

„Na, ja, Thema Ex! Wir sind hier nicht in einem Seminar. Besehet euch die schönen Menschen, tanzet und trinket!“ Resolut beendete der langhaarige Goth die Auseinandersetzung. Beim Wort „Ex“ durchfuhr Pascal ein schneidendes Gefühl. Schlagartig dachte er daran, daß er ganz kurz davor gestanden hatte, ein ganz anderes Thema zu beenden. Er verstummte. Eine Zeit, mindestens eine Viertelstunde lang, schaute er versonnen in die Menge, während sich die beiden anderen angeregt unterhielten. Pascal achtete nicht auf die Inhalte. Irgendwann wurde ihm ein neues Weizen in die Hand gedrückt. „Wohl bekomm's!“ David hob sein Glas. Pascal erwiderte die Geste.

„Bist Du jetzt beleidigt?“

„Nein, nein, mir ist nur nicht gut. Habe ein Zwischentief. Das wird gleich wieder.“ Dennoch verharrte er in seiner schweigenden Beobachterstellung. Als er die nächste Runde ausgeben wollte, winkte Benjamin stellvertretend für ihn und David ab. „Wir wollen gleich gehen.“

„Was, jetzt schon?“

„Es war gestern spät.“

„O.k., ich bleibe noch.“

Pascals Blick mußte etwas Ungewisses ausstrahlen, das die anderen vorerst festhielt. „Gestern stand ich kurz davor, mich umzubringen“, sagte er abrupt. Benjamin und David schauten ihn in wissender Ungläubigkeit konzentriert an. Einen solchen Satz spricht niemand, um sich aufzuspielen. Der auf der Zunge liegenden nächsten Frage kam Pascal zuvor. „Ich stand schon auf den Gleisen.“ David stellte sein Glas mit einem Ruck auf den Tisch neben sich. „Wie nah?“

„Zehn Meter.“

Es brauchte nicht ausgesprochen zu werden, was gemeint war. David holte tief Luft. „O.k., Du kommst mit uns.“

„Ja“, sagte Pascal.

* * *

Benjamin wohnte nur wenige Schritte vom Lalic entfernt in der Kyffhäuserstraße, mitten im Zentrum des Studentenviertels. Der angehende Jurist hatte sein gesamtes Studium in diesem Domizil verbracht. Seine Einraumwohnung quoll über von Büchern, alle Wände waren mit Regalen zugestellt. Selbst über dem Bett, das in einer eigens dafür vorgesehenen Nische Platz fand, hingen Regale. Neben reinen Lehrbüchern besaß der künftige Jurist etliche Grundlagenbücher zur Staatslehre, Rechtsphilosophie und -geschichte und auch zahllose fachfremde Literatur. Pascal sah Romane, Geschichtsbücher, eine richtige kleine Bibliothek. „Vertu' Dich nicht", sagte David. „Benjamin ist eine Ausnahmeerscheinung. Als normaler Paragraphenfresser brauchst Du diese Literaturmassen nicht." Pascal nahm einen dicken BGB-Kommentar aus einem der Schränke. „Warum bist Du eigentlich Jurist, Du bist doch ganz o.k.?"

„Siehst Du, der hat's drauf", nahm David den Ball auf.

„Ich mach' uns erst mal einen Kaffee", vermied es Benjamin, auf die Anspielung einzugehen. „Es sei denn, Juristenkaffee ist Euch zu unsympathisch.

„Nein", riefen beide wie aus einem Munde.

Der Kaffee hatte genau die richtige Stärke. „Wenn Du Dein Examen nicht schaffst, kannst Du eine Woyton-Filiale aufmachen", lobte David den Gastgeber.

Während das heiße Getränk abkühlte, verstummten die Gespräche. „Also, ich habe in letzter Zeit schlechte Erfahrungen mit der Justiz gemacht", versuchte Pascal auf das Thema zuzusteuern, dessentwegen er mitgekommen war.

„Aber deshalb bringt man sich doch nicht um", warf der Graf ein, um sogleich abwehrend mit dem Kopf zu schütteln. „Ich kann das gar nicht fassen, Du hast nicht wirklich vorgehabt, Dir das Leben zu nehmen?!"

Pascal starrte in seinen Kaffeepott. „Doch, ich war so blöd." Er nahm einen großen Schluck des auf Trinktemperatur gesunkenen Schwarzen. Dann begann er seine Geschichte zu erzählen, angefangen von der geplatzten Beziehung zu Janine über das belastete Verhältnis zu seinem Stiefvater, den Tod des Großvaters, die Erlebnisse mit Kevin und Kai, den Schulstreß bis hin zu dem Prozeß, bei dem er bis zur Stunde nicht wisse, ob er Angeklagter oder Opfer gewesen sei; die Art, wie er abgelaufen sei, hätte ihn zu letzterem degradiert. „Und dann sind bei mir die Sicherungen durchgebrannt. Ich war fertig. Mit der Welt und den Nerven, ich wollte nur noch Schluß machen mit der ganzen Scheiße, einfach den Schalter abstellen, wißt Ihr, einfach raus aus der Mühle." Damit schloß er. Eine geschlagene Stunde hatte er sich die Seele freigeredet.

„Mein Gott", entfuhr es David. „Mein Gott."

Benjamin konnte zunächst überhaupt nichts sagen. In sich gekehrt nuckelte er an seiner Tasse. Er rang nach Worten. Schließlich sagte er. „Daß Du so schlecht vor Gericht behandelt wurdest, tut mir leid. Aber ich glaube nicht, daß das regelmäßig so schief geht."

„Komm, vergiß es", protestierte David. „Versuch' nicht, Deine Disziplin zu retten. Du weißt genau, was bei Euch alles im Argen liegt. Deshalb willst Du doch nicht in den Apparat. Sagst Du doch immer selbst." Bevor Benjamin reagieren konnte, kam David auf Pascal zurück. Er legte ihm die Hand auf die Schulter und blickte ihm tief in die Augen. „Alles, klar, Kleiner? Bist wieder o.k., ja?"

Pascal nickte.

„Wegen so etwas bringt man sich nicht um. Der Abstieg Deines Clubs ist natürlich ein Schicksalsschlag, aber selbst dafür bringt man sich nicht um. Du tust so etwas nicht noch einmal, versprichst Du das? Hörst Du? Nie wieder, niemals, ist das klar?"

„Ja", hauchte Pascal.

„Ist das fest versprochen, nie wieder?"

„Ja, ist fest versprochen, definitiv!"

„Ok, und jetzt sage ich Dir, was Dein Problem ist."

„Was denn?" fragte Pascal überrascht, denn er hatte geglaubt, soeben alle Probleme hinter sich gelassen zu haben.

„Du mußt Dich mit Kevin aussöhnen."

„Ja", pflichtete ihm Benjamin bei, „das sehe ich genau so."

Pascal zuckte mit den Schultern. David hatte den wunden Punkt und mit ihm Pascals ureigene Überzeugung getroffen. „Ich seh's ja nicht anders..."

„Aber Du traust Dich nicht!"

„Ist das so verwunderlich?"

„Nein, aber Du mußt Dich überwinden."

„David hat Recht. Und ich sage Dir jetzt, wann du zu ihm gehen wirst."

„Ich kann's mir denken. Morgen."

„Er ist ein Kluger." David verfiel in seine stilisierte Sprache.

„Also, ich weiß nicht..."

„Da gibt's kein ‚weiß nicht'! Schwierige Gänge werden nicht leichter, indem man sie vor sich her schiebt. Morgen ist Montag. Den Sonntag heute hast Du noch Schonfrist, Montagabend meldest Du uns Vollzug!“ Pascal glotzte irritiert, angesichts Davids unerwarteten Befehlsjargons. Benjamin grinste. „Kannst du mal sehen, der Herr Philosoph schwebt nicht nur in hochgeistigen Sphären, der kennt die Erfordernisse des Lebens.“

„Ich glaube auch.“

„Also keine Diskussion mehr“, überhörte David geflissentlich das ihm zugedachte Lob, um zu verhindern, daß darüber die Stringenz seiner Anordnung verloren ginge. Doch Pascal, so sehr er auch von der Richtigkeit der Sache überzeugt war, sträubte sich. „Und wenn es zum Eklat kommt? Irgendwie habe ich das Gefühl, daß das nicht gut geht.“

„Unsinn, Du hast Angst. Natürlich geht es gut. Die Sache ist entschieden. Und heute Nacht schläfst Du hier bei Benjamin, damit Du uns keinen Kummer machst.“

Für diese Wendung war Pascal dankbar, denn er hätte die Gesellschaft, in der er sich so geborgen fühlte wie lange nicht mehr, ungern mitten in der Nacht aufgegeben. Ein erleichternder Blick von Benjamin verhieß umgehend, daß sein Bleiben kein Problem war.

„Gut, Ihr zwei Hübschen, ich komme morgen früh um zwölf und bringe warme Brötchen mit.“ Damit verabschiedete sich David. Für Benjamin und Pascal war es ebenfalls spät genug. Pascal konnte auf einem Feldbett, das Benjamin extra für Gäste bereithielt, liegen. Es dauerte kaum fünf Sekunden, bis er entschlummerte.

* * *

Als Pascal erwachte, erfüllte der Duft von frischgebrühtem Kaffee den kleinen Raum. Strahlender Sonnenschein fiel durchs Fenster. Besser konnte der Tag nicht beginnen. „Für Dich“, sagte Benjamin und reichte Pascal einen Pott. Das Aroma strömte angenehm in seine Nase. Genußvoll trank er den ersten Schluck, der immer am intensivsten schmeckt. „Gleich müßte David hier sein.“ Die Worte waren kaum gesprochen, da läutete es an der Tür. David kam mit zwei dicken Tüten die Treppe herauf. Sie enthielten alles an Backwaren, was ein hungriges Herz begehrt: Warme Brötchen, Kürbiskernstangen, einige Brezeln und frische Croissants. Pascal lief das Wasser im Munde zusammen. Zwischenzeitlich hatte Benjamin den Tisch gedeckt. „Na Du Pascha, wann bist Du das letzte Mal so bedient worden?"

„Bei Opa konnte ich mich immer verwöhnen lassen." Prompt verdüsterte sich seine Miene ein wenig, um sich jedoch sofort wieder aufzuhellen.

„Die Zeiten sind vorbei, damit muß ich klarkommen."

„Ja, geht wohl nicht anders."

Damit ließen sie die Vergangenheit ruhen und begannen, zu schlemmen und über Gott und die Welt zu reden. Dabei kamen die beiden Älteren unter anderem auf die Entstehung ihrer Freundschaft zu sprechen. Sie hatten sich im ersten Semester in der Rechtsphilosophievorlesung kennengelernt. Nach drei Wochen war David vollständig zum Fach der Weisheit übergeschwenkt. Den Kontakt hatten sie gehalten. Sie verband die Liebe zum Grundsätzlichen, die Suche nach dem Eigentlichen. Beide verabscheuten die eindimensionalen Heinis, für die Studium lediglich bedeutete, stumpfsinnig ihre Lösungsschemata herunter zu pauken. Auch Benjamin verabscheute solches, in der philosophischen Disziplin erst recht unerwünschtes Schmalspurdenken; „Rechtsanwendungstechniker" nannte er die entsprechende Spezies abfällig. Um so unverständlicher wurde für Pascal dessen Studienwahl. „Ich verstehe Dich nicht. Gerade weil Du so gar nicht oberflächlich bist, verstehe ich nicht, warum Du ausgerechnet Jura studierst?" brachte er das Gespräch auf den für ihn wesentlichen Punkt. „Du könntest doch viel besser auch Philosophie studieren. Ich meine, Du kannst doch auch dieses ganze aberwitzige System nicht ändern, Du mußt dich doch als Jurist an die Paragraphen halten."

„Deshalb will ich ja auch nicht Richter werden oder Staatsanwalt."

„Etwa Rechtsanwalt? Das ist ja noch besch... äh noch schlimmer!"

„Wieso denn?"

„Na, da kannst Du doch erst recht nichts entscheiden, Du prallst immer ab. Ich hab's doch erlebt, wie man bei den Justizfritzen auf Granit beißt."

„Soso, der Herr hat es erlebt", warf David ironisch ein. „Na, wenn der Herr es erlebt hat, wird es wohl so sein, wie er sagt."

„Nein im Ernst, David, Du bist blöd. Stimmt das nicht, was ich sage, Benjamin?" Ehe der Angesprochene Pascal die gewünschte Bestätigung geben konnte, fuhr der Jüngste der Runde, auf beiden Backen kauend, fort. „Und vor allem: Die Anwälte sind so derart unsympathisch und arrogant. Ich kann mir bei Dir gar nicht vorstellen, daß Du so ein Lackaffe werden könntest."

„Ab zwanzig Gramm wird's unverständlich", stichelte David. Pascal verschluckte sich beinahe.

„Wenn ich ausnahmsweise auch eine kleine Bemerkung machen dürfte, könnte ich's Dir vielleicht erklären."

„Bitte!" Pascal zeigte sich gönnerhaft.

Benjamin schob den Stuhl beiseite. „Mir ist schon klar, daß in der Justiz vieles verkrustet ist. Aber gerade deshalb möchte ich Anwalt werden. Recht ist eine so lebendige und faszinierende Sphäre. Man muß es nur immer wieder neu erkämpfen. Das ist doch total spannend! Was kann es Höheres geben, als diesen Kampf aktiv zu gestalten?"

„Mit der Philosophie die Wahrheit der Welt zu erkunden", warf David dazwischen.

Pascal lachte. Doch Benjamin ließ sich nicht beeindrucken: „Das kann kein Richter, kein Staatsanwalt. Als Advokat bewegst Du die Schaltstelle."

„Genau, wie dieses Arschloch in seinem gelben Audi TT, das froh ist, daß es die Kanaken verteidigen darf, damit er die Raten für sein Auto bezahlen kann."

„Sag' bitte nicht ‚Kanaken', wenn Du von Menschen mit Migrationshintergrund sprichst!" Benjamin wurde energisch.

„Da ist er eisern." Der Graf grinste.

Pascal verzog das Gesicht und quetschte ein „schon gut" heraus.

„Es gibt Menschen in Not, die von den Behörden drangsaliert werden oder von den Banken, die ihnen das Haus unterm Hintern wegreißen wollen, Arbeitnehmer, die von den Konzernen platt gemacht werden oder..." Benjamin setzte eine bewußte Pause: „Leute, die verleumdet werden und in einen falschen Verdacht geraten, nicht wahr, Pascal?" Pascal errötete. „Und Du wärst mit einem Zeugenbeistand auch nicht so abgezogen worden", unterstützte David seinen Studienkollegen.

„Ich habe meine Anwaltsstation in Berlin absolviert."

„Oh, jetzt kommt die Story wieder."

„Der Anwalt sitzt auch im Bundestag: Richard Eisele. 1998 hat er sein Mandat riskiert, weil er anders als seine Fraktion gegen die Kriegseinsätze der

Bundeswehr gestimmt hat. Das heißt also, er hat als Einziger Wort gehalten. Dafür haben die ihn von der Liste gestrichen. Kannst Du Dir vorstellen, was das heißt? Aber er ist nicht eingeknickt, sondern hat sein Ding durchgezogen. Und das tut er auch als Rechtsanwalt. So was nenne ich Rückgrat. Und der knickt auch nicht ein vor einem sturen Staatsanwalt und kuscht auch nicht vor einem bornierten Richter."

„Und verteidigt auch schon mal eines kleines Terorristlein..."

„Was soll denn das jetzt bitteschön, David?"

„Ja nun, Anwalt mit Rückgrat, hast Du doch selbst gesagt."

„Dazu steh' ich auch. Du weißt, wie es abging in Stammheim, wie die schikaniert wurden..."

„Ja ja, ich weiß, bitte nicht schon wieder dieses Thema!"

Pascal staunte nicht schlecht, auch wenn er einiges nicht verstand. Die beiden kamen sofort aufs Grundsätzliche. Darüber hinaus registrierte er überrascht, daß Benjamin mit keinem Wort seinen angepeilten Verdienst erwähnt hatte. Offensichtlich stand bei ihm tatsächlich die Idee des Rechts in höchster Priorität. Um nicht ausschließlich den Lehrling zu geben, bemühte er sich, einen Einwand zu finden: „Dieser Eisele vertritt aber ziemlich abstruse Ansichten – manchmal."

„Darum geht es nicht. Entscheidend ist, ob jemand zu seinem Wort und seinen Ansichten steht, ob Du Dich auf ihn verlassen kannst. Und wie ich schon sagte: Er war und ist bereit, sein Opfer zu bringen. Es geht um die Charakterfestigkeit, um die Haltung, nicht um die Richtung!"

„Hört, hört", lobte David. Pascal lauschte beeindruckt. Die Hymne auf die Vorzüge des aufrechten Advokaten hätte von Opa stammen können. Benjamin wußte eine weitere Geschichte eines aufrechten Advokaten zu erzählen, eines Rechtsanwaltes Bick aus Rommerskirchen, bei dem er inzwischen jobbte. Das überschwengliche Lob gab Pascal den Anstoß, ein Anliegen zu präsentieren, das ihm nicht weniger am Herzen lag, als die Aussöhnung mit Kevin: „Ob Dein Herr Bick vielleicht auch wegen meiner Straftat etwas versuchen könnte? Was ich gestern erzählt habe, die falsche Verdächtigung..."

„Ach ja und die Widerstandshandlung...", unterbrach Benjamin.

„Das war kein Widerstand. Der Bulle hat eine Körperverletzung begangen. Wißt Ihr, wie der mir in die Eier gepackt hat?" Pascal setzte eine Zornesfalte auf.

„Oh, jetzt wird er aber böse“, ätzte der Graf.

Pascal stampfte mit dem Fuß auf. „Ist doch wahr! Ich bin das Opfer und stehe als Täter da. Das kann so nicht stehenbleiben, auf keinen Fall! Das will ich geklärt haben. Die falsche Verdächtigung, von mir aus, aber Widerstand habe ich nicht begangen.“

Benjamin schmunzelte ob Pascals pathologischen Rechtsbewußtseins. Er versprach, sich um die Angelegenheit zu kümmern.

Das Gespräch wandte sich anderen Themen zu. Gegen Mittag brach David auf: „So, meine Freundin und mein Kind warten.“

„Du hast ein Kind?“ Die Nachricht haute Pascal vom Stuhl. War er gerade acht Jahre jünger als die beiden neuen Freunde, so trennten ihn von der Vorstellung, Nachwuchs zu bekommen, Welten. „So gut wie, Gudrun ist im sechsten Monat. Es wird ein Junge, ich bekomme einen Sohn!“ Der Stolz sprach aus jeder Faser seines Körpers. Benjamin fühlte wie sein Freund: „Die beiden freuen sich mächtig auf das Kind und ich auch.“ Pascal blieb nur, dem zuzustimmen. Sie verabschiedeten sich für den Tag. Daß es ein Wiedersehen geben würde, brauchte nicht eigens verabredet zu werden, Nummern und E-Mailanschriften wurden wie von selbst getauscht. Fröhlich wie selten begab sich Pascal auf den Heimweg.

* * *

Am Sonntagabend fiel Pascal todmüde auf die Couch. Er hatte das schöne Wetter nachmittags im Schwimmbad ausgenutzt. Zu Hause angekommen, brach die Erschöpfung durch. Mechanisch griff er zur Fernbedienung. Schon bei der Erkennungsmelodie des „Tatort“ fielen ihm die Augen zu. Von Zeit zu Zeit schreckte er auf und bekam eine einzelne Szene mit, die er nicht mit der jeweils zuvor gesehenen in einen Zusammenhang bringen konnte. Trotzdem konnte er sich lange nicht zwingen, unter der gemütlichen Wolldecke hervorzukriechen und zu Bett zu gehen. Als er es schließlich tat, schien die Müdigkeit wie weggeblasen. An ihrer Stelle schwirrten die unterschiedlichsten Gedanken durch seinen Kopf. 52 Stunden vorher war sein Leben so gut wie ausgehaucht, plötzlich standen neue Perspektiven im Raum. Aber auch die vergangenen Aufreger ließen ihn nicht los. Je mehr sich Pascal bemühte, desto weniger konnte er einschlafen. Er wälzte sich in seinem Bett hin und her, stand mehrfach auf, um zur Toilette zu gehen, und setzte schließlich einen Kaffee auf. Die Uhr zeigte drei in der Nacht. Pascal spielte mit dem Gedanken, den Schlaf für diese Nacht komplett aufzugeben, doch graute ihm bei der Vorstellung, sich wie gerädert durch den kommenden Tag schleppen zu müssen. Zwangsläufig legte er sich wieder hin. Als der Morgen bereits dämmerte, es mochte gegen halb fünf Uhr sein, entzog ihn mehr eine dumpfe Erschöpfung denn ein gesunder Schlaf allmählich seiner Grübelei.

Wenig später schon sah er sich an der Haltestelle der Linie 5 stehen. Er hatte vollkommen vergessen, daß ein weiterer Gerichtstermin anstand. Merkwürdigerweise wußte er nicht, worüber verhandelt wurde, er wußte nur, daß er spät dran war. Eilig hastete er durch das Foyer des Gebäudes, das ihm um vieles häßlicher vorkam, als es ohnehin war, hinauf in den Flur zu den Strafgerichtssälen. Auch alle Personen, die vorüberhuschten, erschienen ihm bei weitem grausiger als ehedem. Ein Richter mit einem unheimlichen Gesicht und einem gefährlich wirkenden Spitzbart drohte ihm mit dem Zeigefinger: „Glauben Sie nicht, daß Sie so davon kommen!" herrschte er ihn an. „Ihre schädlichen Neigungen sind uns wohlbekannt". Hitze der Angst stieg in Pascal auf. Die Staatsanwälte grinsten hämisch. Auch sie hatten gefährlich lange Gesichter. Der junge Advokat, den Pascal von dem Prozeß gegen die Schläger aus Ehrenfeld kannte, nickte verschämt. Pascal erkannte ihn erleichtert, wenigstens grinste er nicht so hämisch wie all die Amtswalter, die es weidlich auskosteten, Pascal auf verlorenem Posten zu sehen. Doch die Hoffnung währte kaum den Bruchteil einer Sekunde, da kehrte er ihm den Rücken, um in einem riesigen Loch, das sich urplötzlich in der Rückwand des Saales aufgetan hatte, zu verschwinden. „Ich brauch' jetzt einen Kaffee", hörte er ihn mit merkwürdig verhallender Stimme rufen. Ihm folgten zwei Polizisten, die Pascal bislang nicht wahrgenommen hatten. „Ich auch, ich auch", riefen beide und zwängten sich durch das schwarze Loch. „Sie entkommen uns doch nicht, entkommen uns nicht", schallte es, nachdem sie verschwunden waren. Verwirrt blickte Pascal zur Tür, aus der soeben die Staatsanwälte in den Gang huschten. „Das fällt nicht ins Gewicht, nicht ins Gewicht", kreischten sie, gefolgt von einem furchterregenden Lachen. Die Türen knallten ins Schloß. Hilfesuchend wandte er sich dem Richterpult zu, doch fand er es verlassen. Wo zuvor der Richter gethront hatte, lag jetzt ein abgeschlagener Totenschädel mit gefletschten schwarzen Zähnen, dem noch Fetzen von verwester Haut anhefteten, zu seiner Seite ein Szepter sowie ein uralter schwarzer Zylinder. Darunter sah Pascal ein vergilbtes, beinahe verfaultes Strafgesetzbuch, dessen Ränder eingerissen und dessen Schrift zur Unkenntlichkeit verkommen waren. Lediglich die Worte „fehlt das öffentliche Interesse“, konnte Pascal entziffern. Auf einem Zeitungsausschnitt las er in großen Lettern das Wort „Haftverschonung“. Daneben lag die verwesende Leiche eines Unbekannten mit abgetrenntem Kopf. An seiner Stelle zeigte die Zeitung ein schreckliches Gesicht mit gefletschten schwarzen Zähnen. Panisch stürzte Pascal zu den Türen, doch fand er sie verschlossen. In seiner Not kletterte er aus dem Fenster. Zu seinem Schrecken stand er auf dem Dach des Gerichtes. Weit unter sich sah er die hämischen Staatsanwälte über den Verbindungsgang zu ihrem Behördenbau laufen. Sie trugen Zylinder wie den, der auf dem Pult gelegen hatte. Pascal erblickte die Feuerleiter und versuchte, sich an ihr auf den rettenden Boden zu hangeln, ein Unterfangen, das sich mehr als schwierig erwies, da zahlreiche der ausgesprochen schmalen Stufen fehlten. Zu allem Überfluß fehlte ein Geländer. Pascal fürchtete unentwegt abzustürzen. Schließlich kam er doch am Boden an. Nur weg von dem unheimlichen Ort! Er rannte so schnell ihn seine Füße tragen konnten. Ihm folgten Schritte und undefinierbares Gejaule. Es gelang ihm nicht, seine Verfolger abzuschütteln. Genauso wenig wagte er, sich nach ihnen umzusehen. Auf der Hohenzollernbrücke passierte das Unvermeidliche. Er stürzte und versuchte vergeblich, weiter zu kriechen, doch er bewegte sich auf der Stelle. Vor ihm stand ein schwitzender dicker Mann, in dem er den Harz IV-Verbraucher aus dem McDonalds erkannte. „Kennst Du den Film Glasgow smile?“ fragte er mit verräuchter Säuferstimme. Daraufhin rülpste er aus vollem Hals. Pascal gelang es, sich aufzurappeln. Seine Verfolger waren nur noch wenige Meter entfernt. Es waren die Türken aus der U-Bahn, die Janine angegraben hatten; jeder hielt eine mannshohe Machete in der Hand. Ihnen voran lief der Jugendliche, der Opa geschlagen hatte. Wie einen Helm trug er den Totenschädel mit den gefletschten schwarzen Zähnen. Weit hinter ihnen ruderte der Kardinal mit den Armen und schrie in einem zu: „So helft ihm doch, so helft ihm doch!“ Plötzlich stürmten von der anderen Seite Kai, David und Benjamin auf die Brücke. Doch sie waren viel zu weit entfernt, als daß sie

Pascal vor den Türken hätten erreichen können. Pascal wählte den einzigen Ausweg. Als die Türken vor einer 101, die mit schrillem Pfiff über die Brücke donnerte, erschraken, sprang Pascal mit einem eleganten Schwung über das Geländer, doch oh Schreck: Er blieb an seinem Hosenträger hängen, den er als Dreijähriger getragen und kürzlich wieder hervorgeholt hatte. Wie ein Flummi pendelte er auf und ab, ständig in der Gefahr, daß der Hosenträger reißen würde. Immer, wenn er den untersten Punkt seiner Pendelbewegung erreichte, schob sich ein rostiger Kohlenfrachter, getrieben von einer überdimensionalen Schiffsschraube, Millimeter entfernt unter ihm durch. Oben sah er Kai und die anderen an seinem Hosenträger, der bei jedem Pendelausschlag rissiger wurde, zerren. Pascal schwebte zwischen Himmel und Erde. Er versuchte, eine Aufwärtsbewegung durch einen Ruck zu unterstützen, und siehe da: Kai bekam ihn am Kragen zu fassen. Mit vereinten Kräften zogen er, David und Benjamin an Pascal. Jedoch gelang es ihm nur, das rettende Geländer zu berühren, nicht es zu fassen. Auf einmal brach es ein, und alle stürzten nach hinten zu Boden; wie durch ein Wunder konnten sie Pascal mit sich ziehen, so daß er auf ihnen zu liegen kam. Er spürte einen stechenden Schmerz in seiner noch nicht vollständig ausgeheilten Rippe und erwachte schweißgebadet neben der Couch.

Versöhnung

Pascal räkelte sich in seinem Bett. Nach dem Ende des Schreckens war er in sein eigentliches Schlafgemach gewankt und hatte volle acht Stunden erholsamen Schlaf getankt – welch ein Kontrast zu der Unruhe des Alptraums vorher! Das Frühstück verlegte er kurzerhand in die Bäckerei auf der Venloer Straße. Eine Person war ihm in dem Traum nicht erschienen; höchste Zeit, sie in sein Leben zurückzuholen. Noch auf dem Brötchen kauend, das er hektisch mit dem letzten Schluck Kaffee herunterspülte, ging er zur U-Bahn. Ohne Gastgeschenk wollte er die Versöhnung nicht angehen. Nahe dem Kolpinghaus an der Ecke zur Schwalbengasse kannte er ein Antiquariat. Dort würde er etwas finden, das Kevins Interesse entsprach. Die Buchhandlung war ein wahrer Kramladen. Im Erdgeschoß herrschte noch eine gewisse Ordnung: Die Bücher standen in jedem Winkel auf Tischen und Kisten durcheinander, aber sie standen! Im Keller jedoch lagen und türmten sich Berge von literarischen Werken überall in einem einzigen Chaos, eine Fundgrube im wahrsten Sinne des Wortes. Leider fehlte Pascal der Kompaß. Hilflos wühlte er in der Masse und nahm das eine oder andere Buch aus einem der Regale. „Kann ich Ihnen helfen?“ fragte der Eigentümer, als Pascal nach zwanzig Minuten noch nicht fündig geworden war. Er beschrieb sein Anliegen, für den Freund mit einer Vorliebe für die Freikorpsliteratur der zwanziger Jahre ein geeignetes Buch zu finden. „Ich weiß allerdings nicht, was er alles schon hat. Nachher schenke ich ihm etwas Doppeltes.“

„Verstehe“, murmelte der Bibliothekar mit einer mürrischen Freundlichkeit. „Ihr Freund ist also ein kleiner Revoluzzer.“

Pascal fühlte sich peinlich ertappt: „So extrem würde ich das nicht ausdrücken.“

„Verstehe“, wiederholte der Händler süffisant. „Ich glaube, ich habe etwas Passendes. Warten Sie.“

Flink verschwand er in der Büchermasse, aus der er ebenso flink wieder auftauchte. „Schauen Sie da mal rein.“ Er drückte Pascal einen dicken weißen Schinken in die Hand. In großen schwarzen Lettern las er als Titel: „Der Baader-Meinhof-Komplex“. Neugierig nahm er das Buch in die Hand. Oberflächlich blätterte er durch die ersten Seiten, bis er schließlich an einer Stelle probeweise den Text zu lesen begann. Nach den ersten Seiten konnte er sich nicht mehr losreißen. Das Buch faszinierte ihn unvergleichlich. Die Mischung aus gedanklicher Radikalität und mitreißender Revolvergeschichte zog ihn in ihren Bann. Auf einem Hocker vertiefte er sich so in die Lektüre, daß er alles um sich herum vergaß. Vor allem die Berichte über Anschläge auf amerikanische Militäreinrichtungen verschlang er mit klammheimlicher Sympathie. „Junger Mann, wir sind keine Wärmestube." Der Händler riß ihn aus seinem Studium. „So wie Sie darin aufgehen, ist das bestimmt das Richtige." Pascal merkte auf. Der Preis von fünfzehn Euro schien angemessen. Für ein zweites Exemplar, das er gern für sich selbst gekauft hätte, fehlte ihm allerdings das Geld. Der freundliche Händler schien Pascals Gedanken zu erraten. „Ich gebe Ihnen zwei für zwanzig." Pascals Augen hellten sich auf. Mit dem sicheren Gefühl, einen Treffer ins Schwarze gesetzt zu haben, machte er sich auf den Weg nach Kalk. Keinen Gedanken verschwendete er an die Möglichkeit, daß Kevin nicht zu Hause sein oder keine Zeit haben könnte. Folglich kam es ihm nicht in den Sinn, telefonisch vorzufühlen. Die Versöhnung mußte im Handstreich erfolgen.

* * *

Am Ausgang der U-Bahn-Station Kalk-Post schwand der Mut des Enthusiasmus bedenklich. Hatte sein Unterfangen überhaupt eine Chance? Hätte er nicht unmittelbar nach dem Eklat wenigstens eine erklärende E-Mail schreiben müssen? Hatte die Zeit die Entzweiung möglicherweise unumkehrbar zementiert? Langes Zaudern kann den erst als schmerzlich empfundenen Zustand in Verbitterung verwandeln, die schließlich aus Gewöhnung als unverrückbar hingenommen wird.

Pascals Schritte wurden zusehends langsamer. An der Ecke Kapitelstraße hatte sich das flaue Gefühl im Magen zu einer skeptischen Zaghaftigkeit ausgeweitet. Vielleicht sollte er umkehren und doch einen tastenden Anruf oder eine E-Mail als Ankündigung voranschicken. Zögernd setzte er den Weg fort. Er konnte sich weder zur Umkehr noch zum Durchhalten entschließen. Auf einmal wischte ein unerwartet böser Anblick sämtliche Befürchtungen zur Seite. An ihre Stelle trat ein ungläubiges Erstaunen, das langsam in tiefe Empörung überging. „Das gibt's doch nicht!" entfuhr es ihm. „So was kann es doch nicht geben."

Die Wand des Hauses, in dem Kevin sein kleines Domizil gefunden hatte, war großflächig mit Sprüchen beschmiert. In meterhohen, teils schwarzen, teils knallroten Lettern prangten die Hetzparolen: „Hier wohnt ein Neonazi – Kevin Schultz, 3. Stock rechts – Ausländerfeind Nr. 1 von Kalk." Den Schlußpunkt setzte der Aufruf: „Antifa heißt Angriff." Ein Bild verdeutlichte, wie diese Kernaussage zu interpretieren war: Es zeigte einen Galgen, an dem ein Strichmännchen baumelte. Die äußerst saubere, mit Hilfe einer Schablone angebrachte Zeichnung sprach dafür, daß Profis am Werke gewesen waren.

* * *

Noch bevor Pascal die Fassung wiedererlangt hatte, hörte er seinen Namen rufen: „Hey, Pascal, Du hier?" Kevin stand in der Haustür. Die Überraschung nahm Pascal die Möglichkeit, weiter das Für und Wider seines Vorhabens durchzukauen oder über eine Form der Begrüßung zu sinnieren. „Kevin, wie geht es Dir?"

„Das siehst Du ja an meiner Hauswand." Kevin grinste.

Angesichts dessen lockerer Stimmung faßte sich Pascal endlich ein Herz: „Du bist nicht mehr sauer?"

„Wegen der Aktion damals?"

„Und weil ich mich dann nicht mehr gemeldet habe."

„Jeder macht mal einen Fehler."

Pascal merkte, daß Kevin sich zur Großzügigkeit überwinden mußte. Dabei wollte er es nicht belassen, denn auf diese Weise würde der wunde Punkt nicht geheilt. „Nein, sag' schon. Ich glaube, ich habe mich ziemlich mies verhalten damals."

„Naja, um ehrlich zu sein: Ganz schön scheiße war das schon von Dir. Ich hab' die Bullen im Haus, und Du machst mich an. Nicht nett, sowas."

„Nein klar, Du hast völlig Recht Kevin, aber..."

„Aber?"

„Es ist alles... alles noch neu für mich, verstehst Du?"

„Du willst sagen, daß Du ein totaler Naivling bist und vollkommen grün hinter den Ohren?"

„Nun ja." Verlegen kniff Pascal den Mund zusammen. „Aber jetzt weiß ich, was abgeht, Du kannst Dich zu hundert Prozent auf mich verlassen, so eine Aktion kommt nie mehr vor. Ehrlich, ich schwör's Dir!"

Kevin grinste. „Überlaß das Schwören mal lieber den Türken. Und bleib' Du beim Wort halten."

„Davon kannst Du ausgehen."

Die beiden schlugen die Hände ineinander. Erleichtert ging Pascal zur normalen Konversation über: „Mensch, daß die Schweine so weit gehen, was machst Du denn jetzt?"

„Nichts, mein Vermieter hat schon etwas gemacht." Kevin deutete mit dem Kopf in den Hausflur. „Laß uns erst mal rauf gehen oder willst Du hier Wurzeln schlagen?" Oben angekommen, nahm Kevin zwei Flaschen aus dem Kühlschrank. „Komm, wir trinken erst mal einen."

„Eigentlich hatte ich mir vorgenommen, nicht mehr so viel zu saufen. Ich hab's ziemlich übertrieben in letzter Zeit."

„Was? Willst Du gleich wieder rumzicken?"

„Nein." Grinsend nahm Pascal die Flasche entgegen. In dieser Situation durfte er nicht passen. Sie klickten mit dem Flaschenboden aneinander, bevor sie zum Versöhnungsschluck ansetzten. „Was hat denn Dein Vermieter gemacht? Der ist bestimmt ganz schön sauer auf dieses Gesindel."

„Gekündigt", antwortete Kevin trocken.

„Wie bitte?"

„Hast Du Tomaten auf den Ohren? Er hat mich rausgeschmissen, hier lies!" Damit drückte er Pascal einen eingeschriebenen Brief in die Hand:

Sehr geehrter Herr Schultz,

zum wiederholten Male wird durch Ihre politisch fragwürdige Betätigung der Hausfrieden beeinträchtigt. Nun ist, wie ich nicht näher auszuführen brauche, das Eigentum unmittelbar in Mitleidenschaft gezogen worden. Ihre Verantwortung dafür liegt auf der Hand, was Sie auch nicht leugnen werden. Ich bin nicht länger bereit, zum Opfer Ihrer extremistischen Haltung zu werden und kündige hiermit das zwischen uns bestehende Mietverhältnis mit sofortiger Wirkung! Vereinbaren Sie umgehend mit dem Hausmeister einen Termin zur Übergabe der Wohnung einschließlich sämtlicher Schlüssel. Sollten Sie nicht spätestens am 1. August 2008 ausgezogen sein, werde ich ohne weitere Ankündigung Räumungsklage gegen Sie erheben. Das würde zusätzliche erhebliche Anwalts- und Gerichtskosten für Sie zur Folge haben. In Ihrem eigenen Interesse sollten Sie daher keine weiteren Schwierigkeiten machen.

Hochachtungsvoll,
Willy Wallerscheidt

„Meine Güte, 1. August, das ist ja schon Freitag!"

„Der kann mich am Arsch lecken. So schnell kriegt der mich nicht raus."

„Hat der denn überhaupt ein Recht dazu? Hat er bestimmt nicht. Der kann doch *Dir* nicht kündigen, wenn Du Opfer eines Anschlags wirst. Du hast doch die Wand nicht verschandelt."

„Siehst ja, daß er das kann", antwortete Kevin lakonisch.

„Manmanman." Pascal schüttelte den Kopf. „Ich kann's nicht glauben. Was machst Du jetzt?"

„Weiß nicht." Kevin wirkte plötzlich kurz angebunden. „Muß ich sehen. Krieg' ich schon hin. Komm, anderes Thema. Was hast Du eigentlich so getrieben, die letzte Zeit?"

„Ich?"

„Siehst Du hier noch jemanden?"

„Nein", antwortete Pascal verlegen, eingedenk der Reaktion, die seine zurückliegende Odyssee bei dem anderen auslösen mußte. Zögernd begann er: „Ich hatte ein paar nicht ganz unerhebliche Erlebnisse." Zum zweiten Mal innerhalb weniger Tage rekapitulierte er seine Achterbahnfahrt mit Blickkontakt zur Höllenpforte. Kevin, der zunächst noch umtriebig hantiert hatte, wurde währenddessen zunehmend ruhiger. Zum Schluß lauschte er gebannt und reglos. „Hammer", entfuhr es ihm, als Pascal geendet hatte. „Das ist ja der absolute Hammer."

„Ja", erwiderte Pascal erleichtert und gleichzeitig ein wenig stolz über die erlittenen Gefahrensituationen, die der politische Aktivist Kevin mit sichtbarem Respekt aufnahm.

„Du mußt echt auf Dich aufpassen."

„Dabei kannst Du mir ja in Zukunft helfen."

Kevin hatte die Geschichte kaum im Ansatz verdaut. „Ey, Alter, Du mußt aufpassen", wiederholte er. „Da stellt der sich auf die Gleise, und nur wegen der Kanaken. Die hätten sich noch gefreut. Ich würde vieles allein deswegen nicht tun, damit andere nicht schadenfroh sein können. Na ja, jetzt bist Du ja wieder da."

„Ja", brach es aus Pascal heraus, „ja, ich bin wieder da, und da bleibe ich auch!"

* * *

Während der ganzen Zeit hatten Pascal seine eigenen Gedanken so sehr gefesselt, daß er sein Versöhnungsgeschenk, obwohl fest umkrallt, aus dem Sinn verloren hatte. Kevin war es allerdings nicht verborgen geblieben: „Was hast Du denn die ganze Zeit in der Hand?"

„Mensch, das hätte ich komplett vergessen. Ich habe Dir was mitgebracht."

„Ach?" Kevins Stimme verriet geehrtes Erstaunen. „Ein Buch?"

Pascal überreichte ihm den „Baader Meinhof Komplex".

„Willst Du mich umpolen?" fragte der Beschenkte spöttisch.

„Nein, gar nicht. Ist halt super spannend, und ich dachte, es könnte mal was anderes sein als des Führers Hunde oder Unterhosen." Pascal lachte über seinen eigenen Witz.

Kevin umarmte den Freund. „Du bist mir vielleicht 'ne Marke!" Er stellte das Buch in sein Regal. „Hier hat es einen Ehrenplatz."

„Ich werde kontrollieren, ob sich Staub ansammelt."

„Das wird gewiß nicht der Fall sein."

Sie plauderten anschließend über dies und das, bis Kevin entschuldigend andeutete, noch verschiedene Gänge erledigen zu müssen. „Muß vor allem sehen, daß ich schnell eine neue Bleibe kriege."

„Ich glaube, ich habe dafür schon eine Idee."

„So? Dann laß' hören."

„Ich kenne einen Typen, der hat total die Ahnung vom Rechtskram. Der kann Dir bestimmt helfen. Der schreibt Deinem Vermieter einen Brief, daß ihm die Ohren wackeln. Anschließend begrüßt er Dich mit Handkuß."

Kevin schmunzelte. „Nette Vorstellung", sagte er abfällig. Sein Vertrauen in den Juristenstand schien begrenzt zu sein.

„Ja", fuhr Pascal fort, „das ist aber ohnehin nur Plan B."

„Plan B? Dann hast Du Plan A bestimmt auch schon in der Tasche."

„Habe ich!"

„Und zwar?"

„Sage ich Dir, wenn es soweit ist."

„Naja." Kevin schien nicht viel auf Pascals Hilfe zu geben. Er überließ ihm den Vermieterbrief zur freien Verfügung und nahm im Übrigen den guten Willen für die Tat. So gingen sie an jenem Tag auseinander.

Zurück in Ehrenfeld ließ sich Pascal erschöpft und erfolgreich auf die Couch fallen. In Gedanken teilte er die große Wohnung zwischen zwei Personen auf.

* * *

„Warum denn nicht?" Wütend stemmte Pascal den Kopf zwischen die Fäuste. Soeben hatte er den Eltern voller Enthusiasmus seinen Plan für Kevins Rettung vor der Obdachlosigkeit entwickelt. Doch anstatt auf offene Ohren zu stoßen, machte der Stiefvater voller Skepsis ein Bedenken nach dem anderen geltend.

„Ich versteh' gar nicht, was dagegen spricht. Auf diese Weise kommt ein Teil der Miete rein", protestierte Pascal.

„Darum geht es nicht", entgegnete Middelhoff.

„Bei uns könntest Du umsonst wohnen, hier hast Du doch alles", versuchte die Mutter zu beschwichtigen. Damit bewirkte sie jedoch das Gegenteil. Pascal sprang vom Stuhl auf. „Ihr versteht gar nichts!" Eine Zeit lang herrschte aggressives Schweigen. „Ihr habt nur was gegen Kevin."

Die Mutter zog besorgt die Stirn in Falten „Der hat Dich ja auch schon einmal reingerissen."

„Überhaupt nicht wahr! Ich habe mich reingerissen. Zwischen uns ist das längst geklärt."

„Ich will nicht, daß Du mit so einem zusammenziehst, fertig." Des Stiefvaters Diktum ließ keinen Interpretationsspielraum.

„Ich bin volljährig, Du kannst mir gar nichts wollen."

„Morgen kündige ich die Wohnung!"

„Dann übernehme ich den Mietvertrag, Benjamin regelt das für mich."

„Wer ist Benjamin?" Die Mutter hörte den Namen zum ersten Mal.

„Ist Euch doch sowieso Wurscht."

„Jetzt laßt es doch nicht zum Äußersten kommen." Die Mutter schwankte bei dem Versuch, eine für alle erträgliche Balance zu finden.

Pascal gelang es, einigermaßen cool zu bleiben. Er staunte selbst darüber. „Wir können es doch erst mal probieren. Drei Monate, nur drei Monate! Wenn es nicht klappt, kann ich immer noch zu Euch zurückziehen, oder in eine eigene Wohnung." Der Stiefvater blieb stumm. Mit den Händen in den Taschen schaute er durch die große Wohnzimmerscheibe in den Garten. „Ich kaufe Dir ein Appartement. In Marienburg. Was hältst Du davon?"

„In Marienburg? Was soll ich denn unter all den Polen?"

Der Stiefvater sah Pascal an wie einen Alien. Die Mutter lächelte. Sie wußte selbstverständlich, daß ihr Sohn auf die preußische Ordensburg an der Nogat anspielte. Doch dieses Wissen verband die beiden exklusiv. Middelhoff, uneingeweiht und unwirsch über den Fehlschlag seines Bestechungsversuches, setzte einen Schlußpunkt: „Mach' was Du willst, Du bist volljährig. Von mir aus miete Dich in Deiner Ehrenfelder Gruft ein. Sieh zu, wie Du das finanzierst. Von mir bekommst keinen Cent!" Wie bestellt klingelte sein Handy. Er verschwand im Arbeitszimmer.

Die Mutter schaute Pascal fragend an. „Und jetzt?"

Er zuckte mit den Schultern. „Weiß nicht."

„Was zahlt Dein Freund bisher?"

„Weiß ich nicht genau, 250, glaube ich. Um den Dreh."

„Gut, die mußt Du auch zahlen. Den Rest gebe ich Dir dazu."

„Mama!" Pascal sah freudig überrascht zur Mutter. „Weißt Du, was du da sagst?"

„Ich denke schon."

„Mama, überleg' Dir das bitte." Pascal überkam aus dem Gefühl, zu weit gegangen zu sein, ein schlechtes Gewissen. „Wenn er so dagegen ist, dann verzichte ich. Ich will Euch keine Schwierigkeiten machen."

„450, richtig?"

„Was 450?"

„450 Euro bleiben, wenn jeder von Euch 250 zahlt. Das sehe ich wohl richtig?"

„Ja, aber...“, stammelte Pascal.

„Ja, wenn Du nicht willst, lassen wir es sein.“

„Willst Du es wirklich tun?“

„Pascal – es wird Zeit, daß wir den Schwebezustand beenden. Ich glaube, es ist ganz gut, wenn Du Dein eigenes Reich begründest. Ich halte diesen Kevin zwar auch nicht für den optimalen Umgang, aber wenn Du meinst, er ist der Richtige für eine WG. Wie gesagt, 250 mußt Du selbst dazulegen. Sieh zu, daß Du einen Job findest.“

Pascal strahlte seine Mutter über beide Backen an. Dann fiel er ihr um den Hals. „Du bist ein Schatz!“

Im Flur hörte Pascal Fetzen des aufflammenden Streits. „Hast Du ihm wieder nach dem Mund geredet, wunderbar!“

„Hör doch auf, immer gegen ihn zu sein. Woher kommt wohl seine Renitenz...?“

„Ach, jetzt bin ich schuld?!“

Leise zog er die Tür ins Schloß. Er würde der Mutter immer dankbar sein, denn er wußte, welche Überwindung sie die Entscheidung gekostet hatte. Voll überbordenden Stolzes schickte er noch auf dem Weg nach Hause eine Erfolgs-SMS an David und Benjamin. Keine halbe Minute später meldete sich der Rechtsreferendar telefonisch. Haarklein erläuterte Pascal die erfolgreiche „Mission Versöhnung“, die mit der Ehrenfelder Wohngemeinschaft gekrönt werden würde. Benjamin gratulierte mit ehrlicher Freude. Für den Abend verabredeten sie sich auf ein Bier im Feynsinn. Als er auflegte, erschien Davids Antwort-SMS, die während des Gesprächs eingetroffen war: „Ausspreche Anerkennung!“

* * *

„Und? Was sagst Du? Genial, oder?“

Kevin stand schweigend vor ihm wie der Torwart nach kassiertem Elfmeter. Er drehte sich zum Fenster.

„Freust du Dich nicht?“ In Pascals Begeisterung drohte Enttäuschung einzudringen. Die Gefahr abprallender Liebe, die zerstörerischer wirkt als jeder emotional eskalierende Streit, zeigte jedoch nur kurz ihre Fratze.

„Freuen? Ich bin total baff. Ist denn sicher, daß es klappt?"

„Logisch. Du kannst sofort einziehen. Gut, ein paar altmodische Möbel müßten vielleicht auf den Sperrmüll." Pascal frohlockte bei dem Gedanken, daß Tante Uschi leer ausgehen würde. „Aber das kriegen wir alles hin."

„Wieviel, sagtest Du, müßte ich zahlen? 250?"

„Genau, 250 Euro."

„Damit kommen wir doch nicht aus, wenn Du auch 250 dazu legst."

Pascal vibrierte vor Freude. Kevin hatte „wir" gesagt.

Skeptisch tastete der Umworbene weiter: „Die große Wohnung kostet doch mehr als 500 Euro im Monat Miete."

„Den Rest gibt meine Mutter."

Damit war es endgültig um Kevins Fassung bestellt: „Ernsthaft?"

„Ja, ernsthaft!"

„Das ist ja der helle Wahnsinn!"

„Nicht wahr? Mein Alter war dagegen. Ist mein Stiefvater. Habe ich ja erzählt. Aber Mama steht auf meiner Seite."

Kevin grinste. „Daran kann man mal wieder sehen: Blut ist dicker als Wasser."

„Ja." Pascal redete sich heiß. „Daß sie dem Alten mal so Paroli bieten würde! Wir können gleich am Wochenende einziehen. Benjamin hilft uns bestimmt beim Mietvertrag."

„Das ist echt eine supergeile Nummer, Pascal! Ich kann es kaum glauben."

„Stimmt aber!"

„Und eine Alte kann ich auch mitbringen?"

„Hast Du denn eine am Start?"

„Nein, im Moment nicht, aber grundsätzlich?" Kevins Bedenken waren anzumerken, daß er sie zum Schein erhob, wie jemand, der sich in den Arm kneift, um zu prüfen, ob er wach ist.

„Wenn Du mir die Ohropax bezahlst."

„Daran soll's nicht scheitern." Kevin boxte Pascal kumpelhaft vor die Schulter. „Mensch, Alter, das ist ja der helle Wahnsinn." Er strahlte wie Pascal wenige Tage zuvor bei dem Bündnis mit der Mutter.

„Also am Wochenende?"

„Am Wochenende kann ich nicht." Kevin setzte eine ernsthafte Miene auf.

„Ach, schade. Warum nicht?"

„Wir fahren mit ein paar Leuten zu einer Kranzniederlegung nach Düsseldorf, ganz kleiner Kreis."

Pascal entsann sich des Unternehmens, das Kevin bereits für den Mai in Düsseldorf geplant hatte. „Schon wieder so eine Aktion, häuft sich ein wenig, nicht?"

Kevin lachte: „Nein, nicht schon wieder, das ist die Aktion."

„Verstehe, Ihr habt die verschoben."

„Pah, verschoben!" schnaubte Kevin verächtlich. „Die Bullen haben uns verschoben. Sieh mal." Er drückte Pascal ein mehrseitiges Schreiben in die Hand. Das Polizeiwappen verhieß Pascal nichts Gutes. Er täuschte sich nicht. Es kündete von Rechtseingriffen in die Freiheit des Bürgers. Unter dem Betreff „Auflagenbescheid" erläuterte es in gestelzter Behördensprache und gewöhnungsbedürftiger Grammatik, was der Empfänger, die Jugendorganisation eines Vertriebenenverbandes, nicht durfte:

> Das offene Zeigen oder Skandieren folgender Symbole und Aufschriften ist verboten:
>
> – Parolen, die unter die Vorschrift des § 86a StGB fallen
> – Alles für Deutschland
> – Ruhm und Ehre der deutschen Wehrmacht
> – frei, sozial und national
> – Deutschland den Deutschen
> – ACAB
> – ZOG
> – 88
> – 18
> – 14
> – 1488
> – 192
>
> Das Tragen von Springerstiefeln oder ähnlichem Schuhwerk ist verboten. Es dürfen maximal 10 Fahnen mitgeführt werden. Die Fahnenstangen dürfen eine Länge von 2 Metern nicht überschreiten. Die Veranstaltungszeit schränke ich auf die Zeit von 15.00-16.00 Uhr ein.

Begründung:
Die vorbezeichneten Beschränkungen dienen der Wahrung der öffentlichen Ordnung. Unter der öffentlichen Ordnung ist die Summe aller ungeschriebenen Verhaltensregeln zu verstehen, deren Einhaltung nach den Vorstellungen der Menschen im jeweiligen Rechtsraum für ein geordnetes staatsbürgerliches Zusammenleben unerläßlich ist. Die Ablehnung der nationalsozialistischen Willkür- und Gewaltherrschaft ist für die freiheitlich-demokratische Grundordnung der Bundesrepublik Deutschland ein schlechthin konstitutives Element. Demnach haben sämtliche Handlungen zu unterbleiben, von denen eine das nationalsozialistische Unrechtsregime verherrlichende Provokationswirkung ausgehen und die Öffentlichkeit beunruhigen könnte. Die oben genannten Ziffern stellen eindeutig eine positive Assoziation zum NS-Regime und deren Repräsentanten her. Sofern das bei einigen von ihnen nicht offenkundig sein sollte, beweist das nur die besonders raffinierte, ja strategische Verwendung durch die jeweiligen Personen und begründet eine Art Geheimcode, der für Außenstehende in besonderer Weise beängstigend wirken muß. Das untersagte Schuhwerk bildet schon auf den ersten Blick eine Anknüpfung an die martialischen Aufmärsche der uniformierten Schlägertrupps des Dritten Reiches. Es würde ein bedrückendes Erscheinunsbild der Veranstaltung erzeugen. Um Unruhe und Erschütterung des Vertrauens der Bevölkerung in den Rechtsstaat zu verhindern, waren daher die vorbezeichnten Auflagen zwingend geboten. Mildere Mittel waren nicht erkennbar. Ich ordne die sofortige Vollziehung der Auflagen an.

Müller-Vollbehr,
Kriminaloberrat

Es folgten eine gesonderte Begründung hierfür sowie eine Rechtsbehelfsbelehrung.

* * *

Das war starker Tobak. Hielt Pascal das Verbot der grenzwertigen Parolen für verschmerzbar, konnte er sich auf die seltsamen Buchstabenkombinationen keinen Reim machen. Erst recht verstand er die Zahlenkryptik nicht. „Was heißt denn ZOG? ZOB kenne ich, zentraler Omnibusbahnhof. Aber ZOG. Ist das ein Schreibfehler?“

„Nee“, lachte Kevin, „die wittern dahinter eine besondere Gemeinheit. ‚Zentralrat Occupied Government’ soll das heißen, wußte ich bis dato auch nicht.“

„Was?“ Pascal verstand weiterhin Bahnhof. „So ein Schwachsinn. Das können die doch nicht ernst meinen. Und dann die Zahlen! Was hat es denn mit diesen Zahlen auf sich? Haben die Angst vor Zauberformeln?“

„So in etwa.“

„Sag’ schon! Du weißt, was sie bedeuten.“

Kevin tat harmlos. „Siehst Du doch selbst. Sind verschiedene Elemente aus der Menge der natürlichen Zahlen.“

„Nein, jetzt sag’ schon“, quengelte Pascal.

„Die Zahlen stehen angeblich für die entsprechenden Buchstaben aus dem Alphabet. Also 8 gleich H. Zum Beispiel.“

„Ja und? Dann hätten wir HH, was ist daran schlimm?“

„Die behaupten halt, daß es nicht für Hansestadt Hamburg steht.“

„Sondern?“

„Für ‚Heil Hitler’!“

„Ach Du meine Güte!“ Pascal warf das Blatt verächtlich auf den Tisch. „Das kann doch wohl nicht wahr sein! Man kann auch die Flöhe husten hören.“

„Ist aber wahr, und 18 soll für Adolf stehen, na und so weiter, aber der größte Hammer ist die 192. Da kommst Du nie drauf.“

„Klär’ mich auf!“

„Also, wie gesagt, die Zahlen stehen für Buchstaben.“

„Habe ich verstanden“, unterbrach ihn Pascal. „Das wäre dann wohl AIB.“

„Ganz recht, AIB“, sagt Kevin schelmisch. „Wofür steht das wohl?“ Pascal zuckte mit den Schultern. „Weiß nicht, komme ich wirklich nicht drauf.“

„Na, für ‚Addi is back‘, liegt doch auf der Hand, oder etwa nicht?“ Kevin grinste über beide Ohren.

„Jetzt verarschst Du mich aber“, rief Pascal leicht angesäuert.

„Ich Dich nicht mein Lieber, ich nicht!“

„So geistesgestört können die doch nicht sein.“

„Tja.“ Kevin legte den Kopf schief. „Was es nicht alles gibt.“

„Das muß ich Benjamin erzählen. Und Ihr habt nichts dagegen unternommen?“

„Was sollten wir groß unternehmen? Wie üblich kam die Auflage Freitag 16 Uhr. Um die Zeit hat kein Gericht mehr auf. Die Presse hatte auch schon gehetzt wie blöd. Am Ende hätten wir mit fünfzig Mann gegen tausend Zekken gestanden. Darum haben wir beschlossen, die Veranstaltung abzusagen. Es sollte ein Totengedenken für Albert Leo Schlageter werden, keine Straßenschlacht. Die angemessene Atmosphäre war nicht gegeben. Deshalb holen wir das am Sonntag nach. Ohne Ankündigung. Kommst Du mit?“

„Na klar, keine Frage!“

„Kann aber gefährlich werden!“

„Wieso?“

„Wenn sie bösartig sind, machen sie eine unangemeldete Versammlung draus und...“

„Ich bin dabei, egal was sie draus machen!“

„Klasse!“ Kevin freute sich sichtbar.

„Und die Woche drauf ziehen wir um“, setzte Pascal hinzu. „Und am Freitag trinken wir einen um.“

* * *

Der Freitag kam, und mit ihm die kleine Party. Benjamin hatte sich bereit erklärt, Kevin einige juristische Tips beim Vorgehen gegen den Vermieter zu geben. Außerdem wollte er mit den Jungs deren neuen Mietvertrag aufsetzen, damit sie gegen alle Unwägbarkeiten abgesichert wären. „Schon kraß“, sagte Pascal, der bereits um 18 Uhr, eine Stunde vor den anderen, eingetroffen war, um Kevin bei den Vorbereitungen zur Hand zu gehen. „Für alles, was Du heute machst, brauchst Du einen Rechtsverdreher. Sonst ziehen sie Dir überall eine Nase.“

„Ja, vor allem, wenn Du Musik oder Bücher im Internet kaufen willst.“

„Geht das schon wieder los?“ Pascal zog die Stirn kraus. Ihm stand der Sinn nicht nach neuerlicher Diskussion über verbotenes Gedankengut. Indes schien in Kevins Gegenwart alles darauf hinauszulaufen.

„Im Gegenteil“, antwortete Pascals künftiger Wohnungsgenosse: „Es hört nie auf. Der Hendrik, der nachher kommt, ist verknackt worden, weil er eine CD im Netz zum Kauf angeboten hat, die indiziert war, und mein Freund Sven hat Bewährung bekommen, weil er eine Jugendzeitung vor der Schule verteilt hat, obwohl sie nicht indiziert war!“

„Was heißt indiziert?“

„In Bonn gibt es so einen Looserhaufen aus frustrierten Hausfrauen, Oberlehrern und Zeitungshetzern. Die nennen sich ‚Bundesprüfstelle für jugendgefährdende Medien’. Die bestimmen, was Du in Deutschland lesen darfst.“

Bei aller Abwegigkeit wagte Pascal keinen offenen Protest. Zuviel Wahnsinn hatte er in den letzten Monaten erleben müssen. Dennoch traute er Kevins Geschichte nicht ganz. Wenn Benjamin kommen würde, würde die Dichtung von der Wahrheit getrennt werden können.

Pascal brauchte nicht auf den Rechtsreferendar zu warten, um in dieser Frage Klarheit zu bekommen. Der erwähnte Hendrik stand schon bald vor der Tür. Er – ein Maschinenschlosserlehrling bei der Lufthansa, kräftige Fußballerstatur mit kurzem Seitenscheitel – und Kevin kannten sich von der Berufsschule. Schnell kam Kevin zu dem Punkt, der ihm offensichtlich sehr wichtig war. Unbedingt wollte er Pascals Skepsis überwinden. Hendrik bestätigte seine Strafe: „Eine CD mit Wehrmachtsliedern. Angeblich kriegsverherrlichend. 60 Tagessätze.“

„Echt unglaublich“, murmelte Pascal.

„Komm, ich zeig’ es Dir, bin gerade online!“

„Oh, dann haben sie Dir ja den PC zurückgegeben.“

„Glaubst Du das?“

„Nicht? Ist das ein neuer?“

„Ein gebrauchter.“

„Sag’ bloß, die haben den immer noch! Das gibt’s doch gar nicht, so lange...“

„Pascal, mein Freund, Du mußt noch einiges lernen, aber jetzt erst mal Thema Indizierung.“ Wenige Augenblicke später hatten sie die offizielle Seite des Bundesjustizministeriums aufgerufen. „Ganz schön geil, was man alles im Internet findet.“ Pascal hatte Mühe, die komplexe Vorschrift des Jugendschutzgesetzes überhaupt zu erfassen. Schier endlose Verschachtelungen und Verweise erschwerten das Verständnis. „Puh“, stöhnte er, „ich sehe mir das zu Hause mal in Ruhe an. Wir wollen doch heute saufen und keine Juristenschulung abhalten.“

Kevin nahm ihm die ausgedruckten Blätter aus der Hand. „Wohl wahr, Prost Jungs!“

„Prost.“

Kaum gesagt, schellte es aufs Neue. Ein langhaariger Graf mit seiner Begleitperson, einem leicht alternativen Öko mit Nickelbrille, schneiten herein. Sogleich sorgte er für Stimmung: „Ist hier die Kevinrausschmeißparty?“

„Hey, hey, hey!“

Die jungen Männer verstanden sich auf Anhieb. Ohne Anlaufzeit entwikkelte sich eine ausgelassene Stimmung. Kevin hatte gut vorgesorgt. Das auf exakt acht Grad gekühlte Bier stand neben süffigen Cocktails bereit. Sie trafen insbesondere den Geschmack von Benjamin. Musik an der oberen Grenze der Zimmerlautstärke brachte den kleinen Raum schnell zum Vibrieren. Kevin zeigte wenig Hemmung, dem Vermieter die Spuren einer wüsten Party zu hinterlassen. „Leute, tut Euch keinen Zwang an, die Wohnung wird nicht mehr lange gebraucht.“

„Stichwort Wohnung“, sagte Benjamin, „ich habe Dir etwas mitgebracht.“ Er überreichte dem neugierig dreinblickenden Hausherrn ein Blatt Büttenpapier.

„Was ist denn das Edles?“

„Lies!“

Unter dem Briefkopf eines Rechtsanwaltes Hick aus Rommerskirchen hatte Benjamin ein Schreiben an Kevins Vermieter formuliert:

Sehr geehrter Herr Wallerscheidt,

ich zeige die Vertretung der rechtlichen Interessen des Herrn Kevin Schultz, Kapitelstraße 8, 51103 Köln, an. Ordnungsgemäße Bevollmächtigung wird anwaltlich versichert. Grund meines Schreibens ist Ihre unberechtigte Kündigung des Wohnraummietvertrages zwischen Ihnen und Herrn Schultz. Das kriminelle Verhalten anderer muß sich Herr Schultz nicht zurechnen lassen. Darauf aufbauende Maßnahmen sind rechtswidrig und stellen eine Verletzung Ihrer Leistungspflicht gemäß § 535 Absatz 1 Satz 1 BGB dar. Sie sind daher verpflichtet, den Herrn Schultz daraus entstehenden Schaden zu tragen. Dieser besteht aus den Kosten seines Umzuges, die ich Ihnen demnächst näher berechnen werde.
Im Übrigen sind Sie verpflichtet, die beleidigenden Parolen an der Hauswand entfernen zu lassen, da Sie die Persönlichkeitsrechte meines Mandanten verletzen. Als Hauseigentümer haften Sie im Sinne der Zustandsstörung. Dazu setze ich Ihnen eine Frist bis zum 15. August 2008. Den in Gestalt der diskriminierenden Sprüche bereits entstandenen immateriellen Schaden beziffere ich auf € 1000,-.
Schließlich haben Sie die Kosten meiner Beauftragung gemäß §§ 2,13 RVG und nachfolgender Aufstellung zu tragen:

Wert:	bis € 2.000,-
Geschäftsgebühr nach Nr. 2300 VV:	€ 172,90
Post/Telekompauschale gem. Nr. 7002 VV:	€ 20,-
Mehrwertsteuer gem. Nr. 7008 VV, 19 %:	€ 35,65
Summe:	€ 228,55

Erläuterung:
RVG: Rechtsanwaltsvergütungsgesetz, VV: Vergütungsverzeichnis zum RVG

Den Gesamtbetrag in Höhe von € 1228,55 wollen Sie auf eines meiner u.g. Konten überweisen. Dem sehe ich ebenfalls bis zum 15. August

2008 entgegen. Sollten die von mir gesetzten Fristen fruchtlos verstreichen, werde ich ohne weitere Ankündigung gerichtliche Schritte ergreifen.

Hochachtungsvoll
Hick, Rechtsanwalt

„Wow, das hast Du geschrieben?"

Benjamin nickte stolz.

„Etwas muß man als Paragraphenheini ja lernen", lachte der Graf.

„Und warum hast Du Anwaltspapier benutzt, wer ist überhaupt dieser Typ, Rechtsanwalt Hick aus Rommerskirchen?"

„Bei dem absolviere ich gerade meine Wahlstation, ein total cooler Typ."

„So wie Du?"

„Danke!"

„Nein, im Ernst – nach dem, was ich von Pascal über Dich und Deine Vorlieben gehört habe, ist der bestimmt kein Rechter..."

„Nein, aber er trennt Recht und Politik und sieht ganz klar, wer in dieser Sache im Recht ist und wer im Unrecht."

„Hm", brummte Kevin, der bislang wenig Erfahrung damit gemacht hatte, daß Recht mit Gerechtigkeit in Zusammenhang stehen könnte.

„Und die Kosten?" fragte er. „Muß ich die Rechnung bezahlen, wenn Ihr den Brief abschickt?"

„Nein, Der Schriftsatz ist für mich ein Ehrenauftrag, außerdem eine Übung am praktischen Fall. Ich habe ihn übrigens schon verschickt, am Montag."

„Ach, sieh an! Und daß mir 1000 Euro zustehen, stimmt?" Kevins Skepsis war noch nicht ganz gewichen.

„Naja, wie man's nimmt. Man muß schon ein bißchen auftragen, um Wirkung zu erzielen. Klappern gehört zum Handwerk. Auch bei uns!"

„Ja so sind sie, die Juristen", rief der Graf mit gespielter Empörung. „Wenn Ihr einmal ‚Guten Morgen' sagt, habt Ihr zweimal betrogen!"

Benjamin errötete leicht. „Um etwas zu erreichen, muß man so vorgehen. Es verbietet ihm keiner, unserem Standpunkt nicht beizutreten."

„Meine Güte, geht's noch ein bissl hochtrabender? ‚Unserem Standpunkt nicht beitreten'!“ Kevin schüttelte sich. Hendrik und Pascal blickten sich vielsagend an. „Kann mir kaum vorstellen, daß das Arschloch unserem Standpunkt beitritt. Aber gut, versuchen wir's. Ach und danke! Dafür hast Du einen Wodka verdient!“

„Wie gesagt, Ehrensache.“ Benjamin konnte und wollte seinen Stolz, mit guter Arbeit überzeugt zu haben, nicht verbergen. Befriedigt nuckelte er an dem Wodkaglas.

„So, Jungs, jetzt wird gefeiert.“ Kevin drehte die Musik wieder laut. Die Party stieg, die Zeit verging wie im Flug. Als es plötzlich schrill an der Tür läutete, stellten die fünf überrascht fest, daß elf Uhr erreicht war.

„Hast Du noch jemanden eingeladen?“ fragte Hendrik.

„Nein, ich wüßte nicht.“

Die Neuankömmlinge trugen Uniform. „Hey, je später der Abend, desto schöner die Gäste“, rief David, eine Flasche in der einen, seinen obligatorischen Zigarillo mit dem Mundstück in der anderen Hand. „Feiern die Herren Schutzleute mit uns?“

Den Schutzleuten stand der Sinn nicht danach. Die Nachbarn hätten sich beschwert. Wenn die Party nicht leise weiterginge, müßten sie sie auflösen, teilte der männliche Polizist humorlos mit, während seine weibliche Kollegin mit verächtlichem Gesicht zunächst die Reichskriegsflagge und dann die Gesellschaft musterte. Der Spuk dauerte keine zwei Minuten. Wütend warf Kevin die Tür zu, gerade so, daß sie nicht laut durch das Treppenhaus knallte. „Ist das ein Scheißladen. Noch nicht mal feiern darf man hier!“ Damit kam das Thema auf die vielen anderen Dinge, die im freiesten aller freien Staaten nicht erlaubt sind. „Hör' mal“, sagte Kevin zum angehenden Anwalt, „es tut mir leid, aber ich muß Dich noch mal etwas Juristisches fragen. Was hältst Du von diesem Gesetz?“ Er hielt Benjamin die Ausdrucke des Jugendschutzgesetzes vor die Nase. Mit einem Schwung, der die Wirkung der genossenen Cocktails erkennen ließ, riß der angehende studierte Jurist dem jungen Aktivisten mit der reichlichen rechtspraktischen Zwangsbekanntschaft die Blätter aus der Hand. Einige fielen zu Boden, das letzte bekam er zu fassen. „Ups.“ Benjamin, der kaum Alkohol gewöhnt war, war bereits angeschlagen. „Hah, Du bissst ein Schelm“, lallte er. „Du willst mich aufs Glatteis führen.“

„Ich?“ Kevin tat erstaunt.

„Das ist ein typisches DDR-Gesetz“, sagte Benjamin mit bemüht fester Stimme. Die anderen wurden hellhörig.

„Ach“, sagte Kevin mit nun gespielter Naivität. Vielsagend blinzelte er Pascal und Hendrik zu. Benjamin wollte zu einer Erklärung ansetzen, die jedoch in einem Rülpser, den er nicht zurückhalten konnte, endete. „Tschullligung.“ Er wischte sich mit einer Serviette den Mund ab. „Also, ich erklär's Euch.“

„Wir sind gespannt, Herr Professor“, frohlockte David.

„Nun laßt mich doch endlich zu Wort kommen.“ Benjamin rückte seine Brille zurecht. „§15 Absatz 2 ist ein typischer Fall eines anscheinsrechtsstaatlichen Gesetzes. Da haben wir einige genau beschriebene Tatbestände, wann ein Medium -- Medium, welch hochtrabendes Wort! – jugendgefährdend ist. Hier steht es: ‚kriegsverherrlichend, geschlechtsbetonte Körperhaltung, Menschen, die sterben oder schweren körperlichen oder seelischen Leiden ausgesetzt sind'. Und dann kommt eine völlig substanzarme Auffangvorschrift: ‚Medien, die *offensichtlich* geeignet sind, die Entwicklung von Kindern und Jugendlichen oder ihre Erziehung zu einer eigenverantwortlichen und gemeinschaftsfähigen Persönlichkeit *schwerwiegend* zu gefährden.' Der Satz enthält gleich zwei vollkommen unbestimmte Rechtsbegriffe. ‚Offensichtlich' und ‚schwerwiegend', am besten noch ‚offensichtlich schwerwiegend'. Bei solchen Kraftausdrücken ist immer Vorsicht geboten. Das lernen wir im ersten Semester.“ Benjamin kam in Fahrt: „'Zweifellos', ‚unbestritten' und was weiß ich, darfst Du nie benutzen. Damit will der Verwender verdecken, daß er keine Ahnung hat. Was zweifelsfrei richtig ist, spricht für sich selbst, man muß es nicht durch verbale Kraftmeierei herausstreichen. Na, und ‚offensichtlich' ist die Krönung der Scharlatanerie. Es gibt in der Jurisprudenz nichts Offensichtliches bzw. Offenkundiges. Offenkundig fällt der Regen von oben nach unten. Also, um es zusammenzufassen: Durch die sehr speziellen Einzelvorschriften wird der Eindruck eines rechtsstaatlichen Gesetzes geschaffen, das nur für bestimmte Fälle einschlägig ist, und dann kommt der große Hammer mit einer allumfassenden Auffangvorschrift, die so ungenau ist, daß Du da alles reinpacken kannst. Taktisch raffiniert, aber natürlich unter rechtsstaatlichen Gesichtspunkten vollkommen unbrauchbar.“

Benjamin rührte in seinem Cocktail und belohnte seinen Monolog mit einem großen Zug. „Was glotzt Ihr mich so an?“

Die anderen schwiegen. Kevin grinste hämisch: „Du sprichst vom Jugendschutzgesetz der ersten funktionierenden Demokratie auf deutschem Boden."

David klopfte seinem Studienfreund auf die Schulter. „Tja, Alter, da haben sie Dich ganz schön gelinkt. Sowas nennt man Backenschieber."

Benjamin begriff einstweilen nicht recht, was die anderen meinten, Langsam klaubte er die restlichen Seiten vom Boden. Eine nach der anderen ging er durch, so gut es ihm sein beschwipster Kopf erlaubte. Allmählich erkannte er den Schwindel.

„Nehmt Ihr wohl nicht durch im Studium?" meinte Hendrik.

„Nee", unkte Kevin, „ist zu praxisnah und zu polizeistaatlich. Sowas könnte einem jungen Studenten ja den Glauben an den Rechtsstaat nehmen. Na denn Prost."

Benjamin saß auf seinem Stuhl wie ein begossener Pudel. Er sagte nichts mehr.

* * *

„Los, Mucke an!" Mit „Moskau" von Dschinghis Khan brachte Kevin die Party wieder ins Rollen. Er trank den letzten Schluck eines Cocktails und warf das Glas mit voller Wucht an die Wand. Unterdessen sorgte Pascal für eine mittlere Überschwemmung, als er versuchte, den Kronkorken einer Bierflasche mit dem der anderen zu öffnen. Beide brachen ab. Das Bier floß anstatt in die Kehlen in den Teppich. „Ist egal", schrie Kevin gegen die Musik, „der Teppich hat auch Durst. Außerdem gehört er dem Vermieter. Heute pissen wir dem Typ die Bude voll!" Damit nahm die Feier ihren Lauf. Er währte nicht lange. „Scheiße, schon wieder die Bullen."

„Die lieben Dich", ätzte David.

„Und ich sie erst!"

„Herr Schultz, dürfen wir reinkommen?"

„Oh, so höflich heute?" Seinen ironischen Tonfall unterstrich Kevin mit einem Kratzfuß. Die Polizistin schaute noch düsterer drein als beim ersten Mal, ihr Kollege hingegen schien etwas versöhnlicher gestimmt. Seine Gelassenheit verdankte er vier weiteren Kollegen, die sie diesmal im Schlepptau führten. Aufgrund der Enge mußten sie im Treppenhaus Schlange stehen – oder wegen des Aufsehens, das sie dadurch erreichen konnten. „Herr Schultz, uns macht es auch keinen Spaß, Ihnen das Fest zu verderben."

„Nein?" höhnte der Graf, „das verstehe ich nicht. Wäret Ihr nicht hier, Gevatter, so müßtet Ihr Kriminelle jagen. Wenn er Polizist wäre, würde er lieber in einer warmen Wohnung rechtstreuen Bürgern Befehle erteilen, anstatt auf der kalten Straße Messerstecher zu jagen."

Alle lachten über des Grafen Komik, insbesondere da sie in das sich verfärbende Gesicht des Schutzmanns eine Mischung aus Begriffsstutzigkeit und kurz vor der Explosion stehender Wut zeichnete.

„Oder", fiel erstmals Hendrik ein, „als in einer No Go Area von Türken gejagt zu werden, so wie vor einem Jahr, als sie in Kalk den Aufstand geprobt haben."

Die Polizisten bemühten sich, die Stichelei zu überhören. Überraschenderweise bremste Kevin: „Leute, ist gut. Wir machen die Musik leiser, o.k.?"

„Nochmal wollen wir nicht kommen", antwortete der Polizist in unmißverständlich drohendem Ton.

„Dann folget einfach Euren Wünschen und bleibet fern. Gehabt Euch wohl", sprach der Graf das Abschiedswort.

Kevin horchte in den Flur, bis er die Haustür ins Schloß fallen hörte. „Was ist, Leute, wollen wir nicht Schluß machen?" stellte er überraschend das Ende des Abends in den Raum. „Ich hab' echt keinen Bock, noch ein Verfahren an den Hals zu kriegen." Er schien ein wenig resigniert.

„Kevin hat Recht", pflichtete Pascal bei. „Wenn die Bullen auftauchen, weiß man nie, was passiert, am Ende ist man mit Widerstand gegen Vollstrekkungsbeamte dabei." Er grinste vielsagend. „Der Professor schläft eh schon." Benjamin lag, alle viere in einer physikalisch kaum möglich scheinenden verwinkelten Weise von sich gestreckt, auf dem Sofa. Sein Kopf hing mit geöffnetem Mund zur Seite. Einen halben Meter tiefer hatte eine konsistente Pfütze aus Rotwein, Cocktails und halbverdautem Kartoffelsalat ihren Rückweg aus Benjamins Körper beendet.

Der Graf zeigte Verständnis für Kevins Anliegen. Er rüttelte sanft an Benjamins Schulter: „Manche kotzen leise." Nach einigen Augenblicken hatte er ihn ins Leben zurückgeholt. Bald darauf standen die jungen Leute abmarschbereit, bis auf Benjamin, der mehr auf Davids Schulter hing. „Ganz schönes Chaos", murmelte Hendrik. „Ja“, erwiderte Kevin, und das ist auch gut so.“ Ihn störte es nicht mehr, da er schon von diesem Abend an bei Pascal schlafen konnte. So laut trampelnd und schreiend wie möglich, liefen sie die Treppen nach unten. Mit seinen schweren Stiefeln erwarb sich der Graf besondere Verdienste. Unten angekommen, fiel Pascal siedendheiß ein wichtiges Anliegen ein: „Mensch Kevin, wolltest Du die anderen nicht noch fragen wegen Düsseldorf am Sonntag?“

Kevin erklärte den anderen das Vorhaben der Schlageter-Gedenkfahrt. Benjamin winkte ab, Hendrik mußte seinem Vater helfen, den Keller umzubauen.

„Und Du?“ wandte sich Pascal an den Grafen.

„Am Sonntag wird es schwierig für mich. Ich gehe nämlich morgen auf ein Konzert in der Burg Satzvey. Untoten. Könnte spät werden – oder früh, je nach Perspektive.“

Kevin hatte augenscheinlich nichts anders erwartet. „O.k., war nur eine Frage.“ Pascal zischte ein trauriges „schade.“

Blitzschnell erfaßte der Graf die Gefühlslagen angesichts eines Vorschlags, der nicht lediglich einen Zeitvertreib für den Sonntagmorgen darstellte: „Und so bekommt er eine Antwort. Er ist dabei!“

„Ach?“ reagierte Kevin überrascht. Pascal strahlte, stolz darüber, daß ihn sein neuer Freund, den er längst bewunderte, nicht enttäuschen würde, was er als eigenes Versagen empfunden hätte.

„Er kann sich darauf verlassen.“

„Wir fahren aber früh los. 5:49 Uhr Hauptbahnhof.“

„Er kann sich auf ihn verlassen.“ David schlug sich mit der rechten Hand vor die Brust. „Abgemacht.“

Hendrik ging zu Fuß nach Hause, die anderen vier fuhren gemeinsam bis Neumarkt, wo Benjamin mit Mühe unter die Lebenden zurückgebracht werden mußte. Dort trennten sich die Wege. So verabschiedeten sie sich.

„Bin ja gespannt, ob der am Sonntag kommt.“

„Du hattest mir gar nicht gesagt, wie früh wir los müssen.“

„Ja nun, wir wollen den Sonnenaufgang nutzen“, sagte Kevin verschmitzt. Pascal zog eine Flappe.

* * *

Nachdem Pascal und Kevin am nächsten Samstag halbwegs von den Folgen des Gelages am Vorabend genesen waren, fuhren sie zurück nach Kalk, um für Kevin erste Sachen einzupacken, mit denen er die Woche bis zum Umzug in Ehrenfeld auskommen würde.

„Heftig“, entfuhr es Pascal angesichts des Schlachtfeldes.

„Ja, fett. Hoffentlich setzt sich die Scheiße noch ein bißchen fest, dann hat er was davon.“

„Den Brief an Wallerscheidt kannst Du vergessen.“

„Scheiß drauf, das ist es mir wert. Außerdem: Meinen immateriellen Vermögensschaden durch die Parolen habe ich trotzdem. Wollen wir mal sehen, wer unterm Strich den Schnitt macht. Auf einen Schelmen anderthalb.“

Wieder in Ehrenfeld schmiedeten sie erste Zukunftspläne. Bei der Durchplanung, wie die Wohnung am besten aufzuteilen sei, wurde Kevin nachdenklich. „Findest Du die Einrichtung modern?“ fragte er schließlich.

„Was?“ Kevin zögerte. Ihm war das Unangenehme der Situation anzumerken. „Es ist die Wohnung eines alten Herrn. Wir sind neunzehn.“

Pascal stutzte. Der von Kevin womöglich erwartete Widerstand blieb aus. „Habe ich ja selbst gesagt, ein paar Möbel müßten vielleicht raus“, seufzte Pascal.

„Ein paar? Hier muß richtig frischer Wind rein.“

Nach längerem Zögern rang sich Pascal ein langgezogenes „genau“ ab. Zum einen freute es ihn, daß Kevin sich sichtlich mit dem Ansinnen der WG identifizierte; zum anderen fürchtete er, mit den Möbeln auch den „Geist“ seines Großvaters aus dem Haus zu verbannen. Er sah das beinahe als Leichenfledderei an. Sachlich konnte er Kevin nicht widersprechen. Zwei junge Burschen konnten nicht leben wie in einem Altenheim. Unterdessen nahm Kevin Fahrt auf: „Ich habe ein paar Ersparnisse, die kann ich investieren, und ein Kollege von mir hat einen Freund, der ist Schreiner. Vielleicht kann der uns günstig ein paar Schränke zimmern.“

Pascal gab sich einen Ruck: „Geile Idee! Und vielleicht kriegen wir ein paar von den alten Möbeln verkauft. Manche Leute stehen da drauf. Das Geld könnten wir auch noch reinstecken.“

„Genau, wozu haben wir noch eine Woche!“

So redeten sie sich in Euphorie, entwickelten und verwarfen Idee auf Idee, Plan auf Plan. Nur eins stand für Pascal fest: Es würde kein Kleinlastwagen von Ehrenfeld nach Erkelenz fahren.

* * *

Heißgeredet fielen sie weit nach Mitternacht in die Kojen. Sie waren viel zu aufgedreht, um wegen der unselig frühen Zeit, zu der es anderntags nach Düsseldorf gehen sollte, zeitig ins Bett zu gehen. Schließlich waren sie nicht jung, um zu schlafen.

Für Ehre und Freiheit

„Scheiße, ist das früh!“ Der Wecker heulte unerbittlich. Mühsam quälte sich Pascal unter der Decke hervor. „Wir müssen aufstehen!“ Knapp drei Stunden Schlaf lähmten die Glieder, während nach einer kalten Dusche mit dem ersten Kaffee langsam das Adrenalin, das jede Unternehmung begleitet, die Kräfte anregte. Wortlos kleideten sich die beiden jungen Männer an und trotteten zur Straßenbahn.

Am Bahnhof herrschte um zwanzig nach fünf lärmender Hochbetrieb. Versumpfte Partyleichen trieben mit gummiartigen Bewegungen durch die Halle. Andere standen planlos vor der Anzeigetafel, die bereits die ersten Verspätungen meldete. Den RE 1 nach Hamm kündete sie tatsächlich planmäßig für 5.49 Uhr an. „Noch zwanzig Minuten, wir sind zu früh“, sagte Pascal.

„Besser als zu spät. Fünf Minuten vor der Zeit ist des Deutschen Pünktlichkeit. Deinen Grafen sehe ich noch nicht. Wo hatten wir uns verabredet? An der Infotheke?“

„Bin mir nicht sicher. Ich schaue mich mal um.“

Wenig später kehrte Pascal zurück, einen Kaffe in jeder Hand. Er schob die Unterlippe vor. „Weit und breit kein David.“

„Das war mir klar. Der ist in Satzvey versackt. Nach einem Konzert ist der nie im Leben um sechs Uhr morgens am Start. Wir müssen gleich hoch.“

„Wart’s doch ab. Wir haben noch sechs Minuten.“

Kevin wurde nervös. Alle dreißig Sekunden sah er auf die Uhr. „Mensch Pascal, wir müssen zum Zug!“

„Man Kevin, bis Gleis 2 schaffen wir’s in einer halben Minute.“

Um 5.47 bestand kein Zweifel, daß die beiden sich beeilen mußten. Hastig rannten sie zur Treppe und spurteten schnaufend nach oben. Der Zeiger rückte soeben auf 5:48 Uhr vor. Ein Mann in langem Mantel stand mit dem Rücken vor ihnen an einem Mülleimer. Seelenruhig wischte er sich die Finger an einer Serviette ab und warf einen Pappteller mit den Resten einer Portion Senf hinein. Als sich der Graf umdrehte, kaute er noch auf einer Bratwurst. Er tippte auf seine Armbanduhr. „Wo bleibt Ihr denn? Fünf Minuten vor der Zeit ist des Deutschen Pünktlichkeit.“

Triumphierend knuffte Pascal Kevin in die Rippen. „Na, was sagst Du nun?"

„Ich sage, daß wir einsteigen sollten."

„Da hat er zweifelsohne Recht."

Kaum daß sie die Schiebetüren passiert hatten, ertönte das Piepsen, das ihr Schließen anzeigte. Noch während sie im Vorraum standen, fuhr der Zug an.

In der frühen Morgendämmerung rumpelte er via Hohenzollernbrücke gen Norden. Pascal eilte zur rechten Tür. „Grüßt mir den Kaiser, grüßt mir den Kaiser!" rief er so laut, daß die Umstehenden ihr Gemurmel einstellten. Ob sie überhaupt ahnten, welche Fürsten an ihnen auf ihren Rossen vorüberzogen? Die drei fanden eine freie Vierergruppe. Schnell griff die schläfrige Atmosphäre der abgefeierten Gestalten auf sie über. David, erkennbar angeschlagen von der Untoten-Nacht, nickte sofort ein. Weder in Mülheim noch in Leverkusen vermochte der heisere Lärm der aussteigenden Gruppen den tiefen Schlummer des Philosophen zu beeinträchtigen. In Benrath begannen Pascal und Kevin, an Kopf und Schulter des Schläfers zu rütteln, erst zaghaft, dann, als der Zug seine Geschwindigkeit vor der Einfahrt in den Düsseldorfer Hauptbahnhof verlangsamte, immer stärker. Es nützte nichts, David schnarchte wie ein Ratz. Kein Anzeichen deutete darauf hin, daß er jemals wieder erwachen könnte. „Das gibt's doch nicht, was machen wir bloß, der schläft bis Hamm!" Ratlosigkeit stand in Kevins Augen. Auch Pascal blickte ratlos. Der Zug rollte bereits aus, auf dem Bahnsteig drängten Leute zu den erwarteten Haltepositionen der Türen. Mit einer abrupten Bremsung kam der Zug zum Stillstand. Als sei nichts gewesen, schlug der Graf die Augen auf. „Was gibt's, Jungs? Sind wir da? Aussteigen!"

Noch knapper als sie in Köln den Zug erreicht hatten, schafften sie in Düsseldorf den Ausstieg. Kevin übernahm die Führung, David schlurfte hinterher. „Ey Leute, rennt nicht so, was geht ab?"

Ohne zu antworten, marschierte Kevin weiter vorneweg. Erst vor dem Eingang hielt er inne. „Wir sind um halb sieben verabredet. Die anderen müßten schon da sein." Deutlich entspannter steckte er sich eine Zigarette an. Er hielt den beiden die Packung hin. Pascal verneinte, aber der Graf griff zu. „Wenn's denn sein muß." Im selben Moment hörten sie einen Gruß, der offensichtlich ihnen galt: „Guten Morgen, Kevin!"

„Hallo, Elmar! Grüß' Dich, Heinrich!"

Vor ihnen standen zwei Personen, die wie Vater und Sohn anmuteten. Jedoch verband die beiden keine Verwandtschaft, sondern die Mitgliedschaft in der Vertriebenenjugend, was sich im Falle des Älteren seltsam ausnahm. Mit seiner offensichtlichen Haartönung, die das Ergrauen der vormals schwarzen Haare kaschieren sollte, der beigefarbenen Cordhose und einer hellblauen Rentnerfreizeitjacke wirkte er mehr spießig als gesetzt. Der Jüngere stand dem älteren Herrn in dem so unabsichtlichen wie unverkennbaren Bemühen, altmodisch zu wirken, wenig nach. Heinrich von Plassow, wie er sich vorstellte, war von extrem schlanker, beinahe hagerer Statur. Das Haar trug er peinlich korrekt zur Seite gescheitelt, keine Strähne wagte, ihren Platz zu verlassen. Stoffhose und Fahrtenjacke wiesen ihn deutlich als Jünger der vorletzten Jahrhundertwende aus.

Pascal nahm die Freunde seines Freundes recht irritiert zur Kenntnis. Er versprach sich von ihrer Gesellschaft keinen großen Gewinn. Die Uhr zeigte zwanzig vor sieben. Geplant war ein Marsch zu einem Ehrenmal in Düsseldorf-Golzheim. Kevin, der die Tour geplant hatte, veranschlagte dafür zwei Stunden. Pascal nahm sich vor, die Zeitspanne durchzuhalten. Während Kevin und Elmar, der sich als Zahnarzt aus Kevelaer am Niederrhein entpuppte, die neuesten Vereinsinterna austauschten, musterte Pascal mit dem von Großvaters Belehrungen geschärften Blick die Umgebung. Nie zuvor hatte er den Bereich des Düsseldorfer Hauptbahnhofes bewußt wahrgenommen. Wenn ihn sein Weg bisher in die Landeshauptstadt geführt hatte, war er mit der U-Bahn ins Zentrum gefahren. Das hatte ihm den Anblick erspart, den er nun ertragen mußte. Selten hatte er einen häßlicheren Platz gesehen. Keine einheitliche Gestaltung war erkennbar, ohne Konzept zerfloß der Vorplatz in Straßenbahngleise und Zufahrtsstraßen, die von uneinheitlichen, sämtlich wie Fremdkörper wirkenden Bauten in schlechtem Zustand flankiert waren. Dazu paßten krumme und schiefstehende Fahnenmasten und Laternen, deren Farbe abblätterte. Siffige Gestalten liefen kreuz und quer über das Areal. Wer ihnen mehr als eine Sekunde Aufmerksamkeit schenkte, wurde um eine kleine Spende angebettelt.

„Seht Ihr, hier fährt die Neun." Heinrich deutete auf die großen Leuchtkörper, die die Straßenbahnlinien anzeigten. „Dazu kenne ich einen netten Witz." Heinrich pausierte verschmitzt, um sich zum Weitererzählen auffordern zu lassen. Elmar hielt den Einschub für unpassend, doch Kevin, der die Pointe zu kennen schien, ermunterte den Jüngsten der Gruppe: „Schieß los!“

„Wie Ihr seht, fährt diese Linie zum Graf-Adolf Platz. Lange nach dem Krieg kam ein altes Mütterchen zum ersten Mal wieder in ihre Heimatstadt, aus der sie ausgebombt worden war. In der Neun löste sie eine Karte zum Adolf Hitler Platz. „Gnädige Frau, der heißt jetzt Graf-Adolf Platz“, erwiderte der Schaffner. „Sieh an“, rief das Mütterchen entzückt, „haben sie ihn doch geadelt!“ Kevin schmunzelte, David nickte beifällig, Pascal lachte auf. Nur Elmar zeigte keinen Humor. „Weißt Du denn auch, wer Graf Adolf war?“

„Nö“, entgegnete Heinrich.

Graf Adolf V. von Berg kämpfte im Limburgischen Erbfolgekrieg verbündet mit Johann von Brabant gegen den Kölner Erzbischof. Nach dem Sieg in der Entscheidungsschlacht bei Worringen am 5. Juni 1288 verlieh er Düsseldorf die Stadtrechte – das nehmen ihm die Kölner heute noch übel.“

„Ist klar.“

Heinrich tat so, als hätte er das erste Lehrstück, das Elmar an diesem Tag gegeben hatte, einordnen können. Die anderen schwiegen wissend.

Die Gruppe setzte sich in Bewegung. Der eingeschlagene Weg verstärkte den negativen Eindruck des Bahnhofsplatzes. Vorbei an schmierigen Dönerläden und Bierbuden ging es über die Straßenbahngleise in die Friedrich-Ebert-Straße. Letzte Junkies trieben durch schmutzige Beete oder hielten sich in Hauseingängen und vor Kiosken mühsam auf den Beinen. Nachdem sie eine breite Hauptverkehrsstraße überquert hatten, ließ der Ekelfaktor nach; jedoch behielt die Gegend ihren Anticharme aus zusammengewürfelten abweisenden Häusern, die außer Kälte und Verlorenheit nichts ausstrahlten. Der Großvater hätte eine Menge Anschauungsmaterial gefunden, um den Willen zur Häßlichkeit zu erklären. Lediglich eine entfernte Kirche, die in der Sichtachse der Straße ihren ziegelroten Turm in die Höhe reckte, durchbrach ihn. Am Platz der Deutschen Einheit wandelte sich das Bild. Der Platz selbst ließ ein zaghaftes Bemühen, moderne Architektur nicht in zwangsläufiger Disharmonie verkommen zu lassen, erkennen. Bäume säumten einen Springbrunnen, der aus Kostengründen niemals seine Funktion ausübt, rechts davon stand ein halbwegs ansehnlicher marmorverkleideter Büroturm. Das bedeutendere Bauwerk indes erhob sich jenseits der Berliner Allee, einer innerstädtischen Magistrale

– jenes Gotteshaus, das schon vom Bahnhof aus sichtbar war. „Vor Euch seht Ihr die Johanneskirche, die höchste Kirche Düsseldorfs.“ Elmar sprach mit einer milden Unerschütterlichkeit, die große Belesenheit, nicht Angelesenheit, verriet. „Als Preußen 1815 das Rheinland übernahm, war Düsseldorf eine zu mehr als zwei Dritteln katholische Stadt. Die Protestanten waren lange benachteiligt worden. Um die neuen Verhältnisse gleich klar herauszustellen, bauten die Preußen ihren Glaubensbrüdern diese evangelische Kirche, die höchste in einer katholischen Hochburg.“

* * *

Gegenüber der Kirche entdeckte Pascal zwei Bronzefiguren, die ihn mehr interessierten als die Anekdote der religiösen Rivalität. „Das ist ja Kaiser Wilhelm I.“, frohlockte er. Der Kaiser ritt auf die Kirche zu, während sein Rücken sowie der Schweif seines Rosses dem nordrhein-westfälischen Justizministerium zugekehrt waren. Ihm zur Seite stand sein Eiserner Kanzler auf einem etwas niedrigeren Sockel. Das Gespann, obwohl historisch einander treffend zugeordnet, wirkte deplaziert. Der Aufstellung war anzumerken, daß sie der Verlegenheit, keinen günstigeren Platz gefunden zu haben, entstammte und nicht dem Bemühen, geschichtliche Zusammenhänge sichtbar zu machen. Die Figuren waren abgestellt, nicht aufgestellt. Durch eine kleine Verbindungsstraße kamen die fünf zur Königsallee, dem Stolz der Stadt, wo die Schönen und Reichen anderen Schönen und Reichen beim Einkaufen zusehen. Wenige Schritte weiter öffnete sich den Besuchern die längste Theke der Welt. Wankende Gestalten mit biergeröteten Gesichtern verdeutlichten, daß diese nicht nur über große Ausdehnung, sondern auch lange Öffnungszeiten verfügte. Soeben schickte sich eine grölende Combo nicht mehr ganz junger Junger, die an ihren Strohhüten und beschrifteten weißen Hemden unschwer als Junggesellenabschiednehmer zu erkennen waren, an, die Treppen zum U-Bahnhof Heinrich-Heine-Allee hinunterzusteigen. Für einen der gewesenen Junggesellen wäre es um ein Haar in besonderem Tempo in die Tiefe gegangen. Mit knapper Not konnte er sich in letzter Sekunde durch eine akrobatische Rolle seitwärts aus einem Einkaufswagen winden, den zwei andere mit großer Freude geschoben hatten. Scheppernd krachte der Wagen die Treppen zu den Tiefebenen hinab.

Die Jungs kreischten, so gut es ihre heiser gesoffenen und gesungenen Kehlen zuließen. Elmar schüttelte den Kopf. Der Weg führte zunächst nach zweimaligem Abbiegen vor eine weitere Kirche. Dort ergriff Elmar das Wort. „Seht Ihr etwas?"

„Die steht recht weit hinten." Der Umstand fiel Pascal erst auf, als Heinrich ihn benannte. Eine ähnliche Erkenntnis schien der Graf zu haben, der anerkennend nickte; zu mehr reichten seine verbleibenden Kräfte augenscheinlich nicht. Auf der ganzen Fahrt hatte er noch kein Wort gesprochen. Pascal überkam ein Anflug schlechten Gewissens. Ohne Schlaf nach einer langen Diskonacht diesen Marsch zu unternehmen, an dessen Anfang sie erst standen, mußte große Anstrengung kosten. Elmar setzte seine Belehrungen fort: „Dies ist die Neanderkirche. Sie ist gewissermaßen das Gegenstück zur Johanneskirche. Als sie als erste evangelische Kirche in Düsseldorf gebaut wurde, gestattete die Stadt den Protestanten nicht, sie unmittelbar an der Straßenfront zu errichten, wo sie zu repräsentativ gewirkt hätte. Stattdessen mußte sie als sogenannte Hofkirche gebaut werden."

„Ach und für diesen Frevel rächten sich dann die Preußen mit der Johanneskirche?" Die Auffassungsgabe des Grafen beeindruckte Elmar: „Genau so ist es. Kennst Du die Geschichte?" Der Graf klopfte sich vor die Brust. „Mein Herr, was denkt Ihr? Er studiert Philosophie, da sollten ihm logische Schlüsse nicht gar so schwer fallen." Die anderen lachten über Davids humorige Einlage. „Neanderkirche, sagtest Du", schaltete sich Kevin ein, „ist sie also auch Erfinderin des gleichnamigen Talers?"

„Ui, der ist ja gewieft." Der Graf verzog das Gesicht. Daraufhin fand Kevin seinen Kalauer noch einmal so gut. Zu seiner eigenen Überraschung lag er so falsch nicht, wie Elmar sogleich zu erklären wußte. „Joachim Neander war ein evangelischer Prediger und Lieddichter. Er saß auf einer Pfarrstelle in Erkrath am Ausgang des Tales, das nach seinem Tod nach ihm benannt wurde. Auf diese Weise kam der Urmensch zu seinem Namen."

Kevin schob respektvoll die Unterlippe vor. Auch Pascal nickte anerkennend. „Der Mann ist ein wandelndes Lexikon." Beide blieben ein wenig zurück, während Elmar vorneweg marschierte. Elmar bewies die ihm zugedachte Eigenschaft ein ums andere Mal, nicht nur, was die Bauwerke anging. Auf jedem Gebiet schien er über ausgeprägte Kenntnisse zu verfügen. Sie überließen dem Jüngsten den Vorzug, von der unerschöpflichen Quelle des Wissens des Zahnarztes aus Kevelaer mit dem sichtbar gefärbten Haar zu profitieren. Als Bindeglied fungierte David, dem im Gehen die Augen zuzufallen drohten. Er gab das wahre Bild eines Schlafwandlers ab. Am Burgplatz hielt Elmar kurz inne: „In dieser Richtung kämen wir zum Amtsgericht, einem imposanten Bau aus der Endphase des Kaiserreiches. Wir müssen aber in die andere Richtung." Pascal wurde hellhörig. Er wollte zumindest einen Blick auf das Gebäude werfen. „Aber nur kurz", mahnte Elmar, der seinen Plan nicht durcheinandergebracht wissen wollte. Der Umweg betrug nur 200 Meter. Pascal bereute ihn nicht, sondern fand seine Vermutung bestätigt: Die beeindruckende Fassade war genauso beschaffen, wie man es von einem ordentlichen Gericht erwartet, mit roten Backsteinklinkern, großen Marmorsäulen am Eingang und steinernen Ornamenten. Über dem Portal verkündete ein eingravierter Schriftzug: „Erbaut in Krieg und Frieden 1913-21."

* * *

„Wir können auch anders gehen", sagte Heinrich. „Vor allem müssen wir uns sputen, wenn wir um acht da sein wollen."

„Du hast recht", sagte Elmar, „laßt uns einen Zahn zulegen." David rollte mit den Augen. In beschleunigtem Schritt ging es durch die letzten Gassen der nördlichen Altstadt, vorbei an der Kunstakademie, durch den U-Bahnhof Tonhalle, sodann an der Tonhalle selbst entlang in den Ehrenhof, dessen südlichen End- und Eckpunkt sie bildete. Die Anlage, die in den zwanziger Jahren für die „Große Ausstellung für Gesundheitspflege, soziale Fürsorge und Leibesübungen", GeSoLei, gebaut wurde, war auf den Rundbau, der ursprünglich ein Planetarium enthielt, zugeschnitten. Von dort erstreckten sich die rechtwinklig angeordneten Bauten nach Norden. Auf halber Höhe wurde die Anordnung von einer breiten Querachse unterbrochen, die nach Westen durch zwei torartige Einfassungen auf den Rhein zulief, von dem sie allerdings eine Ausfallstraße trennte. Am Ufer inmitten der Sichtachse befand sich das Reiterdenkmal des Ulanenregiments 50. Elmar wies der Gruppe jedoch den Weg weiter geradeaus auf die Hauptgebäude des Ehrenhofkomplexes und das Museum Kunstpalast zu. Wie ein rechtwinkliges Hufeisen umfaßten sie einen Innenhof mit einem großen kreisrunden Springbrunnen. Durch ein dreigliedriges Tor konnte man die Anlage nach Norden verlassen. Sein Dach zierte die Skulptur einer liegenden Frauengestalt. „Das ist die Aurora“, erläuterte Elmar den anderen. „Wißt Ihr, welcher Bildhauer sie geschaffen hat?“ Elmar verband mit der Frage nicht wirklich die Erwartung einer sachkundigen Antwort. Doch Pascal zerstörte ihm an dieser Stelle die sicher geglaubte Demonstration überlegenen Wissens.

„Arno Breker?“

„Woher weißt Du das denn?“ entfuhr es Elmar in einer Kombination aus Verblüffung, ehrlicher Anerkennung und leichter Eifersucht wegen des Verlusts seines Kenntnisvorsprungs. Dabei hatte Pascal den Namen nur geraten, weil er sich inmitten des symmetrischen Ensembles an den Besuch des Gereonshofes mit dem Großvater erinnert fühlte. „Ein verbotener Künstler“, unterstrich der Zahnarzt die Besonderheit des Bildhauers, der einstmals an der Düsseldorfer Kunstakademie gelehrt hatte.

„Gut, daß die Kulturbanausen von der Stadtverwaltung nichts von ihrem Glück wissen“, sagte David, „die würden glatt mit Hacke und Spaten ihren Widerstand gegen den NS ausleben.“

Kevin pflichtete ihm bei: „Mit Sicherheit. Um gegen Tote zu kämpfen, reicht der Mut des Systems.“ Als hätte Elmar auf das Stichwort gewartet, wußte er von Straßen, Schulen und Kasernen zu berichten, die in jüngster Zeit von ihren Namen gesäubert wurden, weil sie in dem Gesichtskreis des demokratischen Deutschland keinen Platz hatten. In Düsseldorf sollte es etwa die Agnes-Miegel-Schule treffen. „Und was Breker angeht“, sagte er mit wissender Miene, gibt es in Düsseldorf noch mehr verborgene Schätze, zum Beispiel eine Skulptur an der Matthaikirche.“

„Was, an einer Kirche?“ fragte Kevin ungläubig, „Für die muß das doch wie ein Denkmal des Teufels sein. Ausgerechnet eine Kirche.“

„Wie gesagt“, dozierte Elmar, „Unwissenheit schützt vor Bildersturm.“

Die fünf verließen den Ehrenhof durch das Nordtor. An der Ampel zur Rheinterrasse bot sich unvermittelt der Blick auf die Bezirksregierung, ein Prunkgebäude, das ein wenig Ähnlichkeit mit dem Berliner Reichstag aufwies. Wie bei ihm lief die vordere Fassade in je einem Eckturm aus, während das Hauptportal von sechs Säulen eingefaßt war. Der vordere Giebel ging in einen Uhrenturm über, auf dem als Blickfang des ganzen Hauses ein preußischer

Adler seine riesigen Schwingen in die rheinischen Lüfte breitete. Aus ihrer schrägen Perspektive nahm sich der Bau, an den sich in ähnlichem Stil das Oberlandesgericht anschloß, besonders eindrucksvoll aus. „Das ist ja gigantisch!“ Pascal konnte seine Blicke kaum von dem Gebäude lösen, zumal durch die unmittelbare Nachbarschaft des nicht weniger klobigen Verwaltungskomplexes der Victoria Versicherung, einschließlich eines fast neunzig Meter hohen Turmes in Stahlglasbauweise, ein reizvoller architektonischer Kontrast entstand. „Komm, weiter“, rief Heinrich, „wir wollen ankommen!“ Um die Festigkeit seines Willens zu unterstreichen, ging er bei Rot.

„Rot!“ rief Pascal.

„Die Revolution beginnt an der Ampel“, konterte Kevin trocken. Schnell holte Pascal den Freund ein. „Keine falsche Hektik.“ Während Pascal noch die Architektur bewunderte, erklärte Elmar deren Historie: „Alles, was das Rheinland ist, ist es durch Preußen geworden“, schloß er diesen Abschnitt seines Nachhilfeunterrichts. Pascal schüttelte ungläubig den Kopf. Wie konnte jemand nur so viel wissen. Sodann dämpfte er seine Stimme: „Elmar weiß wirklich alles, aber eins frage ich mich...“

„Du meinst, ob er schon mal Sex hatte?“ Beide kicherten. Kevin setzte eine wichtige Miene auf. „Die Frage wird schwierig zu entscheiden sein. Ich tippe nein, aber vor Überraschungen sind wir nicht gefeit.“ Elmar schien zu erraten, Gegenstand des Gesprächs zu sein: „Kommt, Ihr Trödeltanten!“

Wenige Schritte später erreichten sie das Ufer des Rheins. Vor ihnen bot sich in der aufgehenden Morgensonne ein herrliches Panorama. Schlank und doch kraftvoll stieg der Düsseldorfer Funkturm aus der Skyline des Hafenviertels empor. Der Turmschaft verjüngte sich bis zur Kapsel, in die er sich mit weichen Konturen wie in einen Kelch öffnete. Dadurch präsentierten sich beide wie aus einem Guß. Nah und stilistisch passend zum Turm überspannte wenige Meter von ihm entfernt die Kniebrücke, eine Schrägseilkonstruktion mit zwei Pylonen, den Rhein. Aus der Entfernung schien der Turm in der Brücke zu stehen. Zwischen ihr und dem Standort der Gruppe verband eine weitere Schrägseilbrücke die beiden Ufer. Ihre klare, geometrische Architektur erzeugte eine schnörkellose Eleganz. In der anderen Richtung erblickten sie einige hundert Meter rheinabwärts eine dritte Brücke gleicher Bauart, die Elmar

– wie konnte es anders sein? – mit einigen Erläuterungen zu versehen wußte: „Das ist die Düsseldorfer Brückenfamilie."

„Familie – dann sind sie also Geschwister?"

Elmar lächelte. „In der Art. Sie sind alle nach dem gleichen Bauprinzip errichtet. Entworfen wurden sie von dem Düsseldorfer Planungsdezernenten Professor Friedrich Thamms, der den Wiederaufbau nach dem Krieg leitete. Und dreimal dürft Ihr raten, wer sein Lehrmeister war." Elmar erntete fragende Gesichter. „Albert Speer", sagte er triumphierend in das Schweigen der anderen. Elmar mußte eine Zeit lang warten, bis endlich einer der anderen die Frage stellte, die ihm Gelegenheit gab, weiteres Wissen von sich zu geben. Pascal tat ihm den Gefallen, als ob er es nicht wüßte: „Und wer war Albert Speer?"

„Der erste Architekt des Dritten Reichs", sagte Kevin, „und Rüstungsminister."

„Und damit wären wir ja wieder bei einem verbotenen Künstler wie Arno Breker", rief Pascal aus. „Tja", merkte der Graf lakonisch an, „verbotene Künstler gibt es in jedem System."

„Oh ja und Schriftsteller", ergänzte Pascal und kam auf seine schulische Erfahrung mit Werner Beumelburg zu sprechen. „Und nicht nur das", sagte Kevin bitter. „Bücher, Versammlungen, Sprüche. Alles verbieten sie Dir, und die Richter machen sowieso alles mit."

„Sie geben der ganzen Willkür noch den Anschein von Recht. Das ärgert mich am meisten", pflichtete ihm Pascal bei. Bei dem Gedanken an seine eigenen, nicht lange zurückliegenden, Erfahrungen mit der Dritten Gewalt stieg wieder der Zorn in ihm auf. Erregt berichtete er von Staatsanwälten und Richterinnen, die bei eigentlichen Kriminellen wenig Anlaß zum Handeln sahen. „'Fällt nicht wesentlich ins Gewicht.' Den Satz könnte ich mit schwarzer Farbe ans Gericht sprühen. Dann wäre dieser Kasten sogar ein wenig optisch verziert!"

Bevor sie weitergingen, meldete Pascal ein Problem an, das ihn seit längerem plagte. Der Kaffee trieb. Der lockere Baumbestand des Rheinparks mit freier Sicht nach allen Seiten war kaum geeignet, es der Lösung näher zu bringen. Der scharfe Philosophenblick des Grafen erspähte einen rettenden Ort: „Wenn ich richtig sehe, ist das da vorne eine Toilette." Er deutete auf ein rundes Gehäuse, ähnlich einer überdimensionierten Litfaßsäule, das sie bisher unbeachtet gelassen hatten. Als sie nahe genug herangekommen waren, bestätigte sich des Grafen Vermutung. „Ist ja ein Ding“, entfuhr es Pascal. „Eine öffentliche Toilette, und so sauber!“

„Wart’ erst mal ab, wie die von innen aussieht“, grinste Kevin mit vorweggenommener Schadenfreude. Pascal warf die geforderten dreißig Cent ein, und wie bei „Sesam, öffne dich“ gab die automatische Schiebetür den Weg ins Innere frei. Pascal staunte nicht schlecht. Er stand in einem Sanitärgebäude der Extraklasse aus blitzblankem Edelstahl, vom Boden bis zur Schüssel. Es fehlte an nichts, ein Handwaschbecken war ebenso vorhanden wie ein großzügig bemessener Spiegel. Den Glanzpunkt allerdings bildete ein akustischer Zusatz: In dem Moment, in dem sich die automatische Tür wieder hinter Pascal geschlossen hatte, begann im Hintergrund leichte Musik zu ertönen. Angesichts der gehobenen Ausstattung hätte Pascal um ein Haar vergessen, wozu er hergekommen war. Der steigende Druck brachte ihm den Zweck des Aufenthaltes schnell in die Erinnerung zurück. Er mußte an sein schlimmstes Erlebnis denken. Leider gab es am Ehrenfelder Bahnhof keinen Ort wie diesen, der es ihm hätte ersparen können. Er verrichtete sein Geschäft, das mit einer automatischen Vollhygienespülung inklusive einer Komplettdesinfektion der Brille abschloß.

Die anderen erwarteten ihn ungeduldig. „Wo bleibst Du denn? Wir dachten schon, Du bist eingeschlafen“, drängte Kevin. „Leute, Ihr glaubt es nicht, das ist ein Luxusscheißhaus. Da läuft sogar Mucke.“

„Was?“ entsetzte sich Heinrich. Sein preußisches Empfinden schien wesentlich angegriffen. Doch das Sensationelle wog schwer, so schwer, daß noch einmal dreißig Cent investiert wurden und sich alle von Pascals Bericht überzeugen konnten. Selbst Elmar lachte ungläubig. „So etwas habe ich auch noch nicht gesehen.“ Das sprach für sich.

Sie setzten sich wieder in Bewegung. Kevin zeigte sich spöttisch: „Ein musizierender Donnerbalken. Wenn es eine Stadt gibt, die dafür Geld hat, kann es nur Düsseldorf sein. Damit die Modepüppchen in keine genannte Situation kommen.“ Allseitige Erheiterung folgte.

Die fünf hatten sich inzwischen von ihrem Aussichtspunkt gelöst und schlenderten weiter die Promenade entlang. Auf der Wiese des beginnenden Parks bildete das Überbleibsel einer Freiluftparty, die offensichtlich am Abend zuvor an dieser Stelle gestartet hatte, das Gegenstück zu der architektonischen Harmonie. Unter einem Partyzelt verkamen die Reste eines kalten Buffets. Auf fleckigen und rissigen Papierdecken stapelten sich zusammengeschobene Silbertabletts. Essensreste bezeugten das stattgefundene Edelgelage: abgekaute Holzstäbchen neben halb angebissenen Frikadellen, Gurkenstückchen und Krümel von Pariser Stangenbrot in Spuren verschmierter Kräuterbutter. Unmengen an leeren Sektflaschen und Gläsern lagen herum, einige von ihnen zerbrochen. Zwei abgefeierte junge Männer, Anfang dreißig, mit silbrig glänzenden Anzughosen, aus denen zerknitterte weiße Hemden heraushingen, die trotz ihrer nächtlichen Beanspruchung Hochpreisigkeit verrieten, hatten bis zur blauen Stunde durchgehalten. Der eine der beiden, dessen Krawatte längst in den Trümmern der opulenten Tafel verloren gegangen war und dessen Hemd bis zum dritten Knopf offen stand, hing mit dem rechten Arm über der Schulter des anderen, während er in der linken eine Flasche Sekt schwenkte, aus der er geschickt zwei Gläser immer wieder nachfüllte. Dabei redete er betont langsam auf den anderen ein, um ein Lallen zu verhindern. Es gelang nicht. Die Worte kamen unkoordiniert. Sie drehten sich um Anlageobjekte, Immobilien, Termingeschäfte und ähnliche Perversionen. Unbeeindruckt liefen zwei Putzfrauen mit dunklen Kopftüchern durch die Zelte, entrümpelten Tische von Speise-und Kartonresten, knüllten die Papierdecken zusammen und stopften alles unterschiedslos in riesige blaue Müllsäcke.

Die Szene weckte Kevins provokative Ader. Keck trat er einige Schritte auf den Managementnachwuchs zu. „Meine Herren, wenn Ihnen schlecht wird, müssen Sie sich intensiv auf den Geruch von knusprig angebranntem Spiegelei konzentrieren oder von fettiger grober Leberwurst. Davon werden Sie wieder frisch." Die beiden drehten sich zu Kevin um. „Na", frohlockte er, „angebranntes Spiegelei, richtig derbe, daß die Pfanne springt!" Es wollte zunächst scheinen, als verhallten Kevins Worte ungehört. Doch dann begann es, in der Kehle des Sektflaschenhalters zu arbeiten. Glucksend stieg bereits Verdautes empor. Er ließ die Flasche fallen und hielt sich die Hände vor den Mund. Der Innendruck war stärker. Beim ersten Aufstoßen preßte sich der Saft durch die Finger, von wo er in dünnen Rinnsalen über das weiße Hemd zur Erde träufelte. Beim zweiten Stoß gab es kein Halten mehr. Wie ein röhrender Hirsch entleerte sich der Mann. Seine Contenance litt dadurch keinen Schaden. Nach getaner Arbeit zupfte er ein Seidentaschentuch aus der nun nicht mehr ganz sauberen Hose, wischte sich den Mund und befüllte ein neues Glas mit Sekt. „Santé, meine Herren, jetzt ist wieder Platz!“ Der andere hielt sich inzwischen schwankend an einem Baum aufrecht und versuchte zu verhindern, daß allzu viel Urin im Inneren seiner Hose landete.

„Das ist Düsseldorf!“ sagte Kevin.

„In den Taschen ihrer Söhne klimpert zu viel Geld, und in ihren Augen leuchtet zu wenig Schicksal“, fand der Graf gewohnt erhabene Worte für die Seidenproleten.

„Das stimmt“, warf Kevin ein, „aber die Brücken finde ich trotzdem schön. Paßt irgendwie alles zusammen, auch mit dem Turm.“

„Seht Euch mal um“, unterbrach der Graf. „Ist das nicht ansehnlich?“ Von der Stelle, die sie erreicht hatten, konnten sie, nun von Norden, schräg auf das Regierungspräsidium sehen, hinter dem aus dieser Perspektive unmittelbar der Victoriaturm stand. „Also eines muß man sagen: Die Moderne hat in Düsseldorf nicht wie die Axt im Walde zugeschlagen, so wie in anderen Städten, zum Beispiel Köln.“

Sie hielten inne, um den Anblick auf den klassizistischen Repräsentationsbau mit dem preußischen Adler hoch über dem Portal und dem gläsernen Hochhaus der Versicherung im Hintergrund zu genießen. Soeben erklomm die Sonne ihre Bahn hinter dem Ensemble und warf ihr gleißendes Licht auf die Wiesen und Bäume des Rheinparks, der zu dieser frühen Stunde nahezu menschenleer in der Stille lag. Nachdem sie die Atmosphäre einige Zeit in sich aufgesogen hatten, setzten sie schweigend ihren Marsch Richtung Golzheim fort, wo das Ziel ihres Ausflugs, das Denkmal der 39er, auf sie wartete. Auf dem Rhein tuckerte ein einziges, leichtbeladenes Frachtschiff flußabwärts seines Weges. Selbst der ekelhafte Westwind blieb stumm. Kein Hauch störte die einsame Ruhe des Sonntagmorgens.

Für eine Zeit hing jeder seinen eigenen Gedanken nach. Elmar nahm schließlich mit gedämpfter Stimme den Faden wieder auf: „Die Justizmaskerade ist elementar, denn sie können nicht auf den Heiligenschein verzichten. Die Fassade muß schließlich glänzen.“

„Was ich nicht verstehe“, entgegnete Pascal „ist, daß die Richter das mitmachen. Die müßten doch ein Interesse haben, nicht als Maske mißbraucht zu werden.“

„Ihnen fehlt das Ethos!“ sagte Elmar bestimmt.

„Was meinst Du damit?“

„Daß sie von richterlicher Freiheit sprechen, wenn sie um drei Uhr nachmittags zum Tennis gehen“, sagte der Graf trocken. Damit hatte er die Lacher auf seiner Seite. Selbst der Zahnarzt aus Kevelaer konnte sich ein Schmunzeln nicht verkneifen. „Naja, das ist zu billig. Es ist doch so“, setzte er zu einer Belehrung an, „die Richterschaft genießt ausgreifende Privilegien, zum Beispiel das sogenannte Amtsrichterprivileg...“

„Das was?“ hakte Kevin ein. Fragend sahen er und Pascal sich an.

„Das Amtsrichterprivileg. Richter haften nicht für falsche Entscheidungen. Der Bürger kann den sogenannten Instanzenzug ausschöpfen, um sich gegen eine falsche Entscheidung zu wehren, aber ihm haftet niemals ein Richter für eine Fehlentscheidung, und sei sie noch so kraß.“

„Kraß.“

„Ja, damit sitzen die Richter in einer ausgesprochen komfortablen Lage. Praktisch können sie machen, was sie wollen, ohne jemals zur Rechenschaft gezogen zu werden.“

„Dann geht es denen ja sogar besser als den Politikern“, ließ sich nach langer Zeit Heinrich vernehmen.

„Pah“, schnaubte Kevin, „noch besser kann es wohl niemandem gehen.“

„Doch, Heinrich hat Recht. Ein Politiker lebt zumindest in der Gefahr, nicht wieder aufgestellt zu werden. Richtig ist, daß er sich nie vor seinem Wähler verantworten muß, aber wenigstens vor seinem Parteichef. Einen hat er also über sich. Über dem Richter thront nur der liebe Gott.“

„Aber auch nur, wenn sie ihn gewähren lassen“, sprach der Graf.

„Ich verstehe das nicht“, protestierte Kevin. „Die können doch nicht alles dürfen, was sie wollen, also von Rechts wegen, es muß doch selbst für die eine Grenze geben.“

„Die Grenze“, fuhr Elmar fort, „sollte vom richterlichen Ethos gezogen werden. Die vielen Freiräume und Vorzüge des Richters, seine Unantastbarkeit, seine Privilegien und nicht zuletzt sein hohes und sicheres Beamtengehalt, auch das wollen wir mal nicht vergessen, werden ja nicht ohne Gegenleistung gewährt. Der hohen Stellung, die den Richtern eingeräumt wird, entspricht an sich eine Pflicht zur Gegenleistung, und zwar nicht nur in Gestalt der vierzig Arbeitsstunden, die sie mehr oder weniger dienstbeflissen herunterreißen. Nein, das Entscheidende ist, daß sie ein Gespür für Gerechtigkeit entwickeln, soll heißen, daß sie dem Druck von außen widerstehen..."

„Welchem Druck?" unterbrach Pascal.

„Dem gesellschaftlichen Druck, dem Druck der Politik, der Presse. Der Richter darf nicht dem Zeitgeist nachgeben, nicht der Propaganda, die gerade angesagt ist. Kevin ist das beste Beispiel. Es darf einen Richter schlichtweg *nicht* interessieren, ob politisch gewollt ist, daß bestimmte Meinungen verfolgt werden. Er muß sich *unabhängig* davon machen im wahrsten Sinne des Wortes. Die Unabhängigkeit der Richter: nicht von einem Vorgesetzten, sondern von unlauteren Einflußnahmen direkter oder indirekter Art. Dafür muß er natürlich Rückgrat haben und ein scharfes Bewußtsein. Er muß auch für den Machthaber ein Nein parat haben, wenn es das Gesetz vorsieht, und darf sich nicht hinter irgendwelchem Paragraphennebel oder seiner Technokratensprache verschanzen, um den Mächtigen zu gefallen."

Kevin lachte auf: „Der Richter als Widerstandskämpfer, daß ich nicht lache! In Wahrheit ist es doch genau umgekehrt. Der Richter vollstreckt nur, was ihm die Machthaber vorgeben..."

„...und verschafft ihnen damit den Heiligenschein. Ganz genau! Aber das liegt eben daran, daß sie, bzw. die meisten, kein richterliches Ethos wahren."

„Die wissen gar nicht, was das ist – richterliches Ethos", warf der Graf ein. „Da könnt Ihr Benjamin fragen. Der hat die Schluffis im Referendariat zur Genüge erlebt. Akten vom Tisch, dann bist Du wieder frisch! Schwatz' den Leuten so lange einen Vergleich auf's Auge, bis sie selber glauben, er wäre günstig! Und schwupp, brauchst Du kein Urteil zu schreiben, wie praktisch. Ich kann's Euch flüstern. Deshalb will Benjamin auch Rechtsanwalt werden, weil er bei der ganzen Verlogenheit im Justizapparat krank würde, und als Anwalt kann er versuchen, unabhängig zu sein. Das richterliche Ethos steckt in den Geschichtsbüchern. Die Justiz ist der Daumenabdruck der Macht, und das war sie schon immer, darüber braucht man sich keine Illusionen zu machen. Sie ist es immer noch, heute mehr als je zuvor: Wenn unser ganzes System kein Ethos hat, wie sollen da die Richter eines haben?" Alle nickten zustimmend. Sie waren sich vollkommen einig. „Naja", setzte David nachdenklich nach, „vielleicht hat Benjamin auch zu hohe Ideale, wer weiß."

„Und wahrscheinlich gibt es bei den Richtern auch Ausnahmen", bemerkte Pascal.

„Die gibt es", sagte Elmar, „und außerdem hat fehlendes Ethos nichts mit generell schlechten Urteilen zu tun..."

„...sondern mit fehlendem Mut im entscheidenden Moment!" rief Heinrich."

„Genau", schloß Elmar, ohne sich durch diese Unterbrechung irritieren zu lassen.

„Was seltsam ist...", sinnierte Kevin nach einer Zeit des Schweigens, „... wenn ich das alles höre und mit einem Buch vergleiche, das ich gerade gelesen habe über die RAF und wie sie sich aus der Studentenbewegung entwickelt hat, dann sind die damals genau so gegen die Linken vorgegangen wie heute gegen uns." Er blickte zu Pascal, von dem er Zustimmung erheischte. „Du hast es ja auch gelesen." Pascal nickte stumm. „Allein wie die Bullen bei einem von denen eingefallen sind, hast Du den Abschnitt parat? Eins zu eins wie bei uns. Stimmt' s Pascal? Wie sie Dir in die Eier gepackt haben. Das war schon großes Kino."

Die Episode nötigte Elmar keinen Ausdruck der Überraschung ab. Offensichtlich hatte Kevin ihm von dem nächtlichen Überfall schon vor längerer Zeit berichtet. Vor allem schien er Kevins Verwunderung über die widersprüchliche Gleichbehandlung der verschiedenen Lager nicht zu teilen. Heinrich nickte gleichfalls wissend: „Innere Freiheit kann nur dort gedeihen, wo äußere Freiheit besteht. Ein Staat, der in äußerer Unfreiheit lebt, kann innere Freiheit nicht gewähren, gleichgültig, wer sie einfordert."

„Ein großes Wort", kommentierte der Graf ironisch. Kevin ergänzte: „Wenn Du das so siehst, kannst Du gleich sagen, der Baader hätte für die nationale Freiheit gekämpft."

„Dazu fehlte ihm die passende Idee", sagte der Graf. „Ohne Idee ist jede Revolution nur lärmender Terror, Knallerei in Hollywood."

„Deshalb hat Baader ja auch nicht begriffen, welche geschichtliche Notwendigkeit in den Anschlägen auf amerikanische Kasernen lag. Weil ihm jede innere Verbindung zur nationalen Gemeinschaft fehlte, blieb seine Tat äußerliche, substanzlose, kriminelle Ballerei." Pascal fühlte sich aufgrund seiner Sprechblase sehr erhaben, hatte er sich doch größte Mühe gegeben, einen Gedanken mit der geschichtlichen Notwendigkeit zu begründen. Zu gerne hätte er ihn Dr. Kirchner präsentiert. Doch in derselben Sekunde, in der die Bemerkung seine Brust vor Stolz beinahe zum Schwellen gebracht hat, verschloß ihm der Schrecken über sich selbst den Mund.

„Du hast soeben der Gewalt das Wort geredet“, kam ihm der Graf unmittelbar auf die Schliche. Er grinste schadenfroh, daß sich Pascal auf solchen Abwegen verfangen hatte. „Nein, nein“, meldete dieser seinen Protest an. „Ich habe doch gerade das Umgekehrte gesagt: Daß seine Gewalt nicht gerechtfertigt war.“

„Jaja, rede nur. Der sanftmütige Pascal! Ein kleiner Revoluzzer. War da nicht auch mal was mit einer falschen Verdächtigung?“ stichelte David weiter. Pascal wußte, wie schwach sein Argument war. Er ärgerte sich über den durchsichtigen Versuch der Gegenwehr.

„Aber er hat doch recht“, konstatierte Kevin. „Schlageter hat auch Militäreinrichtungen gesprengt oder Eisenbahnen, damit die Besatzer sie nicht gebrauchen konnten...“

„...oder Kanäle“, fiel Heinrich ein. „Genau! Und Schlageter *hatte* die Idee der nationalen Freiheit, und *er* handelte in geschichtlicher Notwendigkeit.“

„Das ist die Frage“, bremste David. „Und vor allem: Wer bestimmt, welches die innere Notwendigkeit ist und welche Idee gerechtfertigt ist? Du wirst viele Leute finden, die die internationale Idee höher bewerten als die nationale.“

„In der BRD sowieso“, ergänzte Elmar.

„Stopp mal“, rief Kevin, „wir sprachen doch eben vom äußeren Feind. Und der hat gar kein Recht, über unsere Idee mitzubestimmen. Da gibt es die Frage ‚höher oder nicht höher’ überhaupt nicht. Hast Du doch gerade gesagt, Elmar. Wo keine äußere Freiheit herrscht, herrscht auch keine innere.“

Mit der Berufung auf diese höchste Autorität gedachte Kevin, seine Weisheit vor jedem Ansatz eines Widerspruchs abzusichern. Doch David blieb skeptisch. „Und was bedeutet das dann?“

„Daß man sich die äußere Freiheit erkämpfen muß. Wenn man eine Idee hat, wofür man die innere nutzen will.“

„Zur Not mit Gewalt?“ warf Pascal fragend ein, in dem Bestreben, seinen eigenen vorherigen Gedanken nachträglich zu entschärfen. Kevin ließ sich nicht bremsen: „Zur Not – in der äußersten Not – ganz richtig! Dafür haben wir auch die Bundeswehr. Genau dafür! Dann kann es aber keinen Unterschied machen, ob man den Feind im Lande hat oder draußen vor der Tür, und wenn man ihn im Lande hat..."

„Dann muß man ihn in die Luft sprengen..." vollendete der Graf mit tadelnder Ironie.

„Aber warum denn nicht?" versteifte sich Kevin. „Wo ist das Problem?" Das Problem war eher ein Unbehagen, ein Unbehagen über die unerwünschte Konsequenz der Logik.

„Ich weiß nicht, ob das so richtig ist", versuchte Pascal erneut sein Gewissen ins Feld zu führen."

„Du willst wohl nicht Jurist werden?" fragte ihn Heinrich unvermittelt. „Gott bewahre!" rief Pascal aus. „Ich möchte Geschichte studieren."

„Oh, das ist interessant", bekräftigte Heinrich, „ein Volk lebt nur aus seiner Geschichte. Wenn es keine Geschichte hat oder seine Traditionen aufgibt, verdorrt es, wie ein Baum ohne Wurzeln."

Pascal sah verwirrt zu dem Jüngsten der Runde hinüber. Er konnte sich nicht verkneifen, dessen mit heiligem Ernst vorgebrachte Bemerkung ziemlich altklug zu finden, war aber froh, das heikle Thema verlassen zu können. „Was willst *Du* denn später machen?" fragte er zurück.

„Ich werde Bauer", antwortete Heinrich mit demselben heiligen Ernst, mit dem er zuvor die Geschichte beschworen hatte. Doch diesmal klangen seine Worte von solch tiefer, innerer Überzeugung, daß sie Pascal Respekt abnötigten, anstatt lächerlich zu wirken. Der Junge führte seine Pläne aus: „Unsere Familie besaß ein großes Gut in Pommern, kurz hinter Greifenberg. Wir können unsere Chronik bis 1517 zurückführen. Durch die Vertreibung haben wir alles verloren, alles. Mit nichts standen wir im Westen. Auf Kredit hat mein Urgroßvater nahe Wesel einen Bauernhof gekauft. Vor fünf Jahren hat mein Vater die letzte Rate abbezahlt. Der Hof ist jetzt schuldenfrei. Ich werde ihn weiterführen und dort meine Kinder großziehen. Der Mensch muß auf seinem eigenen Stück Erde verwurzelt sein. Im Moment mache ich eine Lehre zum Landmaschinenmechaniker."

Stolz blitzte aus Heinrichs Augen. Pascal holte hörbar Luft. Die Ostgeschichte berührte ihn aufgrund des eigenen Familienschicksals. „Kannst Du denn so einfach Eure pommersche Heimat aufgeben, ich meine ideell? Vielleicht bekommen wir die Gebiete eines Tages zurück, wer weiß."

„Klar“, warf Kevin ein, „bei unserer nationalbewußten Regierung steht es kurz bevor.“ Elmar und David räusperten sich.

„Man soll nie nie sagen“, protestierte Pascal.

„Das stimmt schon“, sagte Heinrich, „aber das liegt nicht in meiner Hand. Wichtig ist, daß wir aus dem, was uns geblieben ist, das Beste machen. Etwas Handfestes aufbauen – nicht unser Leben durch den Tag bringen, wie diese Börsenjunkies von eben. Wenn es soweit ist, kann ich immer noch in den Osten zurückgehen.“

Inzwischen hatten sie den Rheinpark in seiner ganzen Länge passiert. Der Weg führte in einem rechtwinkligen Knick zur Hauptstraße zurück, die aus der Richtung der Rheinterrasse stadtauswärts führte. Den letzten Kilometer legten sie schweigend zurück. Als rechterhand ein Platz sichtbar wurde, hatten sie ihr Ziel erreicht. „Seht mal, wir hätten auch mit dem Bus fahren können“, stöhnte der Graf, den die Müdigkeit zu übermannen begann. „Da vorne ist eine Haltestelle.“

„Das ist keine Haltestelle“, brummte Elmar, „das ist ein Unterstand für die Polizei!“

„Häh?“

„Hier ist ein türkisches Konsulat, das rund um die Uhr bewacht wird.“

„Ach, und wenn ein Windchen pfeift und ein paar Tröpflein dazu fallen, können die Herren Wachtmeister sich dort in Sicherheit bringen?“

„Genau so ist es.“

„Ist ja ein Ding.“

„BRD halt“, sagte Kevin. Da sie davon sprachen, erblickten sie auch schon zwei Polizisten, die sich auf dem Gehweg vor ihrer Schutzhütte die Beine vertraten. Argwöhnische Blicke wanderten hin und her. „Kommt“, sagte Elmar, laßt uns rübergehen.“ Schnelle Schrittes marschierten sie die letzten Meter auf den rechteckigen Platz, dessen Ende eine große Mauer bildete. In deren Mitte symbolisierten Stufen vor einem Gitter mit einem Eisernen Kreuz einen stilisierten Einlaß in die Welt der Gefallenen. Als steinerne Figuren an der Wand entstiegen sie dem Totenreich, um in die Ewigkeit einzugehen. Eingemeißelt in den First kündete ein Wort den Leitgedanken des Ehrenmals: „Für des deutschen Volkes Ehre und Freiheit.“

„Wartet hier“, sagte Elmar, „ich hole einen Blumenkranz. Mein Auto steht in der Nähe. Außerdem bringe ich Euch einen Überraschungsgast.“

„Da sind wir aber gespannt“, frohlockte Kevin, während Heinrich verheißungsvoll blinzelte. Offensichtlich hatte Elmar ihn eingeweiht. Die beiden verschwanden in einer Seitenstraße. Wenig später tauchten sie wieder auf. Elmar schleppte schwer an einem voluminösen Gesteck, das ihm sichtlich zu schaffen machte.

„Sein kluger Kopf bringt den Armen keine Kraft“, flüsterte Kevin hinter vorgehaltener Hand. „Mens sana in corpore sano“, wußte der Graf zu ergänzen.

„Wie bitte?“

„In einem gesunden Körper haust ein gesunder Geist.“

Unterdessen kam Heinrich mit einem alten Mann untergehakt. Behutsam führte er ihn an die Gruppe heran. Als sie herangekommen waren, sagte er mit ehrfürchtiger Stimme: „Das ist Hajo Herrmann.“

Der alte Herr nickte den anderen zu. „Guten Morgen, meine Herren.“ Er grüßte mit einer kräftigen Stimme, die ihm Pascal kaum zugetraut hätte. „Wer ist denn Hajo Herrmann?“ flüsterte er zu Kevin.

„Ein bekannter Jagdflieger aus dem Zweiten Weltkrieg“, zischte der zurück. „Erfinder der Wilden Sau.“

„Dann muß er schon sehr alt sein, über 80...“

„Er wurde gerade 95!“

„Waaas?“ Pascal schaute mehr als ungläubig drein. Kevin nickte stolz. „Ich sag’s Dir!“ Pascal empfand tiefen Respekt vor diesem Mann, der kerzengerade ohne jeden Anflug eines Zitterns vor ihnen stand. Wenn jemals körperliche Haltung Ausdruck der charakterlichen Festigkeit sein konnte, dann wurde sie hier verwirklicht.

* * *

Dieweil näherte sich von der anderen Seite der jüngere der beiden Polizisten. „Was machen Sie hier?“ brüllte er mit schriller Stimme.

„Wir stehen hier“, entbot Heinrich so laut, daß Pascal zusammenzuckte. Kevin verzog die Mundwinkel, der Graf erwachte zu neuem Leben.

„Wie bitte?" Der Polizist stand jetzt unmittelbar vor ihnen. „Wollen sie mich auf den Arm nehmen? Versammlungen sind hier nicht angemeldet. Sie dürfen hier nicht stehen. Verlassen Sie sofort das Areal!"

„Ist das ein förmlicher Platzverweis?" fragte Elmar. „Dann nennen Sie uns bitte die Rechtsgrundlage."

Der Polizist errötete irritiert angesichts der unvorhergesehenen Gegenwehr, die sich nicht auf dem Feld der Pöbelei, sondern dem der Paragraphen bewegte. „Sie können hier nicht stehenbleiben", krächzte er. Daraufhin nahm Heinrich wieder die feierliche Haltung ein, mit der er kurz zuvor sein Berufsziel verkündet hatte. „Heute ist der 3. August. Wie Sie wissen, ist das der Tag, an dem die Welt Deutschland 1914 das Schwert des bis dahin unheilvollsten aller Kriege in die Hand drückte. Wir beabsichtigen, den Soldaten dieses und aller anderen Kriege zu Ehren einen Kranz niederzulegen. Gleichzeitig wollen wir des deutschen Freiheitskämpfers Albert Leo Schlageter gedenken. Und von diesem ehrenvollen Vorhaben werden wir uns von niemandem abbringen lassen. Der Gewalt allerdings müßten wir weichen." Er legte eine kunstvolle Pause ein. Dann reckte er die Hände pathetisch überkreuzend nach vorne. „Herr Schutzmann, bitte nehmen Sie uns fest!"

Pascal hielt die Luft an. Hajo Herrmann lächelte in den Bart, der Graf grinste. Der Polizist atmete schwer. Seine Gesichtsfarbe wechselte ins Dunkelrote, die pulsierende Halsschlagader schwoll bedrohlich an. „Ihr seid ja verrückt", zischte er. „Macht bloß keinen Krach – wehe, wenn es hier Radau gibt! Das Immissionsschutzgesetz verbietet Lärm um diese Uhrzeit am Sonntag..." Die sechs hatten gewonnen. Der Polizist trat den Rückzug an. Von hinten rief sein Kollege: „Ist was, soll ich Verstärkung anfordern?" Der erste antwortete mit einer wegwerfenden Handbewegung. „Das sind Verrückte."

* * *

Elmar ergriff das Wort: „So, wir wollen uns sammeln." Die Gruppe bildete einen Halbkreis. Elmar legte den Kranz im Zentrum des Ehrenmals ab und kehrte dann wieder zu den anderen zurück. „Wir freuen uns, einen Vertreter der Erlebnisgeneration begrüßen zu dürfen. Bitte, Herr Herrrmann!" Hajo Hermann holte kurz Luft und hielt eine kurze, ernste Ansprache. Nach einer Schweigeminute stimmten sie das Lied vom guten Kameraden an. Pascal konnte wie der

Graf lediglich die Melodie mitsummen, die anderen beherrschten den Text. Nach dem Verklingen der letzten Strophe standen sie noch eine Weile von der Atmosphäre ergriffen. Pascal dachte an sein Lieblingslied, das ihm, obwohl ein Adventslied, hervorragend zur Abrundung geeignet schien. Da er nicht richtig singen konnte, sprach er den Text der ersten Strophe mit kräftiger Stimme:

Die Nacht ist vorgedrungen,
der Tag ist nicht mehr fern,
so sei dir Lob gesungen,
du heller Morgenstern.

Auch wer zur Nacht geweinet,
der stimme froh mit ein.
Der Morgenstern bescheinet
auch deine Angst und Pein.

Eine Weile verharrten sie andächtig. „Ich meine, wir sollten zum Abschluß kommen. Wie üblich singen wir unser Traditionslied."

Auf Elmars Kommando fielen Heinrich, Kevin und Hajo Herrmann ein:

Heilig Vaterland in Gefahren,
Deine Söhne sich um Dich scharen
Von Gefahr umringt, heilig Vaterland,
Alle stehen wir Hand in Hand.

Bei den Sternen steht, was wir schwören,
Der die Sterne lenkt, wird uns hören,
Eh der Fremde Dir Deine Krone raubt,
Deutschland, fallen wir, Haupt bei Haupt,

Heilig Vaterland, heb' zur Stunde
Kühn Dein Angesicht in die Runde,
Sieh uns all' entbrannt Sohn bei Söhnen stehn,
Du sollst bleiben, Land, wir vergehn.

Hajo Hermann nickte bewegt und befriedigt. „Für unseren Ehrengast ist es Zeit", sprach Elmar in die Stille. Er hatte vorgestern Geburtstag, ich bringe ihn jetzt nach Hause. Wollt Ihr mitfahren? Ich kann Euch am Bahnhof absetzen."

„Wird wohl ein bissel eng", hörte Pascal sich murmeln, „mit sechs Mann in dem Auto."

„Oh ja, da würden sich die Bullen freuen, daß sie uns endlich was anhängen könnten."

„Also, wenn Ihr mich fragt", sagte der Graf zaghaft, „ich finde der Vorschlag hat etwas..."

„Du kannst ja mitfahren, alter Faulpelz", schlug Pascal vor. „Was ist mit uns, Kevin? Gehen wir zu Fuß zurück?"

„Ihr könnt auch mit der Bahn fahren. Auf der anderen Seite vom Platz ist gleich eine Haltestelle."

„Ich finde, wir können die Strecke noch einmal laufen", beharrte Pascal. Er freute sich, als Kevin nickte. Die Stimmung verlangte danach, an diesem Punkt nicht durch die Profanität einer Auto- oder Straßenbahnfahrt eingeebnet zu werden. So trennten sie sich, wobei insbesondere der Graf dankbar wirkte, daß er seinen Platz innerhalb des Gefährtes fand.

Die beiden Freunde traten den Rückweg an, begleitet von den bösen Blikken und einigen ebensolchen Kommentaren der Staatsmacht. Schweigend gingen sie die breite Promenade zurück, unter der Theodor-Heuss-Brücke hindurch in den Rheinpark. Die Sonne stand nun schon recht hoch am Himmel, erste Frühspaziergänger führten ihre unvermeidlichen Vierbeiner Gassi. Plötzlich signaliserte Kevins Handy eine SMS. Sekunden später erhielt Pascal eine Nachricht: „Ups!"

„Das ist ja geil – hat Benjamin Dir das auch geschrieben?"

„Klar", grinste Pascal, „hab' ja gesagt, der bringt es."

„Oh wie geil", wiederholte Kevin, „fünfhundert Euro hat der rausgeschlagen, da ist ja supergeil! Und in nicht mal einer Woche hat der Wallerscheidt klein beigegeben. Diese Wurst! Die hat Dein Benjamin geil plattgemacht. Darauf saufen wir nachher einen!"

„Gern", sagte Pascal. Insgeheim hatte er gehofft, er sei der eigentliche Adressat der SMS, die ihm einen Fortschritt in den gegen ihn gerichteten Strafverfahren übermittelt hätte. Kaum, da der Gedanke gedacht, ertönte das

Signal erneut: „Und an Pascal: Dein Widerstand und Deine Verdächtigungen sind auch geklärt. Hick kennt den zuständigen Staatsanwalt. Sache kann gegen Zahlung von 150 Euro eingestellt werden. Grund: Deine jugendliche Naivität. Ciao, Benni."

„Wow!" Kevin boxte Pascal freundschaftlich vor die Brust. „Dann ist für Dich ja auch alles gelaufen. Können wir echt gleich begießen. So viel Chuzpe hätte ich Deinem Benjamin gar nicht zugetraut, naja, bei dem Namen vielleicht doch..."

Doch Pascal wirkte zu Kevins Überraschung wenig euphorisch: „Wenn ich zahle, stehe ich als Schuldiger da!"

„Häh? Er schreibt doch: Verfahren wird eingestellt. Dabei gibt es keinen Schuldigen."

„Doch moralisch schon, wenn ich zahlen muß."

„Also echt! Die 150 Euro kannst Du von mir haben..."

„Mir geht es ums Prinzip. Ich habe keinen Widerstand begangen. Ich lege Wert darauf, daß das öffentlich klargestellt wird, in einem Prozeß gegen mich. Der Bulle hat mir in die Eier gegriffen. *Er* hat eine Körperverletzung begangen, nicht ich einen Widerstand gegen einen Polizisten. Umgekehrt bin ich auch bereit, zu meiner falschen Verdächtigung zu stehen. So gehört es sich. Kein Geschacher!"

„Ey, Alter, Du bist nicht ganz dicht. Du glaubst doch nicht, daß sie Dir den Kampf um Deine Ehre honorieren. Die sagen eiskalt, wenn er die Strafe haben will, kann er sie bekommen – zusätzlich zu der anderen."

„Hm." Pascal konnte seine Gedanken nur mühsam ordnen. Abgesehen von seinem Unwillen, als Depp dazustehen, wollte ihm nicht einleuchten, daß ein Verfahren, das mit einem krachenden Getöse in sein Leben eingeschlagen hatte, nun enden sollte, wie der letzte Tropfen Zahnpasta, den man aus der Tube quetscht. Der Berg hatte gekreißt und gebar eine Maus. Sollte er für solch eine unspektakuläre Versandung die Freundschaft zu Kevin riskiert, seine Prügel bezogen, am Ende sein Leben riskiert haben? Nur um festzustellen, daß die Richter dies alles für unbedeutenden Ballast hielten? Selbst mit dem Stiefvater konnte man Mitleid bekommen, für das Geld, das er dem sauberen Dr. Laudan für nichts in den Rachen gestopft hatte.

Kevin setzte nach: „Du hast keine Ahnung, immer noch nicht. Vertrau' mir! Du kriegst kein Recht und Deine Ehre schon lange nicht. Komm, laß uns die Sache später klären, o.k.? Zu Hause. Freu' Dich über das Prinzip Aktentod und genieß den Sonntag." Pascal rang sich ein langsames „Hast vielleicht recht" ab. Erleichtert atmete Kevin auf. Er faßte Pascal am Arm. „Sieh mal lieber hier!"

Sie hielten an der Ufermauer inne und ergaben sich dem eindrucksvollen Ausblick auf die Silhouette der Stadt, in der die Moderne nicht gehaust hatte wie die Axt im Walde. Durch die Wipfel der Bäume strich ein leiser Wind. Die beiden standen dicht beieinander. Pascal, immer noch ein wenig in Gedanken, legte den Arm um die Schulter des Freundes. „Weißt Du was?" fragte er versonnen.

„Ja", erwiderte Kevin trocken, „Du bist der Ansicht, daß meine Nazikakke..."

„Quatsch!" unterbrach Pascal, „Du bist doof!" Kevin grinste über seine Anspielung auf ihr tiefes Zerwürfnis, das endgültig zu einer Episode der Vergangenheit geworden war. „Na, was denn?" Pascal ließ noch einige Sekunden verstreichen. Dann sagte er:

„Am Ende werden wir siegen!"

Weitere Veröffentlichungen im Telesma-Verlag

Dichtung

Rolf Schilling: *Lingaraja.* Treuenbrietzen 2012, geb. mit Schutzumschlag, 318 Seiten.
ISBN 978-3-941094-06-2, 19,80 €

Alfred Schuler: *Gesammelte Werke*, hrsg., kommentiert und eingeleitet von Baal Müller, München 2007, Hardcover, zahlreiche Abb., 644 Seiten.
ISBN 978-3-9810057-4-5, 62,- €

Anton Aigner: *Flächenspannung* – Gedichte. Mit CD. Gelesen von Anton Aigner, musikalisch begleitet von Tobias Kleinert. Schwielowsee 2011, Klappenbroschur, 46 Seiten.
ISBN 978-3-941094-04-8, 16,80 €

Philosophie und Literaturwissenschaft

Sebastian Maaß: *Schwert und Mohn - Friedrich Georg Jünger: Eine politische Biographie*, Treuenbrietzen 2012, broschiert, 144 Seiten.
ISBN 978-3-941-094-05-5, 16,80 €

Baal Müller: *Kosmik – Prozeßontologie und temporale Poetik bei Ludwig Klages und Alfred Schuler: Zur Philosophie und Dichtung der Schwabinger Kosmischen Runde*, München 2007, Hardcover, 416 Seiten.
ISBN 978-3-9810057-3-8, 49,80 €

Karl-Heinz Schuler: *Alfred Schuler Bibliographie*, München 2006, broschiert, 180 Seiten.
ISBN 978-3-9810057-2-1, 24,80 €

Reinhard Falter: *Natur prägt Kultur – Der Einfluß von Landschaft und Klima auf den Menschen: Zur Geschichte der Geophilosophie*, München 2006, Hardcover, 608 Seiten.
ISBN 978-3-9810057-1-4, 69,80 €

Religion

Friedrich Hielscher: *Die Leitbriefe der Unabhängigen Freikirche* mit einer Einführung herausgegeben von Dr. Peter Bahn, Schwielowsee 2009, Klappenbroschur, 108 Seiten.
ISBN 978-3-941094-02-4, 19,95 €

Psychologie

Gerhard Wehr: *Carl Gustav Jung. Leben – Werk – Wirkung*, Schwielowsee 2009, geb. mit Schutzumschlag, 512 Seiten.
ISBN 978-3-941094-01-7, 29,95 €